국어 어문 규범의 이해와 탐구

이동석

한국교원대학교 국어교육과 교수.

음운론, 형태론, 어휘사, 음운사와 관련한 연구를 하면서 『국어 음운 현상의 공시성과 통시성』, 『우리말 어휘의 역사 연구 1』, 『시어의 어원 연구』, 『국어 선생님을 위한 문법 교육론』(공저) 등을 저술하였다. 2010년부터 한국어문기자협회에서 발행하는 계간지 『말과글』에 일상생활의 언어 표현을 문법적으로 해석하는 글을 연재해 오고 있다.

국어 어문 규범의 이해와 탐구

초판 1쇄 인쇄 2023년 2월 20일
초판 1쇄 발행 2023년 2월 28일

지은이 이동석
펴낸이 이대현
편집 이태곤 권분옥 임애정 강윤경
디자인 안혜진 최선주 이경진 | **마케팅** 박태훈
펴낸곳 도서출판 역락 | **등록** 1999년 4월 19일 제303-2002-000014호
주소 서울시 서초구 동광로46길 6-6 문창빌딩 2층(우06589)
전화 02-3409-2060(편집부), 2058(영업부) | **팩스** 02-3409-2059
전자우편 youkrack@hanmail.net | **홈페이지** www.youkrackbooks.com

ISBN 979-11-6742-521-8 93710

국어 어문 규범의 이해와 탐구

이동석

역락

머리말

많은 사람들이 우리말이 어렵다고 한다. 왜 그런가 하고 그 이유를 들어 보면, 대부분의 사람들이 한글 맞춤법이 까다롭고 어렵다는 이야기를 한다. 틀린 말은 아니지만, 이런 말을 들을 때마다 씁쓸함을 감출 수 없다.

한글 맞춤법은 글을 쓸 때 지켜야 하는 기본적인 규범이다. 글의 응집력이나 표현력을 발휘하는 고차원적인 단계도 중요하지만, 한글 맞춤법과 같은 기본적인 단계에서부터 정해진 규범을 지키지 않으면 좋은 글을 썼다고 평가할 수 없다.

물론 한글 맞춤법이 어렵고 까다로운 것은 사실이다. 하지만 한글 맞춤법의 근간이 되는 주요 원리들을 이해하고, 이러한 바탕 위에서 문장을 분석하고 관련된 문법 지식을 적절히 동원할 수만 있다면, 한글 맞춤법에 맞게 글을 쓰는 것이 결코 어려운 일은 아니다.

문제는 이러한 문법적인 분석력을 발휘할 수 있는 사람이 많지 않다는 데 있다. 그 원인은 여러 가지가 있겠지만, 많은 사람들이 문법에 대한 관심이 없는 데다가 학교 교육을 통해서도 문법을 충분하게 배우지 못하기 때문일 것이다. 한글 맞춤법뿐만 아니라 표준어를 사용하고 표준 발음을 구사하는 문제도 마찬가지이다.

이러한 상황을 개선하고자 20여 년간 대학에서 어문 규범을 가르쳐 왔지만, 강의를 할 때마다 어떻게 하면 학생들에게 어문 규범의 조항들을 쉽게 이해시키고 배운 내용을 학생들이 구체적인 상황에서 잘 활용할 수 있도록 도울 수 있을까 하는 고민이 끊이지 않았다.

그 결과 그동안의 강의 경험을 바탕으로 어문 규범에 대한 이론적인 해설은 물론 이에 대한 실제적인 적용의 문제를 다룬 교재를 집필해야겠다는 생각을 하게 되었다. 이 책은 이러한 배경 속에서 탄생하였다.

이 책을 집필하면서 중점을 둔 점은 각 조항의 내용과 관련된 구체적인 사례들을 풍부하게 다루는 것이었다. 처음 의도했던 것만큼 되지는 않은 것 같지만, 되도록이면 각 조항의 내용과 관련된 실제적인 사례들을 최대한 많이 다루려고 노력했다.

현행 어문 규범의 조항이나 예시들을 자세히 살펴보면 수정이나 보완이 필요한 부분들도 눈에 띈다. 사실 어문 규범을 교육적인 목적으로 다루면서 어문 규범의 문제점을 직접적으로 언급하는 것은 쉬운 일이 아니다.

그러나 드러난 문제점을 묵인하는 것이 오히려 교육적으로 볼 때 더 큰 부작용을 일으킬 수도 있다. 또한 수정하고 보완할 내용들을 잘 정리해 놓으면 앞으로 어문 규범을 개정할 때 조금이나마 도움을 줄 수도 있을 것이다. 이러한 점을 감안하여 어문 규범에서 드러나는 문제점들도 이 책에서 과감하게 다루었다.

책을 쓰다 보면 항상 빚을 지게 된다. 다음 날이 가까워야 집에 들어오는 남편과 아빠를 묵묵히 응원해 준 가족들, 강의를 수강하며 질문과 대답을 통해 여러 아이디어를 제공해 준 학생들, 같이 공부하며 학문적인 자극을 준 대학원생들, 자료 수집과 정리에 도움을 준 홍정현 박사, 인문학의 어려운 출판 환경에도 불구하고 흔쾌히 책의 출판을 허락해 주신 역락의 이대현 사장님과 책의 출판을 위해 애써 주신 역락의 직원 여러분들. 많은 이들에게 빚을 진 덕분에 이 책이 탄생할 수 있었다.

부족하지만 이 책을 통해 많은 이들이 국어의 어문 규범을 잘 이해하고, 우리말에 대한 문법적인 관심을 높일 수 있었으면 좋겠다. 그것이 지금까지 진 빚을 갚는 유일한 길이라고 생각한다.

늦은 밤 강내의 연구실에서 저자 씀

차례

표준어 규정

외래어 표기법

국어의 로마자 표기법

문화체육관광부고시 제2017-12호

한글 맞춤법

지금의 「한글 맞춤법」은 1933년 조선어학회에서 만든 「한글 마춤법 통일안」을 토대로 한다. 「한글 마춤법 통일안」은 조선어학회의 사전 편찬 사업과 밀접한 관련이 있다. 조선어학회는 1929년에 조선어사전편찬회를 결성하고 사전 편찬 사업을 진행하였는데, 사전을 편찬하기 위해서는 우리말을 효과적으로 적을 수 있는 통일된 표기법이 필요했다.

당시에 일제의 조선총독부에서 제정한 「언문철자법」(1930년)이 있긴 했지만, 우리 민족이 자체적으로 만드는 국어사전을 위해서는 우리가 주도하여 만든 새로운 표기법이 필요했다.

「한글 마춤법 통일안」은 이후 여러 차례 개정을 거쳤으며, 1988년 1월 19일에 문교부에서 「한글 맞춤법」을 고시하면서 국가가 제정한 표기법으로 재탄생하게 되었다. 「한글 맞춤법」의 목차는 다음과 같다.

제1장 총칙

제1항 한글 맞춤법은 표준어를 소리대로 적되, 어법에 맞도록 함을 원칙으로 한다.

한글 맞춤법의 적용 대상은 표준어이다. 방언이나 기타 비표준어들도 발음이나 문법 면에서 큰 차이가 없다면 한글 맞춤법을 적용하여 표기할 수 있겠지만, 한글 맞춤법은 원칙적으로 표준어를 대상으로 하여 제정되었다.

한글 맞춤법은 소리대로 적는 것을 원칙으로 한다. 아래의 예들은 모두 표준어를 소리 나는 대로 적은 것이다. 특별한 이유가 없는 한 한글 맞춤법은 표준어를 소리대로 적는 것을 원칙으로 한다.

하늘, 바다, 구름, 가다, 떠나다

그런데 어떤 경우에는 소리 나는 대로 적는 것이 이해를 어렵게 하기도 한다.

(1)	(2)	(3)	(4)
아피 ……	앞이	일거 ……	읽어
암만 ……	앞만	잉는 ……	읽는
압또 ……	앞도	익짜 ……	읽자

위의 예들을 비교해 보면 소리 나는 대로 적은 (1)과 (3)보다는 체언과 조사, 어간과 어미의 형태를 구별하여 적은 (2)와 (4)가 훨씬 이해하기 쉽다. 우리말은 조사나 어미가 발달한 언어로서 위와 같이 어휘 형태소와 문법 형태소가 결합한 경우에는 각 구성 요소의 원형을 밝혀 적는 것이 훨씬 이해하기 쉽다. 어법에 맞도록 한다는 것은 바로 이러한 표기를 말한다.

위의 예에서 [암만], [압또], [잉는], [익짜]와 같은 발음들은 음운 규칙을 통해 자연스럽게 도출이 가능하다. 따라서 소리 나는 대로 적지 않고 원형을 밝혀 적어도 발음하는 데 큰 문제가 없다.

그러나 다음과 같이 용언이 불규칙 활용을 할 때에는 원형을 밝혀 적을 경우 발음을 제대로 반영하지 못하여 혼란을 일으키기 쉽다.

덥다, 덥고, 덥지, 덥어, 덥은, 덥으니
덥다, 덥고, 덥지, 더워, 더운, 더우니

'덥- + -어'를 소리 나는 대로 '더워'로 적지 않고 원형을 밝혀 '덥어'로 적게 되면 [더워]보다는 [더버]로 잘못 읽게 될 가능성이 높다. [더워]라는 발음이 일반적인 규칙을 통해 도출되는 발음이 아니기 때문이다. 따라서 이러한 불규칙 활용형들은 소리대로 적는 것이 합리적이다.

그러나 '해돋이[해도지], 굳이[구지]'와 같이 발음을 음운 규칙으로 자연스럽게 설명할 수 있는 경우에는 소리 나는 대로 적지 않고 형태소의 원형을 밝혀 적는다. '진리[질리], 국민[궁민]'과 같은 한자어의 경우에도 고유한 한자음이 정해져 있기 때문에 소리 나는 대로 적지 않고 한자의 본음을 살려 적는다.

제2항 문장의 각 단어는 띄어 씀을 원칙으로 한다.

우리말의 단어에는 명사, 대명사, 수사, 동사, 형용사, 관형사, 부사, 감탄사, 조사 등이 있다. 대부분의 단어들은 자립성이 있으므로 띄어 쓰는 것을 원칙으로 한다.

다만, 조사의 경우에는 자립성이 없다고 보아 앞말에 붙여 쓴다. 또한 '손발, 바위섬'과 같이 여러 단어들이 모여 합성어를 이룰 때에도 내부 구성 요소에 해당하는 단어들을 띄어 쓰지 않는다.

띄어쓰기에 대한 구체적인 내용은 5장에서 자세하게 다룬다.

제3항 외래어는 '외래어 표기법'에 따라 적는다.

오랜 역사를 가진 고유어 및 한자어와는 달리 외래어는 대부분 우리말에 수용된 역사가

짧고 언어적인 차이가 크기 때문에 별도의 표기법을 운용할 필요가 있다. 이에 외래어 표기법을 별도로 마련하여 외래어의 표기에 대해서는 따로 규정을 한다. 외래어 표기법에서는 표기의 기본 원칙과 함께 각 언어별 표기 일람표를 제시하고, 표기 세칙, 인명·지명 표기의 원칙 등을 상세하게 다룬다.

제2장 자모

제4항 한글 자모의 수는 스물넉 자로 하고, 그 순서와 이름은 다음과 같이 정한다.

ㄱ(기역)	ㄴ(니은)	ㄷ(디귿)	ㄹ(리을)	ㅁ(미음)
ㅂ(비읍)	ㅅ(시옷)	ㅇ(이응)	ㅈ(지읒)	ㅊ(치읓)
ㅋ(키읔)	ㅌ(티읕)	ㅍ(피읖)	ㅎ(히읗)	
ㅏ(아)	ㅑ(야)	ㅓ(어)	ㅕ(여)	ㅗ(오)
ㅛ(요)	ㅜ(우)	ㅠ(유)	ㅡ(으)	ㅣ(이)

[붙임 1] 위의 자모로써 적을 수 없는 소리는 두 개 이상의 자모를 어울러서 적되, 그 순서와 이름은 다음과 같이 정한다.

ㄲ(쌍기역)	ㄸ(쌍디귿)	ㅃ(쌍비읍)	ㅆ(쌍시옷)	ㅉ(쌍지읒)	
ㅐ(애)	ㅒ(얘)	ㅔ(에)	ㅖ(예)	ㅘ(와)	ㅙ(왜)
ㅚ(외)	ㅝ(워)	ㅞ(웨)	ㅟ(위)	ㅢ(의)	

[붙임 2] 사전에 올릴 적의 자모 순서는 다음과 같이 정한다.

자음: ㄱ ㄲ ㄴ ㄷ ㄸ ㄹ ㅁ ㅂ
　　　ㅃ ㅅ ㅆ ㅇ ㅈ ㅉ ㅊ ㅋ
　　　ㅌ ㅍ ㅎ

모음: ㅏ ㅐ ㅑ ㅒ ㅓ ㅔ ㅕ ㅖ
　　　ㅗ ㅘ ㅙ ㅚ ㅛ ㅜ ㅝ ㅞ
　　　ㅟ ㅠ ㅡ ㅢ ㅣ

　본항에서는 한글 자모의 수를 자음자 14자와 모음자 10자로 보았다. 그러나 [붙임1]에서 다룬 자음자 5자와 모음자 11자를 합하면 한글 자모의 수는 총 40자가 된다. [붙임1]의 자모를 별도로 다룬 것은 자형상 이들이 둘 이상의 자모를 합하여 만들어졌기 때문이다.

　그러나 자음자의 경우 'ㄲ, ㄸ' 등이 'ㄱ, ㄴ, ㄷ' 등과 자형의 원리 면에서 차이를 보인다 하더라도 이들이 각각 우리말에서 특정한 자음의 음가를 나타낸다는 점에서는 대등한 관계에 있다고 할 수 있다. 모음자의 경우에도 'ㅐ, ㅒ, ㅔ, ㅖ' 등이 자형상으로 각각 'ㅏ, ㅑ, ㅓ, ㅕ'에 'ㅣ'를 더하여 만들어졌다 하더라도, 이러한 원리가 현재는 이들 모음의 발음에 반영되어 있지 않으므로 [붙임1]의 자모를 별도로 처리하는 것은 큰 의미가 없다.

한글 자모의 이름은 자음자와 모음자가 원리 면에서 차이를 보인다. 모음자의 경우에는 음가를 이름으로 삼지만, 자음자의 경우에는 전통을 계승하여 다음과 같은 공식에 따라 이름을 붙인다.

$$x\text{의 이름} = x \, | \, \frac{\circ}{x}$$

예를 들어 'x'가 'ㄴ'이면 이 자음자의 이름은 '니은'이 되고 'x'가 'ㅈ'이면 이 자음자의 이름은 '지읒'이 된다. 그런데 자음자의 이름 중에서 'ㄱ, ㄷ, ㅅ'의 이름은 이 규칙에 맞지 않는다. 이는 전통적으로 'ㄱ, ㄷ, ㅅ'을 '기윽, 디읃, 시읏'이 아닌 '기역, 디귿, 시옷'이라고 했기 때문인데, 이러한 사실은 최세진이 만든 한자 학습서인 『훈몽자회』(訓蒙字會, 1527)라는 책에서 확인할 수 있다. 이 책의 앞머리에 한글이 언문자모(諺文字母)라는 이름으로 소개되어 있는데, 그 내용을 정리하면 다음과 같다.

- 초성과 종성으로 모두 쓸 수 있는 여덟 글자(初聲終聲通用八字)

ㄱ	ㄴ	ㄷ	ㄹ	ㅁ	ㅂ	ㅅ	ㆁ
其役	尼隱	池㐰	梨乙	眉音	非邑	時㦳	異凝

- 초성으로만 쓸 수 있는 여덟 글자(初聲獨用八字)

ㅋ	ㅌ	ㅍ	ㅈ	ㅊ	ㅿ	ㅇ	ㅎ
箕	治	皮	之	齒	而	伊	屎

『훈몽자회』에서는 자음자 아래에 해당 자음자가 사용된 음절의 예를 한자로 제시하고 있는데, 이때 앞서 살펴본 공식이 사용된다. 이 당시에 '其役(기역)', '尼隱(니은)' 등은 지금처럼 자음자의 이름을 나타내는 것이 아니라 자음자가 각각 초성자와 종성자로 쓰인 예를 보인 것이다. 예를 들어 '尼隱(니은)'에서 '尼'는 'ㄴ'이 초성자로 쓰인 예를 보인 것이고 '隱'은 'ㄴ'이 종성자로 쓰인 예를 보인 것이다.

위의 공식대로라면 '윽, 읃, 읏'과 같은 음절을 한자를 이용하여 나타내야 하지만, 한자 중에 '윽, 읃, 읏'으로 발음되는 한자가 없기 때문에 이 경우에는 공식에 맞는 한자를 제시할 수가 없다. 이 책에서는 이러한 문제를 해결하기 위해 발음이 비슷한 한자를 사용하거나 한자를 음이 아닌 뜻으로 읽는 방식을 사용하였다.

구체적으로, 'ㄱ'이 종성자로 쓰인 예를 보이기 위해 '윽'과 발음이 비슷한 한자 '役'을 사용하였고, 'ㄷ'과 'ㅅ'의 경우에는 ㉱, ㉖와 같이 한자를 동그라미 안에 넣음으로써 해당 한자를 음이 아닌 뜻으로 읽도록 하였다.

지금은 '末'의 뜻에 해당하는 단어가 '끝'이지만, 그 당시에는 이를 '귿'이라 표기하였다. 따라서 ㉱은 '귿'을 나타내고, '衣'의 뜻에 해당하는 '옷'은 그 당시에도 지금과 동일하게 '옷'이었으므로 ㉖는 '옷'을 나타낸다.

지금은 굳이 자모의 음가를 한자로 나타낼 필요가 없기 때문에 자음자의 이름을 규칙에 맞게 '기윽, 디읃, 시읏'이라 할 수 있지만, 공식적으로 자음자의 이름을 정할 때 전통적으로 내려온 관습을 존중하자는 의견에 따라 '기역, 디귿, 시옷'을 이름으로 삼게 되었다.

[붙임 2]에서는 자모의 순서를 제시하고 있다. 이 순서는 『훈민정음』에서 제시한 순서와 차이가 크며, 오히려 앞서 살펴본 언문자모(諺文字母)의 배열 순서와 유사하다. 또한 제4항에서 자음자와 모음자를 두 부류로 나누어 제시한 것과 달리 사전에서는 이들을 한데 섞어 배열하고 있어 규범과 사전의 배열 순서가 일치하지 않는 모습을 보인다.

과거에는 종이 사전을 넘겨 가며 단어를 찾았지만, 지금은 온라인상에서 단어를 검색하는 방법을 주로 사용한다. 그렇다 보니 지금은 자모 순서를 정확히 알아야 할 필요성을 잘 느끼지 못하지만, 종이 사전만 있던 시절에는 자모 순서를 정확하게 알고 있어야만 사전에서 단어를 제대로 찾을 수 있었다.

한편 [붙임 2]에서 자모의 순서를 언급하면서 '자음', '모음'이라는 용어를 사용한 것은 부적절해 보인다. '자음'과 '모음'은 말소리를 가리키고 '자음자'와 '모음자'는 글자를 가리킨다. 제4항은 자모, 곧 글자에 대한 조항이므로 '자음', '모음'이 아니라 '자음자', '모음자'라는 용어를 사용하는 것이 바람직하다.

[붙임1]까지 포함하면 한글 자모의 수는 총 40개이다. 이 40개의 자모만 있으면 우리말을 자유자재로 적을 수 있을 것 같지만, 사실은 그렇지 않다.

열중쉬어! { 열중셔!
            열중수ㅕ!

분위기가 확 바뀌었네. { 분위기가 확 바꼈네.
                        분위기가 확 바꾸ㅕ 쓰네.

친구를 잘 사귀어야 해. { 친구를 잘 사겨야 해.
                        친구를 잘 사구ㅕ야 해.

    말을 할 때는 모음 'ㅟ'와 'ㅓ'를 축약하여 한 번에 발음하는 경향이 있지만, 정작 이 발음을 적으려고 하면 마땅한 글자가 없다. 이 때문에 '바뀌어', '사귀어'를 '바꼈', '사겨'와 같이 적기도 하지만, 이는 올바른 표기가 아니다. 인터넷상에서는 자판을 순서대로 입력하여 '바꾸ㅕ', '사구ㅕ'와 같이 적기도 하는데, 이 역시 올바른 표기가 아니다.

    이 문제를 해결할 수 있는 유일한 방안은 이 발음을 적을 수 있는 새로운 모음자를 만드는 것이다. 그 모음자의 자형은 아무래도 'ㆌ'가 될 것이다. 제4항의 자모 목록에 'ㆌ'를 새로 추가하기만 하면 이 문제를 바로 해결할 수 있다.

    그동안 'ㆌ'와 같은 문자를 사용하지 않았던 것은 발음의 변화 때문이다. 지금은 'ㅟ'를 [wi]로 발음하여 'ㅟ'[wi]와 'ㅓ'[ə]를 합하면 [wjə]가 되지만, 훈민정음 창제 당시에는 'ㅟ'를 [ui] 또는 [uj]로 발음하여 'ㅟ'[uj]와 'ㅓ'[ə]를 합하면 발음이 [ujə]가 되었다. [ujə]는 [u]와 [jə]라는 두 개의 모음으로 분리되므로 당시에는 이를 위한 모음자를 별도로 만들 필요가 없었다. 그러나 지금은 발음이 변하였으므로 새로운 문자를 만들어 쓰는 것이 타당하다.

 **더 알아보기**

    북한에서는 'ㄱ, ㄷ, ㅅ'을 공식에 맞게 '기윽, 디읃, 시읏'이라고 한다. 또한 북한의 국어사전에서는 음가가 없는 'ㅇ'을 맨 뒤로 보내고 'ㄲ, ㄸ, ㅃ, ㅆ, ㅉ'을 'ㅎ'과 'ㅇ' 사이에 배열한다. 모음자는 'ㅏ, ㅑ, ㅓ, ㅕ, ㅗ, ㅛ, ㅜ, ㅠ, ㅡ, ㅣ, ㅐ, ㅒ, ㅔ, ㅖ, ㅚ, ㅟ, ㅢ, ㅘ, ㅝ, ㅙ, ㅞ' 순으로 배열한다. 이러한 북한의 자모 배열은 한글 맞춤법에서 두 부류로 나누어 제시한 자음자와 모음자를 순서대로 합한 것과 유사한 모습을 보인다.

제3장 소리에 관한 것

제1절 된소리

> **제5항** 한 단어 안에서 뚜렷한 까닭 없이 나는 된소리는 다음 음절의 첫소리를 된소리로 적는다.
>
> 1. 두 모음 사이에서 나는 된소리
>
> | | | | | |
> |---|---|---|---|---|
> | 소쩍새 | 어깨 | 오빠 | 으뜸 | 아끼다 |
> | 기쁘다 | 깨끗하다 | 어떠하다 | 해쓱하다 | 가끔 |
> | 거꾸로 | 부썩 | 어찌 | 이따금 | |
>
> 2. 'ㄴ, ㄹ, ㅁ, ㅇ' 받침 뒤에서 나는 된소리
>
> | | | | | |
> |---|---|---|---|---|
> | 산뜻하다 | 잔뜩 | 살짝 | 훨씬 | 담뿍 |
> | 움찔 | 몽땅 | 엉뚱하다 | | |
>
> 다만, 'ㄱ, ㅂ' 받침 뒤에서 나는 된소리는, 같은 음절이나 비슷한 음절이 겹쳐 나는 경우가 아니면 된소리로 적지 아니한다.
>
> | | | | | |
> |---|---|---|---|---|
> | 국수 | 깍두기 | 딱지 | 색시 | 싹둑(~싹둑) |
> | 법석 | 갑자기 | 몹시 | | |

　우리말의 된소리는 여러 환경에서 발음되는데, 된소리 발음을 음운 규칙으로 설명할 수 있을 때는 이를 굳이 표기에 반영할 필요가 없지만, 된소리 발음을 음운 규칙으로 설명할 수 없을 때는 표기에 반영해야만 혼란을 막을 수 있다.

　된소리 발음을 음운 규칙으로 설명할 수 있는 경우는 장애음(파열음, 마찰음, 파찰음) 뒤의 환경이다. '국수[국쑤], 몹시[몹·씨]'와 같이 장애음 뒤에서는 항상 예사소리가 된소리로 바뀐다.

　이 외의 환경, 즉 모음과 공명 자음(비음, 유음) 뒤의 환경에서는 예사소리가 반드시 된소리로 바뀌는 것은 아니다. 따라서 모음 뒤나 공명 자음 뒤에서 된소리가 발음될 때는 이를 표기에 반영한다.

제5항에서는 이러한 된소리를 '한 단어 안에서 뚜렷한 까닭 없이 나는 된소리'로 규정하고, 이들 두 모음 사이에서 나는 된소리와 'ㄴ, ㄹ, ㅁ, ㅇ' 뒤에서 나는 된소리로 나누어 설명하였다.

이때 '한 단어 안'이라는 표현은 엄밀히 말해 '(한) 형태소 내부'라고 해야 한다. '소쩍새'와 '기쁘다' 등은 단어 내부에서 된소리가 발음되기는 하지만, 구체적으로 살펴보면 '소쩍', '기쁘-'와 같은 한 형태소 내부에서 된소리가 발음되는 것이기 때문이다. 이 경우에 형태소 내부의 된소리 발음을 규칙으로 설명할 수 없기 때문에 된소리로 표기하는 것이다.

형태소 내부라 하더라도 'ㄱ, ㅂ' 뒤에서는 음운 규칙에 따라 예사소리가 된소리로 발음된다. 따라서 이 경우에는 다음과 같이 된소리를 표기하지 않는다.

국수[국쑤], 갑작스럽다[갑짝쓰럽따], 몹시[몹:씨], 굽신거리다[굽씬거리다]

그러나 같은 음절이나 비슷한 음절이 겹쳐 나는 경우에는 'ㄱ, ㅂ' 뒤에서 나는 된소리를 표기에 반영한다. '똑똑, 뚝딱' 등을 예로 들 수 있는데, 이에 대해서는 제13항에서 별도로 다룬다.

한편 위의 설명에서는 'ㄱ, ㅂ'만 언급하고 'ㄷ'을 언급하지 않았는데, 그 이유는 한 형태소 내부에서 예사소리 앞에 'ㄷ'이 오는 경우가 없기 때문이다.

위의 조항에는 설명이 없지만, 단어의 첫머리에서도 된소리 표기가 가능하다. 그런데 이 경우에는 표준 발음을 정확히 알아야 한다. 단어 첫머리의 표준 발음이 된소리냐 아니냐에 따라 표기가 달라지기 때문이다.

'쭈꾸미'가 맞을까, '주꾸미'가 맞을까?

 더 알아보기

'결정적인 판단을 하거나 단정을 내림. 또는 그런 판단이나 단정'을 의미하는 말을 '결단(決斷)'이라고 한다. [결딴]과 같이 된소리로 발음이 나지만, 이 단어는 한자어이기 때문에 한자의 본음대로 '결단'으로 적는다. '결단을 내리다, 결단이 필요하다'와 같은 예를 들 수 있다.

반면 '어떤 일이나 물건 따위가 아주 망가져서 도무지 손을 쓸 수 없게 된 상태' 또는 '살림이 망하여 거덜 난 상태'를 의미하는 말은 '결딴'으로 적는다. 이 말은 순우리말로서 된소리 발음을 음운 규칙으로 설명할 수 없으므로 소리 나는 대로 적는다. '이 녀석들, 이번에는 무슨 일이 있어도 내가 아주 결딴을 내고 말겠어.', '걔네들 이번에 아주 결딴났어.'와 같은 예를 들 수 있다.

　'마땅하다'의 '마땅'은 어간 '맞-'과 '當'이 결합한 것으로 옛 문헌에서는 '맛당', '맛當', '맛땅' 등으로 표기되었다. 이는 뚜렷한 까닭 없이 나는 된소리가 아니므로 '맞당'으로 적는 것이 원칙에 맞겠지만, 어원에 대한 인식이 약해지면서 '마땅'으로 적게 되었다.

제2절 구개음화

제6항 'ㄷ, ㅌ' 받침 뒤에 종속적 관계를 가진 '-이(-)'나 '-히-'가 올 적에는 그 'ㄷ, ㅌ'이 'ㅈ, ㅊ'으로 소리 나더라도 'ㄷ, ㅌ'으로 적는다.(ㄱ을 취하고, ㄴ을 버림.)

ㄱ	ㄴ		ㄱ	ㄴ
맏이	마지		핥이다	할치다
해돋이	해도지		걷히다	거치다
굳이	구지		닫히다	다치다
같이	가치		묻히다	무치다
끝이	끄치			

　어휘 형태소의 말음 /ㄷ/, /ㅌ/와 문법 형태소의 모음 /ㅣ/가 결합하여 [지], [치]로 발음되는 현상을 구개음화 현상이라고 한다. 위의 조항에서 '-이(-)'나 '-히-'가 종속적 관계를 갖는다고 한 것은, 어휘 형태소 뒤에 /ㅣ/로 시작하는 문법 형태소, 즉 조사, 어미, 접미사가 결합할 때만 이 현상이 일어나기 때문이다. 이를 선행하는 어휘 형태소에 문법 형태소가 종속된다고 본 것이다.

　실제로 이 현상은 '잔디, 마디, 티끌, 버티(다), 디디(다)'와 같은 형태소 내부에서는 일어나지 않으며, '밭일, 홑이불'과 같이 어휘 형태소끼리 결합한 합성어의 경우에도 일어나지 않는다.

　그런데 이렇게 종속적인 문법 형태소가 결합할 때만 구개음화 현상이 일어나더라도 이러한 변화를 표기에 반영하지는 않는다. 이 현상을 음운 규칙으로 설명할 수 있기 때문이다. 만약 구개음화된 발음을 표기에 반영하면 체언이나 용언 어간과 같은 어휘 형태소의 표기가 일관성을 잃게 되어 혼란을 일으키기 쉽다.

　예를 들어 '끝이'를 소리 나는 대로 '끄치'로 적게 되면, '끝을, 끝에, 끄치'와 같이 적게 되어 표기의 일관성이 사라진다. '맏이'도 마찬가지다. 이 단어를 소리 나는 대로 '마지'로 적게 되면 '맏아들, 맏며느리, 맏언니' 등에서 분석되는 '맏'과의 연관성을 포착하기가 어렵다.

'닫히다', '묻히다'와 같은 피동사의 경우에는 능동사의 형태가 '닫다', '묻나'이므로 피동 접미사의 형태를 '-히-'로 보고 '닫히다', '묻히다'와 같이 표기한다. 이들 능동사 어간의 끝소리가 /ㅌ/가 아니라 /ㄷ/라는 점은 '닫아, 닫으니, 묻어, 묻으니'와 같은 활용형을 통해 파악할 수 있다. '벼훑이'도 '훑어, 훑으니'와 같은 활용형을 통해 이 단어에 포함된 동사의 기본형을 '훑다'로 보고 이를 표기에 반영한 것이다.

제3절 'ㄷ' 소리 받침

> **제7항** 'ㄷ' 소리로 나는 받침 중에서 'ㄷ'으로 적을 근거가 없는 것은 'ㅅ'으로 적는다.
>
> | | | | | |
> |---|---|---|---|---|
> | 덧저고리 | 돗자리 | 엇셈 | 웃어른 | 핫옷 |
> | 무릇 | 사뭇 | 얼핏 | 자칫하면 | 뭇[衆] |
> | 옛 | 첫 | 헛 | | |

'ㄷ' 받침과 'ㅅ' 받침은 발음이 동일하지만, 표기를 할 때는 구별하여 적는다. 확실하게 음절 말에 원래 'ㄷ' 소리가 있다고 판단되는 경우에는 'ㄷ'을 받침으로 적지만, 그렇지 않은 경우에는 'ㅅ'을 받침으로 적는다.

예를 들어 '맏아들, 맏이' 등은 연음되는 발음이나 구개음화되는 발음을 통해 음절 말에 원래 'ㄷ' 소리가 있음을 알 수 있고, '믿다, 믿고, 믿어' 등도 연음되는 활용형의 발음을 통해 음절 말에 'ㄷ' 소리가 있음을 알 수 있다. 따라서 이들은 받침을 'ㄷ'으로 적는다.

'딛다'와 '내붙치다'는 본말이 '디디다'와 '내부딪치다'이므로 음절 말에 'ㄷ' 소리가 있다고 보아 'ㄷ'을 받쳐 적는다. "얻다 대고 반말이야?", "얻다 놓을까요?"라고 할 때의 '얻다'는 '어디에다'의 준말이므로 '엇다' 또는 '어따'로 적지 않고 '얻다'와 같이 'ㄷ'을 받쳐 적는다.

'숟가락, 섣달' 등은 각각 '술'과 '가락', '설'과 '달'이 결합하면서 'ㄹ'이 'ㄷ'으로 바뀐 것으로 보아 받침을 'ㄷ'으로 적는다. 이러한 예들에 대해서는 제29항에서 다시 다룬다.

'얼핏'은 [얼핃]으로 발음 나므로 발음대로 적는다면 '얼핃'으로 적어야 하겠지만, 끝소리가 'ㄷ'이라는 확실한 근거가 없고 뒤에 '이라도'가 붙으면 [얼피시라도]로 발음되므로 'ㅅ' 받침으로 적는다. 이처럼 'ㄷ'으로 적을 근거가 없을 경우 받침을 'ㅅ'으로 적도록 한 것은 예전부터 내려온 표기의 전통을 따른 것이다.

'ㄷ'으로 소리 나는 받침으로 'ㄷ, ㅅ' 외에 'ㅈ, ㅊ, ㅌ, ㅎ' 등이 더 있다. 이들도 발음에 이끌려 'ㄷ' 받침으로 잘못 적기 쉬우므로 실수하지 않도록 주의해야 한다. 예를 들어 '새우 젓'이나 '젓갈'을 '새우젖, 젖갈'로 잘못 적기 쉬운데, '새우·조기·멸치 따위의 생선이나, 조개·생선의 알·창자 따위를 소금에 짜게 절이어 삭힌 음식'은 '젓'이라 하고, '분만 후에 포유류의 유방에서 분비하는 유백색의 불투명한 액체'는 '젖'이라 하므로 이 둘을 잘 구별해야 한다.

 더 알아보기

씨름의 기술 중 자신의 오른쪽 다리로 상대의 오른쪽 다리를 걸어 넘기는 기술이 있다. 이를 '밧다리 걸기, 받다리 걸기, 밭다리 걸기' 등 매우 다양하게 표기하는 경향이 있는데, 이 중 올바른 표기는 '밭다리 걸기'이다. 이때 '밭다리'는 '바깥다리'를 의미한다.

딸의 시아버지나 며느리의 친정아버지를 사돈집에서 '밭사돈'이라 말하는데, 이때의 '밭사돈' 역시 '바깥사돈'과 같은 말이다. '밭다리, 밭사돈'을 '밧다리, 밧사돈'으로 적지 않는 것은 '바깥'과의 연관성을 살리기 위한 것이다.

그러나 '바깥'과 '밭'이 직접적으로 본말과 준말의 관계에 있는 것은 아니기 때문에 이에 대한 인식은 사람마다 다를 수 있다. 이 때문에 '밧다리'나 '받다리'와 같은 다양한 표기가 이루어지지만, 이들은 올바른 표기로 인정하지 않는다.

제4절 모음

제8항 '계, 례, 몌, 폐, 혜'의 'ㅖ'는 'ㅔ'로 소리 나는 경우가 있더라도 'ㅖ'로 적는다.(ㄱ을 취하고, ㄴ을 버림.)

ㄱ	ㄴ		ㄱ	ㄴ
계수(桂樹)	게수		혜택(惠澤)	헤택
사례(謝禮)	사레		계집	게집
연몌(連袂)	연메		핑계	핑게
폐품(廢品)	페품		계시다	게시다

다만, 다음 말은 본음대로 적는다.
　　게송(偈頌)　　　게시판(揭示板)　　　휴게실(休憩室)

　일반적으로 모음 'ㅖ'는 자음 뒤에서 [ㅔ]로 발음되는 경향이 있다. 고유어나 한자어를 표기할 때 '녜, 뎨, 볘, 셰, 졔, 쳬, 켸, 톄'와 같은 글자를 적는 경우가 없다고 판단했는지 이 조항에서는 '계, 례, 몌, 폐, 혜'만 예로 들었다.

　그러나 드물지만 고유어 중에 다음과 같이 '졔'와 '켸'로 적는 단어들이 있다.

　　졔밥[졔ː빱/제ː빱]: '지에밥'의 준말.
　　콩켸팥켸[콩켸팥켸/콩케팥케]: 사물이 뒤섞여서 뒤죽박죽된 것을 이르는 말.

　'졔, 켸'와 같은 음절이 누락된 것은 한자어에는 해당 사례가 없고 고유어 중에서도 단 한 예씩만이 있기 때문인 듯하다. 그러나 국어사전의 발음 정보와 표기를 비교해 보면 '졔'와 '켸'도 역시 제8항의 규정을 따르고 있으므로, '졔'와 '켸'를 목록에 추가할 필요가 있다.

　흔히 '아니에요'를 줄여서 '아녜요'라고도 하는데, 이 '아녜요'는 국어사전에 표제어로 등재되어 있지 않아 표준 발음을 확인할 수는 없지만, '녜'가 [네]로 발음되는 경우에 해당하는 것으로 보인다. 그렇다면 '녜' 역시 목록에 추가해야 할 것이다.

　외래어를 표기할 때는 다음과 같이 '녜, 볘, 셰' 등을 적기도 한다. 그러나 제3항에서 밝혔듯이 외래어의 표기는 '외래어 표기법'에서 따로 다루므로 이 조항에서 외래어의 예까지 다룰 필요는 없다.

　　녜얼(Nie Er[聶耳])　　　　　　　　　세비녜(Sévigné)
　　셰르파(Sherpa)　　　　　　　　　　다볘산맥(Dabie[大別]山脈)
　　셰퍼드(shepherd)　　　　　　　　　셰익스피어(Shakespeare, William)
　　블라스코이바녜스(Blasco Ibáñez, Vicente)

　하지만 이처럼 '계, 례, 몌, 폐, 혜' 외에도 여러 자음 뒤에서 'ㅖ'가 'ㅔ'로 발음되는 것이 확인되므로, 조항에서 몇몇 특정한 음절만 언급하기보다는 오히려 자음 뒤에서 'ㅖ'가 'ㅔ'로 소리 나는 경우가 있더라도 'ㅖ'로 적는다는 식으로 설명을 일반화하는 것이 좋을 듯하다.

이때 주의할 점은 이 규정이 '계, 례, 메, 폐, 혜'를 각각 [게], [레], [메], [페], [헤]로 발음하라는 발음 규정이 아니라는 점이다. 이 규정은 표기 규정일 뿐이다. 예를 들어 국어사전에서는 '핑계'의 발음을 [핑계/핑게]로 표시하고 있는데, 이는 '핑계'를 [핑계]로 발음할 수도 있고 [핑게]로 발음할 수도 있다는 것을 의미한다. 이 발음의 문제는 표준 발음법 제5항 '다만 2'에서 별도로 다룬다.

그런데 표준 발음법 제5항 '다만 2'에서는 '예, 례' 이외의 'ㅖ'는 [ㅔ]로도 발음한다고 하여 '례'의 발음으로는 [레]를 허용하지 않는다. 실제로 『표준국어대사전』에서는 '사례(射禮)'의 발음을 [사ː례]로만 제시하고 있다.

이와 관련하여 ''ㅖ'는 'ㅔ'로 소리 나는 경우가 있다'는 설명이 표준 발음이 아닌 현실 발음에 대한 설명이라고 볼 수도 있지만, '례'를 [레]로 발음하는 것이 현실이라면 '계, 메, 폐, 혜' 등과의 형평성을 고려할 때 표준 발음법에서 '례'를 [레]로 발음하는 것을 인정하지 않을 이유가 없다. 오히려 '례'의 발음으로 [레]를 인정해야만 한글 맞춤법 제8항과 표준 발음법 제5항이 조화를 이루게 된다.

제8항에서 다룬 예들은 대부분 전통적인 모음 표기가 'ㅖ'인 것들이다. 한자어의 경우에는 해당 한자의 전통적인 모음 표기가 'ㅖ'였으며, 고유어의 경우에도 전통적인 표기와 관련이 깊다.

반면 '다만'에 나오는 예들은 한자의 본음이 'ㅔ'이므로 'ㅖ'로 적지 않는다. 이렇게 한자음을 'ㅔ'로 표기하는 예로 '揭, 憩, 偈, 愒, 藒 撅' 등이 더 있다. 자주 쓰는 몇몇 단어의 예를 제시하면 다음과 같다.

> 게양(揭揚): 기(旗) 따위를 높이 걺.
> 게재(揭載): 글이나 그림 따위를 신문이나 잡지 따위에 실음.

'ㅖ'와 마찬가지로 모음 'ㅒ'도 자음 뒤에서 [ㅐ]로 발음되는 경향이 있지만, 한자어의 예가 없고 고유어와 외래어의 예만 몇몇 있어서인지 제8항에서는 이에 대해 따로 언급하지 않았다.

> 걔: '그 아이'가 줄어든 말.
> 애걔[애걔]: 뉘우치거나 탄식할 때 아주 가볍게 내는 소리. 대단하지 아니한 것을 보고 업신여기

어 내는 소리.

애개게[애개개]: '애개'를 잇따라 내는 소리.

-내: '-냐고 해'가 줄어든 말. 예 걔가 나보고 지금 어디내.

섀도복싱(shadow-boxing): 권투에서, 상대편이 앞에 있다고 가정하고 공격·방어·풋워크
　　　　　　　　따위를 혼자서 연습하는 일.

아이섀도(eye shadow): 입체감을 내기 위하여 눈두덩에 칠하는 화장품.

걔: '저 아이'가 줄어든 말.

위의 예 중 '섀도복싱'과 '아이섀도'는 외래어여서 한글 맞춤법에서 다룰 내용이 아니지만,
고유어에 '걔, 내, 쟤'로 표기하는 예들이 있으므로 이에 대해서도 언급할 필요가 있다.
국어사전에서 '애개'와 '애개개'의 발음을 [애개]와 [애개개]로 제시한 것을 보면 'ㅖ'와는
달리 'ㅒ'의 경우에는 단모음 발음을 인정하지 않는 듯하다. 그러나 이는 실제 발음과도
거리가 있고 형평성에도 어긋난다.

따라서 '걔, 내, 쟤'의 'ㅒ'는 'ㅐ'로 소리 나는 경우가 있더라도 'ㅒ'로 적는다는 내용을
추가할 필요가 있다. 이를 좀 더 일반화하면 자음 뒤에서 'ㅒ'가 'ㅐ'로 소리 나는 경우가
있더라도 'ㅒ'로 적는다고 설명할 수 있을 것이다.

제9항 '의'나, 자음을 첫소리로 가지고 있는 음절의 'ㅢ'는 'ㅣ'로 소리 나는 경우가 있더라도
'ㅢ'로 적는다.(ㄱ을 취하고, ㄴ을 버림.)

ㄱ	ㄴ		ㄱ	ㄴ
의의(意義)	의이		닝큼	닝큼
본의(本義)	본이		띄어쓰기	띠어쓰기
무늬[紋]	무니		씌어	씨어
보늬	보니		틔어	티어
오늬	오니		희망(希望)	히망
하늬바람	하니바람		희다	히다
닐리리	닐리리		유희(遊戲)	유히

현대 국어에서 'ㅢ'는 다양한 모음으로 발음된다. 표준 발음법 제5항을 보면 자음을 첫소리
로 가지고 있는 음절의 'ㅢ'는 [ㅣ]로 발음하도록 하고 있으며, 이 외에는 [ㅢ]로 발음하되,
단어의 첫 음절 이외의 '의'는 [ㅣ]로, 조사 '의'는 [ㅔ]로 발음하는 것을 허용하고 있다.

예를 들어 '희망'은 [히망]으로 발음하고, '주의'와 '우리의'는 각각 [주의], [우리의]와 함께 [주이], [우리에]로 발음하는 것도 가능하다. 이처럼 모음 'ㅢ'는 [ㅢ], [ㅣ], [ㅔ] 등 매우 다양한 발음으로 실현된다. 이 때문에 표기를 할 때 혼란을 일으키기 쉬우므로, 실수하지 않도록 정확한 표기를 알아 두어야 한다.

모음 'ㅢ'의 표기와 관련하여 '띠다'와 '띄다'를 혼동하는 경우가 많다. '띠다'는 '띠나 끈 따위를 두르다'라는 기본 의미를 가지고 있는데, 이때 명사 '띠'와 동사 '띠다'는 어원이 같다. 따라서 '띠다'는 띠를 두르듯이 무엇인가를 겉으로 드러내는 의미를 갖는다고 보면 된다. '빨간색을 띠다, 미소를 띠다, 보수적인 성향을 띠다' 등이 모두 이에 해당한다.

'띄다'에는 여러 가지 의미가 있는데, 형태 면에서 볼 때 '띄다'는 '뜨이다' 또는 '띄우다'의 준말이라 보면 된다. '눈에 띄다, 한 칸 띄어 앉다, 띄어 쓰다'의 '띄다'가 이에 해당한다.

<빨간색을 띤 사과>　　　　<열정을 띤 사람>

'누네띠네'라는 과자를 맞춤법에 맞게 적는다면 '눈에 띄네'가 될 것이다. 원산지인 이탈리아식 이름은 스폴리아띠네 글라사떼(sfogliatine glassate)인데, 1992년 한 제과 회사에서 '누네띠네'라는 이름으로 제품을 출시하면서 이 이름이 대중화되었다. 그러나 일반적인 어법에 맞게 표기할 때는 '눈에 띠다'가 아닌 '눈에 띄다'로 적어야 한다.

제5절 두음 법칙

제10항 한자음 '녀, 뇨, 뉴, 니'가 단어 첫머리에 올 적에는, 두음 법칙에 따라 '여, 요, 유, 이'로 적는다.(ㄱ을 취하고, ㄴ을 버림.)

ㄱ	ㄴ		ㄱ	ㄴ
여자(女子)	녀자	|	유대(紐帶)	뉴대
연세(年歲)	년세	|	이토(泥土)	니토
요소(尿素)	뇨소	|	익명(匿名)	닉명

다만, 다음과 같은 의존 명사에서는 '냐, 녀' 음을 인정한다.
　　냥(兩)　　　　　　냥쭝(兩-)　　　　년(年)(몇 년)

[붙임 1] 단어의 첫머리 이외의 경우에는 본음대로 적는다.
　　남녀(男女)　　　　당뇨(糖尿)　　　　결뉴(結紐)　　　　은닉(隱匿)

[붙임 2] 접두사처럼 쓰이는 한자가 붙어서 된 말이나 합성어에서, 뒷말의 첫소리가 'ㄴ' 소리로 나더라도 두음 법칙에 따라 적는다.
　　신여성(新女性)　　공염불(空念佛)　　남존여비(男尊女卑)

[붙임 3] 둘 이상의 단어로 이루어진 고유 명사를 붙여 쓰는 경우에도 붙임 2에 준하여 적는다.
　　한국여자대학　　　대한요소비료회사

두음 법칙은 한자어의 발음과 관련된 현상이다. 위의 조항에서는 두음 법칙이 적용되는 한자음을 '녀, 뇨, 뉴, 니'로 한정하였지만, 엄밀히 말하면 종성이 있는 경우도 해당되므로 이러한 점을 반영하여 기술 내용을 보완할 필요가 있다.

위의 목록에서 '냐'가 빠진 것은 그렇게 발음되는 한자가 없기 때문이다. 자전(字典)에 '遾(냐)'이 있기는 하지만, 우리가 사용하는 한자어 중에는 이 한자를 포함하는 경우가 없으므로 사실상 '냐'로 시작하는 한자어는 없는 셈이다.

일반적으로 한자어는 음운 규칙이 적용되더라도 한자의 본음을 그대로 적지만, 두음 법칙의 경우에는 해당 규칙이 적용된 발음이 어휘적으로 굳어진 것으로 보아 소리 나는 대로 적는다.

두음 법칙은 한자어에만 적용되며, 다음과 같이 고유어와 외래어에는 적용되지 않는다.

니글거리다, 니나노, 니은, 님, 냠냠

뉴스(news), 뉴런(neuron), 니켈(nickel), 니코틴(nicotine)

그런데 남자와 여자를 함께 낮잡아 표현할 때는 '년놈'이라 하지 않고 '연놈'이라고 한다. '연놈'은 고유어의 의존 명사 '년'과 '놈'이 결합하여 자립 명사가 된 것인데, 예외적으로 '년놈'이 아닌 '연놈'으로 적는다. 고양이의 울음소리도 '냐옹'이 아닌 '야옹'으로 적는다.

[다만] 의존 명사 '냥(兩), 냥쭝(兩-), 년(年)' 등은 실제 발음대로 'ㄴ'을 표기에 반영한다. '年'은 두음 법칙의 적용을 받지 않은 발음, 즉 본음을 표기에 반영하여 '년'으로 적는다. '兩'은 '둘'을 뜻할 때는 본음이 '량'이지만 엽전을 세는 단위를 뜻할 때는 본음이 '냥'이며, 이를 그대로 표기에 반영하여 '냥'으로 적는다.

다음과 같이 고유어의 의존 명사도 어두에 'ㄴ'을 유지한다.

이 녀석, 저 년, 동 틀 녘, 홍길동 님, 엽전 한 닢

[붙임 1] 두음 법칙은 한자어의 어두에서만 적용되므로 단어의 첫머리가 아닌 경우에는 본음대로 적는다. 간혹 '남녀(男女)'를 '남여'로 적는 경우가 있는데, '남녀'에는 두음 법칙이 적용되지 않으므로 '남녀'로 적어야 한다.

[붙임 2] '접두사처럼 쓰이는 한자'라고 표현한 것은 일부 단어에서 접두사로 분석되는 한자가 모든 경우에 항상 접두사로 기능하는 것은 아니기 때문이다. 예컨대 '신여성, 공염불'에서는 '신(新)-'과 '공(空)-'이 접두사로 분석되지만, '신년(新年), 공석(空席)'에서는 접두사인지가 불분명하다.

신여성(新女性)[신녀성]   공염불(空念佛)[공념불]

남존여비(男尊女卑)[남존녀비]

예시로 사용된 단어들은 모두 위와 같이 뒷말의 첫소리가 [ㄴ]로 소리 난다. 이 경우뿐만 아니라 다음과 같이 뒷말의 첫소리가 [ㄴ]로 소리 나지 않는 경우에도 두음 법칙에 따라 적는다.

구여성(舊女性)[구:여성]　　　　남부여대(男負女戴)[남부여대]

　'신여성'은 '신-여성'으로 분석되어 두음 법칙에 따라 석시반, '신년도(新年度)'는 '신년-도'로 분석되어 두음 법칙에 따라 적지 않는다. '2023학년도'의 '학년도(學年度)'도 마찬가지이다. 이때의 '-도(度)'는 접미사에 해당한다.

　'당해 연도'는 구 구성이므로 '당해년도', '당해 년도'가 아닌 '당해 연도'로 적어야 한다. '제작 연도, 사업 연도, 예산 연도, 입학 연도, 회계 연도' 등도 마찬가지이다.

　　작년 하반기 실적을 바탕으로 <u>신년도</u> 계획을 수립하였다.
　　<u>2025학년도</u> 신입생부터 새로운 교육 과정을 적용한다.
　　<u>당해 연도</u> 예산 범위 내에서 지출이 이루어져야 한다.
　　2020년 <u>회계 연도</u> 결산을 잘 마무리하였다.
　　이번 <u>연도</u>에는 한 달에 한 권씩 책을 읽고 싶다.
　　내가 그동안 봤던 드라마를 <u>연도별</u>로 정리해 보았다.

　[붙임 3] 둘 이상의 단어로 이루어진 고유 명사를 붙여 쓰는 경우에는 [붙임 2]에서 다룬 합성어에 준하여 다음과 같이 두음 법칙에 따라 적는다.

　　한국여자축구연맹(韓國女子蹴球聯盟)

 더 알아보기

　　　　흔히 '생일이 1월이나 2월에 있는 사람 가운데 학교를 한 해 일찍 들어간 사람'을 '빠른 년생'이라고 한다. '년생'이나 '연생'이 국어사전에 등재되어 있지는 않지만, 제10항을 적용하면 '빠른 년생'이 아니라 '빠른 연생'이라고 해야 한다. 개방형 사전인 '우리말샘'에서도 규범 표기를 '빠른 연생'으로 안내하고 있다. 한편 2010년에 초등학교 입학 기준일이 1월 1일로 바뀌면서 지금은 이러한 표현을 잘 사용하지 않는다.

제11항 한자음 '랴, 려, 례, 료, 류, 리'가 단어의 첫머리에 올 적에는, 두음 법칙에 따라 '야, 여, 예, 요, 유, 이'로 적는다.(ㄱ을 취하고, ㄴ을 버림.)

ㄱ	ㄴ		ㄱ	ㄴ
양심(良心)	량심	|	용궁(龍宮)	룡궁
역사(歷史)	력사	|	유행(流行)	류행
예의(禮儀)	례의	|	이발(理髮)	리발

다만, 다음과 같은 의존 명사는 본음대로 적는다.

리(里): 몇 리냐?
리(理): 그럴 리가 없다.

[붙임 1] 단어의 첫머리 이외의 경우에는 본음대로 적는다.

개량(改良)	선량(善良)	수력(水力)	협력(協力)
사례(謝禮)	혼례(婚禮)	와룡(臥龍)	쌍룡(雙龍)
하류(下流)	급류(急流)	도리(道理)	진리(眞理)

다만, 모음이나 'ㄴ' 받침 뒤에 이어지는 '렬, 률'은 '열, 율'로 적는다.(ㄱ을 취하고, ㄴ을 버림.)

ㄱ	ㄴ		ㄱ	ㄴ
나열(羅列)	나렬	|	분열(分裂)	분렬
치열(齒列)	치렬	|	선열(先烈)	선렬
비열(卑劣)	비렬	|	진열(陳列)	진렬
규율(規律)	규률	|	선율(旋律)	선률
비율(比率)	비률	|	전율(戰慄)	전률
실패율(失敗率)	실패률	|	백분율(百分率)	백분률

[붙임 2] 외자로 된 이름을 성에 붙여 쓸 경우에도 본음대로 적을 수 있다.

신립(申砬)　　최린(崔麟)　　채륜(蔡倫)　　하륜(河崙)

[붙임 3] 준말에서 본음으로 소리 나는 것은 본음대로 적는다.

국련(국제 연합)　　　　　　한시련(한국 시각 장애인 연합회)

[붙임 4] 접두사처럼 쓰이는 한자가 붙어서 된 말이나 합성어에서, 뒷말의 첫소리가 'ㄴ' 또는 'ㄹ' 소리로 나더라도 두음 법칙에 따라 적는다.

역이용(逆利用)　　연이율(年利率)　　열역학(熱力學)　　해외여행(海外旅行)

[붙임 5] 둘 이상의 단어로 이루어진 고유 명사를 붙여 쓰는 경우나 십진법에 따라 쓰는 수(數)도 붙임 4에 준하여 적는다.

서울여관　　　　신흥이발관　　　　육천육백육십육(六千六百六十六)

두음 법칙에 따라 한자음 '랴, 려, 례, 료, 류, 리'는 단어의 첫머리에서 '야, 여, 예, 요, 유, 이'로 발음된다. 위의 목록에서 '래'가 빠진 것은 그렇게 발음되는 한자가 없기 때문이다. 이 경우에도 앞선 항에서와 마찬가지로 종성이 있는 음절을 포함하기 위해 조항의 내용을 다듬을 필요가 있다.

[다만] 의존 명사 '량(輛), 리(里, 理, 釐/厘)' 등은 실제 발음대로 'ㄹ'을 표기에 반영한다.

객차 두 량(輛), 타율 3할 3푼 5리(釐/厘)

[붙임 1] 두음 법칙은 한자어의 첫머리에서만 적용되므로 단어의 첫머리가 아닌 경우에는 본음대로 적는다. '쌍룡(雙龍)'의 경우에는 합성어로서 '쌍(雙)'과 '용(龍)'이 결합한 것으로 볼 수도 있는데, 이렇게 본다면 [붙임 4]에 따라 '쌍용'으로 적어야 할 것이다. 실제로 '쌍용○○'와 같은 기업명이 널리 쓰이고 있다. 그러나 이 경우에는 '비룡(飛龍), 수룡(水龍), 와룡(臥龍), 잠룡(潛龍)'과 같이 둘째 음절을 '룡'으로 적는 다른 예들과 균형을 맞추어 '쌍룡'으로 적도록 하였다.

[다만] 두음 법칙 적용 환경이 아님에도 불구하고 모음 뒤에서는 한자음 '렬, 률'이 '열, 율'로 발음된다. 또한 'ㄴ' 뒤에서는 '선율[서뉼], 선열[서녈], 분열[부녈]'과 같이 첫음절의 종성 'ㄴ'이 연음되므로, 이러한 발음을 고려하여 '열, 율'로 적는다. 그러나 다음과 같이 'ㄴ' 이외의 자음 뒤에서는 첫음절의 종성이 연음되지 않으므로 이때에는 본음대로 '렬, 률'로 적는다.

결렬(決裂)[결렬], 강렬(強烈)[강녈], 법률(法律)[범뉼]

[붙임 2] 한글 맞춤법 제48항에서는 성과 이름을 붙여 쓰도록 규정하고 있다. 이럴 경우에

외자로 된 이름을 본음대로 적을지 두음 법칙에 따라 적을지 판단하기가 쉽지 않은데, [붙임 2]에서는 본음대로 적을 수 있도록 하였다. 이는 반드시 본음대로 적어야 한다는 것은 아니므로 본음대로 '신립(申砬), 최린(崔麟), 채륜(蔡倫), 하륜(河崙)' 등으로 적을 수도 있고, 두음 법칙이 적용된 것처럼 '신입(申砬), 최인(崔麟), 채윤(蔡倫), 하윤(河崙)' 등으로 적을 수도 있다.

[붙임 3] 준말일 경우에는 두음 법칙의 적용을 받지 않으므로 다음과 같이 본음대로 적는다.

> 자민련(自民聯) ― 자유 민주 연합(自由民主聯合)
> 안보리(安保理) ― 안전 보장 이사회(安全保障理事會)
> 전경련(全經聯) ― 전국 경제인 연합회(全國經濟人聯合會)

단체에 따라서는 본음대로 적지 않고 아래와 같이 두음 법칙을 반영하여 적기도 하지만, 이는 일반적이지는 않다.

> 동자연(動自連) ― 동물자유연대(動物自由連帶)
> 소상연(小商聯) ― 소상공인연합회(小商工人聯合會)
> 전장연(全障連) ― 전국장애인차별철폐연대(全國障礙人差別撤廢連帶)
> 정의연(正義連) ― 일본군성노예제 문제 해결을 위한 정의기억연대(正義記憶連帶)

[붙임 4] 접두사처럼 쓰이는 한자가 붙어서 된 말이나 합성어의 경우에는 뒷말의 첫소리가 'ㄴ' 또는 'ㄹ'로 소리 나더라도 두음 법칙에 따라 적는다. 그런데 예시로 사용된 단어들의 표준 발음을 보면 뒷말의 첫소리가 'ㄴ' 또는 'ㄹ'로 소리 나지 않는 경우도 포함되어 있다.

> 역이용(逆利用)[여기용]   연이율(年利率)[연니율/여니율]
> 열역학(熱力學)[열려칵]   해외여행(海外旅行)[해ː외여행/해ː웨여행]

'역이용'과 '해외여행'이 그 예인데, 이처럼 접두사처럼 쓰이는 한자가 붙어서 된 말이나 합성어에서는 뒷말의 첫소리에 'ㄴ'이나 'ㄹ'이 첨가되든 첨가되지 않든 두음 법칙에 따라

적으면 된다.

> 미립자(微粒子), 소립자(素粒子)
> 수류탄(手榴彈), 파렴치(破廉恥)

위의 예들은 이러한 규정을 따르지 않은 예외처럼 보인다. 위의 예들이 접두사처럼 쓰이는 한자가 붙어서 된 말이나 합성어에 해당하는지 여부가 불분명한데, 어떻게 판단하느냐에 따라 적용 대상이 아니라고 볼 수도 있고 예외라고 볼 수도 있다. 참고로 『표준국어대사전』에서는 '미립자, 소립자'의 내부 경계를 '미립-자, 소립-자'로 표시한다.

'양(量)'은 단독으로 쓰일 때 '양'으로 적기 때문에 합성어의 뒷요소일 경우에도 두음 법칙에 따라 '양'으로 적을 것으로 예상된다. 그러나 예전부터 '작업량(作業量), 운동량(運動量), 소모량(消耗量)'처럼 표기했던 관례에 따라 합성어의 뒷요소일 경우에도 본음대로 적는다.

반면 '구름양(--量), 먹이양(--量), 벡터양(vector量)'과 같이 '양(量)'이 고유어나 외래어 뒤에 결합할 때는 두음 법칙을 적용하여 적는다.

[붙임 5] 고유 명사를 붙여 쓰거나 수를 붙여 쓰는 경우에도 [붙임 4]에 준하여 적는다. 다만 '학생 오륙 명'과 같이 수량이 다섯이나 여섯임을 나타내는 '오륙'의 경우에는 두음 법칙에 따라 적지 않는다. '오륙도(五六島)'도 마찬가지이다.

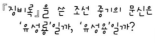
『징비록』을 쓴 조선 중기의 문신은 '유성룡'일까, '유성용'일까?

더 알아보기

　　과거에는 호적에 성명을 기록할 때 한자로만 표기를 하였으나 1994년 호적법 시행 규칙이 개정되면서 한자와 한글을 병기하게 되었다. 이후 1996년 호적에 한자 성을 한글로 표기할 경우 한글 맞춤법을 근거로 하여 두음 법칙에 따라 표기하도록 호적 예규에 새로운 조항이 신설되었다. 이에 그동안 성을 '라, 류' 등으로 표기했던 사람들이 문중을 중심으로 크게 반발하며 위헌 소송 등을 제기하였다.

　　그 결과 2007년 7월 20일 대법원에서 관련 조항을 개정하고 '호적상 한자 성의 한글표기에 관한 사무처리지침'을 제정하도록 판결을 하였다. 이를 통해 성씨를 본음대로 사용해 왔던 사람들이 별도의 신청을 통해 호적의 성씨 표기를 '라, 류' 등으로 다시 정정할 수 있게 되었다.

제12항 한자음 '라, 래, 로, 뢰, 루, 르'가 단어의 첫머리에 올 적에는, 두음 법칙에 따라 '나, 내, 노, 뇌, 누, 느'로 적는다.(ㄱ을 취하고, ㄴ을 버림.)

	ㄱ	ㄴ		ㄱ	ㄴ
	낙원(樂園)	락원	|	뇌성(雷聲)	뢰성
	내일(來日)	래일	|	누각(樓閣)	루각
	노인(老人)	로인	|	능묘(陵墓)	릉묘

[붙임 1] 단어의 첫머리 이외의 경우에는 본음대로 적는다.

쾌락(快樂)	극락(極樂)	거래(去來)	왕래(往來)
부로(父老)	연로(年老)	지뢰(地雷)	낙뢰(落雷)
고루(高樓)	광한루(廣寒樓)	동구릉(東九陵)	가정란(家庭欄)

[붙임 2] 접두사처럼 쓰이는 한자가 붙어서 된 단어는 뒷말을 두음 법칙에 따라 적는다.
    내내월(來來月)   상노인(上老人)   중노동(重勞動)   비논리적(非論理的)

한자음 '라, 래, 로, 뢰, 루, 르'는 단어의 첫머리에서 '나, 내, 노, 뇌, 누, 느'로 발음된다. 엄밀히 말하자면 '르'라는 한자음은 없지만 '르'에 종성이 첨가된 '름(凜), 릉(陵)' 등이 있기는 하다. 위의 목록에서 '러, 레, 뤼' 등이 빠진 것은 그렇게 발음되는 한자가 없기 때문이다. 이 경우에도 앞선 항에서와 마찬가지로 종성이 있는 음절을 포함하기 위해 조항의 내용을 다듬을 필요가 있다.

[붙임 1] 두음 법칙은 한자어의 첫머리에서만 적용되므로 단어의 첫머리가 아닌 경우에는 본음대로 적는다. '릉(陵)'과 '란(欄)'은 단독으로 쓰일 때 '능'과 '난'으로 적기 때문에 합성어의 뒷요소일 경우에도 두음 법칙에 따라 적을 것으로 예상된다. 그러나 관습적으로 '왕릉(王陵), 무령왕릉(武寧王陵)', '공란(空欄), 비고란(備考欄)' 등으로 표기해 왔기 때문에 이를 따라 단어의 첫머리가 아닐 때는 본음대로 적는다.

이와는 달리 '어린이난(--欄), 모임난(--欄), 가십난(gossip欄)'과 같이 '란(欄)'이 고유어나 외래어 뒤에 결합할 때는 두음 법칙을 적용하여 적는다. 이는 앞선 조항에서 '양(量)'이 고유어나 외래어 뒤에 결합할 때 두음 법칙을 적용하여 적었던 것과 마찬가지이다.

[붙임 2] 제10항의 [붙임 2], 제11항의 [붙임 4]와 비교해 보면 '합성어' 환경에 대한 제시가 빠져 있으나, 이 경우에도 역시 합성어 환경에서 다음과 같이 뒷말의 첫소리를

두음 법칙에 따라 적는다.

정신노동(精神勞動), 자유낙하(自由落下)
사상누각(砂上樓閣), 비빔냉면(--冷麵)

'높고 서늘한 곳'을 의미하는 '고랭지(高冷地)'는 '고-냉지'가 아닌 '고랭-지'로 분석된다고 보아 [붙임 1]에 따라 '랭(冷)'을 본음대로 적는다.

영국의 시인 밀턴이 지은 작품 '失樂園'은 '실락원'으로 적을까, '실낙원으로 적을까?

 더 알아보기

과거에는 야구 용어로 '루(壘)'를 사용했는데, 2006년 4월 야구용어위원회에서 야구 용어를 순화하면서 '루'를 두음 법칙에 맞게 '누'로 바꾸었다. 따라서 '루에 나가 있는 주자', '루상에 나가 있는 주자'는 '누에 나가 있는 주자' 또는 '누상에 나가 있는 주자'라고 하는 것이 옳다. '도루(盜壘)'나 '1루, 2루, 3루'와 같은 표기는 제12항 [붙임 1]에 따라 한자음을 본음대로 적은 것이다.

제6절 겹쳐 나는 소리

제13항 한 단어 안에서 같은 음절이나 비슷한 음절이 겹쳐 나는 부분은 같은 글자로 적는다.(ㄱ을 취하고, ㄴ을 버림.)

ㄱ	ㄴ		ㄱ	ㄴ
딱딱	딱닥		꼿꼿하다	꼿곳하다
쌕쌕	쌕색		놀놀하다	놀롤하다
씩씩	씩식		눅눅하다	눙눅하다
똑딱똑딱	똑닥똑닥		밋밋하다	민밋하다
쓱싹쓱싹	쓱삭쓱삭		싹싹하다	싹삭하다
연연불망(戀戀不忘)	연련불망		쌉쌀하다	쌉살하다

유유상종(類類相從)	유류상종	|	씁쓸하다	씁슬하다
누누이(屢屢-)	누루이	|	짭짤하다	짭잘하다

한 단어 안에서 같은 음절이나 비슷한 음절이 겹쳐 날 때는 이러한 반복을 표기를 통해 확인할 수 있도록 같은 글자로 적는다. '딱'과 '딱'의 반복을 '딱딱'으로 적고 '쓱'과 '싹'의 반복을 '쓱싹'으로 적는 식이다.

그런데 일반적으로 'ㄱ, ㅂ' 뒤에서는 'ㄱ, ㄷ, ㅂ, ㅅ, ㅈ' 등이 예외 없이 된소리로 발음되므로 이때의 된소리를 굳이 표기에 반영할 필요가 없다. 그러나 '딱'과 '딱'의 반복을 '딱닥'으로 적게 되면 같은 음절을 반복한다는 사실이 표기를 통해 잘 드러나지 않기 때문에 이 경우에는 예외적으로 같은 글자로 적어 주는 것이 좋다.

이를 반영하여 제5항에서는 'ㄱ, ㅂ' 받침 뒤에서 나는 된소리는 같은 음절이나 비슷한 음절이 겹쳐 나는 경우가 아니면 된소리로 적지 않는다고 규정하였다. 같은 음절이나 비슷한 음절이 겹쳐 나는 부분을 같은 글자로 적는다는 제13항의 내용을 우선순위에 둔 것이다.

'연연불망, 유유상종, 누누이' 등은 제11항의 [붙임 1]을 적용하면 '연련불망, 유류상종, 누루이'로 적어야 할 것이다. 그런데 실제 발음이 [연ː년불망], [유ː류상종], [누ː루이]가 아니라 [여ː년불망], [유ː유상종], [누ː누이]이기 때문에 반복되는 음절을 같은 글자로 적는다.

그러나 이러한 발음상의 특징을 보이지 않는 예들은 다음과 같이 제11항의 [붙임 1]을 적용하여 단어의 첫머리인 경우와 그렇지 않은 경우를 달리 적는다.

낙락(樂樂)하다 　　　　낙락장송(落落長松)

낭랑(朗朗)하다 　　　　냉랭(冷冷)하다

녹록(碌碌/錄錄)하다 　　늠름(凜凜)하다

역력(歷歷)하다 　　　　열렬(熱烈/烈烈)하다

'씁쓸하다'와 '짭짤하다'는 어원적으로 각각 어간 '쓰-'와 '짜-'가 반복된 것이다. '쓰다'와 '짜다'를 옛 문헌에서는 각각 '쁘다'와 '빠다'로 적었는데, '씁쓸하다', '짭짤하다'는 각각 '쁘- + 쁘- + -ㄹ + -ㅎ- + -다', '빠- + 빠- + -ㄹ + -ㅎ- + -다'와 같은 구성이 굳어져서 만들어진 것으로 보인다. 이들 단어에서 'ㅂ'을 받침으로 적는 것은 한글 맞춤법 제31항과 관련이 있다.

제4장 형태에 관한 것

제1절 체언과 조사

> **제14항** 체언은 조사와 구별하여 적는다.
>
> | | | | | |
> |---|---|---|---|---|
> | 떡이 | 떡을 | 떡에 | 떡도 | 떡만 |
> | 손이 | 손을 | 손에 | 손도 | 손만 |
> | 팔이 | 팔을 | 팔에 | 팔도 | 팔만 |
> | 밤이 | 밤을 | 밤에 | 밤도 | 밤만 |
> | 집이 | 집을 | 집에 | 집도 | 집만 |
> | 옷이 | 옷을 | 옷에 | 옷도 | 옷만 |
> | 콩이 | 콩을 | 콩에 | 콩도 | 콩만 |
> | 낮이 | 낮을 | 낮에 | 낮도 | 낮만 |
> | 꽃이 | 꽃을 | 꽃에 | 꽃도 | 꽃만 |
> | 밭이 | 밭을 | 밭에 | 밭도 | 밭만 |
> | 앞이 | 앞을 | 앞에 | 앞도 | 앞만 |
> | 밖이 | 밖을 | 밖에 | 밖도 | 밖만 |
> | 넋이 | 넋을 | 넋에 | 넋도 | 넋만 |
> | 흙이 | 흙을 | 흙에 | 흙도 | 흙만 |
> | 삶이 | 삶을 | 삶에 | 삶도 | 삶만 |
> | 여덟이 | 여덟을 | 여덟에 | 여덟도 | 여덟만 |
> | 곬이 | 곬을 | 곬에 | 곬도 | 곬만 |
> | 값이 | 값을 | 값에 | 값도 | 값만 |

체언은 어휘적인 의미를 가진 어휘 형태소이고, 조사는 문법적인 기능을 하는 문법 형태소이다. 어휘 형태소와 문법 형태소는 성격이 다르므로 각각의 형태를 구별해서 적어야 의미를 쉽게 파악할 수 있다.

떠기	떠글	떠게	떡도	떡만
소니	소늘	소네	손도	손만

체언과 조사의 형태를 구별하지 않고 '떠기, 떠글, 떠게', '소니, 소늘, 소네'와 같이 연철 표기를 하면 '떡'과 '손'이라는 어휘 형태소가 시각적으로 잘 구별되지 않으며, 이는 '이, 을, 에' 등의 문법 형태소의 경우에도 마찬가지이다. 이에 따라 체언과 조사의 형태를 구별하여 적도록 규정하였다.

제2절 어간과 어미

제15항 용언의 어간과 어미는 구별하여 적는다.

먹다	먹고	먹어	먹으니
신다	신고	신어	신으니
믿다	믿고	믿어	믿으니
울다	울고	울어	(우니)
넘다	넘고	넘어	넘으니
입다	입고	입어	입으니
웃다	웃고	웃어	웃으니
찾다	찾고	찾아	찾으니
좇다	좇고	좇아	좇으니
같다	같고	같아	같으니
높다	높고	높아	높으니
좋다	좋고	좋아	좋으니
깎다	깎고	깎아	깎으니
앉다	앉고	앉아	앉으니
많다	많고	많아	많으니
늙다	늙고	늙어	늙으니
젊다	젊고	젊어	젊으니
넓다	넓고	넓어	넓으니
훑다	훑고	훑어	훑으니
읊다	읊고	읊어	읊으니
옳다	옳고	옳아	옳으니
없다	없고	없어	없으니
있다	있고	있어	있으니

[붙임 1] 두 개의 용언이 어울려 한 개의 용언이 될 적에, 앞말의 본뜻이 유지되고 있는 것은 그 원형을 밝히어 적고, 그 본뜻에서 멀어진 것은 밝히어 적지 아니한다.

(1) 앞말의 본뜻이 유지되고 있는 것

　　　넘어지다　늘어나다　늘어지다　돌아가다　되짚어가다
　　　들어가다　떨어지다　벌어지다　엎어지다　접어들다
　　　틀어지다　흩어지다

(2) 본뜻에서 멀어진 것

　　　드러나다　사라지다　쓰러지다

[붙임 2] 종결형에서 사용되는 어미 '-오'는 '요'로 소리 나는 경우가 있더라도 그 원형을 밝혀 '오'로 적는다.(ㄱ을 취하고, ㄴ을 버림.)

ㄱ	ㄴ
이것은 책이오.	이것은 책이요.
이리로 오시오.	이리로 오시요.
이것은 책이 아니오.	이것은 책이 아니요.

[붙임 3] 연결형에서 사용되는 '이요'는 '이요'로 적는다.(ㄱ을 취하고, ㄴ을 버림.)

ㄱ	ㄴ
이것은 책이요, 저것은 붓이요, 또 저것은 먹이다.	이것은 책이오, 저것은 붓이오, 또 저것은 먹이다.

　　체언과 조사의 경우와 마찬가지로 어간과 어미의 경우에도 각각의 형태를 구별하여 적는 것이 효율적이다.

　　먹다　　먹고　　머거　　머그니
　　앉다　　앉고　　안자　　안즈니

　　어간과 어미의 형태를 구별하여 적지 않고 '머거, 머그니', '안자, 안즈니'와 같이 연철 표기를 하면 어간과 어미의 형태를 제대로 파악하기가 어렵다. 이에 따라 어간과 어미의 형태를 구별하여 적도록 규정하였다.

[붙임 1] 두 개의 용언이 결합하여 새로운 용언이 된 경우에 앞말의 본뜻이 유지되고 있으면 그 원형을 밝혀 적고, 앞말의 본뜻이 유지되고 있지 않으면 앞말의 원형을 밝혀 적지 않는다.

(1)의 예들은 두 용언이 결합하여 합성어를 이룰 때 선행 구성 요소의 의미가 잘 유지되고 있다고 본 것이다.

넘어지다 - 넘다 + 지다   늘어나다 - 늘다 + 나다
늘어지다 - 늘다 + 지다   돌아가다 - 돌다 + 가다
되짚어가다 - 되짚다 + 가다   들어가다 - 들다 + 가다
떨어지다 - 떨다 + 지다   벌어지다 - 벌다 + 지다
엎어지다 - 엎다 + 지다   접어들다 - 접다 + 들다
틀어지다 - 틀다 + 지다   흩어지다 - 흩다 + 지다

이 중 '넘어지다'의 경우에는 동사 '넘다[越]'의 의미가 잘 드러나지 않는 것처럼 보이지만, 장애물에 걸려 두 발이 땅에서 떨어졌다가 엎드러지는 경우를 생각해 보면 '넘다'의 의미가 반영되어 있는 것으로 볼 수 있다. '떨어지다'의 '떨다'는 '밤을 떨다, 먼지를 떨다'의 '떨다'와 관련이 있고, '벌어지다'의 경우에는 지금은 잘 사용하지 않지만 '틈이 나서 사이가 뜨다'라는 의미의 '벌다'와 관련이 있다. '접어들다'의 '접다'는 '꺾어서 겹치다, 꺾어서 만들다'의 의미와 관련이 있다.

(2)의 예들은 어원적으로는 두 용언이 결합하여 한 단어가 된 것이지만, 선행 구성 요소의 의미가 잘 드러나지 않거나 선행 구성 요소가 사어(死語)가 되면서 합성어의 내부 구성이 분석되지 않는 경우에 해당한다. 어원적으로 합성어 여부가 불분명한 경우도 이에 해당한다. '드러나다, 사라지다, 쓰러지다' 외에도 다음과 같은 예들이 있다.

'지다'류: 거꾸러지다, 구부러지다, 나동그라지다, 널브러지다, 두드러지다, 부서지다, 부러지다, 불거지다, 자빠지다, 자지러지다, 토라지다
'나다'류: 나타나다, 드러나다, 우러나다
'들다'류: 갈마들다, 누그러들다, 수그러들다, 오그라들다, 움츠러들다

위의 예 중 '부서지다'를 '부숴지다'로 잘못 적는 경우가 많은데, 이는 '부서지다'를 '부수어

지다'의 준말로 잘못 이해한 것이다. 현대 국어 '부수다'의 중세 국어 어형은 '브스다'로서 원순모음화 'ㅡ〉ㅜ' 등의 변화를 거쳐 지금의 '부수다'가 되었다. 반면 '부서지다'의 중세 국어 어형은 '브어디다/붓어디다'로 이는 '브스다'와 '디다'가 결합한 합성어이다. '브어디디/붓어디다'는 구개음화 규칙의 적용을 받아 지금의 '부서지다'가 되었다. 이러한 역사적인 변화를 존중하여 '부서지다'를 표준어로 삼는다.

물론 현대 국어의 공시태에서 '부수다'와 '지다'가 결합하여 '부수어지다'가 만들어지고 이 '부수어지다'가 축약되어 '부숴지다'가 만들어질 수도 있다. 그러나 아직까지는 '부서지다'와 '부숴지다'를 복수 표준어로 인정하지 않고 '부서지다'만을 표준어로 인정한다.

한편 '드러나다'를 '들어나다'로 잘못 적는 경우가 많다. 어원적으로 '들다'와 '나다'가 결합하여 '드러나다'가 되었을 가능성이 높지만, 이 단어에서 '들다'의 의미가 잘 드러나지 않기 때문에 '드러나다'와 같이 소리 나는 대로 적는다. 반면 '들어가다, 들어오다'의 경우에는 '들다'의 의미가 잘 유지되므로 앞말의 원형을 밝혀 적는다.

[붙임 2] 종결 어미 '-오'는 모음 'ㅣ' 뒤에서 [요]로 발음되는 경향이 있으나, 다른 모음 뒤에서는 '지금 가오.', '편지를 보내오.'와 같이 [오]로 발음된다. 따라서 이 종결 어미의 원형을 '-오'로 볼 수 있기 때문에 [요]로 발음되는 경우가 있더라도 일관되게 표기를 '오'로 통일한다.

[붙임 3] 반면 연결형의 경우에는 '-오'가 항상 서술격 조사 '이-' 뒤에 결합하여 [이요]로 발음되는 경향을 보이는데, 이러한 쓰임이 굳어졌다고 보아 '이요'로 표기를 한다. 중세 국어에서는 서술격 조사 '이-'와 연결 어미 '-고'가 결합할 때 'ㄱ'이 탈락하여 '民은 百姓이오 音은 소리니'와 같이 연결형을 '이오'로 표기하였다. 이 '이오'의 현실 발음을 표기에 반영한 것이 현대 국어의 연결형 '이요'이다. 한편 현대 국어에서는 중세 국어의 'ㄱ' 탈락형인 '이오'에서 'ㄱ'이 다시 복원되어 연결형으로 '이고'가 쓰이기도 한다. 이에 따라 지금은 다음과 같이 동일한 구성에서 유래한 두 가지 형태의 연결형을 선택적으로 사용할 수 있게 되었다.

이것은 책이요, 저것은 붓이다.
이것은 책이고, 저것은 붓이다.

제16항 어간의 끝음절 모음이 'ㅏ, ㅗ'일 때에는 어미를 '-아'로 적고, 그 밖의 모음일 때에는 '-어'로 적는다.

1. '-아'로 적는 경우

나아	나아도	나아서
막아	막아도	막아서
얇아	얇아도	얇아서
돌아	돌아도	돌아서
보아	보아도	보아서

2. '-어'로 적는 경우

개어	개어도	개어서
겪어	겪어도	겪어서
되어	되어도	되어서
베어	베어도	베어서
쉬어	쉬어도	쉬어서
저어	저어도	저어서
주어	주어도	주어서
피어	피어도	피어서
희어	희어도	희어서

어간과 어미가 결합할 때 어간의 끝음절 모음에 따라 어미의 첫음절 모음이 'ㅏ'와 'ㅓ'로 달라지는 경우가 있는데, 이때는 소리 나는 대로 적는다. 구체적으로 어간의 끝음절 모음이 'ㅏ, ㅑ, ㅗ'일 때는 어미의 첫음절 모음을 'ㅏ'로 적고, 어간의 끝음절 모음이 그 밖의 모음일 때는 어미의 첫음절 모음을 'ㅓ'로 적는다.

위의 조항에서는 어간의 끝음절 모음이 'ㅏ, ㅗ'일 때 어미를 '-아'로 적는다고 했지만, 용례 중에 '얇아'가 있으므로 'ㅏ, ㅗ'에 'ㅑ'를 더하여 어간의 끝음절 모음이 'ㅏ, ㅑ, ㅗ'일 때 어미를 '-아'로 적는다고 기술하는 것이 더 정확하다.

이렇게 어간의 모음에 따라 후행하는 어미의 모음이 달라지는 현상을 모음 조화 현상이라고 한다. 우리말의 모음 조화 현상은 양성 모음은 양성 모음끼리, 음성 모음은 음성 모음끼리 어울리는 현상이다. 현대 국어의 모음 조화 현상은 '졸졸, 줄줄', '반짝, 번쩍'과 같이 의성어나 의태어의 내부에서 일어나기도 하고, '막어, 먹어'와 같이 어간과 어미가 결합할 때 일어나기도 한다. 모음 조화 현상의 영향을 받는 어미로는 '-아/-어, -아서/-어서, -아라/-어라,

-아도/-어도, -아야/-어야, -았-/-었-' 등이 있다.

양성 모음은 어감이 밝고 산뜻한 모음으로 'ㅏ, ㅗ, ㅑ, ㅛ, ㅘ, ㅚ, ㅐ, ㅒ' 등이 이에 해당하고, 음성 모음은 어감이 어둡고 큰 모음으로 'ㅓ, ㅜ, ㅕ, ㅠ, ㅝ, ㅟ, ㅔ, ㅖ' 등이 이에 해당한다. 그러나 어간과 어미가 결합할 때는 어간의 첫음절 모음이 'ㅏ, ㅑ, ㅗ'일 때만 양성 모음으로 기능하고 나머지 모음들은 음성 모음으로 기능한다.

2의 예시를 보면 어간의 끝음절 모음이 'ㅡ'인 경우가 빠져 있는데, 이 경우에는 어간 끝모음 'ㅡ'의 탈락으로 인해 어미를 '어'로 표기할 수 없다. 예를 들어 '뜨-'와 '-어'의 결합은 '뜨어'가 아닌 '떠'가 되기 때문에 위 조항의 적용 대상이 되지 못하는 것이다. 또한 모음 조화의 양상도 조금 다르게 나타나는데, 어간의 끝음절 모음이 'ㅡ'인 경우에 대해서는 한글 맞춤법 제18항의 4에서 따로 설명한다.

구어에서는 '막어, 잡어'와 같이 어간의 모음과 상관없이 어미의 모음을 음성 모음인 'ㅓ'로 실현시키기도 한다. 그러나 이러한 발음과 표기를 규범에서는 올바른 것으로 인정하지 않는다.

제17항 어미 뒤에 덧붙는 조사 '요'는 '요'로 적는다.

읽어	읽어요
참으리	참으리요
좋지	좋지요

'읽어요', '잡아요' 등에서 분석되는 종결 어미 '-어요/-아요'는 어미 '-어/-아'와 보조사 '요'가 결합한 것이다. 보조사 '요'는 다음과 같이 매우 다양한 환경에서 출현하지만 항상 [요]로 발음되기 때문에 소리 나는 대로 '요'로 적는다.

그럼요, 제가요 이래뵈도요 예전에는요 꽤나요 날렵했어요.

오늘요 잠깐요 시간 있으면요 차 한 잔 해요.

위와 같이 조사 '요'는 분포에 제한이 거의 없어 주어나 목적어, 부사어, 서술어 등 다양한 문장 성분 뒤에 결합하며, 어휘 형태소는 물론 조사와 어미와 같은 문법 형태소 뒤에도 결합한다.

조사 '요'는 앞말이 자음으로 끝나든 모음으로 끝나든 형태가 변하지 않고 '요'로 실현되는 것이 일반적이다.

두 사람요.　　　짜장면요.　　　가득요.

두 봉지요.　　　칼국수요.　　　빨리요.

그런데 문장의 끝에서 앞말이 자음으로 끝날 때는 다음과 같이 '이요'를 붙이기도 한다.

두 사람이요.　　　짜장면이요.　　　가득이요.

얼마 전까지만 하더라도 위와 같은 표현은 어법에 맞지 않는 것으로 보았다. 그러나 2021년에 『표준국어대사전』의 표제어로 조사 '이요'가 등재됨에 따라 이제는 마음 놓고 "짜장면이요."라고 말할 수 있게 되었다.

어떤 경고 문구가 옳을까?

더 알아보기

　　　상대방에게 부정적으로 대답할 때 '아니오'로 적는 것이 맞을까, '아니요'로 적는 것이 맞을까? 사실 이 두 표현은 형태론적인 구성이 다르다. '아니오'는 어간 '아니-'에 종결 어미 '-오'가 결합한 구성이고, '아니요'는 감탄사 '아니'에 보조사 '요'가 결합한 구성이다.

　　'아니오'의 '-오'가 종결 어미라면 '아니오'는 하오체의 종결 표현이 된다. 그런데 지금은 하오체를 거의 쓰지 않기 때문에 하오체로 대답하는 상황을 생각하기가 쉽지 않다. 또한 '아니오'가 하오체의 종결 표현이라면 호응하는 주어가 있어야 하는데, 대답하는 말에서는 '아니오'와 호응하는 주어를 찾기가 쉽지 않다.

반면 보조사 '요'는 '글쎄요', '그럼요'처럼 감탄사 뒤에 붙어 상대방을 존대하는 기능을 담당할 수 있다. 부정적으로 대답하는 경우에도 감탄사 '아니'에 보조사 '요'를 붙여서 상대방을 존대하는 것이 가능하다. 따라서 부정적으로 대답하는 말은 김딘사 '이니' 뒤에 보조사 '유'가 붙은 것으로 보아 '아니요'로 적는 것이 옳다.

제18항 다음과 같은 용언들은 어미가 바뀔 경우, 그 어간이나 어미가 원칙에 벗어나면 벗어나는 대로 적는다.

1. 어간의 끝 'ㄹ'이 줄어질 적

갈다:	가니	간	갑니다	가시다	가오
놀다:	노니	논	놉니다	노시다	노오
불다:	부니	분	붑니다	부시다	부오
둥글다:	둥그니	둥근	둥급니다	둥그시다	둥그오
어질다:	어지니	어진	어집니다	어지시다	어지오

[붙임] 다음과 같은 말에서도 'ㄹ'이 준 대로 적는다.
마지못하다   마지않다   (하)다마다   (하)자마자
(하)지 마라   (하)지 마(아)

어간과 어미가 결합할 때 '어간이나 어미가 원칙에 벗어난다'는 것은 용언의 활용형이 불규칙하다는 것을 의미한다. 그러나 제시된 여러 유형 중 어간의 끝 'ㄹ'이 줄어드는 경우와 어간의 끝 'ㅡ'가 줄어드는 경우는 주어진 환경에서 항상 규칙적으로 그러한 모습을 보이므로 불규칙 활용이 아닌 규칙 활용으로 분류하는 것이 일반적이다.

따라서 '어간이나 어미가 원칙에 벗어난다'는 설명은 적절하지 않다. 어간이나 어미가 원칙에 벗어나면 벗어나는 대로 적는다기보다는 어간이나 어미의 형태가 바뀔 경우 바뀐 대로 적는다고 표현하는 것이 적절할 것이다.

각각의 항목을 살펴보면 변화의 양상을 '줄어지는 것'과 '바뀌는 것'으로 분류하였는데, 이때 줄어진다는 표현 역시 적절한 표현이 아니다. '줄다'는 작아지는 것, 즉 '축소'를 의미하는데, 'ㄹ'이나 'ㅅ'이 줄어진다고 표현한 상황을 보면 이 음들이 축소되는 것이 아니라 없어지는 것, 즉 '탈락'에 해당하므로 줄어진다기보다는 탈락한다고 표현하는 것이 적절하다.

1. 어간의 끝 'ㄹ'의 탈락은 특정한 환경에서 예외 없이 일어나므로 규칙 활용에 해당한다.

그러나 다음과 같이 'ㄹ'이 탈락해야 할 환경에서 'ㄹ'을 탈락시키지 않는 경우도 있는데, 이는 올바른 활용형으로 인정하지 않는다.

아이가 <u>울을</u> 때 어떻게 달래야 하나요?
오늘은 밖에 나가 <u>놀을</u> 거예요.
모퉁이를 <u>돌을</u> 때 넘어지지 않게 조심해라.

하늘을 <u>날으는</u> 신기한 자동차
내겐 너무나 <u>낯설은</u> 풍경
<u>거칠은/거치른</u> 벌판으로 달려가자.
나뭇가지에 구슬을 <u>매달은</u> 듯 이슬이 맺혀 있다.
깜빡 <u>졸은</u> 게 아니라 푹 주무신 거 같은데?
전년에 비해 매출이 두 배 이상 <u>늘은</u> 것으로 분석됐다.

[붙임] '마지못하다, 마지않다, 마다하다, -다마다, -자마자' 등은 원래 '말지 못하다, 말지 않다, 말다 하다, -다 말다, -자 말자'와 같은 구 구성에서 유래한 것으로, 어간 '말-'의 종성 'ㄹ'이 탈락하면서 그 형태가 관용적으로 굳어진 것이다. 이 외에도 '멀지 않다'에서 어간 끝의 'ㄹ'이 탈락하면서 한 단어로 굳어진 '머지않다'의 예가 있다.

'말다'는 명령형 어미 '-아', '-아라', '-아요' 등이 결합할 때 다음과 같이 어간 끝의 'ㄹ'이 탈락하기도 하고 탈락하지 않기도 한다.

	본말	준말
어미 '-아'	하지 말아	하지 마
어미 '-아라'	하지 말아라	하지 마라
어미 '-아요'	하지 말아요	하지 마요

예전에는 준말인 '마, 마라, 마요'만을 표준형으로 인정했으나, 2015년 말에 본말인 '말아, 말아라, 말아요'도 표준형으로 인정하여, 현재는 본말과 준말이 모두 올바른 어형에 해당한다.

한편 문어체의 명령이나 구호, 간접 인용법 등에서는 다음과 같이 '말라'를 사용한다.

그대여, 나를 떠나지 <u>말라</u>.

더 이상 국민의 혈세를 낭비하지 <u>말라</u>!

엄마가 땅에 떨어진 음식은 먹지 <u>말라</u>고 했어요.

---

2. 어간의 끝 'ㅅ'이 줄어질 적

긋다:	그어	그으니	그었다
낫다:	나아	나으니	나았다
잇다:	이어	이으니	이었다
짓다:	지어	지으니	지었다

'긋다, 낫다, 잇다, 짓다' 등은 모음으로 시작하는 어미와 결합할 때 종성 'ㅅ'이 탈락하지만, '웃다, 빗다, 솟다, 빼앗다' 등은 같은 환경에서 종성 'ㅅ'이 탈락하지 않는다. 종성 'ㅅ'이 탈락할 경우 발음대로 적는다.

---

3. 어간의 끝 'ㅎ'이 줄어질 적

그렇다:	그러니	그럴	그러면	그러오
까맣다:	까마니	까말	까마면	까마오
동그랗다:	동그라니	동그랄	동그라면	동그라오
퍼렇다:	퍼러니	퍼럴	퍼러면	퍼러오
하얗다:	하야니	하얄	하야면	하야오

'그렇다, 까맣다, 동그랗다, 퍼렇다, 하얗다' 등은 일부 활용형에서 종성 'ㅎ'이 탈락하거나 어미의 형태가 바뀌지만, '좋다, 놓다, 넣다' 등은 규칙적으로 활용하는 모습을 보인다. 특히 전자의 경우에는 '그래, 까매, 동그래, 퍼래, 하얘'처럼 'ㅎ'이 떨어지면서 어미의 형태가 바뀌기도 한다.

ㅎ불규칙 용언이 어미 '-네'와 결합할 때는 다음과 같이 어간 끝의 'ㅎ'이 탈락하기도 하고 탈락하지 않기도 한다.

은행잎이 정말 노랗네/노라네.

말하기가 좀 그렇네/그러네.

예전에는 '노라네, 그러네'와 같이 'ㅎ'이 탈락한 형태만 표준형으로 인정을 했으나, 2015년 말에 'ㅎ'이 탈락하지 않은 형태를 추가로 인정하면서 지금은 두 경우 모두 올바른 표현으로 인정한다.

그럽니다, 까맙니다, 동그랍니다, 퍼럽니다, 하얍니다

위의 활용형은 1988년 한글 맞춤법이 고시될 당시에 활용형의 예시로 포함되어 있었지만, 1994년에 국어 심의 회의에서 삭제를 결정함에 따라 이후 고시본에서 자취를 감추었다. 위의 예들이 제외된 것은 표준어 사정 원칙 때문이다. 표준어 사정 원칙 제17항에서는 어미 '-읍니다'를 인정하지 않고 자음 뒤에서는 어미 '-습니다'가, 모음 뒤에서는 '-ㅂ니다'가 결합하는 것으로 보았다.

이에 따르면 어간 '그렇-, 까맣-, 동그랗-, 퍼렇-, 하얗-' 뒤에는 어미 '-읍니다'가 결합할 수 없기 때문에 '그럽니다, 까맙니다, 동그랍니다, 퍼럽니다, 하얍니다'는 잘못된 활용형이 된다. 결과적으로 '그렇습니다, 까맣습니다, 동그랗습니다, 퍼렇습니다, 하얗습니다'는 올바른 활용형으로 인정하지만, '그럽니다, 까맙니다, 동그랍니다, 퍼럽니다, 하얍니다'는 올바른 활용형으로 인정하지 않는다.

그러나 '그럽니다, 까맙니다, 동그랍니다, 퍼럽니다, 하얍니다'는 일상 대화에서 흔히 사용하는 활용형이다. 전혀 어색하지 않기 때문에 문법적으로 자연스럽게 도출된 어형일 가능성이 높다.

'그렇다'의 활용형으로 '그러'(그렇- + -어)가 아닌 '그래'를 인정하는 것은 이 활용형이 준말인 '그렇-'이 아니라 본말인 '그러하-'에서 출발했기 때문이다. 즉, '그러하- + -어'가 '그러해'가 된 후 '그러해 → 그러애 → 그래'의 과정을 거친 것으로 보인다.

그렇다면 '그럽니다'도 '그렇-'이 아닌 '그러하-'로부터 시작하여 '그러합니다(그러하- + -ㅂ니다) → 그러압니다 → 그럽니다'의 과정을 거쳤을 가능성이 높다. 이렇게 본다면 한글 맞춤법을 처음 고시했을 때처럼 '그럽니다, 까맙니다, 동그랍니다, 퍼럽니다, 하얍니다'와 같은 활용형을 올바른 형태로 인정할 수 있을 것이다.

어간 말 자음이 'ㄹ'인 용언의 경우 예외적으로 '-습니다'가 아닌 '-ㅂ니다'와 결합하여 '놉니다(놀- + -ㅂ니다)'가 되는 현상도 참고할 만하다. 이미 이러한 예외가 있고 '노랗네'와 '노라네'를 모두 표준형으로 인정하는 사례도 있기 때문에 '노랗습니다'와 '노랍니다'를 모두 표준형으로 인정하는 것이 오히려 합리적이다.

4. 어간의 끝 'ㅜ, ㅡ'가 줄어질 적

푸다:	퍼	펐다		뜨다:	떠	떴다
끄다:	꺼	껐다		크다:	커	컸다
담그다:	담가	담갔다		고프다:	고파	고팠다
따르다:	따라	따랐다		바쁘다:	바빠	바빴다

'쑤다, 주다, 바꾸다' 등은 '쑤어, 주어, 바꾸어'와 같이 모음으로 시작하는 어미와 결합해도 어간의 형태가 바뀌지 않지만, '푸다'의 경우에는 '퍼'와 같이 모음으로 시작하는 어미와 결합할 때 어간의 'ㅜ'가 탈락한다. 이처럼 어간의 'ㅜ'가 탈락하는 용언은 '푸다'가 유일한데, 이는 '푸다'의 고형이 '프다'였던 점과 관련이 있다.

중세 국어: 프다, 프고, 프니, 프며, 퍼

현대 국어: 푸다, 푸고, 푸니, 푸며, 퍼

위와 같이 중세 국어의 '프다'는 어간의 모음 'ㅡ'가 규칙적으로 탈락하는 용언이었으나, 이후 선행 자음의 영향으로 'ㅡ'가 'ㅜ'로 바뀌면서 '프다'가 '푸다'로 바뀌게 되었다. 그러나 이러한 변화에도 불구하고 모음으로 시작하는 어미와 결합할 때는 과거의 활용형이 그대로 유지되어 결과적으로 '푸다'는 불규칙하게 활용하는 용언이 되었다.

'뜨다, 끄다, 크다, 담그다, 고프다, 따르다, 바쁘다' 등은 모음으로 시작하는 어미와 결합할 때 규칙적으로 어간의 모음 'ㅡ'가 탈락한다. 어간이 단음절일 때는 결합하는 어미의 모음이 음성 모음으로 실현되지만, 어간이 다음절일 때는 다음과 같이 어간의 첫음절 모음에 따라 어미의 모음이 달라진다.

고프- + -아 → 고파   바쁘- + -아 → 바빠

예쁘- + -어 → 예뻐   어설프- + -어 → 어설퍼

'실물을 본따 만든 모형'과 같이 '본뜨다'의 활용형을 '본따'라고 하는 경우가 있는데, 이때의 '본뜨다'는 '본'과 '뜨다'가 결합한 말이기 때문에 '본따'가 아니라 '본떠'라고 하는 것이 옳다.

또한 '잠그- + -아', '담그- + -아'를 '잠궈', '담궈'라고 하는 경향이 있는데, 어간이 '잠구

-', '담구-'가 아니라 '잠그-', '담그-'이기 때문에 '잠가', '담가'라고 하는 것이 옳다. 과거형
도 '잠궜다', '담궜다'가 아니라 '잠갔다', '담갔다'라고 하는 것이 옳다.

---

5. 어간의 끝 'ㄷ'이 'ㄹ'로 바뀔 적

걷다[步]:	걸어	걸으니	걸었다
듣다[聽]:	들어	들으니	들었다
묻다[問]:	물어	물으니	물었다
싣다[載]:	실어	실으니	실었다

'걷다[步], 듣다[聽], 묻다[問], 싣다[載]' 등은 모음으로 시작하는 어미와 결합할 때 종성
'ㄷ'이 'ㄹ'로 바뀌지만, '굳다, 닫다, 믿다, 받다' 등은 같은 환경에서 아무런 변화도 일어나지
않는다. 전자처럼 종성 'ㄷ'이 'ㄹ'로 바뀌는 경우에는 발음대로 적는다.
　흔히 라면이 국물을 흡수하여 부피가 커질 때 다음과 같이 말하는 경향이 있다.

　　빨리 와. 라면 뿐다.
　　빨리 와. 라면 뿐는다.

　그러나 물에 젖어서 부피가 커진다는 의미를 가진 동사의 기본형은 '뿐다'가 아니라
'붇다'이다. 따라서 '붇는다'가 올바른 표현이다. 이 '붇다'는 ㄷ 불규칙 활용을 하는 동사로서
모음으로 시작하는 어미와 결합을 하면 '불어, 불었다'와 같이 활용한다. 이때 어간의 기본형
을 '불-'로 잘못 분석을 하고 어두 경음화를 시킨 결과 '뿐다, 뿐는다'와 같은 잘못된 활용형을
표현하게 된 것으로 보인다.

　　TV는 사랑을 싣고.
　　물건을 가득 싣고 왔다.
　　수레에 물건을 가득 싣는다.

　'싣다'는 ㄷ 불규칙 활용을 하는 동사이지만, 자음으로 시작하는 어미 앞에서는 종성
'ㄷ'이 'ㄹ'로 바뀌지 않는다. 그런데 흔히 '싣고'를 [실코]로, '싣는다'를 [실른다]로 발음하는
경향이 있다. '싣다'의 기본형이 '싫다'인 것처럼 활용을 하는 것인데, 이는 올바른 발음이

아니다. 이 발음의 영향으로 '싣고'를 '실고' 또는 '실코'로, '싣는다'를 '실는다'로 적기도 하는데, 이 역시 올바른 표기가 아니다.

---

6. 어간의 끝 'ㅂ'이 'ㅜ'로 바뀔 적

깁다:	기워	기우니	기웠다
굽다[炙]:	구워	구우니	구웠다
가깝다:	가까워	가까우니	가까웠다
괴롭다:	괴로워	괴로우니	괴로웠다
맵다:	매워	매우니	매웠다
무겁다:	무거워	무거우니	무거웠다
밉다:	미워	미우니	미웠다
쉽다:	쉬워	쉬우니	쉬웠다

다만, '돕-, 곱-'과 같은 단음절 어간에 어미 '-아'가 결합되어 '와'로 소리 나는 것은 '-와'로 적는다.

돕다[助]:	도와	도와서	도와도	도왔다
곱다[麗]:	고와	고와서	고와도	고왔다

'깁다, 굽다[炙], 가깝다, 괴롭다, 맵다, 무겁다, 밉다, 쉽다' 등은 모음으로 시작하는 어미와 결합할 때 종성 'ㅂ'이 'ㅜ'로 바뀌지만, '입다, 굽다[曲], 뽑다, 잡다, 좁다' 등은 같은 환경에서 종성 'ㅂ'이 'ㅜ'로 바뀌지 않는다.

'줍다'를 '줏어, 줏어라'와 같이 활용하는 경우가 있는데, 이는 잘못된 것이다. '줏다'는 원래 '줍다'의 고형이다. '줏다'는 과거에 ㅅ 불규칙 활용을 하였는데, 이 '줏다'의 활용형 '주어(줏- + -어)'를 사람들이 '주워'로 발음하면서 이를 '줍다'의 ㅂ 불규칙 활용형으로 잘못 분석하게 되었고, 그 결과 '줏다'가 '줍다'로 바뀌게 되었다.

그런데 남부 방언에서는 아직도 고형인 '줏다'를 유지하고 있다. 다만, 중세 국어와 다른 점은 중세 국어의 '줏다'는 ㅅ 불규칙 활용을 하지만, 남부 방언의 '줏다'는 '줏어, 줏은'과 같이 규칙 활용을 한다는 점이다. 이 남부 방언의 활용형이 영향을 미쳐 '줏어, 줏어라'와 같은 표현이 전국적으로 유행을 하게 된 것 같다. 고어 '줏다'의 흔적은 부사 '주섬주섬'에서도 발견된다.

어간의 끝 'ㅂ'이 'ㅜ'로 바뀔 때는 이 'ㅜ'를 생략하지 않는다. 예를 들어 '더운, 가까운'을 '던, 가깐'이라고 하지 않는다. 접미사 '-스럽-'이나 '-롭-'이 결합한 단어의 경우 다음과 같이 'ㅜ'를 생략하는 경우가 있는데, 이는 잘못된 것이다.

> 사랑스런 우리집 강아지.
> 자랑스런 태극기 앞에 조국과 민족의 영광을 위하여.
> 이 괴론 세상에 나 혼자만 있는 것은 아니니 힘을 냅시다.

　다만 단어에 따라 '군밤', '간지럼', '미끄럼(틀)'과 같이 'ㅜ'의 생략을 인정하기도 한다. 또한 '부끄럽다'와 '더럽다의 파생 명사로는 각각 '부끄러움'과 '부끄럼', '더러움'과 '더럼'을 모두 인정한다. '어지럼(증)'도 'ㅜ'의 생략을 인정하는 경우에 해당한다.

　'도와, 고와'처럼 '돕-, 곱-'과 같은 단음절 어간에 어미 '-아'가 결합되어 '와'로 소리 나는 것은 '-와'로 적는다. 예전에는 다음절 어간인 경우에도 '가까와, 고마와, 아름다와', '무거워, 싱거워, 미끄러워'처럼 모음 조화 현상에 따라 '와'와 '워'를 구별하여 적었으나, 지금은 다음절 어간의 경우에는 항상 '워'로 적는다.

---

7. '하다'의 활용에서 어미 '-아'가 '-여'로 바뀔 적

　　　하다:　　하여　　　하여서　　　하여도　　　하여라　　　하였다

　'하여, 하여서, 하여도, 하여라, 하였다'와 같이 '하-' 뒤에서는 어미가 '-여'나 '-였-' 등으로 실현된다. 이 '하여, 하여서, 하여도, 하여라, 하였다'를 줄여서 '해, 해서, 해도, 해라, 했다'라고 하기도 한다.

---

8. 어간의 끝음절 '르' 뒤에 오는 어미 '-어'가 '-러'로 바뀔 적

　　　이르다[至]:　　이르러　　　이르렀다
　　　노르다:　　　　노르러　　　노르렀다
　　　누르다:　　　　누르러　　　누르렀다
　　　푸르다:　　　　푸르러　　　푸르렀다

　'이르다[至], 노르다, 누르다, 푸르다' 등은 '이르러, 노르러, 누르러, 푸르러'와 같이 어간의 끝음절 '르' 뒤에서 어미 '-어'가 '-러'의 형태를 취한다. 반면 '치르다, 들르다'는 '치러,

들러'와 같이 어간의 끝음절 모음 '一'가 탈락하는 규칙 활용의 양상을 보인다.

'이르다, 누르다, 푸르다'는 중세 문헌에서 '니르다, 누르다, 프르다'의 형태로 쓰이기도 했지만 '니를다, 누를다, 프를다'의 형태로 쓰이기도 했다. 따라서 '이르러, 누르러, 푸르러'와 같은 불규칙 활용형은 중세 국어 '니를다, 누를다, 프를다'의 규칙적인 활용형이 반영된 흔적이라고 할 수 있다.

---

9. 어간의 끝음절 '르'의 '一'가 줄고, 그 뒤에 오는 어미 '-아/-어'가 '-라/-러'로 바뀔 적

가르다:	갈라	갈랐다		부르다:	불러	불렀다
거르다:	걸러	걸렀다		오르다:	올라	올랐다
구르다:	굴러	굴렀다		이르다:	일러	일렀다
벼르다:	별러	별렀다		지르다:	질러	질렀다

'가르다, 부르다, 오르다' 등은 어간이 어미 '-아/-어'와 결합할 때 어간의 끝음절 '르'의 '一'가 탈락한 후 어미의 형태가 '-라/-러'로 바뀌어 '갈라, 불러, 올라' 등과 같이 활용하는 모습을 보인다. 반면 '치르다, 들르다'는 '치러, 들러'와 같이 어간의 끝음절 모음 '一'가 탈락하는 규칙 활용의 양상을 보인다.

최근에는 다음과 같이 '부르다, 오르다' 등을 마치 기본형이 '불르다, 올르다'인 것처럼 표현하기도 하는데, 이러한 표현은 표준어로 인정하지 않는다.

오랜만에 노래를 불르니까 기분이 좋다.
담뱃값이 더 올르면 담배를 끊어야겠다.
가격이 올른 만큼 성능이 향상됐겠지.
그냥 가지 마시고 '좋아요'를 꼭 눌르고 가세요.

이 외에도 다음과 같이 용언의 활용형을 잘못 표현하는 경우가 있는데, 이들은 올바른 표현으로 인정하지 않는다.

시험 잘 보길 바래.
여기가 더 좋은 것 같애.
내가 먼저 전화할려고 했는데.

제3절 접미사가 붙어서 된 말

제19항 어간에 '-이'나 '-음/-ㅁ'이 붙어서 명사로 된 것과 '-이'나 '-히'가 붙어서 부사로 된 것은 그 어간의 원형을 밝히어 적는다.

1. '-이'가 붙어서 명사로 된 것

길이	깊이	높이	다듬이	땀받이	달맞이
먹이	미닫이	벌이	벼훑이	살림살이	쇠붙이

2. '-음/-ㅁ'이 붙어서 명사로 된 것

걸음	묶음	믿음	얼음	엮음	울음
웃음	졸음	죽음	앎		

3. '-이'가 붙어서 부사로 된 것

같이	굳이	길이	높이	많이	실없이
좋이	짓궂이				

4. '-히'가 붙어서 부사로 된 것

밝히	익히	작히

다만, 어간에 '-이'나 '-음'이 붙어서 명사로 바뀐 것이라도 그 어간의 뜻과 멀어진 것은 원형을 밝히어 적지 아니한다.

굽도리	다리[髢]	목거리(목병)	무녀리
코끼리	거름(비료)	고름[膿]	노름(도박)

[붙임] 어간에 '-이'나 '-음' 이외의 모음으로 시작된 접미사가 붙어서 다른 품사로 바뀐 것은 그 어간의 원형을 밝히어 적지 아니한다.
(1) 명사로 바뀐 것

귀머거리	까마귀	너머	뜨더귀	마감
마개	마중	무덤	비렁뱅이	쓰레기
올가미	주검			

(2) 부사로 바뀐 것

거뭇거뭇	너무	도로	뜨덤뜨덤	바투
불긋불긋	비로소	오긋오긋	자주	차마

어간에 '-이'나 '-음/-ㅁ'이 붙어서 명사로 된 것은 파생 명사를 말하며, 이때의 '-이'나 '-음/-ㅁ'은 명사 파생 접미사에 해당한다. 마찬가지로 '-이'나 '-히'가 붙어서 부사로 된 것은 파생 부사를 말하며, 이때의 '-이'나 '-히'는 부사 파생 접미사에 해당한다.

'떡볶이'를 '떡볶기' 또는 '떡복기'로 적거나 '연필깎이'를 '연필각기'로 잘못 적는 경우가 있는데, 어간의 원형을 밝혀 적는다는 원칙에 따라 '떡볶이'와 '연필깎이'로 적는 것이 옳다. '연필깎이'의 경우 '연필깎기'로 적는 경우도 있는데, 결합한 접미사의 형태가 '-기'가 아니라 '-이'이므로 '연필깎이'로 적는 것이 옳다.

'-음/-ㅁ'은 명사형 어미로도 사용되는데, 이 경우에도 어간의 원형을 밝혀 적는다. 특히 다음과 같이 어간의 끝 자음이 'ㄹ'인 경우 'ㄹ'을 빠뜨리지 않도록 주의해야 한다.

매일 오전 10시에 문을 엶.

학교에서 집까지 거리가 너무 멺.

난 네가 지난 주말에 뭘 했는지 다 앎.

이번에는 시험에 꼭 합격할 것 같다는 생각이 듦.

1443년에 세종 대왕이 백성을 위해 훈민정음을 만듦.

장기려 박사는 평생 가난한 이웃에게 나눔을 실천하는 삶을 삶.

다만, 어간에 '-이'나 '-음'이 붙어서 명사로 바뀐 것이라도 그 어간의 뜻과 멀어진 것은 어간의 원형을 밝혀 적지 않는다.

굽도리: [굽- + 돌- + -이]. 방 안 벽의 밑부분. 방 안 벽의 아랫도리에 바르는 종이.

다리[髢]: [돌외 〉 ᄃᆞ리 〉 다리]. 예전에 여자들의 머리숱이 많아 보이라고 덧넣었던 딴머리.

목거리(목병): [목 + 걸- + -이]. 목이 붓고 아픈 병.

무녀리: [문 + 열- + -이]. 한 태에 낳은 여러 마리 새끼 가운데 가장 먼저 나온 새끼.

코끼리: [고ㅎ + 길- + -이 〉 고키리 〉 코키리 〉 코끼리].

거름(비료): [걸- + -우- + -ㅁ 〉 걸움 〉 거름]. 식물이 잘 자라도록 땅을 기름지게 하기 위하여 주는 물질.

고름[膿]: [곪- + -음 > *골홈 > 고롬 > 고름]. 몸 안에 병균이 들어가 염증을 일으켰을 때에 피부나 조직이 썩어 생긴 물질이나, 파괴된 백혈구, 세균 따위가 들어 있는 걸쭉한 액체.

노름(도박): [놀- + -음 > 노롬 > 노름]. 돈이나 재물 따위를 걸고 주사위, 골패, 마작, 화투, 트럼프 따위를 써서 서로 내기를 하는 일.

위의 예 중 '다리'는 옛 표기가 '돌외'로서 어원적으로 볼 때 명사 파생 접미사 '-이'가 결합한 것으로 볼 수 없기 때문에 적절한 예가 아니다.

'목거리'와 '목걸이'는 어간의 뜻이 유지되는 정도에 따라 표기의 차이를 보인다. '노름'과 '놀음'도 마찬가지이다. '도박'의 의미를 나타낼 때는 '노름'으로 적지만, 단순한 '놀이'를 의미할 때는 '놀음'으로 적는다. 후자의 예로 '신선놀음'이 있다.

이 외에도 어간의 원형을 밝혀 적지 않는 예로 '목도리(목 + 도르- + -이), 두루마리(두루 + 말- + -이 또는 두르- + 말- + -이) 등이 더 있다.

'설거지, 이바지'와 같이 어간이 사어(死語)가 된 경우에도 어간의 원형을 밝혀 적지 않는다. '설거지'는 어간 '설엊-(설것-)'이, '이바지'는 어간 '이받-'이 더 이상 쓰이지 않게 되면서 어간의 원형을 밝혀 적지 않고 소리 나는 대로 적는다. 과거에 '설엊다(설것다)'는 '치우다'의 의미를, '이받다'는 '대접하다, 봉양하다'의 의미를 가지고 있었다.

[붙임] 어간에 '-이'나 '-음' 이외의 모음으로 시작하는 접미사가 붙어서 다른 품사로 바뀐 것은 어간의 원형을 밝혀 적지 않는다.

명사로 바뀐 예들은 다음과 같이 분석된다.

귀머거리(귀 + 먹- + -어리)	까마귀(깜- + -아귀)	너머(넘- + -어)
뜨더귀(뜯- + -어귀)	마감(막- + -암)	마개(막- + -애)
마중(맞- + -웅)	무덤(묻- + -엄)	비렁뱅이(빌- + -엉 + -뱅이)
올가미(옭- + -아미)	주검(죽- + -엄)	
쓰레기(쓸- + -에 + -기 또는 쓸- + -에기)		

위의 예 중 '너머'는 어간 '넘-'에 연결 어미 '-어'가 결합한 동사의 활용형이 명사로

굳어진 것이다. 따라서 엄밀히 말하면 접미사가 결합한 것이라 할 수 없지만, 공시적으로 어간에 어미가 결합하여 명사가 된다고 보기 어려우므로 동사가 명사로 바뀐 점에 주목하여 예로 다룬 것으로 보인다.

부사로 바뀐 예들은 다음과 같이 분석된다.

거뭇거뭇(검-+-웃+검-+-웃)　　너무(넘-+-우)　　도로(돌-+-오)
뜨덤뜨덤(뜯-+-엄+뜯-+-엄)　　바투(밭-+-우)　　불긋불긋(붉-+-웃+붉-+-웃)
비로소(비롯-+-오)　　　　　　자주(잦-+-우)　　차마(참-+-아)
오긋오긋(옥-+-웃+옥-+-웃)

이 중 '너무'는 한때 '너무 좋다.', '너무 맛있다.'와 같은 긍정적인 표현에는 사용해서는 안 된다는 지적이 있었다. 그러나 2015년에 『표준국어대사전』의 '너무'의 뜻풀이가 '일정한 정도나 한계에 지나치게'에서 '일정한 정도나 한계를 훨씬 넘어선 상태로'로 바뀌고 '너무 좋다.', '너무 예쁘다.'와 같은 용례가 추가됨에 따라 지금은 '너무'를 긍정적인 표현에서도 얼마든지 사용할 수 있게 되었다.

위의 예 중 '차마'는 어간 '참-'에 연결 어미 '-아'가 결합한 동사의 활용형이 부사로 굳어진 것인데, 역시 동사가 부사로 바뀐 점에 주목하여 예로 다룬 것으로 보인다.

조사로 바뀐 예들은 다음과 같이 분석된다.

나마(남-+-아)　　부터(붙-+-어)　　조차(좇-+-아)

이들은 모두 동사의 활용형이 조사로 굳어진 예들이다. '부터'의 경우에는 '~에서 비롯하다'라는 의미를 가진 동사 '붙다'의 활용형인 '브터'가 '브터〉부터'의 변화를 거쳐 조사로 굳어진 것이며, '나마'와 '조차' 역시 어간과 어미의 결합형이 조사로 굳어진 것이다. 엄밀히 말해 접미사가 결합한 예는 아니지만, 역시 품사가 동사에서 조사로 바뀐 점에 주목하여 예로 다룬 것으로 보인다.

2020년 7월 TV 프로그램 『놀면 뭐하니?』를 통해 3인조 그룹 '싹쓰리(SSAK3)' 가 결성되었다. 구성원은 유두래곤(유재석), 린다G(이효리), 비룡(정지훈, 비) 3인이다. '싹쓰리'라는 이름은 차트를 싹쓸이한다는 의미와 구성원이 세 명이라는 의미를 겸하여 가지고 있다고 한다. 이를 계기로 각종 광고에서 '싹쓰리'라는 문구가 유행하게 되었는데, 이 단어는 원칙적으로 한글 맞춤법 제19항에 따라 '싹쓸이'로 적는 것이 옳다. 다만, 이 단어의 의미가 원래 어간의 뜻과 멀어진 경우에 해당한다면 '싹쓰리'로 적을 수 있다.

'가는 것이 이리저리 뒤섞여 얽힌 모양을 나타내는 부사 '얼기설기' 또는 '얼키설키'는 어간 '얽-'에 접미사 '-이'나 '-히'가 결합하여 '얼기' 또는 '얼키'가 된 것으로 보이지만, '설기'와 '설키'에서는 어간 '섥-'을 분석해 내기가 쉽지 않다. '섥다'라는 말이 없기 때문이다. 이 때문에 '얼기설기'와 '얼키설키'는 '얽이섥이' 또는 '얽히섥히'와 같이 형태를 밝혀 적지 않고 소리 나는 대로 적는다.

'산 넘어 산'일까,
'산 너머 산'일까?

제20항 명사 뒤에 '-이'가 붙어서 된 말은 그 명사의 원형을 밝히어 적는다.

1. 부사로 된 것
　　곳곳이　낱낱이　몫몫이　샅샅이　앞앞이　집집이

명사 뒤에 접미사 '-이'가 붙어 만들어진 말은 그 명사의 원형을 밝혀 적는다. 그 유형을 크게 부사로 된 것과 명사로 된 것으로 나눌 수 있다.

　1. 부사로 된 것

　엄밀히 말하자면 '곳곳이, 낱낱이, 몫몫이, 샅샅이, 앞앞이, 집집이' 등은 동일한 명사가 반복된 구성에 접미사 '-이'가 붙은 것이다. 이에 해당하는 예로 다음과 같은 것들이 더 있다.

　　겹겹이, 나날이, 다달이, 땀땀이, 올올이, 일일이, 줄줄이, 짬짬이, 칸칸이, 켜켜이, 틈틈이

　2. 명사로 된 것

　예로 든 '곰배팔이, 바둑이, 삼발이, 애꾸눈이, 육손이, 절뚝발이/절름발이' 등은 각각 명사 '곰배팔, 바둑, 삼발, 애꾸눈, 육손, 절뚝발/절름발'에 접미사 '-이'가 붙은 것이다. 예를 들어 '털에 검은 점과 흰 점이 바둑무늬 모양으로 뒤섞여 있는 개'를 의미하는 '바둑이'는 검은 돌과 흰 돌을 두어 승부를 겨루는 놀이인 '바둑'에 접미사 '-이'가 결합한 것이다. 일반적으로 '삼발, 육손, 절뚝발'은 명사로 사용하지 않지만, '-이'와 결합하여 명사가 되었다. 이렇게 명사 뒤에 '-이'가 붙어 명사가 된 예로 '왕눈이, 외톨이, 외팔이' 등의 예가 더 있다.

　[붙임] '-이' 이외의 모음으로 시작하는 접미사가 붙어서 된 말은 그 명사의 원형을 밝혀 적지 않는다. 제시된 예 중 '모가치'는 '몫'에 '-아치'가 붙어서 된 말인데, 원칙대로라면

'ㅅ'을 연철하여 '목사치'로 적어야 할 것이다. 그러나 실제 발음이 [모가치]인 점을 고려하여 '모가치'로 적도록 하였다.

'값'에 '-어치'가 결합한 '값어치' 역시 원칙대로라면 '갑서치'로 적어야 할 텐데, 이 경우에는 'ㅅ'을 연철하지 않을 뿐만 아니라 [붙임]의 규정과는 달리 명사의 원형을 밝혀 적는 예외적인 모습을 보인다. 이는 '-어치'를 접미사가 아닌 실질 형태소로 볼 때 가능한 표기이다. 국어사전에서는 '-어치'를 접미사로 규정하고 있지만, 표준 발음법 제15항에서는 '값어치'를 '값' 뒤에 실질 형태소가 결합한 구성으로 처리하여, '-어치'에 대한 문법적인 해석이 어문 규범 내에서 충돌하는 모순된 모습을 보인다.

발음상 '몫 + -아치'와 '값 + -어치'의 구성에서 'ㅅ'이 연음되지 않고 탈락하는 것을 보면 실제로 '-아치/-어치'를 접미사로 보기 어려운 면이 있다. '백 원어치, 천 원어치'와 같은 표현을 보면 '-아치/-어치'가 접사로서 '백 원', '천 원' 등과 결합하여 새로운 말을 만든다기보다는, 자립적이지는 않지만 좀 더 어근에 가까운 성격을 띠는 것으로 보인다.

예를 들어 지금은 '원'과 '-어치' 사이에 다른 요소가 끼어들지 않지만, 과거에는 '팔쳔원가량어치'〈뎨국신문 1900년 12월 15일자 1면〉와 같이 '원'과 '어치' 사이에 다른 요소가 끼어들 수 있었다. 이러한 점을 고려하면 원래 '어치'는 명사였던 것으로 보이며, '값어치'와 '모가치'는 '어치'가 명사적인 성격이 강할 때 만들어졌기 때문에 'ㅅ'이 연음되지 않고 탈락할 수 있었던 것으로 보인다. 이렇게 본다면 '값어치'와 마찬가지로 '몫'과 '아치'의 결합 역시 '모가치'가 아닌 '몫아치'로 적어야 균형이 맞을 것이다. 이는 '돈어치, 푼어치' 등과 같은 분철 표기와도 균형이 맞는다. '모가치'의 경우에는 '몫'의 고어가 '목'이었다는 점도 참고할 만하다.

'벼슬아치' 역시 [붙임]의 규정과는 달리 명사의 원형을 밝혀 적는다. 국어사전에서는 이때의 '-아치'를 접미사로 보지만, '-아치'의 고형이 '바지'였고 중세 문헌에서 '工, 匠'을 '바지'라고 표현했던 점을 감안하면, '-아치'는 원래 명사였던 것으로 보인다. '반비(飯婢)'와 '아치'가 결합하면서 사잇소리가 들어가 '반빗아치'가 된 점도 '-아치'가 명사였다는 점을 잘 보여 준다. 표준어 사정 원칙 제17항에서 '반빗아치'를 표준어로, '반비아치'를 비표준어로 규정한 점을 참고할 만하다.

이처럼 '-아치/-어치' 및 '-아치'가 원래 명사였고, 이들이 명사의 속성을 가지고 있었을 때 '값어치, 벼슬아치'와 같은 단어가 만들어졌기 때문에, 이 단어들은 '-이' 이외의 모음으로 시작하는 접미사가 붙어서 된 말임에도 불구하고 [붙임]의 규정을 따르지 않고 예외적으로 명사의 원형을 밝혀 적는다.

한편 '바깥'은 17세기 문헌에 '밧곁'으로 처음 나타나는데 아직 어원이 불분명하며, '지붕'은 '집 + -웅' 외에도 '집 + 우ㅎ[上]'가 변한 것으로 보는 견해도 있어 역시 어원 분석이 분명하지 않다. 따라서 이들은 명확하게 '-이' 이외의 모음으로 시작하는 접미사가 결합한 예로 보기가 어렵다.

 더 알아보기

도와주는 사람을 '도우미'라고 적어야 할까, 아니면 '도움이'라고 적어야 할까? 제20항의 규정대로라면 '도움이'가 맞을 것이다. 그러나 국어사전에는 이 단어가 '도우미'로 등재되어 있다. 『표준국어대사전』에서는 '도우미'를 다음과 같이 설명한다.

남에게 봉사하는 사람. 또는 어떤 일을 거들어 주기 위해 채용된 사람. 1993년 대전 엑스포에서 처음 쓴 말이다.

사전의 설명대로 '도우미'는 1993년 대전 엑스포에서 처음 사용한 말이다. 그런데 이 '도우미'는 단순하게 업무를 보조하는 보조자가 아니라 전문성을 갖춘 전문 안내원이었다. '도우미'라는 말은 시민 공모를 통해 선정된 이름으로 '도와주고 해결해 주는 우아하고 아름다운 여성'이라는 의미를 가지고 있다. '도와주다'와 '우아하다'에서 각각 첫음절 '도'와 '우'를 가져오고 '아름답다'의 의미를 가진 한자 '미'를 결합한 말이다. 이처럼 '도우미'는 명사 '도움'에 접미사 '-이'를 결합하여 만든 말이 아니므로 제20항의 적용을 받지 않는다. 그러나 지금 일반화된 '도우미'라는 명칭은 대전 엑스포의 '도우미'와는 달리 명사 '도움'에 '-이'가 결합한 것으로 보아 '도움이'로 적어야 한다는 주장도 있다.

명사형인 '지킴'에 '-이'가 붙으면 지킴이? 지키미?

제21항 명사나 혹은 용언의 어간 뒤에 자음으로 시작된 접미사가 붙어서 된 말은 그 명사나 어간의 원형을 밝히어 적는다.

1. 명사 뒤에 자음으로 시작된 접미사가 붙어서 된 것

값지다	홑지다	넋두리	빛깔	옆댕이	잎사귀

2. 어간 뒤에 자음으로 시작된 접미사가 붙어서 된 것

낚시	늙정이	덮개	뜯게질

명사나 용언의 어간 뒤에 자음으로 시작하는 접미사가 붙어 만들어진 말은 그 명사나 어간의 원형을 밝혀 적는다.

1. 명사 뒤에 자음으로 시작된 접미사가 붙어서 된 것

명사 뒤에 자음으로 시작하는 접미사가 붙은 경우 대개는 명사의 형태에 대한 인식이 분명하기 때문에 명사의 원형을 밝혀 적는다. '넋두리, 옆댕이, 잎사귀' 등에서 '-두리, -댕이, -사귀' 등의 분포가 제한적이기는 하지만, 이러한 경우에도 명사 '넋, 옆, 잎'이 명확하게 인식되므로 명사의 원형을 밝혀 적는다.

2. 어간 뒤에 자음으로 시작된 접미사가 붙어서 된 것

어간 뒤에 자음으로 시작하는 접미사가 붙은 경우에도 어간의 원형을 밝혀 적는다. 역시 접미사의 분포가 제한적인 경우가 있더라도 어간에 대한 인식이 명확한 경우라면 어간의 원형을 밝혀 적는다.

예시된 단어 중 '낚시'의 경우에는 분석에 이견(異見)이 있다. '낚시'를 중세 국어로는 '낛'이라 하였는데, 17세기 무렵에 형태가 '낙시'로 바뀌었다가 다시 현대 국어에 와서 '낚시'로 표기가 굳어졌다. 17세기의 '낙시'는 명사 '낛'에 접미사 '-이'가 결합한 것이고 동사 '낚다'와의 연관성으로 인해 표기가 '낚시'로 바뀐 것이므로, 엄밀히 말해 자음으로 시작하는 접미사가 붙은 예라고 할 수 없다.

다만, 다음의 경우에는 명사나 용언 어간의 원형을 밝혀 적지 않고 소리 나는 대로 적는다.

(1) 겹받침의 끝소리가 드러나지 아니하는 것

우리말은 종성의 위치에서 자음이 하나만 발음될 수 있다. 어말 자음군을 가진 어간 뒤에 자음으로 시작하는 어미가 결합할 때도 마찬가지다. 이때 '굵직하다[국찌카다]', '긁적거리다[극쩍꺼리다]'처럼 자음군의 끝 자음이 발음될 때는 어간의 원형을 밝혀 적지만, 다음과 같이 자음군의 첫째 자음이 발음될 때는 어간의 원형을 밝혀 적지 않는다.

핥다 – 할짝거리다	넓다 – 널따랗다	넓다 – 널찍하다	맑다 – 말끔하다
맑다 – 말쑥하다	맑다 – 말짱하다	싫다 – 실쭉하다	싫다 – 실큼하다
얇다 – 얄따랗다	얇다 – 얄팍하다	짧다 – 짤따랗다	짧다 – 짤막하다
싫다 – 실컷			

위의 예들은 '짤막하다'를 제외하면 생략된 끝 자음에 의해 어미의 첫소리가 된소리나 거센소리로 바뀌는 변화를 입는다. 그리고 어말 자음군의 끝 자음을 표기하지 않는 대신 소리 나는 대로 어미의 첫소리를 된소리나 거센소리로 적는다는 점이 특징이다.

(2) 어원이 분명하지 아니하거나 본뜻에서 멀어진 것

'넙치, 올무, 골막하다, 납작하다' 등은 어원이 불분명하거나 본뜻에서 멀어진 것으로 보아 어간의 원형을 밝혀 적지 않는다.

이 중 '넙치'는 '광어(廣魚)'라는 한자어 이름으로 보더라도 '넓다'와 관련이 있을 것으로 보인다. 사실 '넙치'는 '넓다'의 고어인 '넙다'와 관련이 있다. 어간 '넙–'에 물고기를 뜻하는 접미사 '–치'가 결합하여 '넙치'가 되었다. 따라서 '넙치'는 어원이 불분명하거나 본뜻에서 멀어졌다기보다는 고어를 반영하여 '넙치'로 표기하는 것으로 볼 수 있다.

'올무'는 '옭다'와 관련이 있을 것으로 보이지만, 어간의 형태가 잘 드러나지 않는다. '골막하다'는 '곯다', '곪다' 등 관련된 어간을 짐작하기가 쉽지 않으며, '납작하다'는 '넓다'의 고어인 '넙다'와 관련이 있겠지만, 정작 '납다'가 없기 때문에 어간의 원형을 밝혀 적기가 어렵다. 반면 '넓적다리'의 경우에는 '넓적하다'와 마찬가지로 어말 자음군의 둘째 자음이 발음되고 의미도 '넓다'와 통하기 때문에 원형을 밝혀 '넓적다리'로 적는다.

**더 알아보기**

'넓죽하다'와 '넙죽하다'는 의미가 다르다. '넓죽하다'는 '길쭉하고 넓다'는 의미를 나타내고, '넙죽하다'는 '말대답을 하거나 무엇을 받아먹을 때 입을 너부죽하게 닁큼 벌렸다가 닫다', '몸을 바닥에 너부죽하게 대고 닁큼 엎드리다', '망설이거나 주저하지 않고 선뜻 행동하다' 등의 의미를 나타낸다.

전자는 어말 자음군의 끝소리가 발음되므로 '넓죽하다'로 적지만, 후자는 어원이 분명하지 않거나 본뜻에서 멀어진 것으로 보아 '넙죽하다'로 적는다.

제22항 용언의 어간에 다음과 같은 접미사들이 붙어서 이루어진 말들은 그 어간을 밝히어 적는다.

1. '-기-, -리-, -이-, -히-, -구-, -우-, -추-, -으키-, -이키-, -애-'가 붙는 것

맡기다	옮기다	웃기다	쫓기다	뚫리다
울리다	낚이다	쌓이다	핥이다	굳히다
굽히다	넓히다	앉히다	얽히다	잡히다
돋구다	솟구다	돋우다	갖추다	곧추다
맞추다	일으키다	돌이키다	없애다	

다만, '-이-, -히-, -우-'가 붙어서 된 말이라도 본뜻에서 멀어진 것은 소리대로 적는다.

도리다(칼로 ~)	드리다(용돈을 ~)	고치다
바치다(세금을 ~)	부치다(편지를 ~)	거두다
미루다	이루다	

2. '-치-, -뜨리-, -트리-'가 붙는 것

놓치다	덮치다	떠받치다	받치다	밭치다
부딪치다	뻗치다	엎치다	부딪뜨리다/부딪트리다	
쏟뜨리다/쏟트리다		젖뜨리다/젖트리다		
찢뜨리다/찢트리다		흩뜨리다/흩트리다		

[붙임] '-업-, -읍-, -브-'가 붙어서 된 말은 소리대로 적는다.

미덥다	우습다	미쁘다

용언의 어간에 피동 접미사, 사동 접미사, 강세 접미사가 결합한 경우에는 어간의 원형을 밝혀 적는다. 이들 접미사가 결합하여 만들어진 말들은 비교적 어간의 의미를 잘 드러내고 있어 어간의 원형을 밝혀 적는 데 큰 어려움이 없다. 1의 '-기-, -리-, -이-, -히-, -구-, -우-, -추-, -으키-, -이키-, -애-'는 피동 접미사 또는 사동 접미사이고, 2의 '-치-, -뜨리-, -트리-'는 강세 접미사이다.

사동사와 피동사 중에는 다음과 같이 의미에 따라 형태가 달라지는 경우도 있는데, 이때는 접미사의 형태를 잘 구별하여 적어야 한다.

돋우다: ① 위로 끌어 올려 도드라지거나 높아지게 하다.

  예 심지를 돋우다. 발끝을 돋우다.

② 밑을 괴거나 쌓아 올려 도드라지거나 높아지게 하다.

  예 벽돌을 돋우다. 자리를 돋우다.

③ 감정이나 기색 따위를 생겨나게 하다.

  예 신바람을 돋우다. 화를 돋우다.

④ 정도를 더 높이다.

  예 적막을 돋우다.

⑤ 입맛을 당기게 하다.

  예 입맛을 돋우다.

⑥ 가래를 목구멍에서 떨어져 나오게 하다.

돋구다: 안경의 도수 따위를 더 높게 하다.

  예 안경의 도수를 돋구다.

위와 같이 안경의 도수를 높이는 경우에만 '돋구다'를 사용하고 이 외의 경우에는 '돋우다'를 사용한다.

썩히다: ① 유기물이 부패 세균에 의하여 분해됨으로써 원래의 성질을 잃어 나쁜 냄새가 나고 형체가 뭉개지는 상태가 되게 하다.

  예 음식을 썩히다.

② 물건이나 사람 또는 사람의 재능 따위가 쓰여야 할 곳에 제대로 쓰이지 못하고 내버려진 상태로 있게 하다.

[예] 재능을 썩히다. 고가의 장비를 썩히다. 실력을 썩히다.

③ 본인의 의사와 관계없이 어떤 곳에 얽매이게 하다.

[예] 감옥에 넣어 썩히다.

썩이다: 걱정이나 근심 따위로 마음이 몹시 괴로운 상태가 되게 만들다.

[예] 속을 썩이다.

마음을 괴롭게 하는 경우에는 '썩이다'를 사용하고, 부패하게 하거나 재능 등을 활용하지 않고 그대로 방치하는 경우에는 '썩히다'를 사용한다.

맞추다: ① 서로 떨어져 있는 부분을 제자리에 맞게 대어 붙이다.

[예] 문짝을 문틀에 맞추다. 조각을 맞추다.

② (주로 '보다'와 함께 쓰여) 둘 이상의 일정한 대상들을 나란히 놓고 비교하여 살피다.

[예] 친구와 답을 맞추어 보다. 일정을 맞추어 보다.

③ 서로 어긋남이 없이 조화를 이루다.

[예] 보조를 맞추다. 발을 맞추다. 마음을 맞추다.

④ 어떤 기준이나 정도에 어긋나지 아니하게 하다.

[예] 기준에 맞추다. 시간에 맞추다. 적성에 맞추다.

⑤ 어떤 기준에 틀리거나 어긋남이 없이 조정하다.

[예] 초점을 맞추다. 시계를 맞추다. 주파수를 맞추다.

⑥ 일정한 수량이 되게 하다.

[예] 화투짝을 맞추다. 인원을 맞추다.

⑦ 열이나 차례 따위에 똑바르게 하다.

[예] 줄을 맞추다. 일련번호를 맞추다.

⑧ 다른 사람의 의도나 의향 따위에 맞게 행동하다.

[예] 비위를 맞추다. 기분을 맞추다.

⑨ 약속 시간 따위를 넘기지 아니하다.

[예] 약속 시간을 맞추다.

⑩ 일정한 규격의 물건을 만들도록 미리 주문을 하다.

[예] 구두를 맞추다. 안경을 맞추다. 양복을 맞추다.

⑪ 다른 어떤 대상에 닿게 하다.

　　예 입을 맞추다.

맞히다¹: 문제에 대한 답을 틀리지 않게 하다.

　　예 정답을 맞히다.

맞히다²: ① 자연 현상에 따라 내리는 눈, 비 따위를 닿게 하다.

　　예 눈을 맞히다. 비를 맞히다.

② 어떤 좋지 아니한 일을 당하게 하다.

　　예 바람을 맞히다. 소박을 맞히다.

맞히다³: ① 침, 주사 따위로 치료를 받게 하다.

　　예 주사를 맞히다. 침을 맞히다.

② 물체를 쏘거나 던져서 어떤 물체에 닿게 하다. 또는 그렇게 하여 닿음을 입게 하다.

　　예 과녁을 맞히다.

'맞히다'는 '적중하다'의 의미를, '맞추다'는 '어떤 대상을 다른 대상에 어긋나지 않게 하다'의 의미를 가지고 있다. 따라서 답을 알아낼 때는 '정답을 맞히다'와 같이 '맞히다'를 사용한다. 그러나 여럿이서 서로 답을 비교하거나 쓴 답을 답지와 비교할 때는 '맞추다'를 사용한다. 답을 알아낼 때 '맞히다'를 사용하므로 '알아맞히다'라는 표현은 가능하지만 '알아맞추다'라는 표현은 잘못된 것이다.

늘리다: ① 물체의 넓이, 부피 따위를 본디보다 커지게 하다.

　　예 규모를 늘리다. 평수를 늘리다.

② 수나 분량 따위를 본디보다 많아지게 하거나 무게를 더 나가게 하다.

　　예 수를 늘리다. 체중을 늘리다. 양을 늘리다.

③ 힘이나 기운, 세력 따위를 이전보다 큰 상태로 만들다.

　　예 세력을 늘리다.

④ 재주나 능력 따위를 나아지게 하다.

　　예 실력을 늘리다.

⑤ 살림을 넉넉하게 하다.

　　예 살림을 늘리다. 재산을 늘리다.

⑥ 시간이나 기간을 길게 하다.

　　예 시간을 늘리다. 기간을 늘리다.

늘이다¹: ① 본디보다 더 길어지게 하다.

　　예 고무줄을 늘이다. 바짓단을 늘이다. 엿가락을 늘이다.

② (주로 '선'과 관련된 말을 목적어로 하여) 선 따위를 연장하여 계속 긋다.

　　예 선분 ㄱㄴ을 늘이면 다른 선분과 만나게 된다.

늘이다²: ① 아래로 길게 처지게 하다.

　　예 주렴을 늘이다.

② 넓게 벌여 놓다.

　　예 경계망을 늘이다.

길이를 늘어나게 하거나 아래로 처지게 할 때는 '늘이다'를 사용하고, 양이나 넓이, 부피, 무게 등을 늘어나게 할 때는 '늘리다'를 사용한다(한글 맞춤법 제57항 참고).

삭히다: 김치나 젓갈 따위의 음식물을 발효시켜 맛이 들게 하다.

　　예 김치를 삭히다.

삭이다: ① 먹은 음식물을 소화시키다.

　　예 음식을 삭이다.

② 긴장이나 화를 풀어 마음을 가라앉히다.

　　예 분을 삭이다.

③ 기침이나 가래 따위를 잠잠하게 하거나 가라앉히다.

　　예 기침을 삭이다.

발효시킬 때는 '삭히다'를, 소화시키거나 무엇인가를 누그러뜨릴 때는 '삭이다'를 사용한다.

다음과 같이 사동 접미사 또는 피동 접미사에 속하는 '-이-'를 '-히-'로 잘못 쓰는 경우도 있다. 이때에는 '녹이다, 높이다, 눅이다, 덮이다, 짚이다'가 올바른 표현이다.

이리 와서 몸을 좀 <u>녹혀라</u>. (X) → 녹여라

잘 안 들리면 소리를 <u>높히면</u> 돼. (X) → 높이면

침착하게 마음을 <u>눅힐</u> 필요가 있다. (X) → 눅일

온 산이 진달래 꽃으로 <u>덮혀</u> 있다. (X) → 덮여

뭔가 <u>깊히는</u> 데가 있나 보네. (X) → 깊이는

간혹 사동 접미사 '-우-'를 생략하고 잘못 쓰는 경우도 있다. '피다'는 자동사이고 '피우다'는 '피다'의 사동사로서 타동사에 해당한다. 따라서 목적어가 없을 때는 '피다'를 사용하고 목적어가 있을 때는 '피우다'를 사용해야 한다. 그러나 아래와 같은 예에서는 '피우다'의 의미가 파생되는 과정에서 사동성이 잘 드러나지 않다 보니 목적어가 있는데도 '피다'를 사용하는 오류를 범하기 쉽다.

잠깐만 담배(를) <u>피고</u> 올게. (X) → 피우고

이제 담배(를) 좀 그만 <u>피라니까</u>. (X) → 피우라니까

'외다, 외우다', '띄다, 띄우다'처럼 '우'가 생략된 어형을 준말로 인정하는 경우도 있다. 이 경우에는 두 어형 모두 타동사로서 목적어를 취할 수 있으므로 둘 중 하나를 자유롭게 선택해서 사용하면 된다. 이때 '띄우다'의 '-우-'는 사동 접미사로 분석되지만, '외우다'의 '우'는 사동 접미사로 분석되지는 않는다.

내일까지 구구단을 다 <u>외어라</u>.

내일까지 구구단을 다 <u>외워라</u>.

한 줄을 <u>띄어라</u>.

한 줄을 <u>띄워라</u>.

사동 접미사 '-이-, -히-, -우-'가 결합한 말이라도 본뜻에서 멀어진 것은 소리 나는 대로 적는다. '도리다, 드리다, 고치다, 바치다, 부치다, 거두다, 미루다, 이루다' 등은 각각 '돌-이-다, 들-이-다, 곧-히-다, 받-히-다, 붙-이-다, 걷-우-다, 밀-우-다, 일-우-다'와 같이 원래 사동 접미사가 결합한 사동사이지만, 본뜻에서 멀어졌기 때문에 소리 나는 대로 적는다.

2의 '-치-, -뜨리-, -트리-'는 강조의 뜻을 더하는 접미사이다. 과거에는 '-뜨리-'와 '-트리-' 중 '-뜨리-'만을 옳다고 보았으나, 표준어 사정 원칙 제26항에서 '-뜨리다'와 '-트리다'를 복수 표준어로 인정함에 따라 지금은 '-뜨리-'와 '-트리-' 모두 자유롭게 사용

가능하다.

'부딪히다'는 '부딪다'의 피동사이고 '부딪치다'는 '부딪다'를 강조하는 말이지만, 이 둘을 엄격하게 구별하기 어려운 경우도 있다. 국어사전에서는 '부딪히다'의 발음을 [부디치다]로, '부딪치다'의 발음을 [부딛치다]로 구별하였으나, 사실상 이 두 단어의 발음은 구별이 잘 안 된다. 그렇다 보니 말로 할 때는 큰 문제가 없지만, 글로 쓸 때는 표기를 구별해야 할 경우가 있어 주의가 필요하다.

[붙임] '-업-, -읍-, -브-'가 결합한 말들은 그 수가 극히 제한적이거나 어간의 형태가 변형된 경우가 많아 어간의 원형을 밝혀 적지 않는다. 지금은 공시적으로 분석이 잘 안 되지만, 과거에 '-브-'는 '-ㅂ-'와 함께 동사를 형용사로 만들어 주는 형용사 파생 접미사의 기능을 담당했다. '-ㅂ-'나 '-브-'가 결합하여 형태가 변형된 단어로는 '고프다(곯-＋-ㅂ-＋-다), 기쁘다(깄-＋-브-＋-다), 미쁘다(믿-＋-브-＋-다), 바쁘다(밫-＋-브-＋-다), 슬프다(슳-＋-브-＋-다), 아프다(앓-＋-ㅂ-＋-다), 예쁘다(*어엿-＋-브-＋-다)' 등이 있다.

 더 알아보기

합성어인 '얽히고설키다'를 적을 때 '얽히고'는 어간을 밝혀 적지만 '설키다' 는 소리 나는 대로 적는다. '얽히고'처럼 어간을 밝혀 적는 것은 이 단어에 '얽-'의 의미가 잘 드러나 있기 때문이다. 그러나 '설키다'의 경우에는 '섥-'이라는 어간이 존재하지 않기 때문에 이를 '섥히다'로 적기가 어렵다. '설키다'와 균형을 맞추려면 앞의 요소를 '얼키고'로 적는 것이 좋겠지만, '설키다'가 분석되지 않는다고 해서 분석이 가능한 '얽히고'까지 소리 나는 대로 적을 수는 없다. '얽히고설키다'는 부사 '얼기설기'나 '얼키설키'와 표기 방식이 달라 혼란을 일으키기 쉬우므로 주의해야 한다.

제23항 '-하다'나 '-거리다'가 붙는 어근에 '-이'가 붙어서 명사가 된 것은 그 원형을 밝히어 적는다.(ㄱ을 취하고, ㄴ을 버림.)

ㄱ	ㄴ		ㄱ	ㄴ
깔쭉이	깔쭈기		살살이	살사리
꿀꿀이	꿀꾸리		쌕쌕이	쌕쌔기
눈깜짝이	눈깜짜기		오뚝이	오뚜기
더펄이	더퍼리		코납작이	코납자기
배불뚝이	배불뚜기		푸석이	푸서기

| 삐죽이 | 삐주기 | | 홀쭉이 | 홀쭈기 |

[붙임] '-하다'나 '-거리다'가 붙을 수 없는 어근에 '-이'나 또는 다른 모음으로 시작되는 접미사가 붙어서 명사가 된 것은 그 원형을 밝히어 적지 아니한다.

개구리	귀뚜라미	기러기	깍두기	꽹과리
날라리	누더기	동그라미	두드러기	딱따구리
매미	부스러기	뻐꾸기	얼루기	칼싹두기

'-하다'나 '-거리다'가 붙는 어근에 '-이'가 붙어서 명사가 된 것은 그 원형을 밝혀 적는다. 즉, '-하다'나 '-거리다'가 결합하여 동사나 형용사가 될 수 있는 어근들은 '-이'가 붙어서 명사가 될 때 원형을 밝혀 적는다.

쌕쌕이: '제트기'를 속되게 이르는 말.

쌕쌔기: 여칫과의 곤충.

털털이[1]: 성격이나 하는 짓 따위가 까다롭지 아니하고 소탈한 사람.

털털이[2]: 몹시 낡고 헐어서 털털거리는 소리를 내는 수레, 자동차 따위를 이르는 말.

털터리: 재산을 다 없애고 아무것도 가진 것이 없는 가난뱅이가 된 사람.=빈털터리.

짝짝이: 서로 짝이 아닌 것끼리 합하여 이루어진 한 벌.

짝짜기: ① 양손에 들고 마주쳐서 짝짝 소리를 내는 물건. ② 캐스터네츠.

위와 같이 두 가지 표기가 다 가능한 예들도 있다. '쌕쌕이'는 국어사전의 '쌕쌕하다, 쌕쌕거리다'와는 의미상 거리가 있지만, 제트기가 날아가는 소리를 '쌕쌕'으로 표현한 것과 관련이 있다. '쌕쌔기' 역시 곤충의 소리와 관련이 있을 것으로 보이지만, 역시 국어사전의 '쌕쌕하다, 쌕쌕거리다'와 직접적으로 연관 짓기는 어렵다. '쌕쌕하다'와 '쌕쌕거리다'는 다음과 같은 의미를 가지고 있다.

쌕쌕하다: ① 숨을 고르고 가늘게 쉬는 소리를 내다.
          ② 숨을 조금 빠르고 고르지 아니하게 쉬는 소리를 내다.

쌕쌕거리다: ① 숨을 고르고 거칠게 쉬는 소리를 잇따라 내다.
            ② 숨을 조금 빠르고 고르지 않게 쉬는 소리를 잇따라 내다.

'털털이'과 '털털이²'는 '털털하다' 및 '털털거리다'의 어근 '털털'에 '-이'가 결합한 말이지만 '(빈)털터리'는 '털털하다' 및 '털털거리다'의 어근 '털털'과 관련이 없으므로 소리 나는 대로 적는다.

'짝짝이'는 '짝'을 명사로 본다면 제20항의 적용을 받을 것으로 보이지만, 제20항에서 동일한 명사가 반복된 구성에 접미사 '-이'가 결합한 것으로 제시한 예들이 모두 '곳곳이, 낱낱이'와 같은 부사여서 관련성 여부를 판단하기가 쉽지 않다. 그렇다고 해서 '짝짝하다, 짝짝거리다'의 어근 '짝짝'에 '-이'가 붙은 것으로 보기도 어려워 이 단어에 대한 표기 기준이 추가로 마련되어야 할 것으로 보인다.

'짝짜기'는 '짝짝하다³(자꾸 손뼉을 치다), 짝짝거리다³(손뼉을 자꾸 치다)'의 어근 '짝짝'에 접미사 '-이'가 결합한 것으로 보인다. 그렇다면 '짝짝이'로 적어야 할 텐데, 국어사전에서는 '짝짜기'를 표제어로 삼고 있어 이에 대한 검토가 필요해 보인다.

[붙임] '-하다'나 '-거리다'가 붙을 수 없는 어근에 '-이'나 다른 모음으로 시작되는 접미사가 붙어서 명사가 된 것은 어근의 원형을 밝혀 적지 않는다.

어근 '개굴'의 경우에는 '개굴개굴하다'라는 말은 있지만 '개굴하다'라는 말은 없고, 어근 '누덕'의 경우에도 '누덕누덕하다'라는 말은 있지만 '누덕하다'라는 말은 없다. 이처럼 어근 '개굴'과 '누덕'은 '-하다'와 결합할 수 없기 때문에 '개구리, 누더기'와 같이 어근의 원형을 밝혀 적지 않는다.

'깍두기'와 '칼싹두기', '딱따구리', '부스러기'는 '깍둑거리다, 싹둑거리다, 딱딱거리다, 부스럭거리다'와 같은 말이 있기는 하나, 어근의 본뜻에서 멀어졌다고 판단해서인지 맞춤법 조항에서는 '-하다'나 '-거리다'가 붙을 수 없는 어근에 접사가 붙은 것으로 보았다.

그러나 '깍두기'와 '깍둑거리다', '칼싹두기'와 '싹둑거리다'의 의미를 비교해 보면 이들이 어원적으로 거리가 멀어 보이지 않아 판단이 조심스럽다.

> 깍두기: 무를 작고 네모나게 썰어서 소금에 절인 후 고춧가루 따위의 양념과 함께 버무려
> 만든 김치.
> 깍둑거리다: 조금 단단한 물건을 대중없이 자꾸 썰다.
> 칼싹두기: 메밀가루나 밀가루 반죽 따위를 방망이로 밀어서 굵직굵직하게 썰어 끓인 음식.
> 싹둑거리다: 어떤 물건을 도구나 기계 따위가 해결할 수 있을 만큼의 힘으로 자르거나 베는
> 소리를 자꾸 내다.

'딱따구리'는 고어가 '뎌고리/뎌구리' 또는 '댓뎌구리'여서 어원상으로 볼 때 어근을 '딱딱'으로 보기 어려우며, '부스러기'의 경우에는 의미 면에서 볼 때 소리를 나타내는 '부스럭거리다'와 직접적으로 관련이 있다고 보기가 어렵다.

'얼루기'는 '얼룩말, 얼룩소' 등의 표기에 이끌리어 '얼룩이'로 적기 쉽지만, '얼룩'에 '-하다'나 '-거리다'가 붙지 못하므로 '얼루기'로 적는다. '개굴, 누덕' 등과 마찬가지로 '얼룩얼룩하다'라는 말은 있지만 '얼룩하다'라는 말은 사용하지 않는다.

'동그라미'의 경우에는 '동글하다'라는 표현이 있어 문제가 될 수 있다. '동글하다'는 '보기에 꽤 동글다'라는 의미를 가지고 있어 '동그라미'와 의미가 통한다. 즉, '동그라미'는 '-하다'가 붙을 수 있는 어근에 모음으로 시작하는 접미사가 붙어서 명사가 된 예이다.

그런데 제23항에서는 '-하다'나 '-거리다'가 붙을 수 있는 어근에 '-이' 이외의 다른 모음으로 시작되는 접미사가 붙어서 명사가 된 경우에 어근을 어떻게 적는지에 대해서 설명을 하지 않았을 뿐만 아니라 이 예를 '-하다'가 붙을 수 없는 어근에 모음으로 시작하는 접미사가 결합한 예로 처리하고 있어 문제가 된다.

 더 알아보기

'오뚝이'를 과거에는 모음 조화에 맞게 '오똑이'로 표기했었다. 그러나 사람들이 '오똑'보다는 '오뚝'이라고 표현하는 경향이 늘면서 '오뚝, 오뚝이'를 표준어로 인정하게 되었다(표준어 사정 원칙 제8항). 과거에 맞춤법이 확립되기 전에는 '오뚝이'를 발음 나는 대로 '오뚜기'로 적기도 했는데, 한 식품회사의 상표명이 '오뚜기'인 것도 이와 관련이 있다. '오뚜기' 상표는 1969년 5월 '풍림상사'에서 '오뚜기 즉석 카레'를 출시하면서 첫선을 보였다. 상표명이 사전의 표기와 다름에도 불구하고 '오뚜기' 제품이 인기를 끌면서 회사명도 '오뚜기'로 바꾸고 상표명도 지금까지 '오뚜기'를 그대로 유지하고 있다. 그러나 올바른 표기는 '오뚜기'가 아니라 '오뚝이'이다.

<1969년 출시된 오뚜기 즉석 카레>

제24항 '-거리다'가 붙을 수 있는 시늉말 어근에 '-이다'가 붙어서 된 용언은 그 어근을 밝히어 적는다.(ㄱ을 취하고, ㄴ을 버림.)

ㄱ	ㄴ		ㄱ	ㄴ
깜짝이다	깜짜기다		속삭이다	속사기다

꾸벅이다	꾸버기다	|	숙덕이다	숙더기다
끄덕이다	끄더기다	|	울먹이다	울머기다
뒤척이다	뒤처기다	|	움직이다	움지기다
들먹이다	들머기다	|	지껄이다	지꺼리다
망설이다	망서리다	|	퍼덕이다	퍼더기다
번득이다	번드기다	|	허덕이다	허더기다
번쩍이다	번쩌기다	|	헐떡이다	헐떠기다

시늉말은 소리나 모양, 동작 등을 흉내 내는 말이다. '깜짝, 꾸벅, 끄덕' 등이 모두 시늉말에 해당한다.

'끄덕거리다, 끄덕이다'와 같이 시늉말 어근에 '-거리다'가 붙은 말과 '-이다'가 붙은 말은 사실상 의미가 같다. 따라서 이 단어들은 어근을 동일한 방식으로 표기하는 것이 자연스럽다. 만약 '끄덕거리다, 끄더기다'와 같이 어느 한쪽은 어근의 원형을 밝혀 적고 다른 한쪽은 어근의 원형을 밝혀 적지 않는다면, 두 단어의 연관성이 잘 드러나지 않는다. 시늉말 어근에 '-거리다'가 붙는 경우 자연스럽게 어근의 원형을 밝혀 적게 되므로 '-이다'가 붙는 경우에도 동일하게 어근의 원형을 밝혀 적는다.

다만, 시늉말 어근에 '-이다'가 붙어서 된 용언이 시늉말 어근에 '-거리다'가 붙어서 된 용언과 의미 차이를 보일 경우에는 어근을 밝혀 적지 않는다. 대표적인 예가 '건들거리다'와 '건드리다'이다.

건들
바람이 부드럽게 불어오는 모양.

건들거리다
① 바람이 부드럽게 살랑살랑 불다.
② 사람이 다소 건방지게 행동하다.
③ 일이 없거나 착실하지 않아 빈둥거리다.
④ 물체가 가볍게 천천히 자꾸 흔들리다. 또는 그렇게 되게 하다.

건드리다

① 조금 움직일 만큼 손으로 만지거나 무엇으로 대다.

② 상대를 자극하는 말이나 행동으로 마음을 상하게 하거나 기분을 나쁘게 만들다.

③ 부녀자를 꾀어 육체적인 관계를 맺다.

④ 일에 손을 대다.

'건들거리다'와 '건드리다'는 공통적으로 '건들'을 어근으로 하여 만들어진 단어이지만, '건들거리다'와 '건드리다' 모두 기본 의미로부터 새로운 의미가 파생되면서 둘 사이의 의미 관계가 멀어졌다. 또한 '건드리다'의 의미 폭이 넓어지면서 어근 '건들'과의 연관성이 희박해졌기 때문에 '건드리다'의 경우에는 어근의 원형을 밝혀 적지 않는다.

한편 '건들다'는 '건드리다'의 어간 끝모음 'ㅣ'가 탈락하여 만들어진 준말이다. '건드리다'와 '건들다'의 관계는 '가지다'와 '갖다', '디디다'와 '딛다', '머무르다'와 '머물다' 등의 관계와 동일하다. 따라서 '건들다'는 어근 '건들'에 어미 '-다'가 바로 결합한 것으로 분석되지 않는다.

제25항 '-하다'가 붙는 어근에 '-히'나 '-이'가 붙어서 부사가 되거나, 부사에 '-이'가 붙어서 뜻을 더하는 경우에는 그 어근이나 부사의 원형을 밝히어 적는다.

1. '-하다'가 붙는 어근에 '-히'나 '-이'가 붙는 경우
　　　급히　　　꾸준히　　　도저히　　　딱히　　　어렴풋이　깨끗이

[붙임] '-하다'가 붙지 않는 경우에는 소리대로 적는다.
　　　갑자기　　　반드시(꼭)　　　　　슬며시

2. 부사에 '-이'가 붙어서 역시 부사가 되는 경우
　　　곰곰이　　　더욱이　　　생긋이　　　오뚝이　　　일찍이　　　해죽이

---

1. 어근에 '-하다'가 붙는 경우에 어근의 원형을 밝혀 적는 것이 일반적이다. 마찬가지로 이러한 어근에 부사 파생 접미사 '-히'나 '-이'가 붙는 경우에도 어근의 원형을 밝혀 적는다.

급하다 - 급히　　　　꾸준하다 - 꾸준히　　　　도저하다 - 도저히

딱하다 - 딱히   어렴풋하다 - 어렴풋이   깨끗하다 - 깨끗이

훤하다 - 훤히   알뜰하다 - 알뜰히   버젓하다 - 버젓이

[붙임] 그러나 '-하다'가 붙지 않는 어근의 경우에는 어근의 원형을 밝혀 적지 않고 소리 나는 대로 적는다. 이와 관련하여 '반듯이'와 '반드시'는 의미에 따라 표기가 달라진다. '반듯하게'라는 의미를 가질 때에는 '반듯하다'와 어근이 같으므로 어근의 원형을 밝혀 '반듯이'로 적지만, '꼭'이라는 의미를 가질 때에는 '반듯하다'와 직접적인 관련이 없으므로 '반드시'로 적는다.

나중에 허리 때문에 고생하지 않으려면 <u>반듯이</u> 앉아라.
<u>반드시</u> '확인' 버튼을 눌러야 결제가 완료됩니다.

'지긋이'와 '지그시'도 의미에 따라 표기가 달라진다. '나이가 비교적 많아 듬직하게'의 의미일 때는 '지긋하다'와 어근이 같으므로 '지긋이'로 적지만, '슬며시 힘을 주는 모양'을 의미할 때는 '지긋하다'와 관련이 없으므로 '지그시'로 적는다.

나이가 <u>지긋이</u> 들어 보이는 노신사가 <u>지그시</u> 눈을 감고 앉아 있었다.

2. 부사에 '-이'가 붙어 부사가 된 경우에도 접사가 결합한 부사의 원형을 밝혀 적는다. 예전에는 '일찍이'와 '일찌기'를 구별하여 '일정한 시간보다 이르게'의 의미를 가질 때는 '일찍이'로, '예전에' 또는 '전에 한 번'의 의미를 가질 때는 '일찌기'로 적었으나, 지금은 두 경우 모두 '일찍이'로 적는다.

밤에는 위험하니 늦지 않게 <u>일찍이</u> 다녀라.
우리 역사에서 <u>일찍이</u> 찾아볼 수 없었던 태평성대를 이루었다.

과거에는 '더우기'가 올바른 표기였으나, 지금은 규정에 따라 '더욱이'로 적는다. 과거에는 '오똑이'가 표준어였으나, 지금은 표준어 사정 원칙 제8항에 따라 '오뚝이'를 표준어로 삼는다. 부사 파생 접미사 '-이'와 '-히'를 구별하여 적는 문제는 한글 맞춤법 제51항에서 별도로 다룬다.

제26항 '-하다'나 '-없다'가 붙어서 된 용언은 그 '-하다'나 '-없다'를 밝히어 적는다.

1. '-하다'가 붙어서 용언이 된 것
　　　딱하다　　　숱하다　　　착하다　　　텁텁하다　　　푹하다

2. '-없다'가 붙어서 용언이 된 것
　　　부질없다　　　상없다　　　시름없다　　　열없다　　　하염없다

　　일반적으로 '공부하다', '노래하다'에서 '-하다' 또는 '-하-'를 접미사로 분석한다. 이때 '공부', '노래' 등은 자립성이 강하므로 뒤에 결합하는 '-하다'도 원형을 밝혀 적는다. '딱하다'나 '착하다'의 경우에는 어근이 자립적이지는 않지만 접미사 '-하다'가 생산성이 높기 때문에 '-하다'를 밝혀 적는다. 이처럼 어근이 자립적이지 않더라도 '-하다'가 결합한 말들은 '-하다'를 밝혀 적는다.

　　'없다'가 결합한 말들도 '없다'를 밝혀 적는다. 이 조항의 설명에서 '없다' 앞에 '-'을 붙여 마치 '없다'가 접미사인 것처럼 처리하고 있으나, '-하다'와는 달리 '없다'는 일반적으로 접미사로 보지 않는다. 물론 제시된 예들의 어근이 대부분 자립성이 없기 때문에 '부질없다, 상없다' 등을 확실하게 합성어로 보기 어려운 면이 있기는 하다. 만약에 '없다'를 접미사가 아닌 형용사로 본다면, 제26항의 2는 제3절(접미사가 붙어서 된 말)이 아닌 제4절(합성어 및 접두사가 붙은 말)에서 다루어야 할 것이다.

제4절 합성어 및 접두사가 붙은 말

제27항 둘 이상의 단어가 어울리거나 접두사가 붙어서 이루어진 말은 각각 그 원형을 밝히어 적는다.
　　　국말이　　　꺾꽂이　　　꽃잎　　　끝장　　　물난리
　　　밑천　　　부엌일　　　싫증　　　옷안　　　웃옷
　　　젖몸살　　　첫아들　　　칼날　　　팥알　　　헛웃음
　　　홀아비　　　홑몸　　　흙내
　　　값없다　　　겉늙다　　　굶주리다　　　낮잡다　　　맞먹다

받내다	벋놓다	빗나가다	빛나다	새파랗다
샛노랗다	시꺼멓다	싯누렇다	엇나가다	엎누르다
엿듣다	옻오르다	짓이기다	헛되다	

[붙임 1] 어원은 분명하나 소리만 특이하게 변한 것은 변한 대로 적는다.
>할아버지　　　할아범

[붙임 2] 어원이 분명하지 아니한 것은 원형을 밝히어 적지 아니한다.

골병	골탕	끌탕	며칠	아재비
오라비	업신여기다	부리나케		

[붙임 3] '이[齒, 虱]'가 합성어나 이에 준하는 말에서 '니' 또는 '리'로 소리 날 때에는 '니'로 적는다.

간니	덧니	사랑니	송곳니	앞니
어금니	윗니	젖니	톱니	틀니
가랑니	머릿니			

둘 이상의 단어가 어울린 말은 합성어를 말하고, 접두사가 붙어서 이루어진 말은 접두 파생어를 말한다. 접미사가 결합한 접미 파생어에 대해서는 제3절(제19항~제26항)에서 다양한 유형에 대해 설명을 하였다.

접두사와 어근은 대개 실질적인 의미를 가지고 있으므로 이들이 단어의 내부 구성 요소로 포함되어 있을 때 의미가 분명하게 드러날 수 있도록 각각의 원형을 밝혀 적는다. 형태론적으로 접사의 하위 요소인 접두사를 형식 형태소로 분류하기도 하지만, '웃-, 헛-, 홀-' 등의 접두사들이 가진 실질적인 의미를 무시하기 어렵다. 따라서 이들 형태소가 결합할 때 발음의 변화가 일어나더라도 이를 표기에 반영하지 않고 원형을 밝혀 적는다.

위의 예에서 둘 이상의 단어가 어울린 말과 접두사가 붙어서 이루어진 말을 분류하면 다음과 같다.

둘 이상의 단어가 어울린 말

국말이	꺾꽂이	꽃잎	끝장	물난리	밑천	부엌일
싫증	옷안	젖몸살	첫아들	칼날	팥알	흙내
값없다	겉늙다	굶주리다	낮잡다	받내다	벋놓다	빛나다

엎누르다　　옻오르다

접두사가 붙어서 이루어진 말

웃옷　　　　헛옷　　　　홀아비　　　　홑몸

맞먹다　　　빗나가다　　새파랗다　　　샛노랗다

시꺼멓다　　싯누렇다　　엇나가다　　　엿듣다

짓이기다　　헛되다

　이 중 몇몇 단어에 대해서는 구체적인 설명이 필요하다. '끝장'의 경우에는 '장'의 정체가 불분명한데, 만약 '경기장, 공사장'과 같은 구성으로 본다면 '-장(場)'을 접미사로 분석해야 하는 문제가 있다. 이러한 구성으로 보지 않더라도 '끝장'의 의미가 사실상 '끝'과 크게 다르지 않아 '장'이 실질적인 의미가 없는 접미사처럼 보이기도 한다. 그러나 애초에 두 단어가 결합하여 만들어졌을 가능성이 높아 합성어로 처리한다.

　'싫증'의 경우에는 '궁금증, 우울증'과 같이 접미사 '-증(症)'이 결합한 것으로 보기 쉽지만, 발음이 [실쯩]인 것을 보면 이때의 '증'은 명사로 보아야 한다. 접미사 '-증'이 결합한 것이라면 [실층]과 같이 유기음화 현상이 일어났을 것이기 때문이다. '밑천'의 '천'은 원래 '전(錢)'이 변한 말로서 이때의 '천'을 접미사로 보기 어려우므로 '밑천'을 합성어로 본다.

　'옷안'은 '옷'과 '안'이 결합한 것이지만, 특정한 의미를 담당하는 합성어로 보기 어렵다. 국어사전에도 표제어로 등재되어 있지 않다. 엄밀히 말하면 구 구성으로 보아 '옷 안'과 같이 띄어 써야 할 것이다.

　사실 '옷이'와 '옷안'은 오래전부터 연음 현상과 절음 현상을 설명할 때 널리 사용하던 예시이다. 모음으로 시작하는 형식 형태소가 연결되면 [오시]처럼 바로 연음이 되지만, 모음으로 시작하더라도 실질 형태소가 연결되면 [오단]과 같이 평파열음화 현상이 일어난 후 연음이 된다. 그러나 '옷안'을 합성어로 보기 어려우므로 적절한 다른 예시를 찾는 것이 좋겠다.

　[붙임 1]과 같이 어원이 분명하더라도 발음이 변한 것은 변한 대로 적는다. '할아버지'의 15세기 문헌 표기는 '한아비'와 '하나비'이다. 이들은 형용사 '하다[大, 多]'의 관형사형인 '한'과 명사 '아비[父]'가 결합한 것인데, 17세기에 이미 발음이 변하여 '할아비'로 표기된 예가 보인다. 이후 '아버지'라는 말이 등장하면서 '할아비' 또한 '할아버지'가 된다. 이처럼

발음의 변화가 굳어진 경우에는 어원이 명백하더라도 그 발음을 존중하여 원형을 밝혀 적지 않는다.

　[붙임 2]의 '골병, 골탕'은 '골'이 '뼈[骨]'를 뜻하는지 어간 '곯-'을 뜻하는지 불분명하고, '끌탕' 역시 '끓-'과 '탕'이 결합한 것인지, '끌'과 '탕'이 결합한 것인지가 불분명하다. '아재비'와 '오라비'는 어원적으로 각각 '앚-[小] + 아비', '올-[早] + 아비'로 분석된다. 그러나 '아재비'의 경우에는 통시적인 정보 없이는 '앚-'을 분석해 내기가 어려운 데다가 ㅣ 역행 동화의 영향을 받아 발음이 바뀌기도 하여 공시적인 분석이 쉽지 않다. '오라비'의 경우에는 '올밤, 올콩, 올벼' 등에서 접두사 '올-'을 분석해 낼 수 있지만, 곡식이 아닌 '아비'와의 결합에서는 '올-'의 일반적인 의미를 적용하기가 어렵다.

　'업신여기다'는 의미상 '없이 여기다'를 떠올리게 되지만 [업씬:녀기다]로 발음되는 것을 공시적으로 설명하기가 어렵다. '여기다'의 고형이 '너기다' 또는 '녀기다'였던 점을 감안하더라도 이러한 발음을 자연스럽게 설명하기가 어렵기 때문에 '업신여기다'로 적는다.

　'부리나케'는 '불이 나게'에서 온 것으로 보이지만, '나게'가 [나케]로 발음되는 점을 설명하기 어렵다. 이 외에도 화자에 따라 '이상하게, 다르게'를 [이상하케], [다르케]로 발음하기도 하지만, '부리나케'와는 달리 '이상하케, 다르케'는 올바른 발음과 표기로 인정하지 않는다.

　과거에는 '몇 일'과 '며칠'을 구별하여 적기도 했지만, 지금은 '몇 일'로 적는 것을 인정하지 않는다. 만약 '몇'과 '일'이 결합한 것이라면 '몇 월'의 발음이 [며둴]이 되듯이 '몇 일'의 발음도 [며딜]이 되어야 할 것이다. 그러나 실제로는 [며칠]로 발음되기 때문에 이를 '몇'과 '일'이 결합한 것으로 보기가 어렵다.

　[붙임 3]에서는 예외적으로 '이[齒, 虱]'가 비어두의 위치에 올 때는 '니'로 표기하도록 하였다. '이[齒, 虱]'가 합성어나 이에 준하는 말에서 '니' 또는 '리'로 소리 난다는 것은 이 단어가 비어두의 위치에 있다는 것을 의미한다.

　'앞니[암니]', '틀니[틀리]'처럼 '이'가 비어두에서 [니]나 [리]로 발음되는 것을 음운론적으로는 ㄴ 첨가 현상으로 설명할 수 있지만, 근본적인 원인은 '이[齒, 虱]'의 옛 형태가 지금과는 다르게 '니'였다는 점에서 찾을 수 있다. 즉, 고형인 '니'에서 /ㄴ/가 탈락하여 현대 국어의 형태가 '이'가 되었지만, 합성어와 같은 비어두의 위치에서는 고형인 '니'를 유지하고 있는 것으로 볼 수 있다.

　아울러 '간니, 덧니, 앞니, 젖니' 등을 '간이, 덧이, 앞이, 젖이'와 같이 표기하게 되면

이를 [가니], [더시], [아피], [저지]로 잘못 읽거나 의미를 잘못 파악할 수도 있기 때문에 이러한 혼란을 피하기 위해 '간니, 덧니, 앞니, 젖니'와 같이 적도록 하였다.

 더 알아보기

　　　　　　위의 예시 중 '국말이'는 논란이 될 수 있다. '국말이'의 내부 구조를 [[국말]이]로 보면 합성어가 아닌 파생어가 되며, '국말이'의 내부 구조를 [국[말이]]로 보면 합성어로 인정할 수도 있겠지만, '말이'를 어근으로 보기 어렵다는 문제가 발생한다. 한글 맞춤법에서는 '국'과 '말-'의 결합에 초점을 두어 이 단어를 합성어로 간주한 듯하다. 그러나 '국물'과 같이 명확한 합성어가 있음에도 불구하고 굳이 형태론적으로 논란이 될 수 있는 단어를 선택할 필요가 있었을까 하는 생각이 든다. 물론 조항 그대로 '둘 이상의 단어가 어울린' 것이라는 점에서는 큰 문제가 없지만, 절의 제목대로 이를 '합성어'로 해석하게 될 때는 논란의 여지가 있다.

　　만약 이 단어에서 원형을 밝히는 문제가 '국말'이 아니라 '말이'에 대한 것이라면 더더욱 문제가 된다. 초점이 '말이'에 놓인 것이라면 '국'과 '말이'의 결합이 아닌 '말이' 자체의 내부 구성, 즉 '말-'과 '-이'의 결합과 관련이 있으므로, 이는 합성어와는 무관한 것이다. '말이'는 용언 어간 뒤에 접미사 '-이'가 결합한 구성이므로 오히려 제19항과 관련이 있다.

　　'꺾꽂이' 역시 논란이 될 수 있다. '꺾다, 꽂다'라는 뜻이 드러나도록 두 단어의 원형을 밝혀 '꺾꽂이'로 적는다는 취지이지만, '꺾꽂이'라는 단어의 합성어 여부에 대한 논란이 있으므로 논란의 여지가 없는 다른 예를 사용하는 것이 바람직하다.

제28항 끝소리가 'ㄹ'인 말과 딴 말이 어울릴 적에 'ㄹ' 소리가 나지 아니하는 것은 아니 나는 대로 적는다.

　　　　다달이(달-달-이)　　　따님(딸-님)　　　　　마되(말-되)
　　　　마소(말-소)　　　　　무자위(물-자위)　　　바느질(바늘-질)
　　　　부삽(불-삽)　　　　　부손(불-손)　　　　　싸전(쌀-전)
　　　　여닫이(열-닫이)　　　우짖다(울-짖다)　　　화살(활-살)

합성어나 파생어 구성에서 선행 구성 요소의 어말음 /ㄹ/가 특정한 자음 앞에서 탈락하는 경우가 있다. 이런 경우에는 /ㄹ/가 탈락한 발음을 그대로 적는다. /ㄹ/가 탈락하는 환경은 다음과 같다.

　/ㄴ/ 앞 – 따님, 아드님, 나날이
　/ㄷ/ 앞 – 다달이, 마되, 여닫이, 미닫이

/ㅅ/ 앞 – 마소, 부삽, 부손, 화살

/ㅈ/ 앞 – 무자위, 바느질, 싸전, 우짖다, 이부자리

'달님, 물동이, 풀숲, 불장난'과 같이 동일한 자음 앞에서 /ㄹ/가 탈락하지 않는 경우도 있다. 이와 같이 /ㄹ/의 탈락은 수의적인 모습을 보인다. '소나무'와 '솔나무', '부나비'와 '불나비'처럼 /ㄹ/가 탈락한 어형과 /ㄹ/가 탈락하지 않은 어형을 모두 표준어로 인정하는 경우도 있다.

한자 '不'은 주로 /ㄷ, ㅅ/ 앞에서는 '부'로 발음되고 모음 및 나머지 자음 앞에서는 '불'로 발음되는 경향이 있는데, 이 경우에도 /ㄹ/가 탈락할 때는 탈락한 대로 적는다.

부: 부당(不當), 부덕(不德), 부도(不渡), 부동산(不動産), 부동액(不凍液), 부실(不實), 부재(不在), 부조리(不條理), 부족(不足), 부진(不振)

불: 불가(不可), 불가능(不可能), 불능(不能), 불량(不良), 불만(不滿), 불법(不法), 불사(不辭), 불성실(不誠實), 불완전(不完全), 불친절(不親切), 불쾌(不快), 불통(不通), 불허(不許)

 **더 알아보기**

　　　　'화살'은 '활'과 '살'이 결합하면서 /ㄹ/가 탈락한 단어이다. 따라서 '화살'은 원래 '활'과 '살'을 아우르는 말이었다. 그런데 어원에 대한 인식이 희박해지면서 지금은 '화살'이 단순히 '살[矢]'만을 의미하게 되었다. 음이 탈락하면서 의미의 축소가 일어나게 된 것이다.

　'술'과 '저'가 결합하면서 /ㄹ/가 탈락한 '수저'에서도 동일한 현상이 발견된다. '술'은 '숟가락'을 의미하고 '저(((저)'는 '젓가락'을 의미하므로 '수저((수저)'는 원래 '숟가락'과 '젓가락'을 아우르는 말이었다. 그런데 역시 어원에 대한 인식이 희박해지면서 '수저'가 '숟가락'만을 의미하는 방향으로 의미가 축소되었다.

　현대 국어에서 '화살'이 축소된 의미로만 쓰이는 것과는 달리 '수저'는 원래의 의미와 축소된 의미를 모두 가지고 있다. 이 때문에 '수저'의 의미를 서로 다르게 사용하면서 혼란을 일으키기도 한다.

제29항 끝소리가 'ㄹ'인 말과 딴 말이 어울릴 적에 'ㄹ' 소리가 'ㄷ' 소리로 나는 것은 'ㄷ'으로 적는다.

반짇고리(바느질~)	사흗날(사흘~)	삼짇날(삼질~)
섣달(설~)	숟가락(술~)	이튿날(이틀~)

잗주름(잘~)   푿소(풀~)   섣부르다(설~)

잗다듬다(잘~)   짇다랗디(갈 ·)

몇몇 합성어나 파생어에서 선행 구성 요소의 어말음 /ㄹ/가 [ㄷ]로 바뀌어 발음 나는 경우가 있다. 이때에는 발음이 통시적으로 굳어진 것으로 보아 소리 나는 대로 'ㄷ' 받침으로 적는다.

어말음 /ㄹ/가 [ㄷ]로 바뀌는 것은 사잇소리의 첨가와 관련이 있다. 두 구성 요소가 결합하면서 첨가된 사잇소리 [ㄷ]에 의해 선행어의 어말음 /ㄹ/가 탈락하는 것인데, 15세기 문헌의 '이틄날' 및 '이틋날'과 같은 표기를 통해 이러한 사실을 잘 알 수 있다.

한글 맞춤법 제7항에서는 'ㄷ' 소리로 나는 받침 중에서 'ㄷ'으로 적을 근거가 없는 것은 'ㅅ'으로 적는다고 규정하였으나, 위의 예들은 원래의 음이 /ㄹ/라는 정보가 명확하므로 제7항의 적용을 받지 않는다.

 더 알아보기

　　　왜 '숟가락'은 'ㄷ' 받침으로 적고 '젓가락'은 'ㅅ' 받침으로 적을까? '숟가락'과 '젓가락'은 밥상 위에서 떼려야 뗄 수 없는 단짝 친구이다. 후행 구성 요소가 공통적으로 '가락'이라는 점에서도 이 두 단어는 유사한 모습을 보인다. 그런데도 유독 첫 글자의 받침이 'ㄷ'과 'ㅅ'으로 다른 이유는 무엇일까? 이는 해당 부분의 형태론적인 성질이 서로 다르기 때문이다.

'숟가락'은 '술'과 '가락'이 결합한 말이고, '젓가락'은 '저'와 '가락'이 결합한 말이다. '젓가락'의 받침 'ㅅ'은 사이시옷을 적은 것이지만, '숟가락'의 받침 'ㄷ'은 명사 '술'의 종성이 [ㄷ]로 발음되는 것을 그대로 적은 것이다. 이러한 근본적인 차이 때문에 첫 글자의 받침 표기가 달라지게 되었다. 아무리 단짝 친구라 하더라도 다른 부분은 있기 마련이다.

관형사 '뭇'도 어원적으로 보면 사잇소리 [ㄷ]에 의해 명사의 어말음 /ㄹ/가 탈락한 예에 속한다. '뭇'은 '물'에 사잇소리 [ㄷ]가 첨가되어 만들어진 단어인데, 이때의 '물'은 지금의 '무리[群]'를 뜻하는 것으로, 중세 국어 문헌에서는 '뭀 나모[衆木]', '뭀 도죽[群盜]', '뭀 사룸'과 같이 주로 '뭀'으로 표기되었다. 이후 근대 국어 문헌에서 지금과 같이 '뭇'으로 표기가 변하게 되는데, 이 경우에는 '물'의 형태가 '무리'로 변하면서 '뭇'의 어원 정보가 희박해졌을 뿐만 아니라 관형사로서의 독자적인 쓰임을 갖게 되면서 제29항의 적용을 피하게 되었다.

제30항 사이시옷은 다음과 같은 경우에 받치어 적는다.

1. 순우리말로 된 합성어로서 앞말이 모음으로 끝난 경우
(1) 뒷말의 첫소리가 된소리로 나는 것

고랫재	귓밥	나룻배	나뭇가지	냇가
댓가지	뒷갈망	맷돌	머릿기름	모깃불
못자리	바닷가	뱃길	볏가리	부싯돌
선짓국	쇳조각	아랫집	우렁잇속	잇자국
잿더미	조갯살	찻집	쳇바퀴	킷값
핏대	햇볕	혓바늘		

(2) 뒷말의 첫소리 'ㄴ, ㅁ' 앞에서 'ㄴ' 소리가 덧나는 것

멧나물	아랫니	텃마당	아랫마을	뒷머리
잇몸	깻묵	냇물	빗물	

(3) 뒷말의 첫소리 모음 앞에서 'ㄴㄴ' 소리가 덧나는 것

도리깻열	뒷윷	두렛일	뒷일	뒷입맛
베갯잇	욧잇	깻잎	나뭇잎	댓잎

2. 순우리말과 한자어로 된 합성어로서 앞말이 모음으로 끝난 경우
(1) 뒷말의 첫소리가 된소리로 나는 것

귓병	머릿방	뱃병	봇둑	사잣밥
샛강	아랫방	자릿세	전셋집	찻잔
찻종	촛국	콧병	탯줄	텃세
핏기	햇수	횟가루	횟배	

(2) 뒷말의 첫소리 'ㄴ, ㅁ' 앞에서 'ㄴ' 소리가 덧나는 것

곗날	제삿날	훗날	툇마루	양칫물

(3) 뒷말의 첫소리 모음 앞에서 'ㄴㄴ' 소리가 덧나는 것

가욋일	사삿일	예삿일	훗일

3. 두 음절로 된 다음 한자어

곳간(庫間)	셋방(貰房)	숫자(數字)	찻간(車間)
툇간(退間)	횟수(回數)		

사이시옷을 적을 때 몇 가지 고려해야 할 조건이 있는데, 이를 형태론적인 조건, 어휘론적인 조건, 음운론적인 조건으로 나누어 볼 수 있다.

형태론적인 조건은 합성어에만 사이시옷을 적을 수 있다는 것이다. 합성어가 아닌 경우에

는 사이시옷을 적을 수 없다. 따라서 접사가 결합한 파생어나, 더 작은 단위로 나누어지지 않는 단일어의 경우에는 사이시옷을 적지 않는다. 합성어가 아닌 구 구성에서도 사이시옷을 적지 않는다.

햇님(×), 뒷문장(×), 뒷 문장(×), 하룻만에(×), 하룻 만에(×)
햇살(○), 뒷사람(○), 뒷부분(○), 뒷집(○), 뒷좌석(○)

'햇님'은 접미사 '-님'이 결합한 파생어이므로 사이시옷을 적을 수 없다. 따라서 '해님'으로 적는 것이 옳다. 반면 '햇살'은 어근과 어근이 결합한 합성어이므로 사이시옷을 적어야 한다.

'뒷문장, 하룻만'은 합성어가 아니므로 사이시옷을 적을 수 없다. 이들은 구 구성이므로 '뒤 문장, 하루 만에'처럼 띄어 써야 한다. 구 구성에는 사이시옷을 적을 수 없으므로 '뒷 문장, 하룻 만에'처럼 적어서도 안 된다. 다만 '뒷사람, 뒷부분, 뒷집, 뒷좌석'과 같이 합성어로 인정하는 예들도 있으므로, 사이시옷을 적기 위해서는 해당 단어가 합성어인지 아닌지를 잘 확인해야 한다.

어휘론적인 조건은 어종(語種)에 대한 것으로, 단어의 구성 요소가 순우리말로만 되어 있거나 순우리말과 한자어로 되어 있어야 사이시옷을 적을 수 있다는 것이다. 이는 곧 단어의 구성 요소 중 하나는 적어도 순우리말이어야 한다는 것을 의미한다. 따라서 순우리말이 포함되어 있지 않은 한자어는 3에서 제시한 6개의 단어를 제외하고는 사이시옷을 적을 수 없다.

한자어 중에서 사이시옷을 적을 수 있는 예들은 '곳간(庫間), 셋방(貰房), 숫자(數字), 찻간(車間), 툇간(退間), 횟수(回數)'뿐이다. 규정에서 '두 음절로 된 다음 한자어'라고 명시하였기 때문에 이 외의 한자어들은 아무리 구성이 비슷하더라도 사이시옷을 적을 수 없다.

예를 들어 '셋방(貰房)'은 사이시옷을 적을 수 있지만, 이와 구성이 유사한 '전세방(傳貰房), 월세방(月貰房)'은 사이시옷을 적을 수 없다. 또한 '찻간(車間)'은 사이시옷을 적을 수 있지만, 이와 구성이 유사한 '기차간(汽車間), 열차간(列車間)'은 사이시옷을 적을 수 없다.

찻간(車間) - 차간 거리(車間距離)
횟수(回數) - 회수권(回數券)

위와 같이 한자가 같더라도 '찻간(車間)'과 '차간(車間)', '횟수(回數)'와 '회수(回數)'의 발음이 서로 다른 점을 감안하면, 찻간(車間), 횟수(回數) 등에서 사이시옷을 적도록 한 것은 이유가 있는 조치라고 할 수 있다.

다만, '개수(個數), 대구(對句), 초점(焦點)' 등 사실상 동일한 성격을 가진 다른 한자어들이 사이시옷을 적는 목록에서 제외된 점은 혼란을 일으킬 수 있다. 물론 예외를 어디까지 인정할 것인지 결정하는 것이 쉬운 문제는 아니지만, 대중의 입장에서는 형평성의 문제를 제기하지 않을 수 없다.

한편 합성어의 구성 요소로 순우리말이 포함되어 있더라도 다른 구성 요소가 외래어일 때에는 사이시옷을 적지 않는다. 사이시옷 표기는 고유어와 한자어가 어휘의 대부분을 차지하던 시기부터 사용해 온 전통적인 표기로서, 외래어는 역사가 짧아 전통적인 사이시옷 표기의 대상으로 자리를 잡지 못했다. 따라서 합성어의 구성 요소로 외래어가 포함되어 있을 경우에는 사이시옷을 적지 않는다.

마굿간(×), 헛점(×), 잉큿병(×), 핑큿빛(×)
뒷간(○), 방앗간(○), 가운뎃점(○), 꼭짓점(○)

위의 예에서 '마구간(馬廄間)'과 '허점(虛點)'은 한자어이기 때문에 사이시옷을 적지 않는다. 반면 '뒷간, 방앗간'에는 순우리말이 포함되어 있으므로 사이시옷을 적는다. '가운뎃점, 꼭짓점'의 경우에도 '가운데'와 '꼭지'가 순우리말이므로 사이시옷을 적는다.

반면 '잉큿병'과 '핑큿빛'은 외래어가 포함되어 있기 때문에 사이시옷을 적지 않는다. '핑크빛'의 경우에는 '빛'이라는 순우리말이 있지만, '핑크'가 외래어이기 때문에 사이시옷을 적지 않는다.

음운론적인 조건은 뒷말의 첫소리가 된소리로 발음되거나 [ㄴ] 또는 [ㄴㄴ] 발음이 덧나야 한다는 것이다. 이때 된소리나 [ㄴ], [ㄴㄴ] 발음은 합성어의 구성 요소가 원래부터 가지고 있던 소리가 아니라 합성에 의해 도출되는 소리여야 한다. 즉, 어근과 어근이 결합하는 과정에서 된소리가 발음되거나 [ㄴ], [ㄴㄴ] 발음이 덧날 때 사이시옷을 적을 수 있다.

뒷쪽(×), 나뭇꾼(×), 뒷풀이(×), 윗층(×)
뒷정리(○), 나뭇가지(○), 윗마을(○), 윗입술(○)

위의 예에서 '뒷쪽'과 '나뭇꾼'은 뒤 구성 요소의 첫소리가 원래 된소리이기 때문에 사이시옷을 석을 수 없다. '뒷풀이'와 '윗층'의 경우에도 뒤 구성 요소의 첫소리가 거센소리여서 경음화 현상이 일어나지 않기 때문에 '뒤풀이, 위층'과 같이 적어야 한다.

반면 '뒷정리'와 '나뭇가지'에서는 합성 과정에서 경음화 현상이 일어나므로 사이시옷을 적어야 한다. '윗마을[윈마을]'과 '윗입술[윈닙쑬]'의 경우에는 합성 과정에서 각각 [ㄴ]와 [ㄴㄴ] 발음이 첨가되므로 사이시옷을 적는다.

머리말[머리말], 인사말[인사말]
막냇동생[망내똥생/망낻똥생], 뱃멀미[밴멀미]

사이시옷 표기와 관련하여 음운론적인 조건을 판단하기 위해서는 해당 단어의 표준 발음을 정확하게 알고 있어야 한다. '머리말, 인사말'의 표준 발음은 [머린말], [인산말]이 아니라 [머리말], [인사말]이다. 따라서 이들은 사이시옷을 적을 수 있는 음운론적인 조건을 충족하지 못하므로 '머리말'과 '인사말'로 적어야 한다.

반면 '막냇동생'과 '뱃멀미'의 표준 발음은 [망내동생], [배멀미]가 아니라 [망내똥생/망낻똥생], [밴멀미]이다. 이 경우에는 사이시옷을 적을 수 있는 음운론적인 조건을 충족하므로 '막냇동생'과 '뱃멀미'로 적어야 한다.

지금까지의 내용을 정리하면 다음과 같다. 다음의 세 조건을 모두 충족해야만 사이시옷을 적을 수 있으며, 조건의 순위는 상관이 없다. 다시 말해서, 다음의 세 조건 중 어느 하나라도 충족하지 못하면 사이시옷을 적을 수 없다고 보면 된다.

조건 1. 합성어여야 한다.
조건 2. 구성 요소 중에 순우리말이 있어야 하고, 외래어가 하나라도 있으면 안 된다.
　　　　단, 한자어 중 '곳간(庫間), 셋방(貰房), 숫자(數字), 찻간(車間), 툇간(退間), 횟수(回數)'
　　　　는 사이시옷을 적을 수 있다.
조건 3. 앞말이 모음으로 끝나고 뒷말의 첫소리가 경음화되거나 [ㄴ], [ㄴㄴ] 발음이 덧나야
　　　　한다.

사이시옷 표기 규정과 관련하여 어휘론적인 조건에 대해서 현실적인 문제를 제기하기도 한다. 과거와는 달리 지금은 한글 전용이 보편화되면서 한자어에 대한 인식이 많이 약해진

상황이라서 고유어와 한자어를 구별해 내기가 쉽지 않고, 설령 고유어와 한자어를 잘 구별해 내다 하더라도 사이시옷을 표기할 때마다 일일이 각 구성 요소의 어종(語種)을 판단하기가 번거롭다는 지적이다.

차 + 잔(盞)　　　　　　터주(터主) + 대감(大監)

또한 위와 같이 한자음이 복수인 경우와 구성 요소의 일부에만 한자어가 포함되어 있는 경우에는 사이시옷 표기 여부를 판단하기가 쉽지 않다. '茶'는 '차'로 읽기도 하고 '다'로 읽기도 하여 한자음이 복수인 것으로 보이지만, 사전에서는 '차'를 고유어처럼 취급하여 '찻잔'을 올바른 표기로 보았다. '터주' 역시 고유어인지 한자어인지 판단하기가 쉽지 않은데, 사전에서는 '터주'를 고유어처럼 취급하여 '터줏대감'을 올바른 표기로 보았다.

'갯벌'이 맞을까, '개펄'이 맞을까?

 더 알아보기

'순우리말'은 관형사 '순'과 명사 '우리말'이 결합한 합성어이다. 한글 맞춤법이 처음 고시될 당시만 하더라도 '순우리말'을 합성어로 인정하지 않아 '순 우리말'과 같이 띄어 썼으나, 이후 『표준국어대사전』에서 '순우리말'을 합성어로 인정하면서 지금은 '순우리말'과 같이 붙여 쓴다.

2014년을 기점으로 지번 중심의 주소 체계가 도로명 중심으로 바뀌면서 사이시옷 표기 문제가 논란이 된 적이 있다. 당시에 상당히 많은 길 이름을 새로 만들게 되었는데, 도로의 규모에 따라 '대로(도로의 폭이 40미터 이상이거나 왕복 8차로 이상인 도로)' '로(도로의 폭이 12미터 이상 40미터 미만이거나 왕복 2차로 이상 8차로 미만인 도로)', '길('대로'와 '로' 외의 도로)'로 명칭을 통일하였다.

이때 문제가 된 것은 '길'이 붙는 명칭이었다. 국립국어원에서는 2001년 '도로명의 로마자 표기와 관련한 세부 지침'을 통해 '길' 앞에 사이시옷이 있을 경우에는 t로 표기한다고 밝힌 바 있다(예 굴다릿길 Guldarit-gil).

그러나 같은 해 발표한 '도로(○○길)의 사이시옷 표기 원칙'에서는 도로명 '○○길'에는 사이시옷을 받쳐 적지 않는다면서 그 근거를 다음과 같이 밝혔다.

① 새로 이름붙이는 도로명이기 때문에 현실 발음이 된소리라고 할 기존의 명확한 증거를 찾기 어렵다.

② 복합어에서만 된소리가 생기는 것이 아니라 구에서도 된소리 발음이 날 수 있다.

③ 도로명 '○○길'은 '개나리길', '개나리1길', '개나리2길'과 같이 '○○' + '길'로 분리되는 성질이 있어 구로 보는 것이 타당하다.

④ '○○길'은 한글 맞춤법 제49항에서 규정하고 있는 고유 명사에 속한다고 할 수 있으므로 띄어 쓰는 것이 원칙이되 붙일 수도 있다. 이러한 유형으로 아래와 같은 고유 명사를 들 수 있는데 '○○ + 길'도 보통명사와 보통명사가 결합하여 고유명사로 된 같은 유형의 것이다. 예: 대한중학교, 청마고등학교, 피리유치원, 한마음아파트, 장미아파트, 소라아파트, 소망교회, 동대구시장

이는 '○○길'이 사실상 합성어가 아니라 구이기 때문에 사이시옷을 적지 않겠다는 주장이라고 할 수 있는데, '○○길'을 구로 판단한 가장 강력한 근거가 바로 '개나리1길', '개나리2길'과 같이 숫자에 의해 '○○길'이 분리되는 예였다.

그러나 '개나리1길'과 같은 조어는 우리말 어법에 맞지 않는, 행정 편의에 의해 만들어진 이례적인 명칭이기 때문에 '○○길'이 구라는 근거로 삼기가 어렵다. 예를 들어 '재너머로'의 경우에도 '재너머1로, 재너머2로'와 같이 길 이름이 숫자에 의해 분리되는 양상을 보이는데, 그렇다고 해서 '재너머로'를 구라고 할 수는 없다. 이때의 '-로'는 자립성이 없는 접미사여서 구를 형성할 수 없기 때문이다.

설령 '재너머로'를 구로 인정한다 하더라도 두음 법칙과 관련된 제12항에 따라 '재너머 노'로 적어야 하며, 이를 고유 명사로 보아 붙여 쓴다 하더라도 그 표기는 '재너머노'가 되어 '재너머로'와는 차이를 보이게 된다. 그런데 '재너머노'는 '○○길'에 사이시옷을 적는 것보다 더 어색한 표기이며 실제 발음과도 일치하지 않는다.

따라서 '장밋길, 개나릿길, 자윳길, 대촛길'과 같은 표기가 다소 어색해 보이더라도 이들을 무리하게 구로 규정하기보다는 특별 규정을 두어 사이시옷 표기의 예외로 처리하는 방안을 모색하는 것이 바람직할 것이다.

제31항 두 말이 어울릴 적에 'ㅂ' 소리나 'ㅎ' 소리가 덧나는 것은 소리대로 적는다.

1. 'ㅂ' 소리가 덧나는 것

댑싸리(대ㅂ싸리)	멥쌀(메ㅂ쌀)	볍씨(벼ㅂ씨)
입때(이ㅂ때)	입쌀(이ㅂ쌀)	접때(저ㅂ때)
좁쌀(조ㅂ쌀)	햅쌀(해ㅂ쌀)	

2. 'ㅎ' 소리가 덧나는 것

머리카락(머리ㅎ가락)	살코기(살ㅎ고기)	수캐(수ㅎ개)
수컷(수ㅎ것)	수탉(수ㅎ닭)	안팎(안ㅎ밖)
암캐(암ㅎ개)	암컷(암ㅎ것)	암탉(암ㅎ닭)

두 말이 어울릴 적에 'ㅂ' 소리가 덧나는 단어들은 뒷말이 모두 '싸리, 쌀, 씨, 때'와 같이 어두에 경음을 가지고 있다는 공통점을 갖는다. 이들은 모두 15세기 문헌에서 ㅂ계 합용병서로 표기되던 것들인데, 지금은 다음과 같이 'ㅆ, ㄸ' 등으로 표기된다.

ᄡᆞ리 〉 싸리   ᄡᆞᆯ 〉 쌀   ᄢᅵ 〉 씨   ᄣᅢ 〉 때

중세 국어의 ㅂ계 합용병서의 음가에 대해서는 여러 가지 의견이 있으나, 가장 대표적인 것은 'ㅂ'과 후행하는 자음이 모두 제 음가대로 발음이 되었다는 것이다. 이런 자음군설에 따르면 이 단어들이 합성어의 뒤 요소로 참여할 때 앞말에 종성이 없을 경우 'ㅂ'이 앞말의 종성 자리로 이동하여 제 음가를 실현할 수 있게 된다. 지금은 어두 자음군이 존재하지 않지만, 과거에 어두 자음군이 존재했다면 그 당시에 이렇게 합성 과정에서 형성된 발음이 굳어져 지금까지 내려오는 것으로 볼 수 있다.

이렇게 'ㅂ' 소리가 덧나는 예로는 다음과 같은 것들이 더 있다. 이들 역시 15세기 문헌에서 뒤 요소의 어두가 ㅂ계 합용병서로 표기되었다는 공통점을 가지고 있다.

참쌀, 냅뛰다, 칩뜨다, 휩싸다, 휩쓸다, 부릅뜨다, 씁쓸하다, 짭짤하다, 잽싸다 등

두 말이 어울릴 적에 'ㅎ' 소리가 덧나는 단어들은 중세 국어 시기에 앞말이 대부분 어말에 'ㅎ'을 가지고 있었던 ㅎ 곡용어였다. 예로 든 '살코기, 수캐, 수컷, 수탉, 안팎, 암캐, 암컷, 암탉'은 모두 선행 구성 요소인 '살, 수, 안, 암'이 과거에 ㅎ 곡용어였다는 공통점을 갖는다. 다만, 예시 단어 중 '머리카락'은 ㅎ 곡용어와는 상관이 없다. '머리'는 옛 문헌에서 어말에 'ㅎ'이 나타나는 ㅎ 곡용어가 아니었는데, '머리'와 '가락'이 결합하면서 'ㅎ'이 덧나게 된 원인은 명확하지 않다.

'수컷, 암컷'과 같은 단어에 대해서는 표준어 사정 원칙 제7항에서 자세히 설명하고 있다. 이에 따르면 '수-'와 '암-'이 결합한 모든 단어에서 'ㅎ' 소리가 덧나는 것을 표준어로 인정하는 것은 아니므로, 관련 조항의 내용을 자세히 알아 둘 필요가 있다.

 더 알아보기

'악독하고 고약한'이라는 의미를 가진 관형사 '몹쓸'은 '몯쁠'에서 유래하였다.

'몯'은 지금의 부정 부사 '못'에 해당하고 '쁠'은 '쁘다'의 관형사형으로, '쁘다'는 '쓰다[用]'의 옛말이다. '몹쓸'은 원래 '못 쓸'이라는 의미를 가지고 있었으며 '몯쁠'에서 첫음절의 종성 /ㄷ/가 탈락하고 둘째 음절의 초성 /ㅂ/가 그 자리를 차지하면서 지금의 형태를 갖수게 되었다.

제5절 준말

제32항 단어의 끝모음이 줄어지고 자음만 남은 것은 그 앞의 음절에 받침으로 적는다.

(본말)	(준말)
기러기야	기럭아
어제그저께	엊그저께
어제저녁	엊저녁
가지고, 가지지	갖고, 갖지
디디고, 디디지	딛고, 딛지

단어의 끝모음이 탈락하는 경우 그 앞의 자음을 앞 음절의 받침으로 적는다. 이 조항의 설명에서 끝모음이 줄어진다고 한 것은 끝모음이 탈락하는 것을 의미한다(제18항 참조).

물론 모음으로 끝나는 모든 단어에서 이러한 방식으로 준말이 만들어지는 것은 아니다. 일부 단어에서 이러한 양상을 보이지만, 그럴 때 탈락한 모음의 앞 자음을 그 앞 음절의 받침으로 적는다는 것이다.

'기러기'의 경우 '기럭'이 의성어의 성격을 가지고 있기 때문에 '기럭아'가 가능하지만, '코끼리'나 '너구리'를 부를 때 '코낄아', '너굴아'와 같이 표현할 수 있는지는 불분명하다. 아직까지는 『표준국어대사전』에 '기럭'이 표제어로 등재되어 있지는 않지만, 기러기가 우는 소리를 '기럭기럭'으로 등재하고 있고 '기럭아비'와 같이 '기러기'를 '기럭'으로 줄여 표현한 말이 있으므로 '기러기야'를 '기럭아'로 줄여 쓰는 데는 큰 문제가 없을 듯하다.

어간 '가지-, 디디-'를 '갖-, 딛-'으로 적는 것은 자음으로 시작하는 어미 앞에서만 가능하다. '가지고, 가지지'는 '갖고, 갖지'로 적을 수 있지만, 모음으로 시작하는 어미가 결합한 '가져'(가지- + -어)는 '갖어'로 적지 않으며, '가지니, 가지며'도 '갖으니, 갖으며'로 적지 않는다.

단어의 끝모음이 탈락하고 자음만 남은 것을 그 앞의 음절에 받침으로 적는 예로는 이 외에도 '고루고루/골고루', '가지가지/갖가지', '건드리다/건들다', '머무르다/머물다', '서두르다/서둘다', '서투르다/서툴다' 등이 있다.

'아기야'를 줄여 '아가'라고 하는 경우도 있는데, 이때의 '아가'는 '아가가 귀엽다'와 같이 명사로 사용하기도 하므로, 한 단어로 굳어진 것으로 보아 '악아'로 적지 않는다. 동요 '달맞이'의 가사 '아가야 나오너라 달맞이 가자'에서 '아가' 뒤에 조사 '야'를 붙인 것도 '아가'가 한 단어로 굳어졌기 때문에 가능한 것이다.

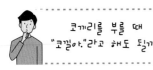

코끼리를 부를 때 "코낄아."라고 해도 될까?

제33항 체언과 조사가 어울려 줄어지는 경우에는 준 대로 적는다.

(본말)	(준말)
그것은	그건
그것이	그게
그것으로	그걸로
나는	난
나를	날
너는	넌
너를	널
무엇을	뭣을/무얼/뭘
무엇이	뭣이/무에

일부 체언과 조사가 결합하여 음절이 줄어드는 경우가 있는데, 이러한 준말은 주로 구어에서 사용된다. 예를 들어 구어에서는 '그것'을 '그거'라고 줄여서 표현하는 경우가 많으며, 여기에 조사가 결합하면 '그건(그거 + -ㄴ), 그걸(그거 + -ㄹ)' 등이 된다. 특히 주격형인 '그것이'를 구어로는 '그게'라고 하는 경우가 많다. '이것, 저것'도 동일한 양상을 보이며, 의존 명사 '것'도 마찬가지이다.

구어에서는 '무엇'도 '무어' 또는 '뭐'로 축약되는 양상을 보이고, 이를 더 줄여 '머'라고 하기도 한다. 실제로 인터넷상에서는 '머가 문제임?', '이유가 머임?'과 같은 표현이 흔히 쓰이고 있다. 이 외에도 다음과 같은 예들이 더 있다.

이리로 → 일로   그리로 → 글로   저리로 → 절로

제34항 모음 'ㅏ, ㅓ'로 끝난 어간에 '-아/-어, -았-/-었-'이 어울릴 적에는 준 대로 적는다.

(본말)	(준말)		(본말)	(준말)
가아	가		가았다	갔다
나아	나		나았다	났다
타아	타		타았다	탔다
서어	서		서었다	섰다
켜어	켜		켜었다	켰다
펴어	펴		펴었다	폈다

[붙임 1] 'ㅐ, ㅔ' 뒤에 '-어, -었-'이 어울려 줄 적에는 준 대로 적는다.

(본말)	(준말)		(본말)	(준말)
개어	개		개었다	갰다
내어	내		내었다	냈다
베어	베		베었다	벴다
세어	세		세었다	셌다

[붙임 2] '하여'가 한 음절로 줄어서 '해'로 될 적에는 준 대로 적는다.

(본말)	(준말)		(본말)	(준말)
하여	해		하였다	했다
더하여	더해		더하였다	더했다
흔하여	흔해		흔하였다	흔했다

어간 끝모음 'ㅏ, ㅓ' 뒤에 어미의 첫음인 모음 'ㅏ, ㅓ'가 이어질 경우에는 동음 탈락 현상이 일어난다. 위의 조항에서는 이를 모음이 줄어드는 것으로 보고 준 대로 적도록 하였다. 즉, 어간 끝모음 'ㅏ, ㅓ' 뒤에 어미의 첫음인 모음 'ㅏ, ㅓ'가 이어질 경우에는 'ㅏ, ㅓ'가 탈락하는데, 탈락한 그대로 적으라는 것이다.

위의 조항에서는 어간이 한 음절인 경우만을 예로 들었으나, 다음과 같이 어간이 여러 음절로 이루어진 경우도 마찬가지이다.

(본말)	(준말)	(본말)	(준말)
삼가아	삼가	삼가았다	삼갔다
만나아	만나	만나았다	만났다
지나아	지나	지나았다	지났다

자라아	자라	자라았다	자랐다
놀라아	놀라	놀라았다	놀랐다
바라아	바라	바라았다	바랐다
건너어	건너	건너었다	건넜다

위의 예 중 '삼가다'를 '삼가하다'로 착각하여 '산가해 주십시오'와 같이 표현하는 경우가 많은데, '삼가- + -아'의 준말은 '삼가'이므로 '삼가 주십시오'라고 하는 것이 옳다. '~기를 바라'의 경우에도 '~기를 바래'와 같이 표현하는 경우가 많으나, '바라- + -아'의 준말은 '바라'이므로 '~기를 바라'라고 하는 것이 옳다.

그런데 'ㅅ' 불규칙 활용에 의해 어간의 모음 'ㅏ, ㅓ'와 어미의 모음 'ㅏ, ㅓ'가 만나게 되었을 때는 탈락 현상이 일어나지 않는다. 따라서 'ㅅ' 불규칙 활용형을 표기할 때는 'ㅏ, ㅓ'를 생략하지 않는다. 다만 실제 구어에서 발음을 빠르게 할 때에는 모음이 생략되기도 한다.

낫- + -아 → 나아   나- + -았- + -다 → 나았다
젓- + -어 → 저어   젓- + -었- + -다 → 저었다

[붙임 1] 어간 끝모음 'ㅐ, ㅔ' 뒤에 어미 '-어, -었-'이 결합할 때는 어미의 모음 'ㅓ'가 탈락한다. 이 경우에는 같은 음이 결합한 것이 아니기 때문에 동음 탈락 현상으로 보기 어렵다. 이때 모음 'ㅓ'가 탈락하는 현상은 필수적인 현상이 아니다. 경우에 따라 본말을 쓰기도 하고 준말을 쓰기도 하며, 표기 역시 마찬가지이다.

누가 더 큰지 한번 재어/재 봐라.
길고 짧은 것은 대어/대 봐야 안다.
선생님이 숙제를 너무 많이 내어/내 주신다.

[붙임 2] '하다'는 '여' 불규칙 활용을 하는 용언으로서 어간 '하-' 뒤에 어미 '-여'가 결합한다. 이 '하여'가 한 음절로 줄어들어 '해'가 되기도 한다. '하여'가 '해'로 축약되는 과정에는 통시적인 음운 변화가 반영되어 있다.

hʌja 〉 hajə 〉 *hɛə 〉 hɛ

호야　하여　*해어　해

중세 국어에는 단모음 /e/(ㅔ)와 /ɛ/(ㅐ)가 존재하지 않았으며, 근대 국어 시기에 /aj/, /əj/가 각각 /e/와 /ɛ/로 축약되면서 비로소 이들 단모음이 우리말 모음으로 자리를 잡게 되었다. /aj/가 /e/로 바뀌는 통시적 변화에 따라 /hajə/가 /hɛə/가 되고 [붙임 1]에서와 같이 /ɛ/(ㅐ) 뒤에서 /ə/(ㅓ)가 탈락함에 따라 최종적으로 /hɛə/가 [hɛ]가 되었다. 이러한 과정을 거쳐 '해'라는 활용형이 새롭게 만들어졌으나, 한편으로는 기존의 활용형인 /hajə/(하여)가 그대로 쓰이면서 결과적으로 '하다'의 활용형으로 '하여'와 '해'가 공존하게 되었다.

 더 알아보기

'채다'('차이다'의 준말), '패다'('파이다'의 준말)와 같이 모음이 축약되어 'ㅐ' 가 된 경우에는 다음과 같이 뒤에 붙는 어미 '-어'를 생략하지 못한다고 보는 견해가 있다.

　　애인에게 채었다. *애인에게 챘다.
　　웅덩이가 패었다. *웅덩이가 팼다.

　그러나 '패다'의 경우에는 '이마에 주름살이 깊게 팼다'라는 표현을 흔히 사용한다. 이러한 용례에 비추어 볼 때 모음이 축약되어 'ㅐ'가 된 경우에 뒤에 붙는 어미 '-어'를 항상 생략하지 못한다고 단정하기는 어려울 듯하다.

제35항 모음 'ㅗ, ㅜ'로 끝난 어간에 '-아/-어, -았-/-었-'이 어울려 'ㅘ/ㅝ, ㅙ/ㅞ'으로 될 적에는 준 대로 적는다.

(본말)	(준말)		(본말)	(준말)
꼬아	꽈	|	꼬았다	꽜다
보아	봐	|	보았다	봤다
쏘아	쏴	|	쏘았다	쐈다
두어	둬	|	두었다	뒀다
쑤어	쒀	|	쑤었다	쒔다
주어	줘	|	주었다	줬다

[붙임 1] '놓아'가 '놔'로 줄 적에는 준 대로 적는다.

[붙임 2] 'ㅚ' 뒤에 '-어, -었-'이 어울려 'ㅙ, ㅙㅆ'으로 될 적에도 준 대로 적는다.

(본말)	(준말)		(본말)	(준말)
괴어	괘		괴었다	괬다
되어	돼		되었다	됐다
뵈어	봬		뵈었다	뵀다
쇠어	쇄		쇠었다	쇘다
씌어	쐐		씌었다	쐤다

일반적으로 모음 'ㅗ'와 'ㅏ'가 만나면 'ㅘ'로 축약되고, 모음 'ㅜ'와 'ㅓ'가 만나면 'ㅝ'로 축약된다. 이 현상은 필수적인 현상이 아니어서 본말과 준말 모두 사용 가능하며, 표기 역시 본말과 준말을 모두 적을 수 있다. 다만, 어두에 자음이 없는 '오다'의 경우에는 본말인 '오아'를 사용하는 경우가 거의 없고, 준말인 '와'를 사용하는 경향이 강하다. 이에 따라 표기도 거의 준말대로 적는다.

'푸다'의 경우에는 불규칙 활용을 하여 활용형이 '푸어'나 '풔'가 아닌 '퍼'로 실현되며, 이에 따라 표기도 '퍼'로 적는다(제18항 4 참고). 또한 다음과 같이 'ㅅ' 불규칙 활용에 의해 어간의 모음 'ㅗ, ㅜ'와 어미의 모음 'ㅏ, ㅓ'가 만나게 되었을 때는 원칙적으로 모음이 'ㅘ, ㅝ'로 축약되지 않는다. 따라서 이 경우에는 어간과 어미의 모음을 'ㅘ, ㅝ'로 합하여 적지 않지만, 실제 구어에서 발음을 빨리 할 때는 축약이 일어나기도 한다.

붓- + -어 → 부어   붓- + -었- + -다 → 부었다

[붙임 1] '좋다'의 경우에는 '좋아'가 '좌'로 축약되지 않는다. 그런데 특이하게도 '놓아'의 경우에는 'ㅎ'이 탈락한 후 'ㅘ'로 축약되기도 한다. 이 경우에는 축약된 대로 적는다.

이거 놔.   거기다 놔라.

[붙임 2] 어간 끝모음 'ㅚ' 뒤에 어미의 첫음인 모음 'ㅓ'가 이어질 때 활용형의 음절이 줄어들면 'ㅙ'로 적는다. 예를 들어 '되-'와 '-어'가 결합하여 두 음절로 발음되면 '되어'로 적고, 한 음절로 발음되면 '돼'로 적는다. 엄밀히 말해 'ㅚ'와 'ㅙ'는 입을 벌리는 정도가 다르지만, 실제로 발음할 때는 이 두 모음을 잘 구별하지 못해 'ㅚ'와 'ㅙ'의 표기를 구별하는

데 어려움이 따른다.

그러나 '되어'의 줄임말을 '돼'로 저는다는 사실만 잘 알고 있어도 '되'와 '돼'를 잘 구별할 수 있다.

되고 ≠ 되어고	되니 ≠ 되어니	되면 ≠ 되어면
돼 = 되어	돼라 = 되어라	돼서 = 되어서

위와 같이 '되어'로 바꾸었을 때 말이 되면 '돼'로 적고, 말이 되지 않으면 이때는 '되어'의 줄임말이 아니기 때문에 '되'로 적는다. '되다'를 예로 들었지만, '괴다, 뵈다, 쐬다, 죄다' 등 어간 끝모음이 'ㅚ'인 용언들 모두 마찬가지이다.

제36항 'ㅣ' 뒤에 '-어'가 와서 'ㅕ'로 줄 적에는 준 대로 적는다.

(본말)	(준말)		(본말)	(준말)
가지어	가져	|	가지었다	가졌다
견디어	견뎌	|	견디었다	견뎠다
다니어	다녀	|	다니었다	다녔다
막히어	막혀	|	막히었다	막혔다
버티어	버텨	|	버티었다	버텼다
치이어	치여	|	치이었다	치였다

어간 끝모음 'ㅣ' 뒤에 어미의 첫음인 모음 'ㅓ'가 이어질 때 'ㅕ'로 축약되면 그대로 적는다. 위의 예 중 '가져'의 둘째 음절의 모음은 실제로는 [ㅓ]로 발음되지만, 어간의 'ㅣ'와 어미의 'ㅓ'가 결합하여 한 음절로 축약되었다는 문법적인 정보를 반영하여 이 경우에도 다른 예들과 동일하게 'ㅕ'로 적는다.

제37항 'ㅏ, ㅕ, ㅗ, ㅜ, ㅡ'로 끝난 어간에 '-이-'가 와서 각각 'ㅐ, ㅖ, ㅚ, ㅟ, ㅢ'로 줄 적에는 준 대로 적는다.

(본말)	(준말)		(본말)	(준말)
싸이다	쌔다	|	누이다	뉘다
펴이다	폐다	|	뜨이다	띄다
보이다	뵈다	|	쓰이다	씌다

'ㅏ, ㅕ, ㅗ, ㅜ, ㅡ'로 끝난 어간 뒤에 피·사동 접미사 '-이-'가 결합하여 각각 'ㅐ, ㅖ, ㅚ, ㅟ, ㅢ'가 되는 경우가 있는데, 이때는 준 대로 적는다. 모음 'ㅏ, ㅕ, ㅗ, ㅜ, ㅡ'와 'ㅣ'가 결합하여 각각 'ㅐ, ㅖ, ㅚ, ㅟ, ㅢ'가 되는 현상은 사실 공시적인 음운 현상이 아니다. 중세 국어 시기에 이중 모음이었던 /aj/, /əj/, /oj/, /uj/ 등이 근대 국어 시기에 각각 /e/, /ɛ/, /ö/, /ü/ 등으로 단모음화되는 과정을 거쳤는데, 이런 단모음화의 결과로 위와 같은 준말이 탄생하게 되었으므로 이러한 변화는 통시적인 변화라고 할 수 있다.

눈에 <u>뵈는</u> 게 없다.
눈에 콩깍지가 <u>씌었나</u>.
아이를 재우려고 침대에 <u>뉘었다</u>.
노란 옷이 눈에 잘 <u>띈다</u>.

위와 같이 '뵈다, 씌다, 뉘다, 띄다' 등은 일상생활에서 자주 사용하는 준말이고, '쌔다, 폐다' 등은 일상생활에서 거의 사용하지 않는 준말이지만, 두 경우 모두 준말과 본말이 사전에 표제어로 등재되어 있다.

사이 – 새   사나이 – 사내   어린아이 – 어린애

위와 같이 피·사동 접미사 '-이-'가 결합하지 않은 일부 단어에서도 같은 유형의 본말과 준말이 공존하는 것을 볼 수 있는데, 이 역시 통시적인 음운 변화의 결과가 반영된 것이다.

 더 알아보기

'-스럽-' 뒤에 부사 파생 접미사 '-이'가 결합한 경우에는 다음과 같이 '스레'로 축약된 준말을 주로 사용한다.

새삼스레, 갑작스레, 걱정스레, 정성스레

이들을 '새삼스러이, 갑작스러이, 걱정스러이, 정성스러이'와 같이 본말로 표현하기도 하지만, 『표준국어대사전』에는 이러한 본말이 표제어로 등재되어 있지 않다. 반면 형용사 어간 '너그럽-, 부끄럽-,

부드럽-' 등에 부사 파생 접미사 '-이'가 결합한 경우에는 '너그러이, 부끄러이, 부드러이'와 같이 축약되지 않은 본말만 사용하고, '너그레, 부끄레, 부드레'와 같은 준말은 사용하지 않는다.

제38항 'ㅏ, ㅗ, ㅜ, ㅡ' 뒤에 '-이어'가 어울려 줄어질 적에는 준 대로 적는다.

(본말)	(준말)		(본말)	(준말)	
싸이어	쌔어	싸여	뜨이어	띄어	
보이어	뵈어	보여	쓰이어	씌어	쓰여
쏘이어	쐬어	쏘여	트이어	틔어	트여
누이어	뉘어	누여			

'ㅏ, ㅗ, ㅜ, ㅡ'로 끝난 어간 뒤에 피·사동 접미사 '-이-'가 결합하여 만들어진 어간 뒤에 어미 '-어'가 결합할 때는 대체로 준말의 어형이 다음과 같이 복수로 실현된다.

새 제품을 선뵈었다/선보였다.

멀리 산봉우리가 뵈었다/보였다.

산책을 하다가 벌에 쐬었다/쏘였다.

글씨가 크게 씌어/쓰여 있었다.

얼마 전에 애인에게 채었다/차였다.

땅에 떨어진 밤송이가 눈에 띄었다/뜨였다.

구름이 걷히자 시야가 확 틔었다/트였다.

이 조항의 예시에서는 '뜨이어'의 준말로 '띄어'만 가능하고 '뜨여'는 불가능한 것처럼 보았으나, 항상 그런 것은 아니다. '뜨이다'는 다음과 같이 여러 가지 의미를 가지고 있는데, 어간 뒤에 어미 '-어'가 결합할 때 준말로 '띄어'와 '뜨여'를 모두 사용할 수 있다.

뜨이다[1] ① 큰 것에서 일부가 떼어지다. '뜨다'의 피동사.

② 물속에 있는 것이 건져지다. '뜨다'의 피동사.

③ 어떤 곳에 담겨 있는 물건이 퍼내지거나 덜어 내어지다. '뜨다'의 피동사.

④ 종이나 김 따위가 틀에 펴져서 낱장으로 만들어지다. '뜨다'의 피동사.

뜨이다[2] ① 감았던 눈이 벌려지다. '뜨다'의 피동사.

② 처음으로 청각이 느껴지다. '뜨다'의 피동사.

③ 눈에 보이다.

④ ('눈에'와 함께 쓰여) 남보다 훨씬 두드러지다.

⑤ 청각의 신경이 긴장되다. '뜨다'의 피동사.

뜨이다[3] ① 실 따위로 코가 얽혀서 무엇이 만들어지다. '뜨다'의 피동사.

② 한 땀 한 땀 바느질이 되다. '뜨다'의 피동사.

③ 살갗에 먹실이 꿰어져 그림, 글자 따위가 그려 넣어지거나 자취가 생기다. '뜨다'의 피동사.

뜨이다[4] ① 무거운 물건이 위로 들어 올려지다. '뜨다'의 피동사.

② 『체육』 씨름에서, 번쩍 들려 올려지다. '뜨다'의 피동사.

그렇다면 위의 예시에서 준말로 '띄어'만 가능한 것처럼 처리한 이유는 무엇일까? 여러 의미를 가진 '띄다' 중 '공간적으로 거리를 멀게 하다', '시간적으로 동안을 길게 하다'라는 의미를 가진 '띄다'는 활용형으로 '띄어'만 가능하고 '뜨여'는 불가능한데, 위의 예시에서는 이를 염두에 두고 '띄어'만 가능한 것으로 처리를 한 것이다.

그렇다면 이러한 의미를 갖는 '띄다'는 왜 '뜨여'와 같은 활용형이 불가능한 것일까? 이때의 '띄다'는 '뜨이다'의 준말이 아니라 '띄우다'의 준말이기 때문이다. 본말이 '뜨이다'가 아니므로 '뜨여(뜨이- + -어)'와 같은 활용형이 불가능한 것이다.

그런데 위의 예시에서는 이 '띄다'의 본말이 '띄우다'가 아닌 '뜨이다'인 것으로 잘못 설명하였다. 본말이 '뜨이다'인 경우에는 준말의 활용형으로 '띄어'와 '뜨여'가 모두 가능하므로, 준말로 '띄어'만 가능한 이러한 경우는 [붙임]과 같은 별도의 항목을 통해 따로 설명하는 것이 바람직하다.

> **제39항** 어미 '-지' 뒤에 '않-'이 어울려 '-잖-'이 될 적과 '-하지' 뒤에 '않-'이 어울려 '-찮-'이 될 적에는 준 대로 적는다.
>
> | (본말) | (준말) | | (본말) | (준말) |
> |---|---|---|---|---|
> | 그렇지 않은 | 그렇잖은 | \| | 만만하지 않다 | 만만찮다 |
> | 적지 않은 | 적잖은 | \| | 변변하지 않다 | 변변찮다 |

어미 '-지' 뒤에 '않-'이 결합하여 축약될 경우에는 '쟎'이 아닌 '잖'으로 적고, '-하지'

뒤에 '않-'이 결합하여 축약될 경우에는 '쟎'이 아닌 '찮'으로 적는다.

이론적으로는 'ㅣ'와 'ㅏ'가 결합하여 'ㅑ'로 축약되므로 '-지 않-'은 '-쟎-'으로, '-하지 않-'은 '-치 않-'을 거쳐 '-챦-'으로 축약되는 것이 자연스럽다. 그런데 우리말 경구개음 'ㅈ, ㅊ, ㅉ' 다음에 오는 'ㅑ, ㅕ, ㅛ, ㅠ' 등은 이중 모음이 아닌 단모음으로 발음된다. 따라서 우리말에서 [쟈], [져], [죠], [쥬] 등의 발음은 사실상 불가능하다.

이는 [챠], [쳐], [쨔], [쪄] 등에서도 마찬가지여서 이들은 단모음화된 [차], [처], [짜], [쩌] 등으로 발음된다. 이러한 현실 발음을 반영하여 '-지 않-'은 '-잖-'으로, '-하지 않-'은 '-찮-'으로 적도록 하였다.

위의 용례 외에도 다음과 같이 다양한 표현이 준말로 사용되고 있다.

'잖' 계열 (-지 않-)		'찮' 계열 (-하지 않-)	
같잖다	같지 않다	편찮다	편하지 않다
점잖다	젊지 않다	귀찮다	귀하지 않다
달갑잖다	달갑지 않다	괜찮다	괜하지 않다
마뜩잖다	마뜩하지 않다	하찮다	하지 않다
시답잖다	시답지 않다	심심찮다	심심하지 않다
어쭙잖다	어쭙지 않다(?)	시원찮다	시원하지 않다
		여의찮다	여의하지 않다
		우연찮다	우연하지 않다

위의 예들을 보면 본말과 준말의 의미 차이가 거의 없는 경우도 있지만, '같잖다, 귀찮다, 괜찮다' 등과 같이 준말의 의미가 본말로부터 파생되어 2차적인 의미를 갖는 경우가 많다. 형태적인 측면에서도 준말의 형태가 굳어져서 '마뜩하다, 시답다'처럼 '않다, 못하다' 등과 어울려 부정 표현으로만 사용되는 예들도 있고, '어쭙잖다'처럼 본말에서 본용언의 정체가 불분명한 경우도 있으며, '점잖다'처럼 이전 시기의 형태 정보가 반영되거나 '하찮다'처럼 불규칙하게 변형된 예들도 있다.

'점잖다'는 '젊지 않다'가 줄어든 말인데, 첫음절을 '젊'이 아닌 '점'으로 적는 것은 '젊다'의 고형이 '졈다'였던 것과 관련이 있다. '하찮다'의 본말은 '하지 않다'로서 원칙적으로 준말은 '하잖다'가 되어야 하지만, 발음이 거세지면서 '하찮다'가 된 경우이다. 특정 지역이나 개인에 따라서는 원칙에 맞게 '하잖다'라고 하기도 한다. 이때의 '하다'는 '크다, 많다'라는 의미를 가진 고어와 관련이 있다. 이러한 의미와 연관지어 보면 '하찮다'는 '중요하지 않다, 사소하다'라는 의미를 나타내게 된다.

'귀찮다'의 본말은 '귀하지 않다'로서 본말과 준말의 의미가 동일하지 않은 것처럼 보이지만, 이 두 표현은 부정적인 의미를 공유한다는 점에서 공통점을 갖는다. '괜찮다'의 본말은 '괜하지 않다'로서 관형사형인 '괜한'과 부사 '괜히'를 통해 '괜하다'의 존재를 간접적으로 확인할 수 있다. '괜하다'는 '공연(空然)하다'에서 비롯된 말로 '아무 까닭이나 실속이 없다'는 의미를 가지고 있다. 따라서 '괜찮다'의 본말인 '괜하지 않다'는 '실속이 없지 않다'는 의미, 즉 '실속이 있다', '쓸모가 있다'는 의미를 갖는다. 준말인 '괜찮다'는 '실속이 없지 않다', '쓸모가 없지 않다'라는 본말의 의미로부터 파생되어 여러 상황에서 조금씩 다른 의미로 사용된다.

상대방의 사과를 받아들일 때, 뭔가 좋은 생각이 떠올랐을 때, 아무런 문제가 없다는 것을 표현할 때, 상황이 조금씩 다름에도 불구하고 공통적으로 '괜찮다'를 사용하는 것은 '괜하지 않다'가 갖는 '쓸모가 없지 않다'라는 의미로부터 각각의 상황에 맞는 의미가 파생되어 나왔기 때문이다.

한편 '마뜩하지 않다'의 준말을 '마뜩찮다'가 아닌 '마뜩잖다'로 표기하는 이유는 다음의 제40항과 관련이 있다. 제40항 [붙임 2]에서는 어간의 끝음절 '하'가 생략될 경우에는 생략된 대로 적도록 하였다. 제40항의 원칙을 먼저 적용한 다음에 제39항의 원칙을 적용하면 '마뜩하지 않다'의 준말은 '마뜩지 않다'를 거쳐 '마뜩잖다'가 된다.

'시원찮다'는 '시원하지 않다'가 축약된 것인데, '션찮다'로 한 번 더 축약이 일어나기도 한다.

위와 같이 단어화된 경우 외에도 다음과 같이 '-잖아', '-잖소'를 어미처럼 사용하는 경우가 있다.

지금 가고 있잖아.
내가 여러 번 말했잖아.
하고 싶은 거 하면 되잖아.
다 귀찮다잖아.
내가 전에 말했잖소.
오늘은 수업이 없다잖소.

'-잖아'와 '-잖소'는 어떤 사실이나 상황을 상대방에게 확인하거나 강조하여 말할 때 사용하며, '-다잖아'와 '-다잖소'는 다른 사람의 말이나 어떠한 상황을 상대방에게 전달할 때 사용한다. 이러한 경우에는 '-잖아'와 '-잖소'를 '-잖다'로 바꾸어 쓸 수 없다.

　　이래 봬도 내가 할 건 다 하잖아?
　　내 말이 맞잖아?

　위와 같이 어말 억양을 올려 의문문의 형식을 띨 경우에는 상대방에게 반문함으로써 상대방의 동조를 구하거나 어떤 사실이나 상황을 확인하는 의미를 나타낸다. 이러한 의문문일 경우에는 '-잖아'를 '-잖냐'와 '-잖니'로 바꾸어 쓸 수 있다.

 더 알아보기

　　'-자고 한다'를 줄이면 '-잔다'가 된다. '이제 그만하자고 한다'는 '이제 그만하잔다'로, '같이 가자고 한다'는 '같이 가잔다'로 줄일 수 있다. 그런데 '-자고 한다'의 준말을 '-잖다'로 잘못 적는 경우가 있다. 인터넷상에서 '이제 그만하잖다', '같이 가잖다'와 같은 잘못된 표기를 종종 보게 된다. '-자고 한다'의 준말은 '고'가 생략된 '-자 한다'에서 '하'가 탈락하여 '-잔다'가 되므로 '-잖다'와 같이 'ㅎ'을 표기해서는 안 된다. '-잔다'[잔다]와 '-잖다'[잔타]는 발음에서도 차이가 있으므로 이 둘을 혼동하지 않도록 유의해야 한다.

제40항 어간의 끝음절 '하'의 'ㅏ'가 줄고 'ㅎ'이 다음 음절의 첫소리와 어울려 거센소리로 될 적에는 거센소리로 적는다.

(본말)	(준말)		(본말)	(준말)
간편하게	간편케	|	다정하다	다정타
연구하도록	연구토록	|	정결하다	정결타
가하다	가타	|	흔하다	흔타

[붙임 1] 'ㅎ'이 어간의 끝소리로 굳어진 것은 받침으로 적는다.

않다	않고	않지	않든지
그렇다	그렇고	그렇지	그렇든지
아무렇다	아무렇고	아무렇지	아무렇든지
어떻다	어떻고	어떻지	어떻든지
이렇다	이렇고	이렇지	이렇든지
저렇다	저렇고	저렇지	저렇든지

[붙임 2] 어간의 끝음절 '하'가 아주 줄 적에는 준 대로 적는다.

(본말)	(준말)	(본말)	(준말)
거북하지	거북지	넉넉하지 않다	넉넉지 않다
생각하건대	생각건대	못하지 않다	못지않다
생각하다 못해	생각다 못해	섭섭하지 않다	섭섭지 않다
깨끗하지 않다	깨끗지 않다	익숙하지 않다	익숙지 않다

[붙임 3] 다음과 같은 부사는 소리대로 적는다.

결단코	결코	기필코	무심코	아무튼	요컨대
정녕코	필연코	하마터면	하여튼	한사코	

접미사 '-하-'가 결합하여 만들어진 어간 뒤에 어미가 결합할 경우에 특정한 환경에서 음절 '하'가 통째로 탈락하기도 하고, 모음 'ㅏ'가 탈락하여 유기음화 현상이 일어나기도 한다. 다음과 같이 '-하-'가 결합한 어근의 말음이 모음이나 비음, 유음일 때 'ㅏ'가 탈락하면서 유기음화가 일어나는 경우가 있는데, 이때는 소리 나는 대로 축약된 발음을 거센소리(유기음)로 적는다.

가능하게 → 가능케

곤란하게 → 곤란케

달성하고자 → 달성코자

개발하고자 → 개발코자

불쌍하다 → 불쌍타

무심하다 → 무심타

염려하지 → 염려치

근심하지 → 근심치

청하건대 → 청컨대

맹세하건대 → 맹세컨대

측량하기 (어렵다) → 측량키 (어렵다)

가능하기 (힘들다) → 가능키 (힘들다)

피하지 (못할) → 피치 (못할)

[붙임 1] '이러하다, 그러하다, 저러하다, 어떠하다, 아무러하다' 등은 'ㅏ'가 탈락한 '이렇다, 그렇다, 저렇다, 어떻다, 아무렇다' 등이 준말로 널리 사용되고 있으며, '아니하다'의 경우에는 준말의 형태가 '않다'로 사용되고 있다. 이러한 경우에는 축약된 발음을 거센소리(유기음)로 적지 않고 'ㅎ'을 받침으로 적는다.

이 중 '어떻다'와 관련해서 '어떡하다'의 활용형인 '어떡해'의 표기를 혼동하는 경우가 있다. '어떻다'는 '어떠하다'의 준말로서 형용사에 속하고 '어떡하다'는 '어떠하게 하다'의 준말로서 동사의 기능을 하므로 두 단어의 쓰임이 확연히 다르다.

이제 어떡해? (○)
이제 어떻해? (×)
이 일을 어떡하지? (○)
이 일을 어떻하지? (×)

위와 같이 동사로 기능하는 '어떡해'를 형용사 '어떻다'의 부사형인 '어떻게'와 표기를 혼동하여 '어떻해'로 적는 경우가 많다. 그러나 '어떡해'의 발음은 [어떠캐]이고 '어떻해'의 발음은 [어떠태]로서 서로 발음이 다르므로 '어떡해'를 '어떻해'로 적을 수는 없다. 우리말에 '어떻하다'라는 말은 없으므로 '어떻해'는 불가능한 표기이다. '어떻하지, 어떻하나, 어떻하면' 등의 표기도 역시 잘못된 것이다.

얼룩을 어떻해 지우나요? (×)
얼룩을 어떻게 지우나요? (○)

간혹 부사어인 '어떻게'를 '어떻해'로 적는 경우도 있는데, 이는 서술어 '어떡해'를 '어떻해'로 잘못 적는 오류가 부사어인 '어떻게'에까지 확대 적용된 것으로 역시 잘못된 표기이다.

[붙임 2] '-하-'가 결합한 어근의 말음이 파열음 [ㄱ], [ㄷ], [ㅂ]로 발음될 때 음절 '하'가 통째로 탈락하는 경우가 있는데, 이때는 소리 나는 대로 '하'를 제외하고 적는다.

탐탁하지 않다 → 탐탁지 않다
녹록하지 않다 → 녹록지 않다

뚜렷하지 않다 → 뚜렷지 않다

떳떳하지 않다 → 떳떳지 않다

간섭하지 마라 → 간섭지 마라

용납하지 않는다 → 용납지 않는다

[붙임 3] 접미사 '-하-'의 모음 'ㅏ'가 탈락하면서 유기음화된 발음이 굳어져 부사가 된 경우에는 소리 나는 대로 적는다.

'결단코, 결코, 기필코, 무심코, 정녕코, 필연코, 한사코' 등은 용언의 활용형 '○○하고'가 부사로 굳어진 것이다. 공시적으로는 이때의 '-코'를 부사 파생 접미사로 분석한다. 이 예들에서는 접미사 '-하-'의 모음 'ㅏ'가 탈락하면서 유기음화 현상이 일어나는데, '잠자코' 의 경우에는 '잠잠하고'가 '잠잠코'로 유기음화된 후에 다시 어근의 끝음절 종성이 탈락하여 '잠자코'가 되는 특별한 모습을 보이기도 한다.

'아무튼'과 '하여튼'은 과거에 '아뭏든'과 '하옇든'으로 적기도 하였으나, 용언의 활용형이 부사로 굳어진 것으로 보아 '아무튼, 하여튼'으로 적는다.

'이토록, 그토록, 저토록'과 '종일토록, 일생토록, 평생토록' 등도 부사로 보아 소리 나는 대로 적는다. 이 예들은 '발전토록(발전하도록)', '분발토록(분발하도록)' 등과는 달리 내부 구성에 접사 '-하-'가 포함되어 있지 않으므로 '○○하도록'의 준말로 보기가 어렵다. 따라서 체언 뒤에 보조사 '토록'이 결합한 것으로 분석하며 전체를 부사로 보아 소리 나는 대로 적는다.

 더 알아보기

　　　　어떤 일에 대하여 옳다느니 그르다느니 하는 것을 '가타부타'라고 한다. '가 타부타'는 '가(可)하다 부(否)하다'의 준말로 '하'의 모음 'ㅏ'가 탈락한 후 유기음화 현상이 일어난 것인데, 쓰임이 굳어져서 명사가 되었다. 비슷한 말로 '왈가왈부(曰可曰否), 왈가불가(曰可不可)' 등 이 있다.

　'얼토당토아니하다'는 '옳- + 도 + 당(當) + -하- + 도 + 아니 + -하- + -다'가 줄어든 말로서 '옳지 도 합당하지도 않다'는 의미를 나타낸다. 구성 요소 중 어간 뒤에 바로 결합한 '도'는 보조사로서, 용언과 함께 쓰일 때에는 원래 '좋지도 않다'와 같이 어미 뒤에 결합하는 것이 일반적이지만, '오도 가도 못하다'와 같이 경우에 따라서는 어간 뒤에 바로 결합하기도 한다.

제5장 띄어쓰기

제1절 조사

> **제41항** 조사는 그 앞말에 붙여 쓴다.
>
> 꽃이 꽃마저 꽃밖에 꽃에서부터 꽃으로만
>
> 꽃이나마 꽃이다 꽃입니다 꽃처럼 어디까지나
>
> 거기도 멀리는 웃고만

　조사는 어휘적인 단어 뒤에 붙어 문법적인 기능을 나타내는 요소로서, 학교 문법에서는 조사를 단어로 인정한다. 한글 맞춤법 제2항에서 문장의 각 단어는 띄어 씀을 원칙으로 한다고 하였으므로 원칙대로 한다면 조사를 앞말과 띄어 써야 할 것이다. 그러나 조사는 일반적인 다른 단어들과는 달리 자립성이 없으므로 앞말에 붙여 쓰도록 하였다.

　조사를 앞말에 잘 붙여 쓰려면, 문장에서 조사를 잘 분석해 낼 수 있어야 한다. 특히 보조사 중에는 조사인지 아닌지 헷갈리는 예들도 있어 주의가 필요하다.

　보석같이 빛나는 밤하늘의 별.

　(cf. 우리 같이 영화 보러 가자.)

　일이 마음대로 잘 안 될 때는 잠깐 하늘을 봐.

　(cf. 내가 말한 대로 하면 손해는 안 볼 거야.)

　나도 너만큼 부지런했으면 좋겠다.

　(cf. 음식을 먹을 만큼만 덜어라.)

　너뿐만 아니라 내 친구들은 다 성격이 좋아.

　(cf. 이 음식은 맛이 좋을 뿐만 아니라 영양가도 높다.)

그는 말 없이 <u>하늘만</u> 바라보았다.

아이들이 <u>웃기만</u> 했다.

<u>집채만</u> 한 파도가 밀려왔다.

(cf. <u>두 시간 만에</u> 표가 모두 매진되었다.)

(cf. 음식이 <u>먹을 만했다</u>.)

'같이, 대로, 만큼, 뿐, 만'과 같이 조사 외에 다른 품사로도 쓰이는 예들은 문장에서의 쓰임이 조사인지 아닌지 잘 구별해야 한다. 예를 들어 '같이'는 조사 외에도 부사로 쓰이는 경우가 있다. '같이'가 '처럼'의 의미로 사용될 때는 조사에 해당하므로 앞말에 붙여 쓰지만, '함께'의 의미로 사용될 때는 부사에 해당하므로 띄어 쓴다.

'대로, 만큼, 뿐, 만' 등은 조사 외에 의존 명사로도 사용된다. 이들은 대개 체언이나 명사형 뒤에 붙을 때는 조사로 기능을 하고, 용언의 관형사형 뒤에 올 때는 피수식어로서 의존 명사의 기능을 담당한다. '만'의 경우에는 체언 뒤에 있더라도 '사흘 만이다, 두 시간 만에'와 같이 의존 명사로 쓰이는 경우가 있으므로 주의해야 한다.

누고<u>보고</u> 이래라 저래라 하는 거야?

초보<u>치고</u> 꽤 잘하는데?

언제 나<u>하고</u> 차 한 잔 마시자.

오늘<u>따라</u> 옛 친구가 그립다.

좀 조용히 하지<u>그래</u>.

오늘 날씨가 좋네<u>그려</u>.

'보고, 치고, 하고, 따라, 그래, 그려' 등은 얼핏 보기에 용언의 활용형 같지만, 위의 문장에서의 쓰임은 용언의 어휘적인 의미와 거리가 멀기 때문에 조사로 분류한다. 따라서 이들은 앞말에 붙여 쓴다.

내가 편히 쉴 곳은 집<u>밖에</u> 없다.

(cf. 집 <u>밖에</u> 아무도 없다.)

덩치를 보니 힘<u>깨나</u> 쓰겠는걸.

(cf. 아기가 <u>꽤나</u> 귀여운걸.)

'밖에'는 명사 '밖'에 조사 '에'가 결합한 경우와 '밖에' 자체가 조사인 경우로 나뉜다. 전자는 앞말과 띄어 쓰지만, 후자는 앞말에 붙여 쓴다. '깨나'는 조사로서 앞말에 붙여 쓰지만, '꽤나'는 부사 '꽤'에 보조사 '나'가 결합한 것이므로 앞말에 붙여 쓰지 않고 띄어 쓴다.

조사가 반복하여 결합하거나 어미 뒤에 조사가 붙은 경우에도 붙여 쓴다.

> 집<u>에서부터</u> 학교<u>까지는</u> 걸어갈 만하다.
> 학교<u>에서는</u> 집에서처럼 까불지 않겠지.
> 여기<u>에서부터는</u> 신발을 벗어야 한다.
> 밥<u>은커녕</u> 죽도 못 얻어 먹었다.
> 맛을 보기<u>는커녕</u> 냄새도 못 맡았다.
> 아침에 책상<u>에다가</u> 책을 펼쳐 놓았다.

조사가 반복하여 결합한 경우 두 번째, 세 번째 조사를 띄어 쓰지 않도록 주의해야 한다. '은커녕, 는커녕'은 조사 '은'과 '는' 뒤에 조사 '커녕'이 결합한 것으로서 전체를 붙여 써야 한다. '에다가'도 조사 '에'에 조사 '다가'가 결합한 것이므로 전체를 붙여 써야 한다.

 더 알아보기

'같다'는 형용사로서 문장에서 서술어 역할을 담당한다. 그러나 어간 '같-'에 '-이'가 결합한 '같이'는 조사 또는 부사의 기능을 담당한다. '형용사, 조사, 부사'는 각 품사의 특성에 따라 앞말과의 띄어쓰기가 달라지므로 띄어쓰기를 바르게 하기 위해서는 이들의 품사를 잘 구별해야 한다.

> 이번 주말에 놀이공원에 같이 가자.
> 그 아이는 <u>천사같이</u> 예쁜 마음을 가지고 있다.
> 그 아이는 천사와 <u>같이</u> 예쁜 마음을 가지고 있다.
> 그 아이는 <u>천사 같은</u> 예쁜 마음을 가지고 있다.

한편 '감쪽같다, 굴뚝같다, 금쪽같다, 귀신같다, 꿈같다, 똑같다, 뚱딴지같다, 벼락같다, 불같다, 쏜살같다, 실낱같다, 한결같다'와 같이 '같다'가 앞말과 결합하여 합성어를 이루는 경우도 있다. 이 경우에는 한 단어를 이루므로 띄어쓰기를 하지 않는다.

직접 인용문 뒤에 붙는 '라고'는 조사에 해당하므로 인용문 뒤에 붙여 쓴다. 그러나 직접 인용문 뒤에 '하고'가 올 때는 이를 조사로 보지 않고 '하다'의 활용형으로 본다. 따라서 이 경우에는 '하고'를 띄어 쓴다.

아이가 "좋아요."라고 말했다.
아이가 "좋아요." 하고 말했다.

제2절 의존 명사, 단위를 나타내는 명사 및 열거하는 말 등

> **제42항** 의존 명사는 띄어 쓴다.
> 아는 **것**이 힘이다.　　　나도 할 **수** 있다.
> 먹을 **만큼** 먹어라.　　　아는 **이**를 만났다.
> 네가 뜻한 **바**를 알겠다.　　그가 떠난 **지**가 오래다.

의존 명사는 문장에서 자립적으로 쓰이지 못하고 선행하는 단어에 의존하여 쓰인다는 점에서 의존성이 강한 단어라 할 수 있다. 그러나 문장의 단어는 띄어 씀을 원칙으로 한다는 한글 맞춤법 제2항의 규정에 따라 의존 명사를 앞말에 붙여 쓰지 않고 띄어 쓴다.

의존 명사 중에는 동일한 형태가 다른 품사로 사용되거나 형태적으로 다른 문법 형태소와 구별하기 어려운 예들이 있는데, 이때 경우에 따라 띄어쓰기가 달라지기도 한다. 따라서 의존 명사를 정확히 띄어 쓰기 위해서는 문장에서 의존 명사를 잘 분석해 내야 한다.

의존 명사 중 어미와 혼동하기 쉬운 예로는 '데, 지, 바, 듯' 등이 있다.

그가 가는 데마다 사람들이 몰려들었다.
노는 데 정신이 팔려서 연락하는 것을 깜빡했다.
비가 오는데, 우산을 교실에 두고 왔다.
내가 좀 늦을 것 같은데, 정말 지금 가야 해?

의존 명사 '데'는 '곳, 장소, 일, 것, 경우' 등의 의미를 나타내며, 뒤에 조사가 결합할 수 있다. 또한 문맥에 따라 '곳, 것' 등의 다른 명사로 대체할 수 있다. 반면 어미 '-은데'나

'–는데'는 문장을 연결해 주는 기능을 하며, '데'가 어미의 일부에 해당하기 때문에 다른 명사로 대체되지 않는다.

> 밥을 먹은 <u>지</u> 오래됐다.
> 물티슈가 생활필수품이 된 <u>지</u>는 오랩니다.
> 땅이 얼마나 넓은<u>지</u> 끝이 안 보인다.
> 언제 어디서 불쑥 나올<u>지</u> 몰라.
> 이 물건을 어디서 파<u>는지</u> 알고 싶어.

'지'가 '어떤 일이 있었던 때로부터 지금까지의 동안'을 의미할 때는 의존 명사로서 띄어 쓴다. 그러나 '–은지, –는지, –을지'의 형태로 쓰여 막연한 의문이 있는 채로 그것을 뒤 절의 사실이나 판단과 관련시키는 기능을 담당할 때는 어미로 보아 앞말에 붙여 쓴다. 어미의 형태는 시제에 따라 '–은지, –는지, –을지'로 다양하게 나타나지만, 의존 명사 '지' 앞에 올 수 있는 어미는 관형사형 어미 '–은'으로 한정된다. 따라서 의존 명사 구문은 항상 '–은 지'로만 실현된다.

> 어찌할 <u>바</u>를 몰라 발만 동동 구르고 있었다.
> 불편하게 남의 눈치 보며 살 <u>바</u>에는 차라리 혼자 사는 게 낫다.
> 의혹을 철저히 <u>조사한바</u>, 사실이 아닌 것으로 드러났다.
> 소기의 목적을 <u>달성한바</u>, 이제 비대위를 해체하도록 하겠습니다.
> 그 사실은 나도 <u>아는바</u> 전혀 새롭지 않다.

의존 명사 '바'는 일의 방법이나 방도, 앞에서 말한 내용이나 일 등을 나타내며 뒤에 조사가 자연스럽게 결합한다. 반면 '–은바, –는바'와 같은 형태가 뒤 절에서 어떤 사실을 말하기 위하여 그 사실이 있게 된 것과 관련된 상황을 미리 제시하는 기능을 담당할 때는 어미로 분석한다. 이 경우에는 뒤에 조사가 결합하지 않으며, 어간 뒤에 붙여 쓴다.

> 보일 <u>듯</u> 말 <u>듯</u> 깜빡이는 별.
> 그는 마술에 걸린 <u>듯</u> 아무 말도 못 하고 바라보기만 했다.
> 구름에 달 가<u>듯이</u> 가는 나그네.

내 친구는 돈을 물 쓰듯 한다.

의존 명사 '듯'과 어미 '-듯'은 특별한 경우를 제외하고는 뒤에 조사가 결합하지 않아 이 둘을 혼동하기 쉽다. 문장 내에서의 의미도 '물 흐르듯'과 '물 흐르는 듯'이 큰 차이를 보이지 않는다. 다만 의존 명사 '듯'은 선행 요소가 용언의 관형사형이고 어미 '-듯'은 선행 요소가 용언의 어간이라는 점에서 차이를 보인다. 이에 따라 의존 명사 '듯'과 어미 '-듯'은 앞말과의 띄어쓰기에서도 차이를 보인다.

'들, 차, 간' 등과 같이 접미사와 의존 명사의 용법을 모두 가지고 있는 것들도 있다.

모든 사람들은 행복을 추구한다.
어제 저녁에 떡볶이, 순대, 김밥 들이 너무 먹고 싶었다.

'-들'이 하나의 단어에 결합하여 복수의 의미를 나타낼 때는 접미사로 분류하여 앞말에 붙여 쓴다. 반면 '들'이 두 개 이상의 단어 뒤에 쓰여 여러 단어를 나열하는 기능을 담당할 때는 의존 명사로 보아 앞말과 띄어 쓴다.

입사 5년 차에 승진의 기회를 잡았다.
이제 그만 포기하려던 차에 좋은 아이디어가 떠올랐다.
한 달에 한 번은 업무차 서울에 다녀온다.

'차'가 어떤 일을 하던 기회나 순간 또는 주기나 경과의 해당 시기, 차례 등의 의미를 나타낼 때는 의존 명사로 보아 앞말과 띄어 쓴다. 반면에 '-차'가 일부 명사 뒤에 붙어 목적의 뜻을 나타낼 때는 접미사로 보아 앞말에 붙여 쓴다.

친구 간에도 지킬 건 지켜야지.
서울과 세종 간에 출퇴근 버스를 운행한다.
뭘 하든지 간에 최선을 다하도록 하자.
올해 한 달간 객지 생활을 했다.
소 잃고 외양간 고친다.

'간'이 '사이'나 '관계'의 의미를 나타낼 때는 의존 명사로 보아 띄어 쓰고, '-간'이 기간의 뜻을 나타내는 말에 붙어 '동안'의 의미를 나타내거나 몇몇 명사 뒤에 붙어 '장소'의 의미를 나타낼 때는 접미사로 보아 앞말에 붙여 쓴다.

마침 연락하려던 터에 잘 왔다.
갈 테면 가라.
조금만 참으면 될 텐데.
내가 도와 줄 테니까 조금만 참아.

의존 명사 '터'는 '예정'이나 '추측', '의지', '처지'나 '형편' 등의 의미를 나타낸다. '터'는 특이하게도 서술격 조사와 결합하여 '테'로 음절이 축약되는 양상을 보이는데, 이 때문에 '-을 텐데, -을 테니, -을 테면, -을 테다' 등을 어미로 오해하기도 한다. 그러나 이들은 모두 관형 구성에 속하는 것으로 보아 띄어쓰기를 한다.

의존 명사 '중(中), 시(時)' 등은 대개의 경우 띄어 쓰지만, 다음과 같이 앞말과 함께 합성어로 굳어져 사용되는 경우에는 붙여 쓴다. 띄어쓰기를 구별하기 위해서는 합성어로 인정하는 예들을 따로 알아 둘 필요가 있다.

근무 중, 회의 중, 수업 중, 냉방 중, 외출 중, 임신 중
무의식중(無意識中), 부재중(不在中), 부지중(不知中)

설치 시, 만기 시, 방문 시, 재난 시, 배송 시, 비행 시
비상시(非常時), 유사시(有事時), 평상시(平常時), 필요시(必要時)

제43항 단위를 나타내는 명사는 띄어 쓴다.

한 **개**	차 한 **대**	금 서 **돈**	소 한 **마리**
옷 한 **벌**	열 **살**	조기 한 **손**	연필 한 **자루**
버선 한 **죽**	집 한 **채**	신 두 **켤레**	북어 한 **쾌**

다만, 순서를 나타내는 경우나 숫자와 어울리어 쓰이는 경우에는 붙여 쓸 수 있다.

두시 삼십**분** 오초   제일**과**   삼**학년**

육층	1446년 10월 9일	2대대
16동 502호	제1실습실	80원
10개	7미터	

단위를 나타내는 명사는 자립 명사이든 의존 명사이든 앞말과 띄어 쓴다. 단위를 나타내는 명사 앞에는 일반적으로 수 관형사가 오는데, '한, 두, 세, 네'뿐만 아니라 '수백, 수천, 몇백, 몇천' 등도 관형사에 해당하므로 다음과 같이 띄어 쓴다.

　　수십 명, 수백 명, 수천 명, 수만 명
　　몇십 명, 몇백 명, 몇천 명, 몇만 명

다만, 순서를 나타내는 경우나 숫자와 어울리어 쓰이는 경우에는 다음과 같이 붙여 쓸 수 있다.

　　요한복음 삼 장 십육 절 / 요한복음 삼장 십육절
　　요한복음 3 장 16 절 / 요한복음 3장 16절
　　제이 차 세계 대전 / 제이차 세계 대전
　　제2 차 세계 대전 / 제2차 세계 대전

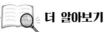 **더 알아보기**

　　　　'번'이 차례나 횟수를 세는 단위로 쓰일 때에는 '한 번', '두 번', '세 번'과 같이 띄어 쓴다. 그러나 '번'이 선행어와 결합하여 다음과 같은 의미를 나타낼 때는 앞말에 붙여 쓴다.

　　한번은 우산도 없이 빗속을 걸었어. (지난 어느 때나 기회)
　　한번 해 보자. (어떤 일을 시험 삼아 시도함)
　　시간 날 때 한번 만나자. (기회 있는 어떤 때에)
　　너, 말 한번 잘했다. (어떤 행동이나 상태 강조)
　　한번 맛보면 반할 거야. (일단 한 차례)

‘말 한마디 없이 떠났다’, ‘두말할 것 없다’ 등에서도 ‘한마디’, ‘두말’을 붙여 쓴다. 이때의 ‘한’이나 ‘두’는 정확히 그만큼의 수를 나타내는 의미로 사용된 것이 아니기 때문에 뒷말과 결합하여 합성어를 이루는 것으로 본다.

제44항 수를 적을 적에는 ‘만(萬)’ 단위로 띄어 쓴다.
　　　십이억 삼천사백오십육만 칠천팔백구십팔
　　　12억 3456만 7898

　　수를 적을 때는 한글로 적든 아라비아 숫자로 적든 만 단위로 띄어 쓰며, 수가 커질수록 ‘만(萬), 억(億), 조(兆), 경(京)’ 등을 단위로 하여 띄어 쓴다. 이는 우리말에서 수를 만 단위씩 읽는 전통을 반영한 것이다.

　　영어권에서는 수를 천[thousand] 단위로 읽어, 수가 커질수록 ‘thousand[천], million[백만], billion[십억]’ 등의 단위를 사용한다. 아라비아 숫자로 수를 적을 때 다음과 같이 세 자리마다 쉼표를 찍는 것은 이러한 영어식 셈법을 반영한 것이다. 만약 우리말의 셈법에 따라 쉼표를 찍는다면, 네 자리마다 쉼표를 찍게 될 것이다.

　　1,234,567,898

　　12억 3456만 7898

　　십이억 삼천사백오십육만 칠천팔백구십팔

　　공문서 등에서 금액을 적을 때 ‘500천 원, 70백만 원’과 같이 알아보기 어렵게 표기하는 경우가 많다. 이는 ‘500,000원’과 ‘70,000,000원’을 영어식 셈법에 맞게 ‘천’의 자리와 ‘백만’의 자리를 단위로 표현한 것으로, 우리말로는 자연스럽지 못하다. 전체를 아라비아 숫자로 적거나 우리말에 맞게 ‘50만 원’과 ‘7천만 원’으로 적는 것이 바람직하다.

제45항 두 말을 이어 주거나 열거할 적에 쓰이는 다음의 말들은 띄어 쓴다.
　　　국장 **겸** 과장　　　　　　열 **내지** 스물　　　　　청군 **대** 백군
　　　책상, 걸상 **등**이 있다　　　이사장 **및** 이사들　　　사과, 배, 귤 **등등**
　　　사과, 배 **등속**　　　　　　부산, 광주 **등지**

두 말을 이어 주거나 열거할 때에 쓰는 말들은 어느 한쪽에도 붙여 쓰지 않고 띄어 쓴다. 다음과 같이 점수를 아라비아 숫자를 사용하여 적을 때도 마찬가지이다.

월드컵에서 한국과 브라질이 삼 대 삼으로 비겼다.
월드컵에서 한국과 브라질이 3 대 3으로 비겼다.

다음과 같이 '일대일, 일대다, 다대일, 다대다'는 구체적인 수보다는 단수 및 복수의 대립을 나타낸다는 점에서 각각 한 단어로 인정하여 붙여 쓴다.

정정당당하게 <u>일대일</u>로 싸우자.
<u>일대다</u>로 싸워도 우리가 이길 수 있어.
<u>다대일</u>로 싸워도 우리가 이길 수 있어.
그러지 말고 <u>다대다</u>로 한번 해 보자.

그러나 위와 같은 단수와 복수의 대립이 아닌 구체적인 점수를 나타내는 경우라면 다음과 같이 띄어 써야 한다.

월드컵에서 한국과 브라질이 일 대 일로 비겼다.
월드컵에서 한국과 브라질이 1 대 1로 비겼다.

제46항 단음절로 된 단어가 연이어 나타날 적에는 붙여 쓸 수 있다.
　　　좀더 큰것　　　이말 저말　　　한잎 두잎

단음절로 된 단어가 연이어 나타날 적에 붙여 쓸 수 있도록 한 것은 '좀 더 큰 것', '이 말 저 말'과 같이 단음절 단어를 연거푸 띄어 쓸 경우에 시각적으로 응집력이 떨어지기 때문이다.

그렇다고 해서 이 규정을 단음절로 된 단어가 연이어 나오는 모든 경우에 적용하기는 어렵다. 예를 들어 '약 일 분 더'를 '약일 분더'로 적거나 '저 큰 새 옷'을 '저큰 새옷'으로 적으면 오히려 의미를 파악하는 데 방해가 될 것이다. '약일', '분더', '저큰' 등이 의미적으로 한 덩어리가 될 수 없기 때문이다.

따라서 의미 파악에 방해가 되지 않고 오히려 도움이 되는 경우에만 붙여 쓰는 것이 바람직하다. 다만, 구체적으로 어떠한 경우에 붙여 쓸 수 있는지에 대한 자세한 설명이 없는 데다가 붙여 쓰는 것을 강제하지 않고 허용하는 조항이어서 사람마다 판단이 다를 수 있다.

제3절 보조 용언

제47항 보조 용언은 띄어 씀을 원칙으로 하되, 경우에 따라 붙여 씀도 허용한다.(ㄱ을 원칙으로 하고, ㄴ을 허용함.)

ㄱ	ㄴ
불이 꺼져 **간다**.	불이 꺼져**간다**.
내 힘으로 막아 **낸다**.	내 힘으로 막아**낸다**.
어머니를 도와 **드린다**.	어머니를 도와**드린다**.
그릇을 깨뜨려 **버렸다**.	그릇을 깨뜨려**버렸다**.
비가 올 **듯하다**.	비가 올**듯하다**.
그 일은 할 **만하다**.	그 일은 할**만하다**.
일이 될 **법하다**.	일이 될**법하다**.
비가 올 **성싶다**.	비가 올**성싶다**.
잘 아는 **척한다**.	잘 아는**척한다**.

다만, 앞말에 조사가 붙거나 앞말이 합성 용언인 경우, 그리고 중간에 조사가 들어갈 적에는 그 뒤에 오는 보조 용언은 띄어 쓴다.

잘도 놀아만 **나는구나**!	책을 읽어도 **보고**…….
네가 덤벼들어 **보아라**.	이런 기회는 다시없을 **듯하다**.
그가 올 듯도 **하다**.	잘난 체를 **한다**.

문장의 각 단어는 띄어 씀을 원칙으로 하므로 보조 용언도 띄어 쓰는 것을 원칙으로 한다. 다만, 보조 용언은 문장에서 서술어로서 주된 의미를 담당하지는 않기 때문에 앞말인 본용언에 붙여 쓰는 것도 허용한다.

그런데 이 조항에서 예로 든 구문은 어미 '-아/-어' 뒤에 보조 용언이 연결되는 경우와 의존 명사 뒤에 '-하다'나 '싶다'가 결합하여 만들어진 보조 용언이 관형어의 수식을 받는 경우로 한정된다. 따라서 이 두 구문에서는 보조 용언을 붙여 쓰는 것을 허용하지만, 이 외의 다른 구문에서는 보조 용언을 붙여 쓰지 않는 것으로 해석한다.

가게 되었다. (○)   가게되었다. (×)

하지 않았다. (○)   하지않았다. (×)

보고 싶었다. (○)   보고싶었다. (×)

한편 어미 '-아/-어' 뒤에 보조 용언이 연결되는 경우라 하더라도 보조 용언이 '지다'와 '하다'일 경우에는 띄어 쓰지 않고 붙여 쓴다. '-아/-어 지다'는 형용사나 타동사 어간 뒤에 결합하여 자동사 구문을 만들고, '-아/-어 하다'는 형용사 어간 뒤에 결합하여 타동사 구문을 만든다. 이 두 경우에는 이처럼 문장의 통사적인 구조를 바꾸므로 보조 용언의 결합이 매우 긴밀하다고 보아 앞말에 붙여 쓴다.

날씨가 따뜻해진다.   옷이 더러워졌다.

차가운 물이 쏟아졌다.   물건이 뚝딱 만들어졌다.

나는 야구를 좋아한다.   엄마가 아이를 예뻐한다.

나는 버섯을 싫어한다.   쥐는 고양이를 무서워한다.

다음의 경우에는 보조 용언을 붙여 쓰지 않고 띄어 쓴다.

1) 본용언 뒤에 조사가 붙는 경우

일단 알아는 볼게.   밤이 깊어만 간다.

가만히 앉아만 있어.   창문을 열어는 놓았지.

2) 본용언이 합성 용언인 경우

가라앉아 버렸다.   집어넣어 보았다.

재미있어 한다.   고함질러 댔다.

3) 보조 용언의 내부에 조사가 들어간 경우

화날 법도 하다.   놀랄 만도 하다.

아는 척을 한다.   포기할 뻔도 했다.

　본용언 뒤에 조사가 붙는 경우에는 의미적으로나 형태적으로나 본용언과 보조 용언의 경계가 분명해지기 때문에 본용언과 보조 용언을 띄어 쓴다. 의존 명사 뒤에 '-하다'가 결합하여 만들어진 보조 용언의 경우에는 의존 명사 뒤에 조사가 붙을 수 있는데, 이로 인해 의존 명사와 '하다'가 별개의 단어로 분리되기 때문에 이때에는 본용언과 보조 용언을 띄어 쓴다.

　본용언이 합성 용언인 경우에는 보조 용언과 붙여 쓸 경우 글자 수가 많아져 가독성이 떨어지므로 본용언과 보조 용언을 띄어 쓴다. 그러나 본용언이 합성 용언이더라도 다음과 같이 단음절로 된 어휘 형태소가 결합하여 합성 용언의 길이가 짧을 경우에는 붙여 쓸 수 있다.

　　아이를 잘 돌봐 줬다. / 아이를 잘 돌봐줬다.
　　모임이 벌써 끝나 버렸다. / 모임이 벌써 끝나버렸다.

　다음과 같이 보조 용언이 거듭되는 경우에는 앞의 보조 용언만을 붙여 쓸 수 있다.

　　그 정도면 놀아 줄 만하다. / 그 정도면 놀아줄 만하다.
　　점점 닮아 가는 듯하다. / 점점 닮아가는 듯하다.

제4절 고유 명사 및 전문 용어

제48항 성과 이름, 성과 호 등은 붙여 쓰고, 이에 덧붙는 호칭어, 관직명 등은 띄어 쓴다.
　　　김양수(金良洙)　　　　서화담(徐花潭)　　　　채영신 씨
　　　최치원 선생　　　　　박동식 박사　　　　　충무공 이순신 장군

　다만, 성과 이름, 성과 호를 분명히 구분할 필요가 있을 경우에는 띄어 쓸 수 있다.
　　　남궁억/남궁 억　　　독고준/독고 준
　　　황보지봉(皇甫芝峰)/황보 지봉

한글 맞춤법 시행 전에는 성과 이름을 띄어 썼지만, 지금은 성과 이름을 붙여 쓴다. 원래 성과 이름은 별개의 것이므로 서양에서 하듯이 띄어 쓸 수 있겠지만, 우리는 성이 대부분 한 음절로 짧고 이름 역시 대개 두 음절로 길지 않아, 성과 이름을 붙여 써도 시각적으로 불편하지 않다. 우리가 흔히 성과 이름을 합하여 '이름'이라고 하는 것은 그만큼 성과 이름을 하나의 단위로 인식하는 경향이 강하기 때문이다.

성과 이름, 성과 호 뒤에 덧붙는 호칭어나 관직명 등은 다음과 같이 띄어 쓴다.

강찬민 씨	이하은 님	문정수 군	이은빈 양	손기정 옹
윤봉길 의사	나운규 감독	조오련 선수	김기창 화백	손양원 목사

'씨(氏), 님, 군(君), 양(孃), 옹(翁)' 등은 의존 명사로서 앞말과 띄어 쓰고, '감독, 선수' 등과 같이 자립 명사에 해당하는 말들도 성과 이름 뒤에서 띄어 쓴다. '이 씨, 김 군, 최 양, 강 박사, 박 선생' 등과 같이 성 뒤에서도 동일하게 띄어 쓴다.

'-씨'를 성 뒤에 붙여 쓰는 경우도 있는데, 이때의 '-씨'는 접미사에 해당한다. 접미사 '-씨'는 성 뒤에 붙어 '그 성씨 자체', '그 성씨의 가문이나 문중'의 의미를 더하게 된다. 예를 들어 '이 씨'는 이씨 성을 가진 특정한 사람을 의미하는 반면 '이씨'는 성씨 자체나 이씨 가문을 의미한다. 예를 들면 다음과 같다.

이 씨, 무슨 좋은 일이라도 있나? 기분이 좋아 보이네.
응. 우리 이씨 가문에 큰 경사가 났어!
나는 김씨고, 내 친구는 이씨다.

다만, 성과 이름, 성과 호를 분명하게 구별하기 어려운 경우에는 성과 이름, 성과 호를 띄어 쓸 수 있다. '남궁억'의 경우 성이 '남'이고 이름이 '궁억'인지, 성이 '남궁'이고 이름이 '억'인지 구별하기가 힘들다. '남궁'이 성일 경우 이러한 문제를 해결하기 위해 '남궁 억'과 같이 띄어 쓸 수 있다.

이름 대신 쓰는 '아무개'나 '모(某)'는 앞에 오는 성과 붙여 쓸까, 띄어 쓸까?

> **제49항** 성명 이외의 고유 명사는 단어별로 띄어 씀을 원칙으로 하되, 단위별로 띄어 쓸 수 있다.(ㄱ을 원칙으로 하고, ㄴ을 허용함.)
>
> | ㄱ | ㄴ |
> |---|---|
> | 대한 중학교 | 대한중학교 |
> | 한국 대학교 사범 대학 | 한국대학교 사범대학 |

성명 이외의 고유 명사가 여러 단어로 이루어져 있을 경우에는 단어별로 띄어 쓰는 것을 원칙으로 한다. 그러나 구성 단어의 수가 많을 경우 가독성이 떨어질 수 있기 때문에 단위별로 띄어 쓰는 것을 허용한다. 이때의 단위는 대상의 구성 단위를 말한다. 예를 들어 '한국 대학교 사범 대학 국어 교육과'는 '한국 대학교 / 사범 대학 / 국어 교육과'라는 세 개의 단위로 구성되어 있으므로 '한국대학교 사범대학 국어교육과'와 같이 단위별로 띄어 쓸 수 있다.

> 한국 교육 과정 평가원 대학 수학 능력 시험 본부 수능 출제 관리부
> 한국교육과정평가원 대학수학능력시험본부 수능출제관리부
> 한국 보건 복지 인력 개발원 사회 복지 인재 양성 본부 사회 서비스 교육부
> 한국보건복지인력개발원 사회복지인재양성본부 사회서비스교육부

위와 같이 단어별로 띄어 쓰는 경우와 단위별로 띄어 쓰는 경우가 모두 가능하지만, 고유 명사의 길이가 긴 경우에는 단위별로 띄어 쓰는 것이 효율적이다.

> **제50항** 전문 용어는 단어별로 띄어 씀을 원칙으로 하되, 붙여 쓸 수 있다.(ㄱ을 원칙으로 하고, ㄴ을 허용함.)
>
> | ㄱ | ㄴ |
> |---|---|
> | 만성 골수성 백혈병 | 만성골수성백혈병 |
> | 중거리 탄도 유도탄 | 중거리탄도유도탄 |

전문 용어는 단어별로 띄어 쓰는 것을 원칙으로 한다. 그러나 이렇게 하다 보면 일반적인 단어를 단순하게 나열한 것으로 생각하여 의미가 제대로 전달되지 않을 수도 있다. 또한 구성 단어의 수가 많을 경우 가독성이 떨어질 수 있다는 문제가 발생한다. 이에 따라 전문

용어의 단어들을 붙여 쓰는 것도 허용한다.

아크 제트 엔진 / 아크제트엔진(arc jet engine)
고압 송전 선로 / 고압송전선로(高壓送電線路)
척추 원반 탈출증 / 척추원반탈출증(脊椎圓盤脱出症)

 더 알아보기

　　　　과거에는 법률명을 띄어 쓰지 않고 붙여 쓰는 것이 일반적이었다. 다음과 같이 수십 글자를 붙여 쓴 경우도 많았다.

대한민국과아메리카합중국간의상호방위조약제4조에의한시설과구역및대한민국에있어서의합중국군대의지위에관한협정의시행에따른국가및지방자치단체의재산의관리와처분에관한법률

　　그러나 지금은 법률명을 한글 맞춤법에 맞게 띄어 쓰는 것으로 원칙이 바뀌어 법률명을 훨씬 편하게 읽을 수 있게 되었다.

띄어쓰기 보충

　문장의 각 단어는 띄어 씀을 원칙으로 한다. 구체적으로 문법 형태소인 조사를 제외한 나머지 단어들은 띄어 쓰는 것이 원칙이다. 문법 형태소에 해당하는 조사, 어미, 접사는 띄어 쓰지 않고 붙여 쓴다. 이러한 기본 원리를 잘 이해하고 문장의 구성 요소들을 잘 분석할 줄 알면 띄어쓰기를 틀리지 않고 잘할 수 있다. 아울러 합성어는 띄어 쓰지 않고 붙여 쓰므로 합성어 여부에 대한 판단을 잘해야 한다.

　• '안, 못, 잘' 등은 부사로서 띄어 쓰는 것이 원칙이지만, 다음과 같이 합성어를 이룰 때는 붙여 쓴다.

　　잘되면 내 탓, 못되면 남 탓.
　　그렇게 못되게 굴면 누가 좋아하겠니?
　　1점 차로 떨어지다니, 너도 참 안됐다.
　　나는 국어는 잘하는데 왜 수학은 못할까?
　　아무리 예쁘고 잘생겨도 마음이 고와야 고운 사람이다.

　• 관형사는 띄어 쓰고 접두사는 붙여 쓴다. 다만, 관형사가 뒷말과 함께 합성어를 이룰 때는 뒷말에 붙여 쓴다.

　　관형사 용례: 첫 만남, 온 식구, 새 옷, 옛 추억, 구 법원, 맨 처음
　　접두사 용례: 대국민 담화, 재호주 한인회, 헛고생, 구세대, 맨손
　　접미사 용례: 인터넷상에서, 협의하에, 이 달 말께, 지역별 날씨
　　합성어 용례: 첫걸음, 온몸, 새신랑, 옛날

동일한 형태가 의미에 따라 관형사로 쓰이기도 하고 접두사로 쓰이기도 한다.

　구(舊): [관형사] 지난날의, 지금은 없는. 예 구 법원, 구 마을 회관

구(舊)-: [접두사] 묵은, 낡은. 예 구세대, 구제도

맨: [관형사] 더할 수 없을 정도나 경지에 있음을 나타내는 말. 예 맨 처음

맨: [부사] 다른 것은 섞이지 아니하고 온통. 예 쟤는 맨 놀기만 한다.

맨-: [접두사] 다른 것이 없는. 예 맨손, 맨발, 맨입

- 다음과 같이 합성어로 인정하는 단어들은 붙여 쓴다.

꿈속	한잔	어린이	딴생각
빈자리	오늘날	난데없이	이를테면
쓸데없다	살펴보다	쏜살같다	상관없다
계속하다	그만두다	못마땅하다	안절부절못하다

- 어간과 어미는 붙여 쓴다. 어미 중에는 관형 구성으로 착각하기 쉬운 것이 있으므로 주의해야 한다.

밥을 먹을수록 힘이 난다.

차라리 굶을지언정 더 이상 콩밥은 못 먹겠다.

나는 그 일에 관심도 없을뿐더러 내용도 잘 모른다.

차라리 내가 손해를 볼망정 다른 사람에게 피해를 주고 싶지는 않다.

다음 두 문장은 의미가
어떻게 다를까?
"하루빨리 보고 싶다."
"하루 빨리 보고 싶다."

제6장 그 밖의 것

> **제51항** 부사의 끝음절이 분명히 '이'로만 나는 것은 '-이'로 적고, '히'로만 나거나 '이'나 '히'로 나는 것은 '-히'로 적는다.
>
> 1. '이'로만 나는 것
> | | | | | |
> |---|---|---|---|---|
> | 가붓이 | 깨끗이 | 나붓이 | 느긋이 | 둥긋이 |
> | 따뜻이 | 반듯이 | 버젓이 | 산뜻이 | 의젓이 |
> | 가까이 | 고이 | 날카로이 | 대수로이 | 번거로이 |
> | 많이 | 적이 | 헛되이 | | |
> | 겹겹이 | 번번이 | 일일이 | 집집이 | 틈틈이 |
>
> 2. '히'로만 나는 것
> | | | | | |
> |---|---|---|---|---|
> | 극히 | 급히 | 딱히 | 속히 | 작히 |
> | 족히 | 특히 | 엄격히 | 정확히 | |
>
> 3. '이, 히'로 나는 것
> | | | | | |
> |---|---|---|---|---|
> | 솔직히 | 가만히 | 간편히 | 나른히 | 무단히 |
> | 각별히 | 소홀히 | 쓸쓸히 | 정결히 | 과감히 |
> | 꼼꼼히 | 심히 | 열심히 | 급급히 | 답답히 |
> | 섭섭히 | 공평히 | 능히 | 당당히 | 분명히 |
> | 상당히 | 조용히 | 간소히 | 고요히 | 도저히 |

발음상 부사의 끝음절이 '이'로 분석되는 경우에는 '이'로 적고 '히'로 분석되는 경우에는 '히'로 적는다. '이'로 분석되기도 하고 '히'로 분석되기도 할 때는 '히'로 적는다.

'한글 맞춤법 해설'에서는 다음과 같이 좀 더 구체적인 기준을 제시하였다.

　1. '이'로 적는 것
　　1) (첩어 또는 준첩어)인 명사 뒤
　　　간간이　겹겹이　골골샅샅이　곳곳이　길길이

나날이	다달이	땀땀이	몫몫이	번번이
샅샅이	알알이	앞앞이	줄줄이	짬짬이
철철이				

2) 'ㅅ' 받침 뒤

기웃이	나긋나긋이		남짓이	뜨뜻이	버젓이
번듯이	빠듯이		지긋이		

3) 'ㅂ' 불규칙 용언의 어간 뒤

가벼이	괴로이	기꺼이	너그러이	부드러이
새로이	쉬이	외로이	즐거이	-스러이

4) '-하다'가 붙지 않는 용언 어간 뒤

같이	굳이	길이	깊이	높이
많이	실없이	적이	헛되이	

5) 부사 뒤(제25항 2 참조)

곰곰이	더욱이	생긋이	오뚝이	일찍이
히죽이				

2. '히'로 적는 것

1) '-하다'가 붙는 어근 뒤(단, 'ㅅ' 받침 제외)

극히	급히	딱히	속히	족히
엄격히	정확히	간편히	고요히	공평히
과감히	급급히	꼼꼼히	나른히	능히
답답히				

2) '-하다'가 붙는 어근에 '-히'가 결합하여 된 부사가 줄어진 형태

(익숙히 →) 익히   (특별히 →) 특히

3) 어원적으로는 '-하다'가 붙지 않는 어근에 부사화 접미사가 결합한 형태로 분석되더라도, 그 어근 형태소의 본뜻이 유지되고 있지 않은 단어의 경우는 익어진 발음 형태대로 '히'로 적는다.

작히(어찌 조그만큼만, 오죽이나)

그러나 이와 같은 설명에도 예외가 있어 '이'와 '히'의 표기를 완벽하게 구별해 주는

기준이 되지는 못한다. 예를 들어 '고즈넉이, 수북이, 말쑥이, 굵직이, 깜찍이, 삐딱이, 덥수룩이' 등은 '-하다'가 붙는 어근 뒤에 부사 파생 접미사가 결합한 예이지만, 위의 원칙과는 다르게 접사를 '히'가 아닌 '이'로 적는다.

 더 알아보기

제1항에서 밝혔듯이 한글 맞춤법은 표준어를 소리대로 적되, 어법에 맞도록 함을 원칙으로 한다. 따라서 부사의 끝음절을 '이'로 적느냐 '히'로 적느냐 하는 문제는 큰 고민 없이 표준 발음을 따르면 된다. 그런데 이 조항에서는 다른 조항과는 달리 표준 발음이 아닌 대중적인 발음을 표기의 기준으로 삼았다. 대중적인 발음은 개인이나 지역에 따라 차이가 날 수 있기 때문에 이를 기준으로 표기를 정하는 것은 객관적이지 못하다는 문제가 있다.

예컨대 '이'나 '히'로 발음된다고 분류한 '솔직히, 가만히' 등의 발음을 『표준국어대사전』에서는 [솔찌키], [가만히]로만 제시하고 있어, 이 조항의 발음 설명이 표준 발음을 기준으로 한 것이 아니라는 사실을 알 수 있다.

제52항 한자어에서 본음으로도 나고 속음으로도 나는 것은 각각 그 소리에 따라 적는다.

(본음으로 나는 것)	(속음으로 나는 것)
승낙(承諾)	수락(受諾), 쾌락(快諾), 허락(許諾)
만난(萬難)	곤란(困難), 논란(論難)
안녕(安寧)	의령(宜寧), 회령(會寧)
분노(忿怒)	대로(大怒), 희로애락(喜怒哀樂)
토론(討論)	의논(議論)
오륙십(五六十)	오뉴월, 유월(六月)
목재(木材)	모과(木瓜)
십일(十日)	시방정토(十方淨土), 시왕(十王), 시월(十月)
팔일(八日)	초파일(初八日)

한자어 중에는 한자의 본음대로 발음하지 않고 발음이 조금 달라지는 예들이 있다. 이 중 널리 일반화된 발음을 속음으로 인정하여 이를 표기에 반영한다. 한자의 속음은 일정한 규칙이 없어 예측이 불가능한 경우가 많으며, 단어에 따라 관습적인 발음을 인정한다.

예를 들어 '승낙(承諾)'은 본음대로 '낙'으로 발음하지만, '수락(受諾), 쾌락(快諾), 허락(許諾)' 등은 속음인 '락'으로 발음한다. 이에 따라 본음으로 발음하는 경우에는 본음으로 적고,

속음으로 발음하는 경우에는 속음으로 적는다.

'難'의 경우에는 '고난(苦難), 비난(非難), 수난(受難), 조난(遭難), 피난(避難)' 등 대부분 본음인 '난'으로 발음하지만, '곤란(困難), 논란(論難)' 등의 단어는 속음인 '란'으로 발음한다.

'寧'의 경우에는 같은 지명이라도 경상남도 '창녕(昌寧)', 제주도 '김녕(金寧)'은 본음인 '녕'으로 발음하고, 경상남도 '의령(宜寧)', 함경북도 '회령(會寧)', 충청남도 '보령(保寧)'은 속음인 '령'으로 발음한다.

'怒'의 경우에는 '격노(激怒), 분노(憤怒/忿怒), 진노(震怒)' 등은 본음인 '노'로, '대로(大怒), 희로애락(喜怒哀樂)' 등은 속음인 '로'로 발음한다. '대로(大怒)하다'를 '노(怒)하다'에 이끌리어 '대노하다'로 잘못 알고 있는 경우가 있는데, 이 경우에는 속음을 따른다.

'論'의 경우에는 '토론(討論)'은 본음대로 발음하고 '의논(議論)'은 속음대로 발음한다. 그런데 '의논(議論)'과 한자는 같으면서도 발음과 표기가 다른 단어로 '의론(議論)'이 있다. 이 '의론'은 2015년에 표준어로 인정을 받았는데, 『표준국어대사전』에서는 '의논(議論)'과 '의론(議論)'을 다음과 같이 풀이한다.

의론(議論): 어떤 사안에 대하여 각자의 의견을 제기함. 또는 그런 의견.
　　　　　예 이러니저러니 의론이 분분하다.
　　　　　　 두 가지 의론이 맞서서 결론이 나지 않는다.
의논(議論): 어떤 일에 대하여 서로 의견을 주고받음.
　　　　　예 의논을 거듭하다.
　　　　　　 그는 한마디 의논도 없이 제멋대로 결정했다.

'피난(避難)'의 경우에도 비슷한 단어로 '피란(避亂)'이 있는데, 이들은 한자가 달라 발음에서 차이를 보인다. 『표준국어대사전』에서는 '피난(避難)'과 '피란(避亂)'을 다음과 같이 풀이한다.

피난(避難): 재난을 피하여 멀리 옮겨 감.
　　　　　예 피난을 가다.
　　　　　　 지진이 나자 마을 사람들은 피난을 떠났다.
피란(避亂): 난리를 피하여 옮겨 감.
　　　　　예 철저하게 파괴되어 버려서, 거의 다 피란을 가 버리고 만 텅 빈 도시에 남아 있는 약간의 사람들은…. (박태순, 『무너진 극장』)

님녀노소기 모두 다 끼란을 나가더라도 계월향은 결단코 김 장군을 떠나서 먼저 가지 않으리라 결정해 버린다. (박종화, 『임진왜란』)

이 외에도 본음과 속음의 차이를 보이는 예로 다음과 같은 예들이 더 있다.

한자	본음으로 발음·표기하는 예	속음으로 발음·표기하는 예
拏(나)	추나요법(推拏療法)	한라산(漢拏山)
暖/煖(난)	온난(溫暖/溫煖)	한란(寒暖/寒煖)
丹(단)	은단(銀丹), 주단(朱丹)	모란(牡丹)
糖(당)	포도당(葡萄糖), 흑당(黑糖), 당분(糖分)	설탕(雪糖/屑糖), 사탕(沙糖/砂糖), 탕수육(糖水肉)
洞(동)	동굴(洞窟), 동리(洞里)	통달(洞達), 통찰(洞察)
剌(랄)	발랄(潑剌)	수라(水剌)
戮(륙)	도륙(屠戮)	살육(殺戮)
輻(복)	복사(輻射)	폭주(輻輳/輻湊)
誓(서)	선서(宣誓), 서약(誓約)	맹세(盟誓)
鼠(서)	흑서(黑鼠)	청설모(靑鼠毛)
生(생)	고생(苦生), 민생(民生), 재생(再生)	초승달(初生달)
瑟(슬)	금슬(琴瑟), 소슬(蕭瑟)	금실(琴瑟)
煙(연)	흡연(吸煙), 금연(禁煙), 매연(煤煙)	궐련(卷煙)
炎(염)	간염(肝炎), 비염(鼻炎), 장염(腸炎)	폐렴(肺炎)
場(장)	도장(道場), 광장(廣場)	도량(道場)
提(제)	전제(前提)	보리(菩提), 보리수(菩提樹)
宅(택)	택지(宅地), 주택(住宅)	댁내(宅內), 시댁(媤宅)
愎(퍅)	강퍅(剛愎), 암퍅(暗愎)	괴팍(乖愎)
布(포)	포교(布敎), 포석(布石), 포진(布陣)	보시(布施)

흔히 '풍비박산(風飛雹散)'을 '풍지박산'으로 잘못 적기도 하는데, 이것은 속음으로 인정하지 않는다. '혈혈단신(孑孑單身)'을 '홀홀단신'이라 하거나 '동고동락(同苦同樂)'을 '동거동락'이라 하는 것도 속음으로 인정하지 않는다. '삼수갑산(三水甲山)'을 '산수갑산', '중구난방(衆口難防)'을 '중구남방'이라고 하는 것도 마찬가지이다.

'무녕왕릉(武寧王陵)'이 맞을까, '무령왕릉(武寧王陵)'이 맞을까?

제53항 다음과 같은 어미는 예사소리로 적는다.(ㄱ을 취하고, ㄴ을 버림.)

ㄱ	ㄴ
-(으)ㄹ거나	-(으)ㄹ꺼나
-(으)ㄹ걸	-(으)ㄹ껄
-(으)ㄹ게	-(으)ㄹ께
-(으)ㄹ세	-(으)ㄹ쎄
-(으)ㄹ세라	-(으)ㄹ쎄라
-(으)ㄹ수록	-(으)ㄹ쑤록
-(으)ㄹ시	-(으)ㄹ씨
-(으)ㄹ지	-(으)ㄹ찌
-(으)ㄹ지니라	-(으)ㄹ찌니라
-(으)ㄹ지라도	-(으)ㄹ찌라도
-(으)ㄹ지어다	-(으)ㄹ찌어다
-(으)ㄹ지언정	-(으)ㄹ찌언정
-(으)ㄹ진대	-(으)ㄹ찐대
-(으)ㄹ진저	-(으)ㄹ찐저
-올시다	-올씨다

다만, 의문을 나타내는 다음 어미들은 된소리로 적는다.

-(으)ㄹ까?   -(으)ㄹ꼬?   -(스)ㅂ니까?

-(으)리까?   -(으)ㄹ쏘냐?

'ㄹ'로 시작하는 어미들은 뒤의 자음이 된소리로 발음 나더라도 이를 표기에 반영하지 않는다. 다만 의문을 나타내는 어미 '-(으)ㄹ까, -(으)ㄹ꼬, -(스)ㅂ니까, -(으)리까, -(으)ㄹ쏘냐' 등은 된소리 발음을 표기에 반영한다. 이 외에도 '-(으)ㄹ쏜가, -(으)ㄹ깝쇼' 등 대부분의 의문형 어미는 된소리 발음을 표기에 반영한다.

다음의 어미들을 된소리로 표기하는 경우가 많은데, 이 어미들만 특별히 된소리로 표기할 만한 근거가 없다고 보아 다른 어미들과 마찬가지로 예사소리로 표기한다.

오늘은 나 먼저 <u>갈께</u>. (×)

네가 가기 전에 내가 먼저 <u>갈껄</u>. (×)

이따가 시간 날 때 <u>전화할께</u>. (×)

참 답답한 <u>양반일쎄</u>. (×)

다음의 예들은 의존 명사가 사용된 문장이지만, 의존 명사 '거'에 대한 인식이 약해지면서 띄어쓰기를 하지 않고 된소리로 표기하는 경향이 있다. 그러나 이때의 '거'는 어미에 속하지 않기 때문에 예사소리로 적고 띄어쓰기를 해야 한다.

이거 누구꺼야? (×) → 이거 누구 거야? (○)

내가 먼저 할꺼야. (×) → 내가 먼저 할 거야. (○)

제54항 다음과 같은 접미사는 된소리로 적는다.(ㄱ을 취하고, ㄴ을 버림.)

ㄱ	ㄴ		ㄱ	ㄴ
심부름꾼	심부름군	|	귀때기	귓대기
익살꾼	익살군	|	볼때기	볼대기
일꾼	일군	|	판자때기	판잣대기
장꾼	장군	|	뒤꿈치	뒷굼치
장난꾼	장난군	|	팔꿈치	팔굼치
지게꾼	지겟군	|	이마빼기	이맛배기
때깔	땟갈	|	코빼기	콧배기
빛깔	빛갈	|	객쩍다	객적다
성깔	성갈	|	겸연쩍다	겸연적다

접미사 중 항상 된소리로 발음되는 접미사는 된소리로 적는다. '-꾼, -깔, -때기, -꿈치, -빼기, -쩍다' 등이 이에 해당한다.

접미사 '-꾼'은 과거에 '일군, 나무군'과 같이 '군'으로 표기하기도 했는데, 이는 '-꾼'이 한자어 '군(軍)'에서 유래했기 때문이다. 그러나 지금은 '-꾼'으로 접사화한 것으로 보아 첫소리를 된소리로 적는다.

접미사 '-빼기'는 접미사 '-배기'와 발음과 표기가 다르다. 접미사 '-배기'는 다음과 같이 다양한 의미를 가지고 있으며, 발음 나는 대로 '배기'로 적는다.

1) '그 나이를 먹은 아이'의 뜻을 더하는 접미사.

   예 두 살배기, 다섯 살배기.

2) '그것이 들어 있거나 차 있음'의 뜻을 더하는 접미사.

   예 나이배기.

3) '그런 물건'의 뜻을 더하는 접미사.

　　예 공짜배기, 대짜배기, 진짜배기, 알짜배기.

　반면 접미사 '-빼기'는 다음과 같은 의미를 가지고 있으며, 발음 나는 대로 '빼기'로 적는다.

1) '그런 특성이 있는 사람이나 물건'의 뜻을 더하는 접미사.

　　예 곱빼기, 밥빼기, 악착빼기, 부축빼기, 얼룩빼기.

2) '비하'의 뜻을 나타내는 접미사.

　　예 코빼기, 대갈빼기, 이마빼기.

　'뚝배기'는 한 형태소 내부에서 /ㄱ/ 뒤의 예사소리가 된소리로 발음되는 것으로 보아 한글 맞춤법 제5항에 따라 예사소리로 적는다. '언덕배기'는 '배기'의 정체가 불분명하나, /ㄱ/ 뒤에서 된소리로 발음되는 것으로 보아 예사소리로 적는다.

　흔히 '본토배기, 오이소배기'와 같이 적는 경우가 많은데, 이는 접미사 '-배기'가 결합한 것이 아니므로 '본토박이, 오이소박이'로 적어야 한다. '맛빼기' 역시 접미사 '-빼기'가 결합한 단어가 아니다. 이는 '맛보기'를 잘못 적은 것이다.

 더 알아보기

　　　　　　이 조항에서는 '꿈치'를 접미사로 보았으나 국어사전에서는 접미사로 처리하지 않는다. 『표준국어대사전』에서는 '꿈치'를 표제어로 다루지 않았고, 개방형 사전인 '우리말샘'에서는 '명사'로 다루었다. '꿈치'는 자립적으로 쓰이지 못하고 '팔꿈치, 발꿈치, 발뒤꿈치, 버선꿈치' 등과 같이 복합어의 구성 요소로 사용되는 것이 일반적인 양상이다. 그러나 '우리말샘'에서는 최근의 몇몇 기사에서 '꿈치'를 자립적으로 사용한 예를 근거로 하여 '꿈치'를 명사로 분류하였다.

　　하지만 전통적으로 '꿈치'를 단독으로 사용하지 않고 '팔, 발' 등의 몇몇 단어 뒤에 붙여서 사용해 온 것을 보면 '꿈치'의 본질적인 속성은 접미사에 가까운 듯하다. '꿈치'는 옛 문헌에서 '풀굼치, 뒤굼치'와 같이 예사소리로 표기하다가 19세기 말에 와서야 된소리로 표기하게 되었다.

예전에는 '맞추다'와 '마추다'를 구별하여, 일정한 규격의 물건을 만들도록 미리 주문하는 경우에는 '마추다'로 적었다. 그러나 지금은 이 두 표기를 하나로 통일하여 '맞추다'로 적는다. 이에 따라 예전에 '안성마춤, 마춤 양복'으로 적던 것을 지금은 '안성맞춤, 맞춤 양복'으로 적는다.

'뻗치다'와 '뻐치다'도 의미에 따라 구별하여 적던 것을 '뻗치다'로 통일하여 적도록 하였다. 간혹 '망신살이 뻐쳤다', '엎드려 뻐쳐'와 같이 적는 경우가 있는데, 이 경우에도 표기를 '뻗치다'로 통일하여 '망신살이 뻗쳤다', '엎드려 뻗쳐'와 같이 적어야 한다.

'-더'는 과거에 경험하여 알게 된 사실이나 느낀 감정을 표현할 때 사용하는 선어말어미이고, '(-)든지'는 둘 이상의 것을 나열할 때 사용하는 조사 또는 어미이다. 일상생활에서 모음 'ㅓ'와 'ㅡ'의 발음을 혼동하면서 '-더-'를 [드]로 발음하고 '(-)든지'를 [던지]로 발음하는 경향이 있는데, 이러한 발음 때문에 표기도 혼동하기 쉽다.

특히 '-던'과 '-든', '-던지'와 '(-)든지', '-던가'와 '(-)든가'는 다음과 같이 구체적인 의미에 따라 발음과 표기가 다르므로 쓰임에 따라 발음과 표기를 잘 구별해야 한다.

네 친구들이 그렇게 하라고 시키던?
내가 알던 그 사람이 아닌 것 같다.

누가 뭐라 하든 난 내 길을 갈 거야.
공부를 하든 말든 난 상관하지 않겠다.

싫으면 그만두든가.
계속하든가 말든가 나는 상관하지 않겠다.

내가 그때 그랬던가?
그래, 아무도 안 말리던가?
그때 그 시절이 정말 그리웠던가 보다.

다음의 예들도 발음과 표기를 혼동하지 않도록 주의해야 한다.

다들 빈둥빈둥 놀드만 너무하네. (×)
→ 다들 빈둥빈둥 놀더니만 너무하네. (○)
힘들거던 좀 쉬었다 하자. (×)
→ 힘들거든 좀 쉬었다 하자. (○)
내가 예전에 힘깨나 썼거던. (×)
→ 내가 예전에 힘깨나 썼거든. (○)

제57항 다음 말들은 각각 구별하여 적는다.
  가름   둘로 가름.
  갈음   새 책상으로 갈음하였다.

'가름'과 '갈음'은 발음이 같지만 의미는 전혀 다르다. '가름'은 '가르다'의 명사형으로서

'쪼개거나 나누어 따로따로 되게 함'을 의미하며, '갈음'은 '갈다'의 파생 명사로서 '다른 것으로 바꾸어 대신함'을 의미한다.

이것으로 인사말을 <u>갈음하겠습니다</u>.
결국 선수들의 투지가 승패를 <u>가름했다</u>.
두 팀의 전력이 비슷하여 마지막까지 승패를 <u>가늠하기</u> 어려웠다.

'갈음하다'의 의미는 '다른 것으로 바꾸어 대신하다'이고, '가름하다'의 의미는 '쪼개거나 나누어 따로따로 되게 하다' 또는 '승부나 등수 따위를 정하다'이다. '가름하다'는 '가르다'와 의미가 유사하여 서로 바꾸어 쓸 수 있다. 간혹 '가름하다'를 '가늠하다'로 잘못 쓰기도 하는데, '가늠하다'는 '목표나 기준에 맞고 안 맞음을 헤아려 보다' 또는 '사물을 어림잡아 헤아리다'라는 의미를 가지므로 이 둘을 구별하여 써야 한다.

거름	풀을 썩힌 거름.
걸음	빠른 걸음.

'거름'은 '기름지다' 또는 '걸쭉하다'는 의미를 가진 형용사 어간 '걸-'에 명사 파생 접미사 '-음'이 결합한 것으로서 의미가 본뜻에서 멀어진 것으로 판단하여 어간의 원형을 밝혀 적지 않는다. 반면 '걸음'은 동사 어간 '걷-'에 명사 파생 접미사 '-음'이 결합한 것으로서 '걷-'의 불규칙 활용형을 반영하여 '걸음'과 같이 어간의 원형을 밝혀 적는다. '웃거름, 밑거름'의 '거름'은 형용사 '걸다'에서 파생된 단어이고, '걸음걸이, 걸음마, 헛걸음'의 '걸음'은 동사 '걷다'에서 파생된 단어이다.

거치다	영월을 거쳐 왔다.
걷히다	외상값이 잘 걷힌다.

예문의 '거치다'는 '오가는 도중에 어디를 지나거나 들르다'라는 의미를 나타내며, '걷히다'는 '걷다'의 피동사로서 '여러 사람에게서 돈이나 물건 따위가 거두어지다'라는 의미를 나타낸다. 이 외에도 '거치다'와 '걷히다'는 다음과 같은 차이를 보인다.

거치다: 여러 과정을 거치다, 검토를 거치다, 선생님의 손을 거치다.

걷히다: 안개가 걷히다, 의심이 걷히다, 그물이 걷히다.

걷잡다	걷잡을 수 없는 상태.
겉잡다	겉잡아서 이틀 걸릴 일.

'걷잡다'는 어간 '걷-'과 '잡-'이 결합한 합성어이고, '겉잡다'는 명사 '겉'과 어간 '잡-'이 결합한 합성어이다. '걷잡다'는 '붙들어 잡다, 진정하거나 억제하다'라는 의미를 나타내고, '겉잡다'는 '겉으로 보고 대강 짐작하여 헤아리다'라는 의미를 나타낸다.

그러므로(그러니까)	그는 부지런하다. 그러므로 잘 산다.
그럼으로(써)	그는 열심히 공부한다. 그럼으로(써) 은혜에 보답한다.
(그렇게 하는 것으로)	

'그러므로'는 앞의 내용이 뒤의 내용의 이유나 원인, 근거가 될 때 사용하는 문장 부사로서, '그러니까, 그렇기 때문에' 정도의 의미를 나타낸다.

반면 '그럼으로'는 용언의 명사형인 '그럼'에 조사 '으로'가 결합한 것으로 '그럼'이 앞의 내용을 지시하며 서술성을 갖는다. '그럼으로'는 수단이나 방법을 나타내므로 뒤에 '써'를 붙여 '그럼으로써'와 같이 표현할 수 있지만, 문장 부사인 '그러므로'는 뒤에 '써'를 붙여 '그러므로써'라고 할 수 없다.

노름	노름판이 벌어졌다.
놀음(놀이)	즐거운 놀음.

'노름'과 '놀음'은 모두 동사 어간 '놀-'에 '-음'이 결합하여 만들어진 명사이지만 어간과의 의미 관련성에 따라 표기가 달라진다. '노름'은 동사 '놀다'의 본뜻으로부터 의미가 멀어진 것으로 보아 소리 나는 대로 적는다(제19항 다만). 반면 '놀음'은 동사 '놀다'의 본뜻을 유지하고 있으므로 어간의 원형을 밝혀 적는다(제18항 2).

느리다	진도가 너무 느리다.
늘이다	고무줄을 늘인다.
늘리다	수출량을 더 늘린다.

'느리다, 늘이다, 늘리다'는 발음이 비슷하지만 의미가 서로 다르다. '느리다'는 '속도가 빠르지 않다'는 뜻을 나타내고, '늘이다'는 '본디보다 더 길어지게 하다'의 의미를, '늘리다'는 '넓이, 부피, 수량, 분량 등을 본디보다 더 늘어나게 하다'의 의미를 갖는다.

특히 '늘이다'와 '늘리다'를 혼동하기 쉬운데, '늘이다'는 길이가 늘어나게 하는 것이고 '늘리다'는 '길이' 외에 '넓이, 부피, 수량, 분량' 등이 늘어나게 하는 것으로서 이 둘은 구체적인 쓰임에서 차이를 보인다. 구체적인 예를 보이면 다음과 같다.

주방장이 밀가루 반죽을 엿가락 늘이듯 길게 늘였다.
아이들이 줄자를 늘였다 줄였다 하면서 놀았다.
몸무게를 마음대로 늘렸다 줄였다 하면 얼마나 좋을까?
채용 시험에서 필기시험의 비중을 줄이고 면접의 비중을 늘렸다.
실업률을 낮추기 위해서는 양질의 일자리를 늘려야 한다.

다리다	옷을 다린다.
달이다	약을 달인다.

'다리다'는 '옷이나 천 따위의 주름이나 구김을 펴고 줄을 세우기 위하여 다리미나 인두로 문지르다'라는 의미를 나타내고, '달이다'는 '액체 따위를 끓여서 진하게 만들다' 또는 '약재 따위에 물을 부어 우러나도록 끓이다'라는 의미를 나타낸다.

'다리다'는 '뜨거워지다'라는 의미를 가진 어간 '달-'에 사동 접미사 '-이-'가 결합한 사동사이고, '달이다'는 '낡아지거나 줄어들다'라는 의미를 가진 어간 '닳-'에 사동 접미사 '-이-'가 결합한 사동사이다.

'다리다'의 본래 의미는 '뜨거워지게 하다'이지만, 의미가 본뜻에서 멀어진 탓에 소리 나는 대로 적는다(제22항 다만). 반면 '달이다'의 본래 의미는 '닳게 하다'로서 옛 문헌에서는 '달히다'로 적었지만, 공명음 사이에서 /ㅎ/가 탈락하면서 어원 의식이 약해져 지금은 '달이다'로 적는다.

다치다	부주의로 손을 다쳤다.
닫히다	문이 저절로 닫혔다.
닫치다	문을 힘껏 닫쳤다.

'다치다'는 '상처를 입다'라는 뜻을 나타내고, '닫히다'는 '닫다'의 피동사로서 '열려 있던 것이 제자리로 돌아가면서 막히다'라는 뜻을 나타낸다. 그리고 '닫치다'는 '닫다'의 의미를 강조하는 말로서 '세게 닫다'라는 뜻을 나타낸다.

같은 '닫다'에서 파생되었지만 '닫히다'는 목적어를 취하지 않는 자동사이고 '닫치다'는 목적어를 취하는 타동사라는 점에서 차이를 보인다.

마치다	벌써 일을 마쳤다.
맞히다	여러 문제를 더 맞혔다.

'마치다'는 '끝나다' 또는 '끝내다'의 의미를 나타내고, '맞히다'는 '답을 대다, 눈·비 등을 맞게 하다, 어떤 대상에 물체가 닿게 하다, 침·주사 등으로 치료를 받게 하다' 등의 다양한 의미를 나타낸다. '맞히다'가 다양한 의미로 사용된 예를 보면 다음과 같다.

문제를 보자마자 정답을 바로 <u>맞혔다</u>.
가끔은 화분을 밖에 내놓아 비를 <u>맞혀야</u> 화초가 잘 자란다.
공을 던져 목표물을 정확히 <u>맞혔다</u>.
우는 아이를 달래서 간신히 주사를 <u>맞혔다</u>.

목거리	목거리가 덧났다.
목걸이	금목걸이, 은목걸이.

'목거리'는 '목이 붓고 아픈 병'을 뜻하고 '목걸이'는 '목에 거는 물건'을 뜻한다. '목거리'와 유사한 표현으로 '볼거리'가 있다. '볼거리'는 바이러스나 세균이 침투하여 귀밑의 볼이 붓는 병을 한방에서 이르는 말로, 다른 의학 용어로는 '유행성 이하선염(流行性耳下腺炎)'이라고 한다.

'목거리', '목걸이'와 유사한 예로 '옷거리', '옷걸이'가 있다. '옷거리'는 '옷을 입은 모양새'

를 뜻하고, '옷걸이'는 '옷을 걸어 두도록 만든 물건'을 뜻한다. 이들은 발음은 같지만 의미에 따라 표기가 다르다는 공통점을 갖는다.

바치다	나라를 위해 목숨을 바쳤다.
받치다	우산을 받치고 간다.
	책받침을 받친다.
받히다	쇠뿔에 받혔다.
밭치다	술을 체에 밭친다.

'바치다, 받치다, 받히다, 밭치다'는 다음과 같은 의미 차이를 보인다.

바치다[1] ① 신이나 웃어른에게 정중하게 드리다.

　　　② 반드시 내거나 물어야 할 돈을 가져다주다.

　　　③ 도매상에서 소매상에게 단골로 물품을 대어 주다.

　　　④ 무엇을 위하여 모든 것을 아낌없이 내놓거나 쓰다.

받치다[2] ① 물건의 밑이나 옆 따위에 다른 물체를 대다.

　　　② (주로 '입다'와 함께 쓰여) 옷의 색깔이나 모양이 조화를 이루도록 함께 하다.

　　　③ 한글로 적을 때 모음 글자 밑에 자음 글자를 붙여 적다.

　　　④ 어떤 일을 잘할 수 있도록 뒷받침해 주다.

　　　⑤ 비나 햇빛과 같은 것이 통하지 못하도록 우산이나 양산을 펴 들다.

받히다[1] 머리나 뿔 따위에 세차게 부딪히다. '받다'의 피동사.

밭치다 ① '밭다'를 강조하여 이르는 말.

　　　② 구멍이 뚫린 물건 위에 국수나 야채 따위를 올려 물기를 빼다.

　어원적으로 볼 때 '바치다'와 '받치다'는 '바티다(받- + -히- + -다)'라는 동일한 단어에서 유래했다. 웃어른에게 물건을 드릴 때 두 손으로 공손하게 '받치는' 행위로부터 '바치다'라는 말이 나온 것인데, '바치다'와 '받치다'는 각각의 기본 의미에서 다른 의미들이 추가로 파생되면서 각각 별개의 의미를 가진 다의어로 발전하게 되었다.

반드시	약속은 반드시 지켜라.

반듯이	고개를 반듯이 들어라.

'반드시'와 '반듯이'는 발음이 같지만, '틀림없이, 꼭'의 의미일 때는 '반드시'로, '비뚤어지거나 기울거나 굽지 않고 바르게'의 의미일 때는 '반듯이'로 적는다. '반드시'와 '반듯이'는 어근 '반듯'에 부사 파생 접미사 '-이'가 결합한 단어로서 의미가 분화되면서 표기에서 차이를 보이게 되었다.

부딪치다	차와 차가 마주 부딪쳤다.
부딪히다	마차가 화물차에 부딪혔다.

'부딪치다'는 '부딪다'를 강조하는 말이고 '부딪히다'는 '부딪다'의 피동사이다. '부딪히다'는 피동사이므로 다음과 같이 피동의 의미가 없는 경우에는 사용할 수 없다.

두 사람이 마주 보고 손뼉을 부딪혔다. (×)
길을 가던 사람들이 서로 부딪혔다. (×)

그러나 '예상치 못한 일이나 상황 따위에 직면하게 되다'라는 의미를 가질 때는 다음과 같이 '부딪히다'를 사용할 수 있다.

현실적인 문제에 부딪혔다. (○)
냉혹한 현실에 부딪혔다. (○)

부치다	힘이 부치는 일이다.
	편지를 부친다.
	논밭을 부친다.
	빈대떡을 부친다.
	식목일에 부치는 글.
	회의에 부치는 안건.
	인쇄에 부치는 원고.
	삼촌 집에 숙식을 부친다.

붙이다	우표를 붙인다.
	책상을 벽에 붙였다.
	흥정을 붙인다.
	불을 붙인다.
	감시원을 붙인다.
	조건을 붙인다.
	취미를 붙인다.
	별명을 붙인다.

'부치다'와 '붙이다'는 다음과 같이 매우 다양한 의미를 가지고 있다. '붙이다'의 모든 의미는 다의 관계로 보지만, '부치다'의 다양한 의미들은 몇몇 의미들을 공통된 성질에 따라 묶어 동음이의 관계로 나누어 본다.

부치다[1] 모자라거나 미치지 못하다.

부치다[2] ① 편지나 물건 따위를 일정한 수단이나 방법을 써서 상대에게로 보내다.

② 어떤 문제를 다른 곳이나 다른 기회로 넘기어 맡기다.

③ 어떤 일을 거론하거나 문제 삼지 아니하는 상태에 있게 하다.

④ 원고를 인쇄에 넘기다.

⑤ 마음이나 정 따위를 다른 것에 의지하여 대신 나타내다.

⑥ 먹고 자는 일을 제집이 아닌 다른 곳에서 하다.

⑦ 어떤 행사나 특별한 날에 즈음하여 어떤 의견을 나타내다. 주로 글의 제목이나 부제(副題)에 많이 쓰는 말이다.

부치다[3] 논밭을 이용하여 농사를 짓다.

부치다[4] 번철이나 프라이팬 따위에 기름을 바르고 빈대떡, 저냐, 전병(煎餅) 따위의 음식을 익혀서 만들다.

부치다[5] 부채 따위를 흔들어서 바람을 일으키다.

붙이다 ① 맞닿아 떨어지지 않게 하다. '붙다'의 사동사.

② 불을 일으켜 타게 하다. '붙다'의 사동사.

③ 조건, 이유, 구실 따위를 딸리게 하다. '붙다'의 사동사.

④ 식물이 뿌리를 내리게 하다. '붙다'의 사동사.

⑤ 주가 되는 것에 달리게 하거나 딸리게 하다. '붙다'의 사동사.

⑥ 내기를 하는 데 돈을 태워 놓다.

⑦ 신체의 일부분을 어느 곳에 대다.

⑧ 윷놀이에서, 말을 밭에 달다.

⑨ 물체와 물체 또는 사람을 서로 바짝 가깝게 하다. '붙다'의 사동사.

⑩ 바로 옆에서 돌보게 하다. '붙다'의 사동사.

⑪ 어떤 것을 더하게 하거나 생기게 하다. '붙다'의 사동사.

⑫ 이름이 생기게 하다. '붙다'의 사동사.

⑬ 어떤 감정이나 감각을 생기게 하다. '붙다'의 사동사.

⑭ 말을 걸거나 치근대며 가까이 다가서다.

⑮ 기대나 희망을 걸다.

⑯ 어떤 놀이나 일, 단체 따위에 참여하게 하다. '붙다'의 사동사.

⑰ 목숨이나 생명 따위를 끊어지지 않게 하다. '붙다'의 사동사.

⑱ 남의 뺨이나 볼기 따위를 세게 때리다.

⑲ 큰 소리로 구령을 외치다.

⑳ 겨루는 일 따위를 서로 어울려 시작하게 하다. '붙다'의 사동사.

㉑ 암컷과 수컷을 교합시키다. '붙다'의 사동사.

㉒ (속되게) 남녀를 가까이 지내게 하거나 성교(性交)하게 하다. '붙다'의 사동사.

시키다	일을 시킨다.
식히다	끓인 물을 식힌다.

'시키다'와 '식히다'는 발음이 같지만, '시키다'는 '어떤 일이나 행동을 하게 하다'의 뜻으로 쓰이고, '식히다'는 '식다'의 사동사로서 '더운 기를 없애다, 어떤 일에 대한 열의나 생각 따위를 줄이거나 가라앉히다, 땀을 말리거나 더 흐르지 않게 하다'의 의미로 쓰인다.

'공부시키다, 고생시키다'와 같이 '-시키다'를 어근 뒤에 붙여 접미사로 사용하기도 한다. 최근에 접미사 '-시키다'를 활발하게 사용하면서 '소개하다, 취소하다' 등을 '소개시키다, 취소시키다' 등으로 표현하는 경우가 많은데, 이러한 표현들을 어법에 어긋나는 것으로 규정하는 견해도 있고 관용적인 표현으로 인정할 수 있다고 보는 견해도 있다.

아름	세 아름 되는 둘레.
알음	전부터 알음이 있는 사이.
앎	앎이 힘이다.

'아름'은 '두 팔을 둥글게 모아서 만든 둘레'를 의미하며, 둘레의 길이를 나타내는 단위로 사용할 때는 의존 명사에 해당한다. '알음'과 '앎'은 모두 '알다'에서 파생된 명사이지만, '알음'은 주로 '사람끼리 서로 아는 일'이라는 의미로 사용하고 '앎'은 '아는 일'이라는 의미로 사용한다. 서로 아는 관계나 친분을 나타낼 때 '알음알음'이라는 단어를 사용하기도 한다.

안치다	밥을 안친다.
앉히다	윗자리에 앉힌다.

'안치다'는 '밥, 떡, 찌개 따위를 만들기 위하여 그 재료를 솥이나 냄비 따위에 넣고 불 위에 올리다'라는 의미를 나타내며, '앉히다'는 '앉다'의 사동사로서 '앉게 하다'라는 의미 외에도 매우 다양한 의미를 나타낸다.

어름	두 물건의 어름에서 일어난 현상.
얼음	얼음이 얼었다.

'어름'은 '두 사물의 끝이 맞닿은 자리'를 의미하고 '얼음'은 '물이 얼어서 굳어진 물질'을 의미한다. 냉장고가 없던 시절에는 동네마다 '석유'와 '얼음'을 파는 가게가 있었는데, 이 당시에는 '얼음'을 '어름'으로 표기하기도 했다. 그러나 지금은 의미에 따라 '어름'과 '얼음'을 구별하여 표기한다.

이따가	이따가 오너라.
있다가	돈은 있다가도 없다.

'이따가'는 '조금 지난 뒤에'라는 의미를 나타내는 부사이고, '있다가'는 어간 '있-'에 어미 '-다가'가 결합한 용언의 활용형이다. 부사 '이따가'는 '조금 있다가 보자.'와 같은 관용적인 표현에서 용언의 활용형인 '있다가'가 부사로 굳어진 것인데, 용언의 활용형과

구별하여 소리 나는 대로 적는다.

저리다	다친 다리가 저린다.
절이다	김장 배추를 절인다.

　'저리다'와 '절이다'는 발음이 같지만, '저리다'는 '뼈마디나 몸의 일부가 오래 눌려서 피가 잘 통하지 못하여 감각이 둔하고 아리다'라는 의미를 나타내고, '절이다'는 '절다'의 사동사로서 '푸성귀나 생선 따위를 소금기나 식초, 설탕 따위에 담가 간이 배어들게 하다'라는 의미를 나타낸다.

조리다	생선을 조린다. 통조림, 병조림.
졸이다	마음을 졸인다.

　'조리다'와 '졸이다'는 발음이 같지만, '조리다'는 '양념을 한 고기나 생선, 채소 따위를 국물에 넣고 바짝 끓여서 양념이 배어들게 하다' 또는 '식물의 열매나 뿌리, 줄기 따위를 꿀이나 설탕물 따위에 넣고 계속 끓여서 단맛이 배어들게 하다'라는 의미를 나타내고, '졸이다'는 '졸다'의 사동사로서 '찌개, 국, 한약 따위의 물을 증발시켜 분량을 적어지게 하다' 또는 '속을 태우다시피 초조해하다'라는 의미를 나타낸다.

주리다	여러 날을 주렸다.
줄이다	비용을 줄인다.

　'주리다'와 '줄이다'는 발음이 같지만, '주리다'는 '제대로 먹지 못하여 배를 곯다'라는 의미를, '줄이다'는 '줄다'의 사동사로서 '작게 하거나 약하게 하거나 적게 하다'라는 의미를 나타낸다.

하노라고	하노라고 한 것이 이 모양이다.
하느라고	공부하느라고 밤을 새웠다.

　'-노라고'는 자기 나름대로 꽤 노력했음을 나타내는 연결 어미로서 일인칭 주어와 호응한

다는 점이 특징이다. '-노라고'와 유사하게 '-노라니, -노라면' 등도 일인칭 주어와 호응하는 특징을 보인다.

반면 '-느라고'는 앞 절의 사태가 뒤 절의 사태에 목적이나 원인이 됨을 나타내는 연결 어미로서 주어의 인칭에 제한이 없다.

-느니보다(어미)	나를 찾아오느니보다 집에 있거라.
-는 이보다(의존 명사)	오는 이가 가는 이보다 많다.

'-느니보다'는 앞 절을 선택하기보다는 뒤 절의 사태를 선택함을 나타내는 연결 어미 '-느니'와 조사 '보다'가 결합한 것이다. 반면 사람을 비교할 때는 '-는 이보다'와 같이 구 구성으로 표현한다. '-느니보다'는 사람이 아닌 행위나 상황을 비교할 때 사용하는 표현이므로 '-는 이보다'로 적지 않도록 주의해야 한다.

-(으)리만큼(어미)	나를 미워하리만큼 그에게 잘못한 일이 없다.
-(으)ㄹ 이만큼(의존 명사)	찬성할 이도 반대할 이만큼이나 많을 것이다.

'-(으)리만큼'은 '-을 정도로'의 뜻을 나타내는 연결 어미로서 같은 의미를 나타내는 어미로 '-(으)리만치'가 있다. '-(으)ㄹ 이만큼'은 특정한 사람과 비교할 때 사용한다는 점에서 차이를 보인다.

-(으)러(목적)	공부하러 간다.
-(으)려(의도)	서울 가려 한다.

'-(으)러'는 가거나 오거나 하는 동작의 목적을 나타내는 연결 어미이고, '-(으)려'는 어떤 행동을 할 의도나 욕망을 가지고 있음을 나타내는 연결 어미이다. '-(으)려'는 '날이 밝으려 한다.'와 같이 곧 일어날 움직임이나 상태의 변화를 나타내기도 한다.

'-(으)려'는 뒤에 '고'를 붙일 수 있으며, '-(으)려고'와 '-(으)려'가 동일한 기능을 담당한다. 반면 '-(으)러'는 뒤에 '고'가 붙지 못한다.

> -(으)로서(자격) 사람으로서 그럴 수는 없다.
> -(으)로써(수단) 닭으로써 꿩을 대신했다.

'-(으)로서'는 지위나 신분 또는 자격을 나타내는 격 조사이고, '-(으)로써'는 어떤 물건의 재료나 원료, 어떤 일의 수단이나 도구를 나타내는 격 조사이다. '-(으)로써'는 '올해로써만 20세가 되었다.'와 같이 시간을 셈할 때 셈에 넣는 한계를 나타내거나 어떤 일의 기준이 되는 시간임을 나타내기도 한다.

> -(으)므로(어미) 그가 나를 믿으므로 나도 그를 믿는다.
> (-ㅁ, -음)으로(써)(조사) 그는 믿음으로(써) 산 보람을 느꼈다.

'-(으)므로'는 까닭이나 근거를 나타내는 연결 어미이고, '(-ㅁ, -음)으로(써)'는 명사형 어미 또는 명사 파생 접미사 '-(으)ㅁ'에 조사 '으로(써)'가 결합한 것이다. 조사 '(으)로'가 결합할 때는 '(으)로써'와 같이 뒤에 '써'를 붙일 수 있지만, 어미 '(으)므로' 뒤에는 '써'를 붙일 수 없다.

어미 '-(으)므로'가 쓰인 문장은 종속적으로 이어진 문장이지만, '(-ㅁ, -음)으로(써)'가 쓰인 문장은 홑문장이거나 내포절을 가진 문장이다. 따라서 이 두 표현은 근본적으로 문장의 구조에서 차이를 보인다.

아이들이 매일 <u>싸우므로</u> 집안이 조용할 날이 없었다.
아이들이 매일 <u>싸움으로</u> 내 신경을 날카롭게 하였다.

나는 아침에 커피를 <u>마시므로</u> 하루의 시작이 항상 활기차다.
나는 아침에 커피를 <u>마심으로</u> 하루 일과를 시작하였다.

그러나 다음과 같이 이 둘을 문장의 구조로 구별하기 어려운 경우도 간혹 있다. 이 경우에는 필자의 의도에 맞게 적절한 표현을 선택하여 사용하면 된다.

일정 시간 동안 사이트를 사용하지 <u>않으므로</u> 로그아웃 처리되었습니다.
일정 시간 동안 사이트를 사용하지 <u>않음으로</u> (인해) 로그아웃 처리되었습니다.

더 알아보기

　　　　일상생활에서 '벌이다'와 '벌리다'를 혼동하는 경우가 있다. '벌이다'는 '일을 계획하여 시작하거나 펼쳐 놓다', '여러 가지 물건을 늘어놓다' 등의 의미를 나타내고, '벌리다'는 '둘 사이를 넓히거나 멀게 하다', '껍질 등을 열어 젖혀서 속의 것을 드러내다', '우므러진 것을 펴지거나 열리게 하다' 등의 의미를 나타낸다.

　　흔히 아이들이 장난감을 바닥에 잔뜩 늘어놓았을 때 '장난감을 벌려 놓았다'고 하거나 어떤 이가 일을 저지르고서 수습을 하지 못할 때 '일만 잔뜩 벌려 놓는다'고 표현하는데, 이때는 '벌리다'가 아닌 '벌이다'를 사용해야 한다.

문장 부호

문장 부호는 1933년 「한글 마춤법 통일안」의 부록으로 16개의 항목을 다룬 이래 두 번의 큰 변화를 겪었다. 첫째는 1988년으로, 이해에 「한글 맞춤법」이 새롭게 제정되면서 문장 부호의 수가 크게 늘어나고 다음과 같은 분류 체계를 갖추게 되었다. 이때의 문장 부호는 원고지 쓰기를 기반으로 하였으며, 고리점, 모점, 겹낫표, 낫표 등 세로쓰기에 사용하는 부호가 일부 포함되어 있다.

Ⅰ. 마침표[終止符]
　　1. 온점(.), 고리점(。)　　2. 물음표(?)　　3. 느낌표(!)
Ⅱ. 쉼표[休止符]
　　1. 반점(,), 모점(、)　　2. 가운뎃점(·)　　3. 쌍점(:)
　　4. 빗금(/)
Ⅲ. 따옴표[引用符]
　　1. 큰따옴표(" "), 겹낫표(『 』)　　2. 작은따옴표(' '), 낫표(「」)
Ⅳ. 묶음표[括弧符]
　　1. 소괄호(( ))　　2. 중괄호({ })　　3. 대괄호([ ])
Ⅴ. 이음표[連結符]
　　1. 줄표(─)　　2. 붙임표(-)　　3. 물결표(~)
Ⅵ. 드러냄표[顯在符]
　　1. 드러냄표(˙, ˚)
Ⅶ. 안드러냄표[潛在符]
　　1. 숨김표(××, ○○)　　2. 빠짐표(□)　　3. 줄임표(……)

이후 2014년 12월 5일 「한글 맞춤법 일부 개정안」(문화체육관광부 고시 제2014-0039호)이 고시되면서 문장 부호의 목록이 다음과 같이 나열식으로 바뀌고 문장 부호의 쓰임에 대한 설명이 더욱 구체화되었다. 새로운 개정안은 시대 변화에 맞게 컴퓨터 사용 환경을 반영하였다는 점이 큰 특징이다.

1. 마침표(.)　　　　2. 물음표(?)　　　3. 느낌표(!)　　4. 쉼표(,)
5. 가운뎃점(·)　　　6. 쌍점(:)　　　　7. 빗금(/)　　　8. 큰따옴표(" ")
9. 작은따옴표(' ')　　10. 소괄호(( ))　　11. 중괄호({ })　12. 대괄호([ ])
13. 겹낫표(『 』)와 겹화살괄호(≪ ≫)
14. 홑낫표(「 」)와 홑화살괄호(〈 〉)
15. 줄표(─)　　　　16. 붙임표(-)　　17. 물결표(~)
18. 드러냄표(˙)와 밑줄(____)
19. 숨김표(○, ×)　　20. 빠짐표(□)　　21. 줄임표(……)

문장 부호는 글에서 문장의 구조를 드러내거나 글쓴이의 의도를 전달하기 위하여 사용하는 부호이다. 문장 부호의 이름과 사용법은 다음과 같이 정한다.

1. 마침표(.)

(1) 서술, 명령, 청유 등을 나타내는 문장의 끝에 쓴다.
　　예 젊은이는 나라의 기둥입니다.　　예 제 손을 꼭 잡으세요.
　　예 집으로 돌아갑시다.　　　　　예 가는 말이 고와야 오는 말이 곱다.

　　[붙임 1] 직접 인용한 문장의 끝에는 쓰는 것을 원칙으로 하되, 쓰지 않는 것을 허용한다.(ㄱ을
　　　　　　원칙으로 하고, ㄴ을 허용함.)
　　　　　예 ㄱ. 그는 "지금 바로 떠나자."라고 말하며 서둘러 짐을 챙겼다.
　　　　　　　ㄴ. 그는 "지금 바로 떠나자"라고 말하며 서둘러 짐을 챙겼다.
　　[붙임 2] 용언의 명사형이나 명사로 끝나는 문장에는 쓰는 것을 원칙으로 하되, 쓰지 않는
　　　　　　것을 허용한다.(ㄱ을 원칙으로 하고, ㄴ을 허용함.)
　　　　　예 ㄱ. 목적을 이루기 위하여 몸과 마음을 다하여 애를 씀.
　　　　　　　ㄴ. 목적을 이루기 위하여 몸과 마음을 다하여 애를 씀
　　　　　예 ㄱ. 결과에 연연하지 않고 끝까지 최선을 다하기.
　　　　　　　ㄴ. 결과에 연연하지 않고 끝까지 최선을 다하기
　　　　　예 ㄱ. 신입 사원 모집을 위한 기업 설명회 개최.
　　　　　　　ㄴ. 신입 사원 모집을 위한 기업 설명회 개최
　　　　　예 ㄱ. 내일 오전까지 보고서를 제출할 것.
　　　　　　　ㄴ. 내일 오전까지 보고서를 제출할 것

다만, 제목이나 표어에는 쓰지 않음을 원칙으로 한다.

예 압록강은 흐른다   예 꺼진 불도 다시 보자

예 건강한 몸 만들기

(2) 아라비아 숫자만으로 연월일을 표시할 때 쓴다.

예 1919. 3. 1.   예 10. 1.~10. 12.

(3) 특정한 의미가 있는 날을 표시할 때 월과 일을 나타내는 아라비아 숫자 사이에 쓴다.

예 3.1 운동   예 8.15 광복

[붙임] 이때는 마침표 대신 가운뎃점을 쓸 수 있다.

예 3·1 운동   예 8·15 광복

(4) 장, 절, 항 등을 표시하는 문자나 숫자 다음에 쓴다.

예 가. 인명   예 ㄱ. 머리말

예 Ⅰ. 서론   예 1. 연구 목적

[붙임] '마침표' 대신 '온점'이라는 용어를 쓸 수 있다.

2. 물음표(?)

(1) 의문문이나 의문을 나타내는 어구의 끝에 쓴다.

예 점심 먹었어?   예 이번에 가시면 언제 돌아오세요?

예 제가 부모님 말씀을 따르지 않을 리가 있겠습니까?

예 남북이 통일되면 얼마나 좋을까?

예 다섯 살짜리 꼬마가 이 멀고 험한 곳까지 혼자 왔다?

예 지금?   예 뭐라고?

예 네?

[붙임 1] 한 문장 안에 몇 개의 선택적인 물음이 이어질 때는 맨 끝의 물음에만 쓰고, 각
        물음이 독립적일 때는 각 물음의 뒤에 쓴다.

예 너는 중학생이냐, 고등학생이냐?

예 너는 여기에 언제 왔니? 어디서 왔니? 무엇하러 왔니?

[붙임 2] 의문의 정도가 약할 때는 물음표 대신 마침표를 쓸 수 있다.

예 도대체 이 일을 어쩐단 말이냐.

예 이것이 과연 내가 찾던 행복일까.

다만, 제목이나 표어에는 쓰지 않음을 원칙으로 한다.

예 역사란 무엇인가   예 아직도 담배를 피우십니까

(2) 특정한 어구의 내용에 대하여 의심, 빈정거림 등을 표시할 때, 또는 적절한 말을 쓰기 어려울 때 소괄호 안에 쓴다.

예 우리와 의견을 같이할 사람은 최 선생(?) 정도인 것 같다.

예 30점이라, 거참 훌륭한(?) 성적이군.

예 우리 집 강아지가 가출(?)을 했어요.

(3) 모르거나 불확실한 내용임을 나타낼 때 쓴다.

예 최치원(857~?)은 통일 신라 말기에 이름을 떨쳤던 학자이자 문장가이다.

예 조선 시대의 시인 강백(1690?~1777?)의 자는 자청이고, 호는 우곡이다.

3. 느낌표(!)

(1) 감탄문이나 감탄사의 끝에 쓴다.

예 이거 정말 큰일이 났구나!   예 어머!

[붙임] 감탄의 정도가 약할 때는 느낌표 대신 쉼표나 마침표를 쓸 수 있다.

예 어, 벌써 끝났네.   예 날씨가 참 좋군.

(2) 특별히 강한 느낌을 나타내는 어구, 평서문, 명령문, 청유문에 쓴다.

예 청춘! 이는 듣기만 하여도 가슴이 설레는 말이다.

예 이야, 정말 재밌다!   예 지금 즉시 대답해!

예 앞만 보고 달리자!

(3) 물음의 말로 놀람이나 항의의 뜻을 나타내는 경우에 쓴다.

예 이게 누구야! 예 내가 왜 나빠!

(4) 감정을 넣어 대답하거나 다른 사람을 부를 때 쓴다.

예 네! 예 네, 선생님!

예 홍부야! 예 언니!

4. 쉼표(,)

(1) 같은 자격의 어구를 열거할 때 그 사이에 쓴다.

예 근면, 검소, 협동은 우리 겨레의 미덕이다.

예 충청도의 계룡산, 전라도의 내장산, 강원도의 설악산은 모두 국립 공원이다.

예 집을 보러 가면 그 집이 내가 원하는 조건에 맞는지, 살기에 편한지, 망가진 곳은 없는지 확인해야 한다.

예 5보다 작은 자연수는 1, 2, 3, 4이다.

다만, (가) 쉼표 없이도 열거되는 사항임이 쉽게 드러날 때는 쓰지 않을 수 있다.

예 아버지 어머니께서 함께 오셨어요.

예 네 돈 내 돈 다 합쳐 보아야 만 원도 안 되겠다.

(나) 열거할 어구들을 생략할 때 사용하는 줄임표 앞에는 쉼표를 쓰지 않는다.

예 광역시: 광주, 대구, 대전……

(2) 짝을 지어 구별할 때 쓴다.

예 닭과 지네, 개와 고양이는 상극이다.

(3) 이웃하는 수를 개략적으로 나타낼 때 쓴다.

예 5, 6세기 예 6, 7, 8개

(4) 열거의 순서를 나타내는 어구 다음에 쓴다.

　예 첫째, 몸이 튼튼해야 한다.

　예 마지막으로, 무엇보다 마음이 편해야 한다.

(5) 문장의 연결 관계를 분명히 하고자 할 때 절과 절 사이에 쓴다.

　예 콩 심은 데 콩 나고, 팥 심은 데 팥 난다.

　예 저는 신뢰와 정직을 생명과 같이 여기고 살아온바, 이번 비리 사건과는 무관하다는 점을 분명히 밝힙니다.

　예 떡국은 설날의 대표적인 음식인데, 이걸 먹어야 비로소 나이도 한 살 더 먹는다고 한다.

(6) 같은 말이 되풀이되는 것을 피하기 위하여 일정한 부분을 줄여서 열거할 때 쓴다.

　예 여름에는 바다에서, 겨울에는 산에서 휴가를 즐겼다.

(7) 부르거나 대답하는 말 뒤에 쓴다.

　예 지은아, 이리 좀 와 봐.　　　　　　　예 네, 지금 가겠습니다.

(8) 한 문장 안에서 앞말을 '곧', '다시 말해' 등과 같은 어구로 다시 설명할 때 앞말 다음에 쓴다.

　예 책의 서문, 곧 머리말에는 책을 지은 목적이 드러나 있다.

　예 원만한 인간관계는 말과 관련한 예의, 즉 언어 예절을 갖추는 것에서 시작된다.

　예 호준이 어머니, 다시 말해 나의 누님은 올해로 결혼한 지 20년이 된다.

　예 나에게도 작은 소망, 이를테면 나만의 정원을 가졌으면 하는 소망이 있어.

(9) 문장 앞부분에서 조사 없이 쓰인 제시어나 주제어의 뒤에 쓴다.

　예 돈, 돈이 인생의 전부이더냐?

　예 열정, 이것이야말로 젊은이의 가장 소중한 자산이다.

　예 지금 네가 여기 있다는 것, 그것만으로도 나는 충분히 행복해.

　예 저 친구, 저러다가 큰일 한번 내겠어.

　예 그 사실, 넌 알고 있었지?

(10) 한 문장에 같은 의미의 어구가 반복될 때 앞에 오는 어구 다음에 쓴다.

  예 그의 애국심, 몸을 사리지 않고 국가를 위해 헌신한 정신을 우리는 본받아야 한다.

(11) 도치문에서 도치된 어구들 사이에 쓴다.

  예 이리 오세요, 어머님.　　　　　예 다시 보자, 한강수야.

(12) 바로 다음 말과 직접적인 관계에 있지 않음을 나타낼 때 쓴다.

  예 갑돌이는, 울면서 떠나는 갑순이를 배웅했다.

  예 철원과, 대관령을 중심으로 한 강원도 산간 지대에 예년보다 일찍 첫눈이 내렸습니다.

(13) 문장 중간에 끼어든 어구의 앞뒤에 쓴다.

  예 나는, 솔직히 말하면, 그 말이 별로 탐탁지 않아.

  예 영호는 미소를 띠고, 속으로는 화가 치밀어 올라 잠시라도 견딜 수 없을 만큼 괴로웠지만, 그들을 맞았다.

　　[붙임 1] 이때는 쉼표 대신 줄표를 쓸 수 있다.

　　　　　예 나는 ─ 솔직히 말하면 ─ 그 말이 별로 탐탁지 않아.

　　　　　예 영호는 미소를 띠고 ─ 속으로는 화가 치밀어 올라 잠시라도 견딜 수 없을 만큼 괴로웠지만 ─ 그들을 맞았다.

　　[붙임 2] 끼어든 어구 안에 다른 쉼표가 들어 있을 때는 쉼표 대신 줄표를 쓴다.

　　　　　예 이건 내 것이니까 ─ 아니, 내가 처음 발견한 것이니까 ─ 절대로 양보할 수 없다.

(14) 특별한 효과를 위해 끊어 읽는 곳을 나타낼 때 쓴다.

  예 내가, 정말 그 일을 오늘 안에 해낼 수 있을까?

  예 이 전투는 바로 우리가, 우리만이, 승리로 이끌 수 있다.

(15) 짧게 더듬는 말을 표시할 때 쓴다.

  예 선생님, 부, 부정행위라니요? 그런 건 새, 생각조차 하지 않았습니다.

[붙임] '쉼표' 대신 '반점'이라는 용어를 쓸 수 있다.

5. 가운뎃점(·)

(1) 열거할 어구들을 일정한 기준으로 묶어서 나타낼 때 쓴다.

　예 민수·영희, 선미·준호가 서로 짝이 되어 윷놀이를 하였다.

　예 지금의 경상남도·경상북도, 전라남도·전라북도, 충청남도·충청북도 지역을 예부터 삼남이
　　라 일러 왔다.

(2) 짝을 이루는 어구들 사이에 쓴다.

　예 한(韓)·이(伊) 양국 간의 무역량이 늘고 있다.

　예 우리는 그 일의 참·거짓을 따질 겨를도 없었다.

　예 하천 수질의 조사·분석

　예 빨강·초록·파랑이 빛의 삼원색이다.

다만, 이때는 가운뎃점을 쓰지 않거나 쉼표를 쓸 수도 있다.

　예 한(韓) 이(伊) 양국 간의 무역량이 늘고 있다.

　예 우리는 그 일의 참 거짓을 따질 겨를도 없었다.

　예 하천 수질의 조사, 분석

　예 빨강, 초록, 파랑이 빛의 삼원색이다.

(3) 공통 성분을 줄여서 하나의 어구로 묶을 때 쓴다.

　예 상·중·하위권　　　　　　　　예 금·은·동메달

　예 통권 제54·55·56호

[붙임] 이때는 가운뎃점 대신 쉼표를 쓸 수 있다.

　　　예 상, 중, 하위권　　　　　　예 금, 은, 동메달

　　　예 통권 제54, 55, 56호

6. 쌍점(:)

(1) 표제 다음에 해당 항목을 들거나 설명을 붙일 때 쓴다.

  예 문방사우: 종이, 붓, 먹, 벼루

  예 일시: 2014년 10월 9일 10시

  예 흔하진 않지만 두 자로 된 성씨도 있다.(예: 남궁, 신우, 황보)

  예 올림표(♯): 음의 높이를 반음 올릴 것을 지시한다.

(2) 희곡 등에서 대화 내용을 제시할 때 말하는 이와 말한 내용 사이에 쓴다.

  예 김 과장: 난 못 참겠다.

  예 아들: 아버지, 제발 제 말씀 좀 들어 보세요.

(3) 시와 분, 장과 절 등을 구별할 때 쓴다.

  예 오전 10:20(오전 10시 20분)

  예 두시언해 6:15(두시언해 제6권 제15장)

(4) 의존명사 '대'가 쓰일 자리에 쓴다.

  예 65:60(65 대 60)   예 청군:백군(청군 대 백군)

  [붙임] 쌍점의 앞은 붙여 쓰고 뒤는 띄어 쓴다. 다만, (3)과 (4)에서는 쌍점의 앞뒤를 붙여
      쓴다.

7. 빗금(/)

(1) 대비되는 두 개 이상의 어구를 묶어 나타낼 때 그 사이에 쓴다.

  예 먹이다/먹히다   예 남반구/북반구

  예 금메달/은메달/동메달

  예 (   )이/가 우리나라의 보물 제1 호이다.

(2) 기준 단위당 수량을 표시할 때 해당 수량과 기준 단위 사이에 쓴다.

100미터/초　　　　　　　　　 1,000원/개

(3) 시의 행이 바뀌는 부분임을 나타낼 때 쓴다.

　예 산에 / 산에 / 피는 꽃은 / 저만치 혼자서 피어 있네

다만, 연이 바뀜을 나타낼 때는 두 번 겹쳐 쓴다.

　예 산에는 꽃 피네 / 꽃이 피네 / 갈 봄 여름 없이 / 꽃이 피네 // 산에 / 산에 / 피는 꽃은
　/ 저만치 혼자서 피어 있네

　[붙임] 빗금의 앞뒤는 (1)과 (2)에서는 붙여 쓰며, (3)에서는 띄어 쓰는 것을 원칙으로 하되
　　　　붙여 쓰는 것을 허용한다. 단, (1)에서 대비되는 어구가 두 어절 이상인 경우에는 빗금의
　　　　앞뒤를 띄어 쓸 수 있다.

8. 큰따옴표(" ")

(1) 글 가운데에서 직접 대화를 표시할 때 쓴다.

　예 "어머니, 제가 가겠어요."
　　　"아니다. 내가 다녀오마."

(2) 말이나 글을 직접 인용할 때 쓴다.

　예 나는 "어, 광훈이 아니냐?" 하는 소리에 깜짝 놀랐다.
　예 밤하늘에 반짝이는 별들을 보면서 "나는 아무 걱정도 없이 가을 속의 별들을 다 헬 듯합니
　　　다."라는 시구를 떠올렸다.
　예 편지의 끝머리에는 이렇게 적혀 있었다.
　　　"할머니, 편지에 사진을 동봉했다고 하셨지만 봉투 안에는 아무것도 없었어요."

9. 작은따옴표(' ')

(1) 인용한 말 안에 있는 인용한 말을 나타낼 때 쓴다.

　예 그는 "여러분! '시작이 반이다.'라는 말 들어 보셨죠?"라고 말하며 강연을 시작했다.

(2) 마음속으로 한 말을 적을 때 쓴다.

   예 나는 '일이 다 틀렸나 보군.' 하고 생각하였다.

   예 '이번에는 꼭 이기고야 말겠어.' 호연이는 마음속으로 몇 번이나 그렇게 다짐하며 주먹을
      불끈 쥐었다.

10. 소괄호(( ))

(1) 주석이나 보충적인 내용을 덧붙일 때 쓴다.

   예 니체(독일의 철학자)의 말을 빌리면 다음과 같다.

   예 2014. 12. 19.(금)

   예 문인화의 대표적인 소재인 사군자(매화, 난초, 국화, 대나무)는 고결한 선비 정신을 상징한다.

(2) 우리말 표기와 원어 표기를 아울러 보일 때 쓴다.

   예 기호(嗜好), 자세(姿勢)   예 커피(coffee), 에티켓(étiquette)

(3) 생략할 수 있는 요소임을 나타낼 때 쓴다.

   예 학교에서 동료 교사를 부를 때는 이름 뒤에 '선생(님)'이라는 말을 덧붙인다.

   예 광개토(대)왕은 고구려의 전성기를 이끌었던 임금이다.

(4) 희곡 등 대화를 적은 글에서 동작이나 분위기, 상태를 드러낼 때 쓴다.

   예 현우: (가쁜 숨을 내쉬며) 왜 이렇게 빨리 뛰어?

   예 "관찰한 것을 쓰는 것이 습관이 되었죠. 그러다 보니, 상상력이 생겼나 봐요." (웃음)

(5) 내용이 들어갈 자리임을 나타낼 때 쓴다.

   예 우리나라의 수도는 (　　　)이다.

   예 다음 빈칸에 알맞은 조사를 쓰시오.
      민수가 할아버지( ) 꽃을 드렸다.

(6) 항목의 순서나 종류를 나타내는 숫자나 문자 등에 쓴다.

   예 사람의 인격은 (1) 용모, (2) 언어, (3) 행동, (4) 덕성 등으로 표현된다.

예 (가) 동해, (나) 서해, (다) 남해

11. 중괄호({ })

(1) 같은 범주에 속하는 여러 요소를 세로로 묶어서 보일 때 쓴다.

예 주격 조사 { 이 / 가 }

예 국가의 성립 요소 { 영토 / 국민 / 주권 }

(2) 열거된 항목 중 어느 하나가 자유롭게 선택될 수 있음을 보일 때 쓴다.
  예 아이들이 모두 학교{에, 로, 까지} 갔어요.

12. 대괄호([ ])

(1) 괄호 안에 또 괄호를 쓸 필요가 있을 때 바깥쪽의 괄호로 쓴다.
  예 어린이날이 새로 제정되었을 당시에는 어린이들에게 경어를 쓰라고 하였다.[윤석중 전집
    (1988), 70쪽 참조]
  예 이번 회의에는 두 명[이혜정(실장), 박철용(과장)]만 빼고 모두 참석했습니다.

(2) 고유어에 대응하는 한자어를 함께 보일 때 쓴다.
  예 나이[年歲]   예 낱말[單語]
  예 손발[手足]

(3) 원문에 대한 이해를 돕기 위해 설명이나 논평 등을 덧붙일 때 쓴다.
  예 그것[한글]은 이처럼 정보화 시대에 알맞은 과학적인 문자이다.
  예 신경준의 ≪여암전서≫에 "삼각산은 산이 모두 돌 봉우리인데, 그 으뜸 봉우리를 구름
    위에 솟아 있다고 백운(白雲)이라 하며 [이하 생략]"

예 그런 일은 결코 있을 수 없다.[원문에는 '업다'임.]

13. 겹낫표(『 』)와 겹화살괄호(≪ ≫)

책의 제목이나 신문 이름 등을 나타낼 때 쓴다.

예 우리나라 최초의 민간 신문은 1896년에 창간된 『독립신문』이다.

예 『훈민정음』은 1997년에 유네스코 세계 기록 유산으로 지정되었다.

예 ≪한성순보≫는 우리나라 최초의 근대 신문이다.

예 윤동주의 유고 시집인 ≪하늘과 바람과 별과 시≫에는 31편의 시가 실려 있다.

[붙임] 겹낫표나 겹화살괄호 대신 큰따옴표를 쓸 수 있다.

예 우리나라 최초의 민간 신문은 1896년에 창간된 "독립신문"이다.

예 윤동주의 유고 시집인 "하늘과 바람과 별과 시"에는 31편의 시가 실려 있다.

14. 홑낫표(「 」)와 홑화살괄호(< >)

소제목, 그림이나 노래와 같은 예술 작품의 제목, 상호, 법률, 규정 등을 나타낼 때 쓴다.

예 「국어 기본법 시행령」은 「국어 기본법」에서 위임된 사항과 그 시행에 필요한 사항을 규정함을 목적으로 한다.

예 이 곡은 베르디가 작곡한 「축배의 노래」이다.

예 사무실 밖에 「해와 달」이라고 쓴 간판을 달았다.

예 <한강>은 사진집 ≪아름다운 땅≫에 실린 작품이다.

예 백남준은 2005년에 <엄마>라는 작품을 선보였다.

[붙임] 홑낫표나 홑화살괄호 대신 작은따옴표를 쓸 수 있다.

예 사무실 밖에 '해와 달'이라고 쓴 간판을 달았다.

예 '한강'은 사진집 "아름다운 땅"에 실린 작품이다.

15. 줄표(―)

제목 다음에 표시하는 부제의 앞뒤에 쓴다.
  예 이번 토론회의 제목은 '역사 바로잡기 ― 근대의 설정 ―'이다.
  예 '환경 보호 ― 숲 가꾸기 ―'라는 제목으로 글짓기를 했다.

다만, 뒤에 오는 줄표는 생략할 수 있다.
  예 이번 토론회의 제목은 '역사 바로잡기 ― 근대의 설정'이다.
  예 '환경 보호 ― 숲 가꾸기'라는 제목으로 글짓기를 했다.

[붙임] 줄표의 앞뒤는 띄어 쓰는 것을 원칙으로 하되, 붙여 쓰는 것을 허용한다.

16. 붙임표(-)

(1) 차례대로 이어지는 내용을 하나로 묶어 열거할 때 각 어구 사이에 쓴다.
  예 멀리뛰기는 도움닫기-도약-공중 자세-착지의 순서로 이루어진다.
  예 김 과장은 기획-실무-홍보까지 직접 발로 뛰었다.

(2) 두 개 이상의 어구가 밀접한 관련이 있음을 나타내고자 할 때 쓴다.
  예 드디어 서울-북경의 항로가 열렸다.
  예 원-달러 환율   예 남한-북한-일본 삼자 관계

17. 물결표(~)

기간이나 거리 또는 범위를 나타낼 때 쓴다.
  예 9월 15일~9월 25일   예 김정희(1786~1856)
  예 서울~천안 정도는 출퇴근이 가능하다.
  예 이번 시험의 범위는 3~78쪽입니다.

[붙임] 물결표 대신 붙임표를 쓸 수 있다.

[예] 9월 15일-9월 25일　　　　　　[예] 김정희(1786-1856)

[예] 서울-천안 정도는 출퇴근이 가능하다.

[예] 이번 시험의 범위는 3-78쪽입니다.

18. 드러냄표(˙)와 밑줄(＿)

문장 내용 중에서 주의가 미쳐야 할 곳이나 중요한 부분을 특별히 드러내 보일 때 쓴다.

[예] 한글의 본디 이름은 훈민정음이다.

[예] 중요한 것은 왜 사느냐가 아니라 어떻게 사느냐이다.

[예] 지금 필요한 것은 지식이 아니라 실천입니다.

[예] 다음 보기에서 명사가 아닌 것은?

[붙임] 드러냄표나 밑줄 대신 작은따옴표를 쓸 수 있다.

[예] 한글의 본디 이름은 '훈민정음'이다.

[예] 중요한 것은 '왜 사느냐'가 아니라 '어떻게 사느냐'이다.

[예] 지금 필요한 것은 '지식'이 아니라 '실천'입니다.

[예] 다음 보기에서 명사가 '아닌' 것은?

19. 숨김표(○, ×)

(1) 금기어나 공공연히 쓰기 어려운 비속어임을 나타낼 때, 그 글자의 수효만큼 쓴다.

[예] 배운 사람 입에서 어찌 ○○○란 말이 나올 수 있느냐?

[예] 그 말을 듣는 순간 ×××란 말이 목구멍까지 치밀었다.

(2) 비밀을 유지해야 하거나 밝힐 수 없는 사항임을 나타낼 때 쓴다.

[예] 1차 시험 합격자는 김○영, 이○준, 박○순 등 모두 3명이다.

[예] 육군 ○○ 부대 ○○○ 명이 작전에 참가하였다.

[예] 그 모임의 참석자는 김×× 씨, 정×× 씨 등 5명이었다.

20. 빠짐표(□)

(1) 옛 비문이나 문헌 등에서 글자가 분명하지 않을 때 그 글자의 수효만큼 쓴다.

   예 大師爲法主□□賴之大□薦

(2) 글자가 들어가야 할 자리를 나타낼 때 쓴다.

   예 훈민정음의 초성 중에서 아음(牙音)은 □□□의 석 자다.

21. 줄임표(……)

(1) 할 말을 줄였을 때 쓴다.

   예 "어디 나하고 한번……." 하고 민수가 나섰다.

(2) 말이 없음을 나타낼 때 쓴다.

   예 "빨리 말해!"

      "……."

(3) 문장이나 글의 일부를 생략할 때 쓴다.

   예 '고유'라는 말은 문자 그대로 본디부터 있었다는 뜻은 아닙니다. …… 같은 역사적 환경에서 공동의 집단생활을 영위해 오는 동안 공동으로 발견된, 사물에 대한 공동의 사고방식을 우리는 한국의 고유 사상이라 부를 수 있다는 것입니다.

(4) 머뭇거림을 보일 때 쓴다.

   예 "우리는 모두…… 그러니까…… 예외 없이 눈물만…… 흘렸다."

  [붙임 1] 점은 가운데에 찍는 대신 아래쪽에 찍을 수도 있다.

      예 "어디 나하고 한번.......' 하고 민수가 나섰다.

      예 "실은...... 저 사람...... 우리 아저씨일지 몰라."

  [붙임 2] 점은 여섯 점을 찍는 대신 세 점을 찍을 수도 있다.

      예 "어디 나하고 한번…." 하고 민수가 나섰다.

예 "실은... 저 사람... 우리 아저씨일지 몰라."

[붙임 3] 줄임표는 앞말에 붙여 쓴다. 다만, (3)에서는 줄임표의 앞뒤를 띄어 쓴다.

문화체육관광부고시 제2017-13호

표준어 규정

1933년 조선어학회의 「한글 마춤법 통일안」은 '표준어'를 부록으로 다루었다. 모두 8개 항목으로 이루어진 가운데, 마지막 항목에서 170개 내외의 표준어 목록을 제시하였다. 이후 1936년에 「사정(査定)한 조선어표준말모음」이 발표되면서 표준어 사정 작업이 본격적으로 이루어졌다.

「표준어 규정」이 지금과 같이 독립된 규범으로 자리를 잡게 된 것은 1988년의 일이다. 1988년에 「한글 맞춤법」과 함께 「표준어 규정」이 고시되면서 '표준어 사정 원칙'과 '표준 발음법'을 아우르는 「표준어 규정」이 완성되었다. 「표준어 규정」의 목차는 다음과 같다.

제1부 표준어 사정 원칙

제1장 총칙

제1절 총칙

> **제1항** 표준어는 교양 있는 사람들이 두루 쓰는 현대 서울말로 정함을 원칙으로 한다.

표준어는 한 나라에서 공용어로 사용하는 규범적인 언어를 말한다. 계층과 지역, 시대에 따라 말이 조금씩 다를 수 있기 때문에 표준어를 정하기 위해서는 몇 가지 기준이 필요하다.

사용 주체와 관련해서는 '교양 있는 사람들'을 기준으로 삼았다. '교양'이란 '학문, 지식, 사회생활을 바탕으로 이루어지는 품위'를 말한다. '교양 있는 사람'과 '교양 없는 사람'을 명확하게 나누기는 어렵지만, 사회의 기준에 맞게 행동하고 말을 험하게 하지 않는 품위 있는 사람들을 '교양 있는 사람들'이라고 할 수 있을 것이다.

물론 교양 있는 사람들도 때로는 비속어나 은어와 같은 표현을 사용할 수 있다. 그러나 이는 '두루 쓰는' 표현이라고 할 수 없다. '두루 쓰는'이라는 기준은 일반성을 의미한다. 교양 있는 사람이라 하더라도 특정한 집단이나 개인만이 사용하는 표현은 표준어로 인정하기 어렵다. 교양 있는 사람들이 일반적으로 사용하는 말이어야 표준어로 인정받을 수 있다.

시대적으로는 현대에 쓰는 말이 표준어의 자격을 갖는다. 아무리 과거에 일반적으로 사용하던 말이라 하더라도 현시대(現時代)에 사용하지 않으면 표준어로 인정하지 않는다. 시대적으로 현대에 사용하는 말이 표준어의 자격을 갖는다.

공간적으로는 서울말을 표준어로 삼는다. 이때의 서울말은 서울 방언과는 다른 개념이다. 현재의 서울말은 서울 지역에서 대대로 사용해 오던 서울 방언을 기반으로 하면서도 여러 지역의 말이 섞이면서 전통적인 서울 방언과는 다른 모습을 보인다.

서울이 대한민국의 중심지로서 각 지역에서 모인 사람들이 사회를 형성하여 생활하는 과정에서 자연스럽게 서울에서 통용되는 말이 큰 영향력을 발휘하게 되었고, 이러한 영향력을 인정하여 서울말을 표준어로 삼게 되었다.

> **제2항** 외래어는 따로 사정한다.

외래어는 역사가 오래된 경우도 있지만, 대부분의 외래어가 역사가 짧고 고유어에 비해 양이 많지 않으며 지금도 많은 외래어들이 수시로 우리말 어휘 체계에 들어 오기 때문에 고유어와 같은 방식으로 외래어를 사정하기기 쉽지 않다. 이에 따라 표준어 사정 원칙을 정할 때 외래어는 대상에서 제외하였다.

제2장 발음 변화에 따른 표준어 규정

제1절 자음

제3항 다음 단어들은 거센소리를 가진 형태를 표준어로 삼는다.(ㄱ을 표준어로 삼고, ㄴ을 버림.)		
ㄱ	ㄴ	비 고
끄나풀	*끄나불*	
나팔-꽃	나발-꽃	
녘	녁	동~, 들~, 새벽~, 동틀 ~.
부엌	부억	
살-쾡이	삵-괭이	
칸	간	1. ~막이, 빈~, 방 한 ~. 2. '초가삼간, 윗간'의 경우에는 '간'임.
털어-먹다	떨어-먹다	재물을 다 없애다.

　　예사소리가 거센소리로 변하여 널리 통용되는 경우에는 원래의 예사소리 대신 거센소리를 가진 형태를 표준어로 삼는다.

　　'끄나풀'은 길지 않은 끈의 나부랭이를 의미하며, 비유적으로는 다른 사람이나 단체의 꾐에 넘어가 그들의 지시대로 움직이는 사람을 의미한다. 20세기 초에 '끄나불'과 '끄나풀'이 경쟁을 하다가 '끄나풀'이 표준어로 인정받게 되었다.

　　'나팔꽃' 역시 사람들의 발음이 변하면서 표준어로 인정받게 되었다. 참고로 악기를 뜻하는 '나발'과 '나팔'은 모두 표준어로 인정한다. 같은 관악기이지만, 전통 관악기는 '나발'이라 하고 서양의 관악기는 '나팔'이라고 한다.

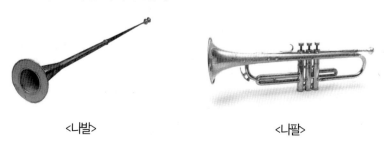

<나발>　　　　　　　　　　　　　　　　<나팔>

이 외에도 합성어인 '병나발, 손나발, 개나발'은 표준어에 속한다. 특별히 '손나발'은 '손나팔'이라고도 하여 '손나발'과 '손나팔'을 모두 표준어로 인정한다.

'살쾡이'는 '삵'과 '괭이'가 결합한 것으로서 원칙대로라면 [삭꽹이]로 발음해야 하지만, 사람들이 이를 [살쾡이]로 발음하는 경향을 보이면서 '살쾡이'를 표준어로 삼게 되었다.

'간(間)'은 한자어로서 의존 명사(서울과 세종 간, 친구 간)나 접미사(두 달간, 외양간)일 때는 원형대로 '간'을 표준어로 삼지만, 지립 명사일 때에는 발음의 변화를 인정하여 '칸'을 표준어로 삼는다.

'털다'와 '떨다'는 개별 의미를 가진 단어로 각각 인정하지만, '재산이나 돈을 함부로 써서 몽땅 없애다'라는 의미로는 '털어먹다'만을 표준어로 인정한다.

제4항 다음 단어들은 거센소리로 나지 않는 형태를 표준어로 삼는다.(ㄱ을 표준어로 삼고, ㄴ을 버림.)

ㄱ	ㄴ	비 고
가을-갈이	가을-카리	
거시기	거시키	
분침	푼침	

제3항과는 달리 거센소리가 아닌 예사소리를 가진 형태를 표준어로 인정하기도 한다.

'가을갈이'는 '다음 해의 농사에 대비하여 가을에 논밭을 미리 갈아 두는 일'을 말한다. 일부 지역에서 '가실카리(강원, 경북, 평남 방언)', '갈카리(강원, 평북 방언)', '가을카리(평안 방언)'와 같이 거센소리로 발음하기도 하나 '가을갈이'가 표준어이다.

방언에 반영되어 있는 거센소리는 '가을'이 과거에 'ᄀᆞᅀᆞᆶ'과 같이 ㅎ곡용어이었던 흔적이 남은 것이다. 한글 맞춤법 제31항에서 보듯이 '수탉, 암탉' 등의 단어에서는 이러한 과거의 흔적을 인정하지만, '가을갈이'의 경우에는 이를 인정하지 않는다.

'거시기'는 흔히 전라도 방언으로 알려져 있으나 엄연한 표준어이다. 거센소리로 발음하는 '거시키'는 표준어로 인정하지 않는다. '거시기'는 『표준국어대사전』에 다음과 같이 대명사와 감탄사의 쓰임이 등재되어 있다.

[대명사]
이름이 얼른 생각나지 않거나 바로 말하기 곤란한 사람 또는 사물을 가리키는 대명사.

예 자네도 기억하지? 우리 동창, <u>거시기</u> 말이야, 키가 제일 크고 늘 웃던 친구.

　　　서기 안뱅에 <u>거시기</u> 좀 있어요?

　　　저 혼자서 한 게 아니고요, <u>거시기</u>하고 같이 한 일입니다만.

　[감탄사]

　하려는 말이 얼른 생각나지 않거나 바로 말하기가 거북할 때 쓰는 군소리.

　　예 저, <u>거시기</u>, 죄송합니다만, 제 부탁 좀 들어주시겠습니까?

　'분침(分針)'은 '시계에서 분을 가리키는 긴 바늘'을 말한다. '분침'만 표준어로 인정하고 '푼침'은 표준어로 인정하지 않는다. 이와는 달리 '엽전 한 푼', '돈 몇 푼'과 같이 엽전이나 돈을 셀 때는 '푼'이라 하고, 한 시간의 60분의 1이라는 의미를 나타낼 때는 '분'이라 한다.

　이 외에 '오 분의 일'과 같이 '전체를 몇으로 나눈 부분'을 의미하거나 '분에 넘치는 사랑'과 같이 '자기 신분에 맞는 한도'를 의미할 때는 '분'이라 하고, '삼 할 오 푼'과 같이 비율을 나타내는 단위일 때에는 '푼'이라 한다.

제5항 어원에서 멀어진 형태로 굳어져서 널리 쓰이는 것은, 그것을 표준어로 삼는다.(ㄱ을 표준어로 삼고, ㄴ을 버림.)

ㄱ	ㄴ	비 고
강낭-콩	강남-콩	
고삿	고샅	겉~, 속~.
사글-세	삭월-세	'월세'는 표준어임.
울력-성당	위력-성당	떼를 지어서 <u>으르고</u> 협박하는 일.

다만, 어원적으로 원형에 더 가까운 형태가 아직 쓰이고 있는 경우에는, 그것을 표준어로 삼는다.(ㄱ을 표준어로 삼고, ㄴ을 버림.)

ㄱ	ㄴ	비 고
갈비	가리	~구이, ~찜, 갈빗-대.
갓모	갈모	1. 사기 만드는 물레 밑 고리. 2. '갈모'는 갓 위에 쓰는, 유지로 만든 우비.
굴-젓	구-젓	

말-곁	말-곁	
물-수란	물-수랄	
밀-뜨리다	미-뜨리다	
적-이	저으기	적이-나, 적이나-하면.
휴지	수지	

'강낭콩'을 과거에는 '강남콩'이라 하였다. '강낭콩'의 원산지는 원래 남아메리카이지만, 우리나라에는 중국 강남 지방을 통해 들어왔기 때문에 이를 강남콩이라 했다는 설이 있다. 이 '강남콩'이 연구개음화 현상의 영향을 받아 '강낭콩'으로 발음이 바뀌었는데, 이를 인정하여 '강남콩' 대신 '강낭콩'을 표준어로 삼게 되었다. 표준 발음법에서는 연구개음화 현상을 인정하지 않지만 '강낭콩'은 예외이다.

'고삿'은 '초가지붕을 일 때 쓰는 새끼'를 말한다. 이엉을 얹기 전에 지붕 위에 건너질러 잡아매는 새끼를 '속고삿', 이엉을 얹은 위에 걸쳐 매는 새끼'을 '겉고삿'이라 한다. 이와 달리 마을의 좁은 골목길은 '고샅'이라고 한다. 예전에는 이 둘을 모두 '고샅'이라고 했으나, 지금은 어형이 달라져 새끼는 '고삿', 골목길은 '고샅'이라고 한다. '고샅'은 '골샅'에서 /ㄹ/가 탈락한 것으로, 이때의 '샅'은 갈라진 틈이나 사이를 뜻한다.

과거에 '삭월세'와 '사글세'가 공존하다가 '사글세'가 널리 쓰이게 됨에 따라 '삭월세'가 아닌 '사글세'를 표준어로 인정하게 되었다. '삭월세'는 표준어가 아니지만 '월세'는 표준어이다.

'울력성당(--成黨)'은 떼 지어 으르고 협박하는 것을 말한다. '완력성당(腕力成黨)'이라고도 하는데, '울력성당'과 '완력성당'은 표준어이지만, '위력성당(威力成黨)'은 표준어로 인정하지 않는다.

어원적으로 원형에 더 가까운 형태가 아직 쓰이고 있는 경우에는 발음의 변화를 인정하지 않고 그것을 표준어로 삼는다. 그 첫 예로 '갈비'를 들었는데, 옛 문헌에는 '갈비'보다 '가리'가 먼저 나온다. '가리'는 17세기에 처음 등장하고 '갈비'는 19세기 말에 처음 모습을 보인다.

'가리'와 '갈비' 모두 어원이 불분명한데, '갈비'에서 /ㅂ/가 탈락하여 '가리'가 되었을 가능성도 있지만, '가리'의 출현 시기가 '갈비'보다 훨씬 앞서기 때문에 후대형인 '갈비'가 선대형인 '가리'보다 어원적으로 원형에 더 가깝다고 보기는 어렵다.

'갓모'와 '갈모'의 관계도 마찬가지이다. 지금은 사기그릇을 만드는 돌림판의 밑구멍에 끼우는 사기 고리를 '갓모'라 하고, 예전에 비가 올 때 갓 위에 덮어 쓰던 고깔과 비슷하게 생긴 물건을 '갈모'라 한다. 그러나 옛 문헌에서는 지금과 달리 전자를 '갈모[帽]'라 하고 우사를 '갓모[油帽, 雨籠]'라 하였다.

　문헌을 근거로 한다면 지금의 '갓모'는 어원적으로 원형에 더 가까운 형태가 아직 쓰이고 있는 예가 아니라 오히려 어원에서 멀어진 형태로 굳어져서 널리 쓰이는 예로 보아야 할 것이다.

　'구젓'은 '굴'과 '젓'이 결합하면서 /ㄹ/가 탈락한 것인데, 이를 표준어로 인정하지 않고 원형에 해당하는 '굴젓'을 표준어로 인정한다. 그러나 '굴'과 '조개'를 아울러 이를 때는 /ㄹ/가 탈락한 '구조개'를 표준어로 인정한다.

　남이 말하는 옆에서 덩달아 참견하는 말을 '말곁'이라 한다. 이때의 '곁'은 '옆, 근처'의 의미를 가지고 있다. '말곁'은 사용 빈도가 높은 단어는 아니지만, '말'과 '곁'이 결합한 단어임이 분명하므로 '말겻'이 아닌 '말곁'을 표준어로 인정한다.

　'물수란(-水卵)'은 '달걀을 깨뜨려 그대로 끓는 물에 넣어 반쯤 익힌 음식'을 가리킨다. '수란'이 한자어 '水卵'이기 때문에 '물수랄'이 아닌 '물수란'을 표준어로 삼는다.

　'밀뜨리다'의 경우에는 어간 '밀-'의 종성 /ㄹ/가 탈락한 '미뜨리다'를 인정하지 않는다. 이를 '미떠리다'라고도 하는데, 이 역시 인정하지 않고 원형인 '밀뜨리다'만을 표준어로 인정한다.

　'적이'는 '꽤 어지간한 정도로'라는 의미를 가진 부사로 [저:기]와 같이 첫음절을 길게 발음한다. 이 때문인지 '적이'를 '저으기'라고 발음하는 경향이 있는데, 이는 표준어로 인정하지 않는다.

　'휴지(休紙)'를 '수지'라고 하는 것은 '흉년'을 '숭년', '형'을 '성', '혀'를 '세'라고 하는 ㅎ 구개음화 현상과 관련이 있다. '힘줄/심줄', '뚝심' 등의 몇몇 단어에서는 ㅎ 구개음화 현상을 인정하지만, 대다수의 단어에서는 ㅎ 구개음화 현상이 일어난 발음을 인정하지 않는다.

제6항 다음 단어들은 의미를 구별함이 없이, 한 가지 형태만을 표준어로 삼는다.(ㄱ을 표준어로 삼고, ㄴ을 버림.)

ㄱ	ㄴ	비 고
돌	돐	생일, 주기.
둘-째	두-째	'제2, 두 개째'의 뜻.

셋-째	세-째	'제3, 세 개째'의 뜻.
넷-째	네-째	'제4, 네 개째'의 뜻.
빌리다	빌다	1. 빌려주다, 빌려 오다.
		2. '용서를 빌다'는 '빌다'임.

다만, '둘째'는 십 단위 이상의 서수사에 쓰일 때에 '두째'로 한다.

ㄱ	ㄴ	비 고
열두-째		열두 개째의 뜻은 '열둘째'로.
스물두-째		스물두 개째의 뜻은 '스물둘째'로.

전에는 '한 돌, 두 돌'과 같이 어린아이의 생일을 표현할 때는 '돌'이라 하고, '한양 천도 500돐'과 같이 특정한 날이 해마다 돌아왔음을 표현할 때는 '돐'이라 하였다. 이 두 단어는 종성이 다르기 때문에 뒤에 모음으로 시작하는 조사가 결합하면 발음이 달라진다. 예를 들어 '돌'에 주격 조사 '이'가 결합하면 [도리]로 발음하게 되지만, '돐'에 주격 조사 '이'가 결합하면 [돌씨]로 발음하게 된다. 그런데 실제로는 주격형의 발음이 두 경우 모두 [도리]와 같이 동일하게 실현되는 양상을 보임에 따라, 통시적인 발음의 변화를 인정하여 이 둘의 형태를 '돌'로 통일하였다.

전에는 차례를 나타낼 때는 '두째, 세째, 네째'라 하고, '두 개째, 세 개째, 네 개째'의 의미일 때는 '둘째, 셋째, 넷째'라 하였으나, 접미사 '-째' 앞에서 종성이 탈락하는 것이 자연스럽지 않으므로 이 둘을 '둘째, 셋째, 넷째'로 통일하였다.

다만, 십 단위 이상의 서수사일 경우에는 현실 발음을 반영하여 '열두째, 스물두째'와 같이 표현하도록 하였다. 그러나 '열두 개째, 스물두 개째'의 의미일 때에는 그대로 '열둘째, 스물둘째'로 표현한다.

'빌리다'는 '남의 물건이나 돈 따위를 나중에 도로 돌려주거나 대가를 갚기로 하고 얼마 동안 쓰다'라는 의미를 가지고 있는데, 방향성이 다른 '빌려주다'와 '빌려 오다'에 모두 공통적으로 '빌리다'를 사용한다.

　　이 자리를 빌려 감사의 말씀을 드립니다. (○)
　　이 자리를 빌어 감사의 말씀을 드립니다. (×)

'빌리다'의 여러 의미 중에 '어떤 일을 하기 위해 기회를 이용하다'라는 의미가 있다.

대표적인 예가 바로 '이 자리를 빌려'라는 표현이다. 이를 '이 자리를 빌어'라고 표현하는 경우가 많은데, 이는 잘못된 것이다.

'빌다'는 '남의 물건을 공짜로 달라고 호소하여 얻다'라는 의미를 가지고 있다. 공짜로 얻어먹는 것은 되돌려 주거나 대가를 지불하는 것과 거리가 멀므로 '빌어먹다'라고 표현한다. 그러나 공식 석상에서 인사를 하는 것은 공짜로 얻는 것과는 거리가 멀므로 '이 자리를 빌려'라고 표현하는 것이 옳다.

제7항 수컷을 이르는 접두사는 '수-'로 통일한다.(ㄱ을 표준어로 삼고, ㄴ을 버림.)

ㄱ	ㄴ	비 고
수-꿩	수-퀑/숫-꿩	'장끼'도 표준어임.
수-나사	숫-나사	
수-놈	숫-놈	
수-사돈	숫-사돈	
수-소	숫-소	'황소'도 표준어임.
수-은행나무	숫-은행나무	

다만 1. 다음 단어에서는 접두사 다음에서 나는 거센소리를 인정한다. 접두사 '암-'이 결합되는 경우에도 이에 준한다.(ㄱ을 표준어로 삼고, ㄴ을 버림.)

ㄱ	ㄴ	비 고
수-캉아지	숫-강아지	
수-캐	숫-개	
수-컷	숫-것	
수-키와	숫-기와	
수-탉	숫-닭	
수-탕나귀	숫-당나귀	
수-톨쩌귀	숫-돌쩌귀	
수-퇘지	숫-돼지	
수-평아리	숫-병아리	

다만 2. 다음 단어의 접두사는 '숫-'으로 한다.(ㄱ을 표준어로 삼고, ㄴ을 버림.)

ㄱ	ㄴ	비 고
숫-양	수-양	
숫-염소	수-염소	
숫-쥐	수-쥐	

'암-'과 '수-'는 중세 국어에서 뒤에 모음이 연결되거나 평파열음 또는 평파찰음이 이어지면 단독형에서는 보이지 않던 /ㅎ/가 나타나는 특성을 가지고 있었다. 지금은 이러한 특성이 사라졌지만, 파생어에는 아직도 이러한 중세 국어의 흔적이 남아 있다.

현대 국어에서 수컷을 이르는 접두사의 기본 형태는 '수-'이다. 이에 따라 '수펑, 수나사, 수놈, 수사돈, 수소, 수은행나무' 등을 올바른 형태로 본다. 흔히 '수나사, 수놈, 수소'를 [순나사], [순놈], [수쏘]로 발음하기도 하는데, 이들의 표준 발음은 [수나사], [수놈], [수소]이다. 따라서 이들을 '숫나사, 숫놈, 숫소'로 적지 않고 '수나사, 수놈, 수소'로 적는다.

다만 '수캉아지, 수캐, 수컷, 수키와, 수탉, 수탕나귀, 수톨쩌귀, 수퇘지, 수평아리' 등에서는 접두사 뒤에서 거센소리로 발음하는 것을 인정한다. 이들은 모두 접두사 뒤에 평파열음 /ㄱ/, /ㄷ/, /ㅂ/가 이어진다는 공통점을 가지고 있다. '암-'의 경우에도 마찬가지여서 '암캉아지, 암캐, 암컷, 암키와, 암탉, 암탕나귀, 암톨쩌귀, 암퇘지, 암평아리'가 올바른 형태다.

그런데 '암-'과 '수-' 뒤에 평파열음 /ㄱ/, /ㄷ/, /ㅂ/가 이어진다고 해서 항상 거센소리로 발음하는 것을 인정하는 것은 아니다. 위의 조항에서 예로 들지 않은 단어들은 아무리 음운론적인 성질이 같더라도 거센소리로 발음하는 것을 인정하지 않는다.

수게(○)	수케(×)	암게(○)	암케(×)
수곰(○)	수콤(×)	암곰(○)	암콤(×)
수벌(○)	수펄(×)	암벌(○)	암펄(×)
수개미(○)	수캐미(×)	암개미(○)	암캐미(×)
수거미(○)	수커미(×)	암거미(○)	암커미(×)
수고양이(○)	수코양이(×)	암고양이(○)	암코양이(×)

'숫양, 숫염소, 숫쥐'의 경우에는 접두사의 형태를 '숫-'으로 본다. '숫양, 숫염소'는 ㄴ 첨가 현상을 설명하기 위해 접두사의 형태를 '숫-'으로 인정한 경우이다. '암양'과 '암염소'가 [암냥], [암념소]와 같이 [ㄴ]가 첨가된 발음으로 실현되므로, 짝을 이루는 '숫양'과 '숫염소'도 [순냥], [순념소]와 같이 [ㄴ]가 첨가되는 것으로 보아 첫음절에 종성을 가진 '숫양'과 '숫염소'를 표준어로 정한 것이다. [ㄴ]가 첨가되기 위해서는 앞말이 종성으로 끝나야 한다는 조건이 있는데, 이러한 조건을 충족하기 위해서 접두사의 형태를 '숫-'으로 본 것이다.

여우의 수컷은
수여우일까 숫여우일까?

'숫쥐'는 경음화 현상을 설명하기 위해 접두사의 형태

를 '숫-'으로 인정한 경우이다. '암쥐'가 [암취]가 아닌 [암쮜]로 발음되므로 '숫쥐' 역시
[숟쮜]와 같이 경음화된 발음을 인정하여 접두사의 형태를 '숫-'으로 본 것이다.

제2절 모음

제8항 양성 모음이 음성 모음으로 바뀌어 굳어진 다음 단어는 음성 모음 형태를 표준어로
삼는다.(ㄱ을 표준어로 삼고, ㄴ을 버림.)

ㄱ	ㄴ	비 고
깡충-깡충	깡총-깡총	큰말은 '껑충껑충'임.
-둥이	-동이	←童-이. 귀-, 막-, 선-, 쌍-, 검-, 바람-, 흰-.
발가-숭이	발가-송이	센말은 '빨가숭이', 큰말은 '벌거숭이, 뻘거숭이'임.
보퉁이	보통이	
봉죽	봉족	←奉足. ~꾼, ~들다.
뻗정-다리	뻗장-다리	
아서, 아서라	앗아, 앗아라	하지 말라고 금지하는 말.
오뚝-이	오똑-이	부사도 '오뚝-이'임.
주추	주초	←柱礎. 주춧-돌.

다만, 어원 의식이 강하게 작용하는 다음 단어에서는 양성 모음 형태를 그대로 표준어로 삼는다.
(ㄱ을 표준어로 삼고, ㄴ을 버림.)

ㄱ	ㄴ	비 고
부조(扶助)	부주	~금, 부좃-술.
사돈(査頓)	사둔	밭~, 안~.
삼촌(三寸)	삼춘	시~, 외~, 처~.

우리말에는 양성 모음은 양성 모음끼리, 음성 모음은 음성 모음끼리 어울리는 모음 조화
현상이 있다. 중세 국어 시기에는 모음 조화 현상이 매우 엄격하게 지켜졌지만 현대 국어에서
는 많이 약화되어 일부 어간과 어미, 어근과 접사 사이에서 적용되거나 의성어나 의태어
내부에서 적용되는 모습을 보인다.

이러한 경우에도 언중들이 음성 모음을 선호하는 양상을 보이면서 양성 모음이 음성

모음으로 바뀌어 모음 조화 현상이 지켜지지 않는 예들이 있는데, 이 중 널리 쓰이어 굳어진 예들을 표준어로 인정한다.

접미사 '-둥이'는 '-동이(童이)'에서 유래한 것으로 양성 모음 'ㅗ'가 음성 모음 'ㅜ'로 바뀐 것이고, '봉죽, 주추'도 원래 한자어로 '봉족(奉足), 주초(柱礎)'였으나 양성 모음 'ㅗ'가 음성 모음 'ㅜ'로 바뀌었다.

부사 '오똑' 역시 음성 모음으로 변한 형태를 인정하여 '오뚝'을 표준어로 삼게 되었고, 접미사 '-이'가 결합한 형태도 '오뚝이'를 표준어로 삼게 되었다. '오뚝'과 마찬가지로 의태어인 '깡충깡충'도 둘째 음절과 넷째 음절의 모음이 음성 모음으로 변한 형태를 표준어로 인정한다.

다만, '부조(扶助), 사돈(査頓), 삼촌(三寸)'은 이를 [부주], [사둔], [삼춘]으로 발음하는 경향이 있더라도 어원 의식이 비교적 강하게 작용하는 것으로 보아 원래의 형태대로 '부조, 사돈, 삼촌'을 표준어로 삼는다.

 더 알아보기

'산에서 뾰족하게 높이 솟은 부분'을 의미하는 '봉우리'를 옛 문헌에서는 '보오리/봉오리'라 하였으나, 지금은 둘째 음절의 모음이 음성 모음으로 바뀐 것을 인정하여 '봉우리'를 표준어로 삼는다. 반면 '망울만 맺히고 아직 피지 않은 꽃'을 의미하는 '봉오리'는 음성 모음으로의 변화를 인정하지 않는다. 이에 따라 '산'은 '봉우리'와 결합하여 '산봉우리'가 되고, '꽃'은 '봉오리'와 결합하여 '꽃봉오리'가 된다.

제9항 'ㅣ' 역행 동화 현상에 의한 발음은 원칙적으로 표준 발음으로 인정하지 아니하되, 다만 다음 단어들은 그러한 동화가 적용된 형태를 표준어로 삼는다.(ㄱ을 표준어로 삼고, ㄴ을 버림.)

ㄱ	ㄴ	비 고
-내기	-나기	서울-, 시골-, 신출-, 풋-.
냄비	남비	
동댕이-치다	동당이-치다	

[붙임 1] 다음 단어는 'ㅣ' 역행 동화가 일어나지 아니한 형태를 표준어로 삼는다.(ㄱ을 표준어로 삼고, ㄴ을 버림.)

ㄱ	ㄴ	비 고
아지랑이	아지랭이	

[붙임 2] 기술자에게는 '-장이', 그 외에는 '-쟁이'가 붙는 형태를 표준어로 삼는다.(ㄱ을 표준어로 삼고, ㄴ을 버림.)

ㄱ	ㄴ	비 고
미장이	미쟁이	
유기장이	유기쟁이	
멋쟁이	멋장이	
소금쟁이	소금장이	
담쟁이-덩굴	담장이-덩굴	
골목쟁이	골목장이	
발목쟁이	발목장이	

'ㅣ' 역행 동화 현상은 후설 모음이 다음 음절의 전설 모음 'ㅣ'의 조음 위치에 동화되어 같은 개구도의 전설 모음으로 바뀌는 현상을 말한다. 이 현상은 '애기, 건데기, 가랭이, 챙피(하다), 땡기다, 애끼다' 등의 예에서 보듯이 몇몇 단어에서 매우 익숙하게 관찰되는 음운 현상이지만, 반드시 그렇게 발음해야 할 당위성이 없기 때문에 표준 발음으로 인정하지 않는다.

다만 예외적으로 '-내기, 냄비, (내)동댕이치다'는 'ㅣ' 역행 동화 현상이 적용된 형태를 표준어로 인정한다. '-내기'는 원래 어간 '나-'[出]와 접사 '-기'가 결합한 것이지만 'ㅣ' 역행 동화 현상이 일어난 발음이 널리 유행하면서 '-내기'를 정식으로 인정하게 되었다. '냄비'는 일본어 '나베'[鍋]에서 유래한 것으로, 어형이 많이 변했음에도 불구하고 원어의 모음을 기준으로 하여 '남비'를 표준어로 삼았었으나, 역시 발음의 변화를 인정하여 '냄비'를 표준어로 인정하게 되었다.

[붙임 1] '아지랑이'는 한때 사전과 교과서 등에 '아지랭이'로 표기되면서 '아지랭이'가 표준어인 것으로 인식되기도 했으나, 원형을 존중하여 '아지랑이'를 표준어로 삼는다.

[붙임 2] 한글 맞춤법 통일안이 고시되기 전에는 접미사의 형태로 '-쟁이'를 인정하지 않고 '-장이'만 옳다고 보았으나, 지금은 기술자인 경우에는 '-장이', 그 외에는 '-쟁이'가

붙는 형태를 표준어로 삼는다.

이에 따라 '미장이, 땜장이, 대장장이, 가구장이, 옹기장이, 유기장이' 등에서는 접미사의 형태를 '-장이'로 인정하고, '개구쟁이, 거짓말쟁이, 멋쟁이, 심술쟁이, 엄살쟁이, 허풍쟁이' 등에서는 접미사의 형태를 '-쟁이'로 인정한다.

같은 어근에 결합하더라도 갓을 만드는 사람은 '갓장이', 양복을 만드는 사람은 '양복장이'라 하고, 갓을 쓴 사람은 '갓쟁이', 양복을 입은 사람은 '양복쟁이'라고 한다. 이러한 차이는 결국 기술자냐 아니냐에 따라 결정되는데, 이때 '기술자'는 손이나 도구를 사용하여 물건을 생산하는 '수공업자'를 말한다. 따라서 '관상쟁이, 점쟁이, 뚜쟁이, 중매쟁이, 마술쟁이' 등은 기술자로 보지 않아 '-장이'가 아닌 '-쟁이'를 접미사로 취한다.

 더 알아보기

흔히 '난쏘공'이라 불리는 조세희 씨의 단편 소설 「난장이가 쏘아올린 작은공」(1976년, 『문학과 지성』)은 '난쟁이'를 '난장이'로 적고 있어 표준어 규정을 어긴 것으로 생각하기 쉽다.

그런데 이 작품이 처음 발표되었던 1976년에는 지금처럼 '-쟁이'를 인정하지 않고 '-장이'만이 어법에 맞는 것으로 보았다. 따라서 이 작품이 처음 발표되었을 당시에는 이 소설의 제목이 어법상 아무런 문제가 없었다. 그러나 이후 표준어 규정에서 '-쟁이'의 쓰임을 일부 인정하면서 지금은 어법에 맞지 않는 제목이 되고 말았다.

 더 알아보기

'ㅣ' 역행 동화 현상에 의한 발음을 원칙적으로 표준 발음으로 인정하지 않는다고 하였으나, 이는 엄밀히 말하자면 이 현상이 적용된 형태와 적용되지 않은 형태가 공존하는 경우에만 해당하는 원칙이다.

이와는 달리 현재 원래의 형태가 전혀 쓰이지 않고 'ㅣ' 역행 동화 현상이 적용된 형태만 널리 쓰이는 예들도 있다. '재미, 새기다, 새끼, 올챙이, 굼벵이, 빨갱이' 등이 대표적인 예들인데, 이들은 각각 '자미(滋味), 사기다, 삿기, 올창이, 굼벙이, 빨강이' 등에서 모음의 변화가 일어난 것이다.

이러한 점들을 종합해 보면 'ㅣ' 역행 동화 현상이 적용된 발음이 절대적으로 우세한 단어들은 이미 다수가 표준어로 수용되었으며, 현재 원래의 형태와 이 현상이 적용된 형태가 공존하는 경우에는 대부분 원래의 형태를 표준어로 인정한다고 할 수 있다.

제10항 다음 단어는 모음이 단순화한 형태를 표준어로 삼는다.(ㄱ을 표준어로 삼고, ㄴ을 버림.)

ㄱ	ㄴ	비 고
괴팍-하다	괴퍅-하다/괴팩-하다	
-구면	-구면	
미루-나무	미류-나무	←美柳~.
미륵	미력	←彌勒. ~보살, ~불, 돌~.
여느	여늬	
온-달	왼-달	만 한 달.
으레	으례	
케케-묵다	켸켸-묵다	
허우대	허위대	
허우적-허우적	허위적-허위적	허우적-거리다.

이중 모음이 단모음으로 발음이 바뀌거나 이중 모음 발음에 명확한 근거가 없는 경우에는 모음이 단순화한 형태를 표준어로 삼는다.

'괴팍하다'의 원래 형태는 '괴퍅(乖愎)하다'인데, 단모음화된 발음을 인정하여 '괴팍하다'를 표준어로 삼았다. 같은 한자를 포함하고 있는 '강퍅(剛愎)하다, 암퍅(暗愎)하다, 오퍅(傲愎)하다, 한퍅(狠愎)하다, 퍅성(愎性)' 등은 여전히 이중 모음 발음을 인정하여 결과적으로 '愎'의 발음이 '퍅'과 '팍'으로 나뉘게 되었다.

'미루나무'의 '미루'는 원래 한자어 '미류(美柳)'에서 비롯한 것인데, 역시 발음이 단모음화되면서 '미루나무'를 표준어로 삼게 되었다.

'으레'는 한자어 '의례(依例)'에서 유래한 말로, 첫음절과 둘째 음절의 이중 모음이 모두 단모음으로 바뀌었다. 표준 발음법 제5항에서는 '례'를 [레]로 발음하는 것을 인정하지 않으나, '으레'의 예만 보더라도 '례'가 [레]로 발음되는 것을 확인할 수 있다.

'케케묵다'는 원래 부사 '켜켜이'와 동사 '묵다'가 결합한 말이다. '켜'가 포개어진 물건의 한 층을 의미하므로, '켜켜이'는 '여러 켜마다'의 의미를 나타낸다. 남부 방언에 '겔혼(결혼), 메느리(며느리)'와 같이 모음 'ㅕ'를 'ㅔ'로 발음하는 현상이 있는데, '켜켜'가 '케케'가 된 것도 이 현상과 관련이 있다. 표준어 중에서는 '베개(〈벼개), 안녕하세요(안녕하셔요)' 등의 예를 들 수 있다.

제11항 다음 단어에서는 모음의 발음 변화를 인정하여, 발음이 바뀌어 굳어진 형태를 표준어로 삼는다.(ㄱ을 표준어로 삼고, ㄴ을 버림.)

ㄱ	ㄴ	비 고
-구려	-구료	
깍쟁이	깍정이	1. 서울~, 알~, 찰~.
		2. 도도리, 싱수리 등의 받침은 '깍정이'임.
나무라다	나무래다	
미수	미시	미숫-가루.
바라다	바래다	'바램[所望]'은 비표준어임.
상추	상치	~쌈.
시러베-아들	실업의-아들	
주책	주착	←主着. ~망나니, ~없다.
지루-하다	지리-하다	←支離.
튀기	트기	
허드레	허드래	허드렛-물, 허드렛-일.
호루라기	호루루기	

　모음의 발음이 통일되지 않고 다양하게 발음되는 예들이 더러 있는데, 이 경우에는 모음을 어느 한쪽으로 통일하여 표준어를 정하였다.

　'깍쟁이'는 '이기적이고 인색한 사람' 또는 '아주 약빠른 사람'을 의미하는데, '밤나무, 떡갈나무 따위의 열매를 싸고 있는 술잔 모양의 받침'을 뜻하는 '깍정이'와 모음에서 차이를 보인다.

　'나무라다'와 '바라다'를 '나무래다, 바래다'라고 하는 경우가 많지만, 표준어로 인정하는 형태는 '나무라다'와 '바라다'이다. 따라서 어간 '바라-' 뒤에 어미 '-아'가 결합하면 그 형태는 '바래'가 아닌 '바라'가 되고, '바라-'의 명사형은 '바램'이 아닌 '바람'이 된다.

　'미숫가루'의 '미수'는 옛 문헌에 '미시'로 나온다. '미시'가 원형이지만, 발음이 '미수'로 변하여 두 형태가 같이 쓰이다가 '미시'가 아닌 '미수'가 표준어로 선택되었다.

　'상추'는 한자어 '생채(生菜)'의 발음이 변한 것이다. '백채(白菜)'가 변하여 '배추'가 되었듯이 '생채(生菜)'가 변하여 '상추'가 되었다.

　'튀기'는 종(種)이 다른 두 동물 사이에서 난 새끼를 말하며, 혼혈인을 낮잡아 볼 때 이러한 표현을 사용하기도 한다. '튀기'의 옛 문헌 표기는 '특이'이다. 따라서 '트기'가 원형에 더 가깝지만, 변한 발음을 인정하여 '튀기'를 표준어로 삼았다.

제12항 '웃-' 및 '윗-'은 명사 '위'에 맞추어 '윗-'으로 통일한다.(ㄱ을 표준어로 삼고, ㄴ을 버림.)

ㄱ	ㄴ	비 고
윗-넓이	웃-넓이	
윗-눈썹	웃-눈썹	
윗-니	웃-니	
윗-당줄	웃-당줄	
윗-덧줄	웃-덧줄	
윗-도리	웃-도리	
윗-동아리	웃-동아리	준말은 '윗동'임.
윗-막이	웃-막이	
윗-머리	웃-머리	
윗-목	웃-목	
윗-몸	웃-몸	~ 운동.
윗-바람	웃-바람	
윗-배	웃-배	
윗-벌	웃-벌	
윗-변	웃-변	수학 용어.
윗-사랑	웃-사랑	
윗-세장	웃-세장	
윗-수염	웃-수염	
윗-입술	웃-입술	
윗-잇몸	웃-잇몸	
윗-자리	웃-자리	
윗-중방	웃-중방	

다만 1. 된소리나 거센소리 앞에서는 '위-'로 한다.(ㄱ을 표준어로 삼고, ㄴ을 버림.)

ㄱ	ㄴ	비 고
위-짝	웃-짝	
위-쪽	웃-쪽	
위-채	웃-채	
위-층	웃-층	

ㄱ	ㄴ	비 고
위-치마 위-턱 위-팔	웃-치마 웃-턱 웃-팔	~구름[上層雲].

다만 2. '아래, 위'의 대립이 없는 단어는 '웃-'으로 발음되는 형태를 표준어로 삼는다.(ㄱ을 표준어로 삼고, ㄴ을 버림.)

ㄱ	ㄴ	비 고
웃-국 웃-기 웃-돈 웃-비 웃-어른 웃-옷	윗-국 윗-기 윗-돈 윗-비 윗-어른 윗-옷	~걷다.

'위'는 뒤따르는 단어와 결합할 때 형태가 '윗' 또는 '웃'으로 실현되는데, 명사의 형태가 '위'인 점을 감안하여 '윗'을 기본 형태로 삼는다.

다만 1. 뒤따르는 단어가 된소리나 거센소리로 시작할 때는 결합한 형태를 '윗'이 아닌 '위'로 본다. 이는 된소리나 거센소리로 시작하는 단어 앞에 사이시옷을 적지 않는 표기 원칙을 따른 것이다.

다만 2. '아래, 위'의 대립이 없는 단어의 경우에는 '윗'이 아닌 '웃-'이 결합한 것으로 본다. 이때의 '웃-'은 접두사로서 '위'의 고형인 '우ㅎ'과 형태가 유사하다. '우ㅎ'이 '위'로 바뀌었음에도 불구하고 일부 단어에서는 고형을 유지하는데, '아래, 위'의 대립이 없는 단어들이 그러한 경향을 보이다 보니, 이 경우에 한해서 고형과 유사한 '웃-'을 표준어로 삼는다.

조항의 예시를 보면 '웃옷'은 표준어이고 '윗옷'은 표준어가 아닌 것으로 생각하기 쉬우나, 사실은 둘 다 표준어이다. '윗옷'은 '아래, 위'의 대립이 가능한 경우에 사용하므로 '윗도리', 즉 '상의[上衣]'를 뜻하고, 반의어인 '아래옷'은 '아랫도리', 즉 '하의[下衣]'를 뜻한다. 반면 '웃옷'은 '아래, 위'의 대립이 없는 경우에 사용하므로 맨 겉에 입는 옷을 뜻한다.

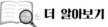 **더 알아보기**

'윗분'은 대응되는 반의어로 '아랫분'이 없으므로 원칙적으로 '웃분'을 표준어로 삼아야 할 것이다. 그러나 이 경우에는 예외적으로 '윗분'을 표준어로 삼는다.『표준국어대사전』에서는 '윗분'을 '윗사람'을 높여 이르는 말로 풀이하고 있는데, 그렇게 본다면 '윗분'은 '윗사람'의 '사람'을 '분'으로 대체한 단어라고 할 수 있다. 이러한 특별한 과정을 거쳐서인지 '윗분'은 예외적으로 표준어가 되었다.

제13항 한자 '구(句)'가 붙어서 이루어진 단어는 '귀'로 읽는 것을 인정하지 아니하고, '구'로 통일한다.(ㄱ을 표준어로 삼고, ㄴ을 버림.)

ㄱ	ㄴ	비 고
구법(句法)	귀법	
구절(句節)	귀절	
구점(句點)	귀점	
결구(結句)	결귀	
경구(警句)	경귀	
경인구(警人句)	경인귀	
난구(難句)	난귀	
단구(短句)	단귀	
단명구(短命句)	단명귀	
대구(對句)	대귀	~법(對句法).
문구(文句)	문귀	
성구(成句)	성귀	~어(成句語).
시구(詩句)	시귀	
어구(語句)	어귀	
연구(聯句)	연귀	
인용구(引用句)	인용귀	
절구(絶句)	절귀	

다만, 다음 단어는 '귀'로 발음되는 형태를 표준어로 삼는다.(ㄱ을 표준어로 삼고, ㄴ을 버림.)

ㄱ	ㄴ	비 고
귀-글	구-글	
글-귀	글-구	

예전에는 한자 '句'를 '구'로 발음하기도 하고 '귀'로 발음하기도 하였으나, 대부분의 경우 '구'로 발음하는 것으로 통일하였다. 다만, '귀글'과 '글귀'의 경우에는 '句'를 '귀'로 발음하는 것을 인정한다.

제3절 준말

제14항 준말이 널리 쓰이고 본말이 잘 쓰이지 않는 경우에는, 준말만을 표준어로 삼는다.(ㄱ을 표준어로 삼고, ㄴ을 버림.)

ㄱ	ㄴ	비 고
귀찮다	귀치 않다	
김	기음	~매다.
따리	또아리	
무	무우	~강즙, ~말랭이, ~생채, 가랑~, 갓~, 왜~, 총각~.
미다	무이다	1. 털이 빠져 살이 드러나다. 2. 찢어지다.
뱀	배암	
뱀-장어	배암-장어	
빔	비음	설~, 생일~.
샘	새암	~바르다, ~바리.
생-쥐	새앙-쥐	
솔개	소리개	
온-갖	온-가지	
장사-치	장사-아치	

'귀찮다'의 본말은 '귀하지 않다'이고 이를 조금 줄이면 '귀치 않다'이지만, 준말의 의미가 본말의 의미로부터 변했기 때문에 준말인 '귀찮다'만을 표준어로 인정한다.

나머지 예들은 대부분 본말의 형태가 고형에 더 가까운 예로서, 다양한 음의 변화를 통해 본말보다는 준말이 널리 쓰이게 된 경우이다. '김'은 '기슴 〉 기음 〉 김'의 과정을, '무'는 '무수 〉 무우 〉 무'의 과정을 거쳐서 준말이 널리 쓰이게 되었고, '장사치'는 '벼슬아치, 동냥아치'처럼 '장사'에 접미사 '-아치'가 결합한 말이지만, 모음 'ㅏ'가 중복되면서 발음이

'장사치'로 줄어들었다.

제15항 준말이 쓰이고 있더라도, 본말이 널리 쓰이고 있으면 본말을 표준어로 삼는다.(ㄱ을 표준어로 삼고, ㄴ을 버림.)

ㄱ	ㄴ	비 고
경황-없다	경-없다	
궁상-떨다	궁-떨다	
귀이-개	귀-개	
낌새	낌	
낙인-찍다	낙-하다/낙-치다	
내왕-꾼	냉-꾼	
돗-자리	돗	
뒤웅-박	뒝-박	
뒷물-대야	뒷-대야	
마구-잡이	막-잡이	
맵자-하다	맵자다	모양이 제격에 어울리다.
모이	모	
벽-돌	벽	
부스럼	부럼	정월 보름에 쓰는 '부럼'은 표준어임.
살얼음-판	살-판	
수두룩-하다	수둑-하다	
암-죽	암	
어음	엄	
일구다	일다	
죽-살이	죽-살	
퇴박-맞다	퇴-맞다	
한통-치다	통-치다	

[붙임] 다음과 같이 명사에 조사가 붙은 경우에도 이 원칙을 적용한다.(ㄱ을 표준어로 삼고, ㄴ을 버림.)

ㄱ	ㄴ	비 고
아래-로	알-로	

준말이 쓰이고 있다 하더라도 아직까지는 본말이 널리 쓰이고 있다면 본말을 표준어로 삼는다.

'귀이개'를 줄여 '귀개'라고도 하나, 이 단어는 명사 '귀'에 접미사 '-개'가 결합하여 만들어진 것이 아니므로 본말인 '귀이개'만을 표준어로 삼는다. '귀이개'가 귀지를 파내는 도구이기 때문인지 이를 '귀지개'라 하는 경우도 있는데, 명사 '귀지'에 접미사 '-개'가 결합하여 만들어진 것이 아니기 때문에 '귀지개' 역시 표준어로 인정하지 않는다.

[붙임] 명사에 조사가 붙은 경우에도 본말이 널리 쓰이는 경우에 본말을 표준어로 삼는다. '아래로'를 줄여 '알로'라고 하는 것은 표준어로 인정하지 않는다. 다만, '이리로, 그리로, 저리로'를 줄여 '일로, 글로, 절로'라고 하는 것은 일반화된 것으로 보아 표준어로 인정한다.

제16항 준말과 본말이 다 같이 널리 쓰이면서 준말의 효용이 뚜렷이 인정되는 것은, 두 가지를 다 표준어로 삼는다.(ㄱ은 본말이며, ㄴ은 준말임.)

ㄱ	ㄴ	비 고
거짓-부리	거짓-불	작은말은 '가짓부리, 가짓불'임.
노을	놀	저녁~.
막대기	막대	
망태기	망태	
머무르다	머물다	모음 어미가 연결될 때에는 준말의
서두르다	서둘다	활용형을 인정하지 않음.
서투르다	서툴다	
석새-삼베	석새-베	
시-누이	시-뉘/시-누	
오-누이	오-뉘/오-누	
외우다	외다	외우며, 외워 : 외며, 외어.
이기죽-거리다	이죽-거리다	
찌꺼기	찌끼	'찌꺽지'는 비표준어임.

항상 준말과 본말 중 하나만을 표준어로 인정하는 것은 아니다. 위의 예들과 같이 준말과 본말이 모두 널리 쓰이는 경우에는 준말과 본말을 모두 표준어로 인정한다.

'막대기'와 '망태기'는 엄밀히 말하면 '막대'와 '망태'에 '기'가 결합한 것이므로 '막대'와

'망태'를 준말로 보기 어려운 면이 있다. 이러한 관계를 가진 단어로 '보자'와 '보자기' 등이 더 있다.

'머무르다, 서두르다, 서투르다'의 준말인 '머물다, 서둘다, 서툴다'는 '머물어, 서둘어, 서툴어'와 같이 어간이 모음으로 시작하는 어미와 결합하지 못한다는 특징을 보인다. 어형은 다르지만 '가지다'와 '갖다'도 마찬가지 양상을 보인다. 본말인 '가지다'는 활용형에 특별한 제한이 없지만, 준말인 '갖다'는 어간이 모음으로 시작하는 어미와 결합하지 못한다.

'휘두르다, 짓무르다'를 '휘둘다, 짓물다'로 표현하는 경우도 있지만, 이 경우에는 '휘둘다, 짓물다'를 표준어로 인정하지 않는다. 이들은 '두르다'와 '무르다' 앞에 접두사 '휘-'와 '짓-'이 결합한 것으로서 '두르다'와 '무르다'의 준말로 '둘다'와 '물다'가 성립하지 않기 때문에 '휘둘다'와 '짓물다'를 표준어로 인정하기 어려운 면이 있다.

'외우다'와 '외다'는 본말과 준말의 관계로서 둘 다 표준어에 속한다. 따라서 '외워'와 '외어', '외웠다'와 '외었다' 모두 어법에 맞는 표현이다. '외우다, 외다'와는 달리 '피우다'와 '피다'는 본말과 준말의 관계로 보지 않는다. 흔히 '담배 피러 갔다'와 같이 '피우다' 대신에 '피다'를 쓰는 경우가 있는데, '피우다'는 타동사이고 '피다'는 자동사이므로 '피우다'를 '피다'로 바꿔 쓸 수 없다.

제4절 단수 표준어

제17항 비슷한 발음의 몇 형태가 쓰일 경우, 그 의미에 아무런 차이가 없고, 그중 하나가 더 널리 쓰이면, 그 한 형태만을 표준어로 삼는다.(ㄱ을 표준어로 삼고, ㄴ을 버림.)

ㄱ	ㄴ	비 고
거든-그리다	거둥-그리다	1. 거든하게 거두어 싸다.
		2. 작은말은 '가든-그리다'임.
		사람이 한 군데에서만 지내다.
구어-박다	구워-박다	
귀-고리	귀엣-고리	
귀-띔	귀-틤	
귀-지	귀에-지	
까딱-하면	까땍-하면	
꼭두-각시	꼭둑-각시	
내색	나색	감정이 나타나는 얼굴빛.

내숭-스럽다	내흉-스럽다	
냠냠-거리다	얌냠-거리다	냠냠-하다.
냠냠-이	얌냠-이	
너[四]	네	~ 돈, ~ 말, ~ 발, ~ 푼.
넉[四]	너/네	~ 냥, ~ 되, ~ 섬, ~ 자.
다다르다	다닫다	
댑-싸리	대-싸리	
더부룩-하다	더뿌룩-하다/듬뿌룩-하다	
-던	-든	선택, 무관의 뜻을 나타내는 어미는
-던가	-든가	'-든'임.
-던걸	-든걸	가-든(지) 말-든(지), 보-든(가)
-던고	-든고	말-든(가).
-던데	-든데	
-던지	-든지	
-(으)려고	-(으)ㄹ려고/-(으)ㄹ라고	
-(으)려야	-(으)ㄹ려야/-(으)ㄹ래야	
망가-뜨리다	망그-뜨리다	
멸치	며루치/메리치	
반빗-아치	반비-아치	'반빗' 노릇을 하는 사람.
		찬비(饌婢).
		'반비'는 밥 짓는 일을 맡은 계집종.
보습	보십/보섭	
본새	뽄새	
봉숭아	봉숭화	'봉선화'도 표준어임.
뺨-따귀	뺨-따귀/뺨-따구니	'뺨'의 비속어임.
뻐개다[斫]	뻐기다	두 조각으로 가르다.
뻐기다[誇]	뻐개다	뽐내다.
사자-탈	사지-탈	
상-판대기	쌍-판대기	
서[三]	세/석	~ 돈, ~ 말, ~ 발, ~ 푼.
석[三]	세	~ 냥, ~ 되, ~ 섬, ~ 자.
설령(設令)	서령	
-습니다	-읍니다	먹습니다, 갔습니다, 없습니다,
		있습니다, 좋습니다.
		모음 뒤에는 '-ㅂ니다'임.

시름-시름	시늠-시늠	
씀벅-씀벅	썸벅-썸벅	
아궁이	아궁지	
아내	안해	
어-중간	어지-중간	
오금-팽이	오금-탱이	
오래-오래	도래-도래	돼지 부르는 소리.
-올시다	-올습니다	
옹골-차다	공골-차다	
우두커니	우두머니	작은말은 '오도카니'임.
잠-투정	잠-투세/잠-주정	
재봉-틀	자봉-틀	발~, 손~.
짓-무르다	짓-물다	
짚-북데기	짚-북세기	'짚북더기'도 비표준어임.
쪽	짝	편(便). 이~, 그~, 저~.
		다만, '아무-짝'은 '짝'임.
천장(天障)	천정	'천정부지(天井不知)'는 '천정'임.
코-맹맹이	코-맹녕이	
흉-업다	흉-헙다	

비슷한 발음을 가진 형태들이 동일한 의미를 나타내면서 어느 한 형태가 널리 쓰이면 그 한 형태를 표준어로 인정한다.

'귀고리'는 표준어로 인정하지만, '귀엣고리'는 표준어로 인정하지 않는다. '귀엣고리'는 고어인 '귀옛골회'의 발음이 변한 것으로서 '귀고리'보다 정통성이 있지만, '귀고리'가 널리 쓰이고 있고 단어 분석도 '귀엣고리'보다 간단하고 명확하여 '귀고리'가 표준어가 되었다. '귀고리'와 함께 '귀걸이'도 표준어이다.

'내숭스럽다'의 '내숭'은 원래 한자어 '내흉(內凶)'에서 온 말이다. 남부 방언에서 '흉보다'를 '숭보다', '흉년'을 '숭년'이라 하듯이 ㅎ 구개음화 규칙이 적용되어 '내흉'이 '내숭'이 된 것인데, '내흉'보다 널리 쓰이다 보니 '내숭'이 표준어가 되었다. 반면 '숭보다'와 '숭년'은 상대적으로 쓰임이 활발하지 않아 표준어로 인정받지 못했다.

'냠냠거리다'는 음성상징어 '냠냠'에 '-거리다'가 결합한 말이다. '냠냠'을 '얌냠'으로 표현하기도 하지만, '냠냠'은 고유어이면서 또한 음성상징어이기 때문에 두음 법칙의 적용 대상이 되지 않는다.

'넷'을 나타내는 수 관형사로 '네, 너, 넉'이 있다. '너'는 '돈, 말, 발, 푼' 등의 단위와 함께 사용하고, '넉'은 '냥, 되, 섬, 자' 등의 단위와 함께 사용한다. 이 외의 경우에는 '네'를 사용한다. '셋'을 나타내는 수 관형사 '세, 서, 석'도 마찬가지이다.

어미 '-(으)려고, -(으)려야'를 '-(으)ㄹ려고/-(으)ㄹ라고, -(으)ㄹ려야/-(으)ㄹ래야'와 같은 형태로 표현하는 것은 표준어로 인정하지 않는다. 예를 들어 '가려고 한다'를 '갈려고 한다, 갈라고 한다' 등으로 표현하는 것은 어법에 맞지 않는다. '하려야 할 수 없다'를 '할려야 할 수 없다, 할래야 할 수 없다'로 표현하는 것 역시 표준어로 인정하지 않는다.

어미 '-습니다'를 과거에는 '-읍니다'로 표현하기도 했지만, '-습니다'가 널리 사용됨에 따라 '-습니다'만을 표준어로 인정한다. 어간 말의 종성이 다음 음절의 초성 자리로 연음된 발음을 종결 어미 '-습니다'의 형태와 혼동하여서 '있다'와 '없다'의 명사형을 '있슴, 없슴'으로 잘못 적는 경우가 있는데, 이는 어간 '있-'과 '없-' 뒤에 명사형 어미 '-음'이 결합한 것이므로 '있음, 없음'으로 적는 것이 옳다.

한국인은 '밥심'으로 살까,
'밥힘'으로 살까?

제5절 복수 표준어

제18항 다음 단어는 ㄱ을 원칙으로 하고, ㄴ도 허용한다.

ㄱ	ㄴ	비고
네	예	
쇠-	소-	-가죽, -고기, -기름, -머리, -뼈.
괴다	고이다	물이 ~, 밑을 ~.
꾀다	꼬이다	어린애를 ~, 벌레가 ~.
쐬다	쏘이다	바람을 ~.
죄다	조이다	나사를 ~.
쬐다	쪼이다	볕을 ~.

과거에는 발음이 비슷하더라도 원형에 가까운 형태만을 표준어로 인정하는 경우가 많았지만, 비슷한 발음을 가진 다른 형태가 대중적으로 널리 쓰이는 경우에는 이를 함께 표준어로 인정함으로써 결과적으로 두 형태를 모두 표준어로 인정하도록 한다.

　'소'와 관련된 합성어에 '쇠-'를 사용하는 것은 전통적인 조어 방식으로, 현대 국어에서 '쇠-'는 이미 접두사로 굳어져 있다. 반면 같은 구성에서 '소'를 사용하는 것은 현대적인 조어 방식으로, 표준어 규정이 제정되기 전에는 전자의 전통적인 방식만을 인정하였으나 지금은 두 가지 방식을 모두 표준어로 인정한다. 과거에 '쇠-'를 사용하던 표기의 예는 다음과 같다.

> 쇠젖[牛乳], 쇠똥[牛糞], 쇠뼈[牛骨], 쇠고기[牛肉], 쇠귀[牛耳], 쇠뿔[牛角], 쇠머리[牛頭], 쇠가족[牛皮]

　지금은 '쇠젖/소젖', '쇠똥/소똥', '쇠뼈/소뼈', '쇠고기/소고기', '쇠귀/소귀', '쇠뿔/소뿔', '쇠가죽/소가죽' 등을 모두 표준어로 인정한다. 곤충을 뜻하는 '쇠똥구리'와 '소똥구리' 역시 모두 표준어이다. 다만, 속담의 경우에는 '쇠귀에 경 읽기', '쇠뿔도 단김에 빼라'와 같이 새로운 어형보다는 과거의 어형을 사용하는 경향이 있다. 이는 속담이 예부터 전해 내려오는 역사적인 전통을 가지고 있기 때문이다.

제19항 어감의 차이를 나타내는 단어 또는 발음이 비슷한 단어들이 다 같이 널리 쓰이는 경우에는, 그 모두를 표준어로 삼는다.(ㄱ, ㄴ을 모두 표준어로 삼음.)

ㄱ	ㄴ	비 고
거슴츠레-하다	게슴츠레-하다	
고까	꼬까	~신, ~옷.
고린-내	코린-내	
교기(驕氣)	갸기	교만한 태도.
구린-내	쿠린-내	
꺼림-하다	께름-하다	
나부랭이	너부렁이	

　일부 자음이나 모음의 교체를 통해 어감의 차이를 나타내는 단어 또는 서로 발음이 비슷한 단어들이 모두 널리 쓰이는 경우에는 해당 단어들을 모두 표준어로 인정한다.

'고까'는 '고까옷, 고까신'과 같이 알록달록하게 곱게 만든 아이의 옷이나 신발 등을 표현할 때 사용하는 말이다. '꼬까'는 '고까'의 첫소리가 경음화한 것인데, 규범에서는 이러한 어두 경음화 현상을 잘 인정하지 않지만, '꼬까'를 포함하여 다음과 같이 어두 경음화 현상을 인정하는 예들도 있다.

가탈스럽다/까탈스럽다, 검둥이/껌둥이, 고부랑길/꼬부랑길, 구김살/꾸김살, 동그라미/똥그라미, 벋정다리/뻗정다리, 상놈/쌍놈, 속닥질/쏙닥질, 숙덕공론/쑥덕공론, 절둑발이/쩔뚝발이, 조금/쪼금/쪼끔

'코린내'는 '고린내'의 첫소리가 유기음으로 변한 것이다. 이러한 관계를 보이는 예로 '종종걸음/총총걸음, 더벅머리/터벅머리' 등을 더 들 수 있다.

'꺼림하다', '께름하다'와 함께 '꺼림직하다', '께름직하다'도 모두 표준어로 인정한다. 또한 '꺼림칙하다'와 '께름칙하다'도 표준어로 인정한다.

제3장 어휘 선택의 변화에 따른 표준어 규정

제1절 고어

> **제20항** 사어(死語)가 되어 쓰이지 않게 된 단어는 고어로 처리하고, 현재 널리 사용되는 단어를 표준어로 삼는다.(ㄱ을 표준어로 삼고, ㄴ을 버림.)

ㄱ	ㄴ	비 고
난봉	봉	
낭떠러지	낭	
설거지-하다	설겆다	
애달프다	애닯다	
오동-나무	머귀-나무	
자두	오얏	

옛 형태가 더 이상 쓰이지 않고 새로운 형태의 단어가 쓰일 경우 새로운 형태의 단어를 표준어로 삼는다.

'치우다, 설거지하다'라는 의미를 가진 단어가 옛 문헌에 '설엊다'로 표기되었고, 파생 명사는 19세기 말의 문헌에 '설거지'로 처음 나오지만, 지금은 '설엊다'나 '설겆다'라는 동사를 사용하지 않는다. 이에 따라 '설엊다'나 '설겆다'를 표준어로 인정하지 않고 대신 '설거지하다'를 표준어로 인정한다. '설겆다'를 표준어로 인정하지 않음에 따라 명사는 '설겆이'가 아닌 '설거지'로 적는다.

'애달프다'의 옛 문헌 표기는 '애듧다'로서 '애달프다'보다는 '애닯다'가 오히려 고형에 가깝다. 그러나 지금은 '애닯다'가 사어(死語)가 된 것으로 보아 '애달프다'를 표준어로 삼는다. 비슷한 의미로 사용하는 '애닯다' 역시 표준어로 인정하지 않는다. 다만 '마음이 쓰여 속이 달아오르는 듯하게 되다'라는 의미로는 '애달다'를 사용한다.

제2절 한자어

제21항 고유어 계열의 단어가 널리 쓰이고 그에 대응되는 한자어 계열의 단어가 용도를 잃게 된 것은, 고유어 계열의 단어만을 표준어로 삼는다.(ㄱ을 표준어로 삼고, ㄴ을 버림.)

ㄱ	ㄴ	비 고
가루-약	말-약	
구들-장	방-돌	
길품-삯	보행-삯	
까막-눈	맹-눈	
꼭지-미역	총각-미역	
나뭇-갓	시장-갓	
늙-다리	노-닥다리	
두껍-닫이	두껍-창	
떡-암죽	병-암죽	
마른-갈이	건-갈이	
마른-빨래	건-빨래	
메-찰떡	반-찰떡	
박달-나무	배달-나무	
밥-소라	식-소라	큰 놋그릇.
사래-논	사래-답	묘지기나 마름이 부쳐 먹는 땅.
사래-밭	사래-전	
삯-말	삯-마	
성냥	화-곽	
솟을-무늬	솟을-문(~紋)	
외-지다	벽-지다	
움-파	동-파	
잎-담배	잎-초	
잔-돈	잔-전	
조-당수	조-당죽	
죽데기	피-죽	'죽더기'도 비표준어임.
지겟-다리	목-발	지게 동발의 양쪽 다리.
짐-꾼	부지-군(負持-)	
푼-돈	분-전/푼-전	
흰-말	백-말/부루-말	'백마'는 표준어임.
흰-죽	백-죽	

고유어 계열의 단어와 한자어 계열의 단어가 의미 대응을 이루는 상황에서 한자어 계열의 단어가 쓰이지 않게 될 때는 고유어 계열의 단어를 표준어로 삼는다.

'성냥'은 어원적으로 한자어 '석유황(石硫黃)'에서 유래한 것으로 원래는 고유어가 아니지만 한자어라는 정보를 상실함으로써 고유어화한 것으로 간주한다.

제22항 고유어 계열의 단어가 생명력을 잃고 그에 대응되는 한자어 계열의 단어가 널리 쓰이면, 한자어 계열의 단어를 표준어로 삼는다.(ㄱ을 표준어로 삼고, ㄴ을 버림.)

ㄱ	ㄴ	비 고
개다리-소반	개다리-밥상	
겸-상	맞-상	
고봉-밥	높은-밥	
단-벌	홑-벌	
마방-집	마바리-집	馬房~.
민망-스럽다/면구-스럽다	민주-스럽다	
방-고래	구들-고래	
부항-단지	뜸-단지	
산-누에	멧-누에	
산-줄기	멧-줄기/멧-발	
수-삼	무-삼	
심-돋우개	불-돋우개	
양-파	둥근-파	
어질-병	어질-머리	
윤-달	군-달	
장력-세다	장성-세다	
제석	젯-돗	
총각-무	알-무/알타리-무	
칫-솔	잇-솔	
포수	총-댕이	

고유어 계열의 단어와 한자어 계열의 단어가 의미 대응을 이루는 상황에서 고유어 계열의 단어가 쓰이지 않고 한자어 계열의 단어가 널리 쓰이면, 한자어 계열의 단어를 표준어로 삼는다.

'부항(附缸)'은 '부항단지에 불을 넣어 공기를 희박하게 만든 다음 부스럼 자리에 붙여

부스럼의 고름이나 독혈을 빨아내는 일'을 말하며, '부항단지'는 '부항을 붙이는 데 쓰는 작은 단지'를 말한다. 그리고 이러한 행위를 하는 것을 '부항을 뜨다'라고 한다. 간혹 '부항'을 '부황'이라고 하는 경우가 있는데, 이는 잘못된 표현이다.

'총각무'를 '알타리무'라 하고 '총각김치'를 '알타리김치'라 하는 경우가 많은데, 이들은 표준어로 인정하지 않는다. 표준어는 '총각무'와 '총각김치'이다.

제3절 방언

제23항 방언이던 단어가 표준어보다 더 널리 쓰이게 된 것은, 그것을 표준어로 삼는다. 이 경우, 원래의 표준어는 그대로 표준어로 남겨 두는 것을 원칙으로 한다.(ㄱ을 표준어로 삼고, ㄴ도 표준어로 남겨 둠.)

ㄱ	ㄴ	비고
멍게	우렁쉥이	
물-방개	선두리	
애-순	어린-순	

방언의 단어가 널리 쓰이게 되면 표준어의 지위를 부여한다. 이때 원래의 표준어가 여전히 쓰이는 경우에는 방언이었던 단어와 원래의 표준어를 모두 표준어로 인정한다.

제24항 방언이던 단어가 널리 쓰이게 됨에 따라 표준어이던 단어가 안 쓰이게 된 것은, 방언이던 단어를 표준어로 삼는다.(ㄱ을 표준어로 삼고, ㄴ을 버림.)

ㄱ	ㄴ	비 고
귀밑-머리	귓-머리	
까-뭉개다	까-무느다	
막상	마기	
빈대-떡	빈자-떡	
생인-손	생안-손	준말은 '생-손'임.
역-겹다	역-스럽다	
코-주부	코-보	

특정 지역에서 사용하던 단어가 전국적으로 널리 쓰이고 표준어로 사용하던 단어가 쓰이지 않게 되면 방언이었던 단어만을 표준어로 삼는다.

'까무느다'는 표준어로 인정하지 않지만, '무느다'는 표준어로 인정한다. '무느다'는 '쌓여 있는 것을 흩어지게 하다'라는 의미를 가지고 있다. 일상생활에서 '무느다'를 잘 사용하지는 않지만, '무너지다(무느- + -어 # 지- + -다)'에서 '무느다'를 분석해 낼 수 있다.

제4절 단수 표준어

제25항 의미가 똑같은 형태가 몇 가지 있을 경우, 그중 어느 하나가 압도적으로 널리 쓰이면, 그 단어만을 표준어로 삼는다.(ㄱ을 표준어로 삼고, ㄴ을 버림.)

ㄱ	ㄴ	비 고
-게끔	-게시리	
겸사-겸사	겸지-겸지/겸두-겸두	
고구마	참-감자	
고치다	낫우다	병을 ~.
골목-쟁이	골목-자기	
광주리	광우리	
괴통	호구	자루를 박는 부분.
국-물	멀-국/말-국	
군-표	군용-어음	
길-잡이	길-앞잡이	'길라잡이'도 표준어임.
까치-발	까치-다리	선반 따위를 받치는 물건.
꼬창-모	말뚝-모	꼬챙이로 구멍을 뚫으면서 심는 모.
나룻-배	나루	'나루[津]'는 표준어임.
납-도리	민-도리	
농-지거리	기롱-지거리	다른 의미의 '기롱지거리'는 표준어임.
다사-스럽다	다사-하다	간섭을 잘하다.
다오	다구	이리 ~.
담배-꽁초	담배-꼬투리/담배-꽁치/담배-꽁추	
담배-설대	대-설대	

대장-일	성냥-일	
뒤져-내다	뒤어-내다	
뒤통수-치다	뒤꼭지-치다	
등-나무	등-칡	
등-때기	등-떠리	'등'의 낮은말.
등잔-걸이	등경-걸이	
떡-보	떡-충이	
똑딱-단추	딸꼭-단추	
매-만지다	우미다	
먼-발치	먼-발치기	
며느리-발톱	뒷-발톱	
명주-붙이	주-사니	
목-메다	목-맺히다	
밀짚-모자	보릿짚-모자	
바가지	열-바가지/열-박	
바람-꼭지	바람-고다리	튜브의 바람을 넣는 구멍에 붙은, 쇠로 만든 꼭지.
반-나절	나절-가웃	
반두	독대	그물의 한 가지.
버젓-이	뉘연-히	
본-받다	법-받다	
부각	다시마-자반	
부끄러워-하다	부끄리다	
부스러기	부스럭지	
부지깽이	부지팽이	
부항-단지	부항-항아리	부스럼에서 피고름을 빨아내기 위하여 부항을 붙이는 데 쓰는, 자그마한 단지.
붉으락-푸르락	푸르락-붉으락	
비켜-덩이	옆-사리미	김맬 때에 흙덩이를 옆으로 빼내는 일, 또는 그 흙덩이.
빙충-이	빙충-맞이	작은말은 '뱅충이'.
빠-뜨리다	빠-치다	'빠트리다'도 표준어임.
뻣뻣-하다	왜긋다	
뽐-내다	느물다	

사로-잠그다	사로-채우다	자물쇠나 빗장 따위를 반 정도만 걸어 놓다.
살-풀이	살-막이	
상투-쟁이	상투-꼬부랑이	상투 튼 이를 놀리는 말.
새앙-손이	생강-손이	
샛-별	새벽-별	
선-머슴	풋-머슴	
섭섭-하다	애운-하다	
속-말	속-소리	국악 용어 '속소리'는 표준어임.
손목-시계	팔목-시계/팔뚝-시계	
손-수레	손-구루마	'구루마'는 일본어임.
쇠-고랑	고랑-쇠	
수도-꼭지	수도-고동	
숙성-하다	숙-지다	
순대	골-집	
술-고래	술-꾸러기/술-부대/술-보/술-푸대	
식은-땀	찬-땀	
신기-롭다	신기-스럽다	'신기-하다'도 표준어임.
쌍동-밤	쪽-밤	
쏜살-같이	쏜살-로	
아주	영판	
안-걸이	안-낚시	씨름 용어.
안다미-씌우다	안다미-시키다	제가 담당할 책임을 남에게 넘기다.
안쓰럽다	안-슬프다	
안절부절-못하다	안절부절-하다	
앉은뱅이-저울	앉은-저울	
알-사탕	구슬-사탕	
암-내	곁땀-내	
앞-지르다	따라-먹다	
애-벌레	어린-벌레	
얕은-꾀	물탄-꾀	
언뜻	펀뜻	
언제나	노다지	
얼룩-말	워라-말	

열심-히	열심-으로	
입-담	말-담	
자배기	너벅지	
전봇-대	전선-대	
쥐락-펴락	펴락-쥐락	
-지만	-지만서도	←-지마는.
짓고-땡	지어-땡/짓고-땡이	
짧은-작	짜른-작	
찹-쌀	이-찹쌀	
청대-콩	푸른-콩	
칡-범	갈-범	

동일한 의미를 가진 형태들이 여럿 있을 때 이 중 어느 한 형태가 널리 쓰이면 그 형태만을 표준어로 삼는다.

어미 '-게'보다 좀 더 강조된 의미를 표현하기 위해 '-게끔'이나 '-게시리'를 사용하는 경우가 있는데, 이 중 '-게끔'은 표준어이지만 '-게시리'는 표준어가 아니다. '메아리'라는 동요의 가사 중에 '메아리가 살게시리 나무를 심자'라는 대목이 있는데, 이때의 '-게시리'는 표준어가 아니다.

'낫다'의 사동사로 '낫우다'를 사용하기도 하는데 이는 사동 접미사 '-우-'를 사용한 것이 지만, 일반적으로 '낫우다'보다는 '고치다'를 널리 사용하므로 '고치다'를 표준어로 삼는다.

'국물'을 '멀국, 말국'이라 하기도 하고 '목메다'를 '목맺히다, 목맥히다, 목마치다' 등으로 표현하기도 하는데, 이는 주로 충청·전라 지역에서 사용하는 방언으로서 표준어로 인정하지 않는다.

'빠뜨리다'와 '빠트리다'는 둘 다 표준어로 인정하지만(표준어 사정 원칙 제26항 참고), '빠치 다'는 표준어로 인정하지 않는다.

터뜨리다,　터트리다,　터치다
넘어뜨리다, 넘어트리다, 넘어치다
쓰러뜨리다, 쓰러트리다, 쓰러치다

위의 예에서도 '터뜨리다, 터트리다', '넘어뜨리다, 넘어트리다', '쓰러뜨리다, 쓰러트리다'

는 모두 표준어로 인정하지만, '터치다, 넘어치다, 쓰러치다'는 표준어로 인정하지 않는다.

'샛별'은 '금성'을 뜻한다. 새벽에 동쪽 하늘에서 밝게 빛난다 하여 '새벽별'이라고도 하나, '샛별'이 더 널리 쓰이므로 '샛별'을 표준어로 삼는다.

한 껍데기 속에 두 쪽이 들어 있는 밤을 '쌍동밤'이라고 한다. '쌍동밤'의 '쌍동(雙童)'과 '쌍둥이'의 '쌍둥'은 원래 같은 말에서 유래한 것으로 '쌍둥이'의 '쌍둥'은 '쌍동'의 발음이 변한 것이다. '쌍동밤'을 '쪽밤'이라고도 하나, '쪽밤'은 표준어로 인정하지 않는다.

'안절부절'은 부사로서 '마음이 초조하고 불안하여 어찌할 바를 모르는 모양'을 뜻한다. 동사로 표현할 때는 '안절부절'과 '못하다'를 결합하여 '안절부절못하다'라고 하며, '안절부절'에 '하다'를 결합한 '안절부절하다'는 표준어로 인정하지 않는다.

어미 '-지만' 대신에 '-지만서도'를 사용하는 경우가 있는데, '-지만서도'는 형태가 일반적이지 않다고 보아 표준어로 인정하지 않는다. '-지만서도'는 표준어가 아니지만 '-지마는'은 '-지만'과 함께 표준어로 인정한다.

나야 <u>상관없지마는</u> 너는 아무래도 신경이 쓰이겠다.
그 말을 듣고 나니 기분이 <u>좋지만은</u> 않다.

어미 '-지마는'은 어미 '-지'에 보조사가 결합한 '-지만은'과 표기를 구별해야 한다. 종속적 연결 어미로서 '-지만'과 교체 관계에 있는 '-지마는'은 하나의 어미로 보아 소리 나는 대로 적지만, 부정을 나타내는 보조적 연결 어미 '-지'에 보조사 '만'과 '은'이 연달아 결합한 경우에는 '-지만은'과 같이 형태를 밝혀 적는다.

제5절 복수 표준어

제26항 한 가지 의미를 나타내는 형태 몇 가지가 널리 쓰이며 표준어 규정에 맞으면, 그 모두를 표준어로 삼는다.

복수 표준어	비 고
가는-허리/잔-허리 가락-엿/가래-엿	

가뭄/가물	
가엾다/가엽다	가엾어/가여워, 가엾은/가여운.
감감-무소식/감감-소식	
개수-통/설거지-통	'설겆다'는 '설거지하다'로.
개숫-물/설거지-물	
갱-엿/검은-엿	
-거리다/-대다	가물-, 출렁-.
거위-배/횟-배	
것/해	내 ~, 네 ~, 뉘 ~.
게을러-빠지다/게을러-터지다	
고깃-간/푸줏-간	'고깃-관, 푸줏-관, 다림-방'은 비표준어임.
곰곰/곰곰-이	
관계-없다/상관-없다	
교정-보다/준-보다	
구들-재/구재	
귀퉁-머리/귀퉁-배기	'귀퉁이'의 비어임.
극성-떨다/극성-부리다	
기세-부리다/기세-피우다	
기승-떨다/기승-부리다	
깃-저고리/배내-옷/배냇-저고리	
꼬까/때때/고까	~신, ~옷.
꼬리-별/살-별	
꽃-도미/붉-돔	
나귀/당-나귀	
날-걸/세-뿔	윷판의 쨀밭 다음의 셋째 밭.
내리-글씨/세로-글씨	
넝쿨/덩굴	'덩쿨'은 비표준어임.
녘/쪽	동~, 서~.
눈-대중/눈-어림/눈-짐작	
느리-광이/느림-보/늘-보	
늦-모/마냥-모	← 만이앙-모.
다기-지다/다기-차다	
다달-이/매-달	
-다마다/-고말고	
다박-나룻/다박-수염	

닭의-장/닭-장	
댓-돌/툇-돌	
덧-창/겉-창	
독장-치다/독판-치다	
동자-기둥/쪼구미	
돼지-감자/뚱딴지	
되우/된통/되게	
두동-무니/두동-사니	윷놀이에서, 두 동이 한데 어울려 가는 말.
뒷-갈망/뒷-감당	
뒷-말/뒷-소리	
들락-거리다/들랑-거리다	
들락-날락/들랑-날랑	
딴-전/딴-청	
땅-콩/호-콩	
땔-감/땔-거리	
-뜨리다/-트리다	깨-, 떨어-, 쏟-.
뜬-것/뜬-귀신	
마룻-줄/용총-줄	돛대에 매어 놓은 줄. '이어줄'은 비표준어임.
마-파람/앞-바람	
만장-판/만장-중(滿場中)	
만큼/만치	
말-동무/말-벗	
매-갈이/매-조미	
매-통/목-매	
먹-새/먹음-새	'먹음-먹이'는 비표준어임.
멀찌감치/멀찌가니/멀찍-이	
멱-통/산-멱/산-멱통	
면-치레/외면-치레	
모-내다/모-심다	모-내기, 모-심기.
모쪼록/아무쪼록	
목판-되/모-되	
목화-씨/면화-씨	
무심-결/무심-중	
물-봉숭아/물-봉선화	
물-부리/빨-부리	

물-심부름/물-시중	
물추리-나무/물추리-막대	
물-타작/진-타작	
민둥-산/벌거숭이-산	
밑-층/아래-층	
바깥-벽/밭-벽	
바른/오른[右]	~손, ~쪽, ~편.
발-모가지/발-목쟁이	'발목'의 비속어임.
버들-강아지/버들-개지	
벌레/버러지	'벌거지, 벌러지'는 비표준어임.
변덕-스럽다/변덕-맞다	
보-조개/볼-우물	
보통-내기/여간-내기/예사-내기	'행-내기'는 비표준어임.
볼-따구니/볼-퉁이/볼-때기	'볼'의 비속어임.
부침개-질/부침-질/지짐-질	'부치개-질'은 비표준어임.
불똥-앉다/등화-지다/등화-앉다	
불-사르다/사르다	
비발/비용(費用)	
뾰두라지/뾰루지	
살-쾡이/삵	삵-피.
삽살-개/삽사리	
상두-꾼/상여-꾼	'상도-꾼, 향도-꾼'은 비표준어임.
상-씨름/소-걸이	
생/새앙/생강	
생-뿔/새앙-뿔/생강-뿔	'쇠뿔'의 형용.
생-철/양-철	1. '서양철'은 비표준어임.
	2. '生鐵'은 '무쇠'임.
서럽다/섧다	'설다'는 비표준어임.
서방-질/화냥-질	
성글다/성기다	
-(으)세요/-(으)셔요	
송이/송이-버섯	
수수-깡/수숫-대	
술-안주/안주	
-스레하다/-스름하다	거무-, 발그-.

시능-말/흉내-말

시새/세사(細沙)

신/신발

신주-보/독보(櫝褓)

심술-꾸러기/심술-쟁이

쓸쓰레-하다/쓸쓰름-하다

아귀-세다/아귀-차다

아래-위/위-아래

아무튼/어떻든/어쨌든/하여튼/여하튼

앉음-새/앉음-앉음

알은-척/알은-체

애-갈이/애벌-갈이

애꾸눈-이/외눈-박이   '외대-박이, 외눈-퉁이'는 비표준어임.

양념-감/양념-거리

어금버금-하다/어금지금-하다

어기여차/어여차

어림-잡다/어림-치다

어이-없다/어처구니-없다

어저께/어제

언덕-바지/언덕-배기

얼렁-뚱땅/엄벙-뗑

여왕-벌/장수-벌

여쭈다/여쭙다

여태/입때   '여직'은 비표준어임.

여태-껏/이제-껏/입때-껏   '여직-껏'은 비표준어임.

역성-들다/역성-하다   '편역-들다'는 비표준어임.

연-달다/잇-달다

엿-가락/엿-가래

엿-기름/엿-길금

엿-반대기/엿-자박

오사리-잡놈/오색-잡놈   '오합-잡놈'은 비표준어임.

옥수수/강냉이   ~떡, ~묵, ~밥, ~튀김.

왕골-기직/왕골-자리

외겹-실/외올-실/홑-실   '홑겹-실, 올-실'은 비표준어임.

외손-잡이/한손-잡이

욕심-꾸러기/욕심-쟁이	
우레/천둥	우렛-소리/천둥-소리.
우지/울-보	
으러-대다/으러-메다	
의심-스럽다/의심-쩍다	
-이에요/-이어요	
이틀-거리/당-고금	학질의 일종임.
일일-이/하나-하나	
일찌감치/일찌거니	
입찬-말/입찬-소리	
자리-옷/잠-옷	
자물-쇠/자물-통	
장가-가다/장가-들다	'서방-가다'는 비표준어임.
재롱-떨다/재롱-부리다	
제-가끔/제-각기	
좀-처럼/좀-체	'좀-체로, 좀-해선, 좀-해'는 비표준어임.
줄-꾼/줄-잡이	
중신/중매	
짚-단/짚-뭇	
쪽/편	오른~, 왼~.
차차/차츰	
책-씻이/책-거리	
척/체	모르는 ~, 잘난 ~ .
천연덕-스럽다/천연-스럽다	
철-따구니/철-딱서니/철-딱지	'철-때기'는 비표준어임.
추어-올리다/추어-주다	'추켜-올리다'는 비표준어임.
축-가다/축-나다	
침-놓다/침-주다	
통-꼭지/통-젖	통에 붙은 손잡이.
파자-쟁이/해자-쟁이	점치는 이.
편지-투/편지-틀	
한턱-내다/한턱-하다	
해웃-값/해웃-돈	'해우-차'는 비표준어임.
혼자-되다/홀로-되다	
흠-가다/흠-나다/흠-지다	

지금은 '가뭄'과 '가물' 중 '가뭄'을 많이 사용하지만, 전통적으로 '가물'을 주로 사용해 왔던 점을 반영하여 '가뭄'과 '가물'을 모두 표준어로 인정한다. '가물'은 '가물다'의 어간 '가물-'과 어원을 같이한다.

　　'가엾다'와 '가엽다'를 모두 표준어로 인정한 것은 활용형에서 '가엾은 아이'와 '가여운 아이', '가엾어라'와 '가여워라'가 모두 가능한 점을 고려한 것이다. '가엾다'는 '끝이 없다'라는 의미의 'ㄱ이없다'에서 유래한 말로, 원형에 대한 인식이 약해지면서 '가엾다'와 '가엽다'가 통용될 수 있었던 것으로 보인다.

　　'넝쿨'과 '덩굴'은 모두 표준어로 인정하지만, '덩굴'의 첫음절 '덩'과 '넝쿨'의 끝음절 '쿨'이 뒤섞인 '덩쿨'은 표준어로 인정하지 않는다.

　　'되우, 된통, 되게' 중 지금은 '되게'를 주로 사용하지만, 전통적인 형태는 '되우'라고 할 수 있다. '되우'는 옛 문헌에 '되오'로 표기되었는데, 이는 어간 '되-'에 부사 파생 접미사 '-오'가 결합한 것이다. 현대에 와서 어미 '-게'의 쓰임이 활발해지면서 '되우'는 거의 쓰이지 않게 되었지만, 아직 사어(死語)가 된 것으로 보기는 어려워 '되우'도 표준어로 인정한다. 부사 '되게'의 어형을 '대개' 또는 '대게'로 알고 있는 경우가 있는데, 이들은 '되게'와 발음과 의미가 다르므로 구별해서 써야 한다.

　　'-뜨리다'와 '-트리다'는 된소리와 거센소리의 차이를 보이는데, 음성상징어가 아닌 경우에는 일반적으로 된소리와 거센소리의 교체를 인정하지 않지만, 이 경우에는 예외적으로 된소리로 발음되는 형태와 거센소리로 발음되는 형태를 모두 표준어로 인정한다.

　　관형사 '바른'과 '오른' 모두 표준어로 인정한다. 관형사 '오른'은 '옳다'의 관형사형인 '옳은'에서 /ㅎ/가 탈락하여 만들어진 말이다. 따라서 '바른'과 '오른'은 어원적으로 같은 의미를 갖는다고 할 수 있다. 반의어인 '왼'은 '외다'의 관형사형이 굳어진 것으로, '외다'는 과거에 '그르다'의 의미로 사용되던 말이다.

　　'벌레'는 표준어이고 '버러지'는 표준어가 아닌 것으로 생각하기 쉽지만, '버러지'도 표준어로 인정한다. 다만, '벌거지, 벌러지' 등은 표준어로 인정하지 않는다.

　　'생, 새앙, 생강' 모두 표준어로 인정한다. 고형에 속하는 '생강(싱강)'으로부터 '새앙'이 나오고 '새앙'이 다시 '생'으로 축약되는 방향으로 변화가 일어났다. 유사한 예로 '새앙쥐'와 '생쥐'가 있는데, '생쥐'는 표준어로 인정하지만, '새앙쥐'는 표준어로 인정하지 않는다. 표준어로 인정하는 '새앙쥐'가 따로 있기는 하나, 이는 일반적으로 말하는 '생쥐'와는 다른 '사향뒤쥐'를 말한다.

　　일반적으로 '섧다'보다 '서럽다'를 주로 사용하지만, '섧다'도 표준어로 인정한다. '설운

소리'의 '설운'이 '섧다'의 관형사형에 해당한다. '서럽다'와 '섧다'가 모두 표준어에 속하므로 이 두 형용사에서 파생된 '서러움'과 '설움' 역시 모두 표준어에 속한다.

'-(으)세요'와 '-(으)셔요' 모두 표준어로 인정한다. '-(으)시어요'의 형태가 줄면 '-(으)셔요'가 되는 것이 원칙이지만, 모음 'ㅕ'가 'ㅔ'로 발음되는 현상을 일부 인정하여 '-(으)세요'도 표준어로 삼는다.

'술안주'는 '겹말'에 속하다. 겹말을 동의반복어라고도 하는데, 이는 같은 뜻의 말이 겹쳐서 된 말을 의미한다. 흔히 국어 순화 차원에서 겹말을 잘못된 말로 규정하고 사용해서는 안 된다고 지적하곤 한다. 그러나 표준어 규정에서는 겹말을 사용해서는 안 된다고 명시적으로 말하지 않는다. 오히려 '술'과 '안주(按酒)'의 酒가 중복됨에도 불구하고 '술안주'를 표준어로 삼음으로써 겹말을 허용하는 듯한 모습을 보인다.

우리가 쓰는 말 중에는 '처갓집, 해변가(海邊-), 남은 여생(餘生), 넓은 광야(廣野), 박수(拍手)를 치다, 낙엽(落葉)이 지다'와 같이 무수히 많은 겹말이 있다. 이 중에는 '손수건(-手巾), 야구공(野球-), 친(親)한 친구(親舊), 소문(所聞)을 듣다'와 같이 다른 말로 바꾸어 쓸 수 없는 말들도 많다. 따라서 겹말을 잘못된 말로 규정하고 사용해서는 안 된다고 주장하는 것은 오히려 원활한 의사소통을 방해하는 결과를 초래한다.

'알은척'과 '알은체'는 어떤 일에 관심을 가지는 듯한 태도를 보이거나 사람을 보고 인사하는 표정을 지을 때 사용하는 말이다. '알다'의 관형사형은 '알은'이 아니라 '안'이므로 '안척', '안체'라고 하는 것이 원칙에 맞지만, 관습적인 형태를 존중하여 '알은척'과 '알은체'를 표준어로 삼았다.

'알은척'과 '알은체' 뒤에 접미사 '-하다'를 붙이면 '알은척하다, 알은체하다'라는 동사가 된다. '알다'의 관형사형을 현재 시제로 표현하여 '아는 척하다, 아는 체하다'와 같이 표현하기도 하는데, 이러한 관형 구성도 사용 가능한 표현이다.

'알은척하다, 알은체하다'와 '아는 척하다, 아는 체하다'의 구체적인 의미가 다르다는 논의도 있지만, 이에 대해서는 규범 차원에서 구체적으로 다룬 바가 없어 아직까지는 정확하게 판단하기가 어렵다.

'여쭈다'와 '여쭙다'는 모두 표준어로 인정한다. '여쭈다'는 '여쭈고, 여쭈어, 여쭤'와 같이 활용하고 '여쭙다'는 '여쭙고, 여쭈워'와 같이 활용하는데, 모두 사용 가능한 활용형들이다.

'옥수수'는 표준어이고 '강냉이'는 비표준어로 생각하기 쉽지만 둘 다 표준어이다. 엄밀히 말하자면 '옥수수'와 '강냉이'의 의미가 완전히 동일하지는 않다. '옥수수'는 식물을 뜻하면서 한편으로 그 식물의 열매를 뜻하기도 한다. 반면 '강냉이'는 식물을 뜻하지는 못하고 식물의 열매를 뜻하며 아울러 그 열매를 튀긴 것을 의미하기도 한다.

'우레'는 고유어이고 '천둥'은 한자어 '天動'에서 유래한 말로 둘 다 표준어이다. '우레'는 어간 '우르-'에 접미사 '-에'가 결합한 것으로, '우르다'는 지금은 사어가 됐지만, 과거에 '큰 소리를 내다'라는 의미를 가지고 있었다.

고유어 '우레'를 한때 한자어 '우뢰(雨雷)'로 착각하여 '우뢰'를 표준어로 삼은 적도 있으나, '우레'가 고유어임을 인식하면서 '우뢰'를 '우레'로 바로잡게 되었다.

'-이에요'와 '-이어요'는 모두 표준어로 인정한다. 서술격 조사 '이-'와 어미 '-어요'가 결합하면 '이어요'가 되는 것이 원칙이지만, 첫음절의 모음 'ㅣ'의 영향으로 '이어요'가 '이여요'로 발음된 후 다시 'ㅕ'가 'ㅔ'로 바뀌면 결과적으로 '이어요'가 '이에요'로 발음된다. 이러한 현실 발음을 인정하여 '이에요'를 표준어로 인정하게 되었다.

한편 '이에요'가 줄어들면 '예요'가 된다. '저이에요'가 줄면 '저예요'가 되고, '바다이에요'가 줄면 '바다예요'가 된다. 이처럼 모음으로 끝나는 말 뒤에서는 '이에요'의 준말을 '예요'로 적는다. 반면 '사람이에요, 학생이에요'는 '사람이예요, 학생이예요'로 발음되더라도 원래의 형태를 밝혀 '사람이에요, 학생이에요'로 적는다.

모음으로 끝나는 말이더라도 어간 '아니-' 뒤에 '-에요'가 결합할 때는 '아니예요'가 아닌 '아니에요'로 적는다. 일반적으로 용언 어간 뒤에는 서술격 조사가 결합할 수 없기 때문에 '아니-' 뒤에는 '이에요'가 올 수 없고 따라서 '아니-' 뒤에 '이에요'의 준말인 '예요'도 올 수 없다. 다만 '아니에요'를 줄여서 '아녜요'로 적는 것은 가능하다.

'추어올리다'와 '추어주다'는 '실제보다 과장되게 칭찬하다'라는 의미를 나타낸다. 표준어 규정을 제정할 당시에는 이러한 의미로 쓰이는 '추켜올리다'를 표준어로 인정하지 않았으나, 2018년 말에 『표준국어대사전』의 웹사전을 통해 '추켜올리다'를 이러한 의미를 가진 단어로 인정하면서 '추켜올리다'도 표준어로 인정받게 되었다. 같은 시기에 동일한 방법으로 '치켜올리다'도 표준어의 지위를 얻게 되었다. 결론적으로 지금은 '추어올리다, 추어주다, 추켜올리다, 치켜올리다'가 모두 표준어이다. 그러나 2018년 이후에 표준어 규정이 수정되지 않았기 때문에 위의 표에서는 여전히 '추켜올리다'를 비표준어로 처리하고 있다.

추가된 표준어

2011년 8월 31일에 추가된 표준어

ㅇ 현재 표준어와 같은 뜻으로 추가로 표준어로 인정한 것(11개)

추가된 표준어	현재 표준어
간지럽히다	간질이다
남사스럽다	남우세스럽다
등물	목물
맨날	만날
묫자리	묏자리
복숭아뼈	복사뼈
세간살이	세간
쌉싸름하다	쌉싸래하다
토란대	고운대
허접쓰레기	허섭스레기
흙담	토담

'남우세스럽다'를 줄여 '남세스럽다'라고도 하는데, 이 '남세스럽다'의 발음이 변하여 '남사스럽다, 남살스럽다' 등이 된 것으로 보인다. 이 중 '남우세스럽다, 남세스럽다, 남사스럽다'는 표준어이지만, '남살스럽다'는 아직 표준어가 아니다.

'상체를 굽혀 엎드린 채로 다른 사람의 도움을 받아 허리에서부터 목까지 물로 씻는 일'을 '목물'이라고도 하고 '등물'이라고도 한다. '등물'을 표준어로 인정하면서 '목물'과 '등물' 모두 표준어가 되었으며, 이를 '등목'이라고도 하는데, '등목'도 표준어이다.

'만날'을 '맨날'이라고 하는 경우가 많은데, 원래는 '만날'만 표준어였으나 '맨날'도 표준어로 인정하면서 '만날'과 '맨날' 모두 표준어가 되었다. 같은 의미를 가진 한자어로는 '매일(每日)'이 있다.

○ 현재 표준어와 별도의 표준어로 추가로 인정한 것(25개)

추가된 표준어	현재 표준어	뜻 차이
~길래	~기에	**~길래**: '~기에'의 구어적 표현.
개발새발	괴발개발	**'괴발개발'**은 '고양이의 발과 개의 발'이라는 뜻이고, **'개발새발'**은 '개의 발과 새의 발'이라는 뜻임.
나래	날개	**'나래'**는 '날개'의 문학적 표현.
내음	냄새	**'내음'**은 향기롭거나 나쁘지 않은 냄새로 제한됨.
눈꼬리	눈초리	·**눈초리**: 어떤 대상을 바라볼 때 눈에 나타나는 표정. 예) '매서운 눈초리' ·**눈꼬리**: 눈의 귀 쪽으로 째진 부분.
떨구다	떨어뜨리다	**'떨구다'**에 '시선을 아래로 향하다'라는 뜻 있음.
뜨락	뜰	**'뜨락'**에는 추상적 공간을 비유하는 뜻이 있음.
먹거리	먹을거리	**먹거리**: 사람이 살아가기 위하여 먹는 음식을 통틀어 이름.
메꾸다	메우다	**'메꾸다'**에 '무료한 시간을 적당히 또는 그럭저럭 흘러가게 하다.'라는 뜻이 있음
손주	손자(孫子)	·**손자**: 아들의 아들. 또는 딸의 아들. ·**손주**: 손자와 손녀를 아울러 이르는 말.
어리숙하다	어수룩하다	**'어수룩하다'**는 '순박함/순진함'의 뜻이 강한 반면에, **'어리숙하다'**는 '어리석음'의 뜻이 강함.
연신	연방	'연신'이 반복성을 강조한다면, '연방'은 연속성을 강조.
횡하니	횡허케	**횡허케**: '횡하니'의 예스러운 표현.
걸리적거리다	거치적거리다	자음 또는 모음의 차이로 인한 어감 및 뜻 차이 존재
끄적거리다	끼적거리다	〃
두리뭉실하다	두루뭉술하다	〃
맨숭맨숭/맹숭맹숭	맨송맨송	〃
바둥바둥	바동바동	〃
새초롬하다	새치름하다	〃
아웅다웅	아웅다웅	〃
야멸차다	야멸치다	〃
오손도손	오순도순	〃
찌뿌둥하다	찌뿌듯하다	〃
추근거리다	치근거리다	〃

'괴발개발'에서 '괴'는 과거에 '고양이'를 뜻하던 말이었다. 따라서 '괴발개발'은 '고양이의 발과 개의 발'이라는 뜻을 갖는다. 그러나 지금은 '괴'라는 단어를 잘 쓰지 않다 보니 이에 대한 인식이 약해지면서 이를 발음이 비슷한 '개'로 발음하게 되었다. '괴발'이 '개발'이 되자 뒤에 있는 '개발'이 '새발'로 바뀌면서 결과적으로 '괴발개발'이 '개발새발'로 바뀌게

되었으며, 이러한 표현이 널리 쓰임에 따라 새롭게 표준어로 인정하게 되었다.

의존 명사 '거리'는 용언 뒤에 올 때 어간과 바로 결합하지 못하고 '일할 거리, 공부할 거리'나 '볼거리, 읽을거리'와 같이 관형사형의 수식을 받는 것이 일반적이다. 따라서 '먹다'와 '거리'가 결합할 때도 '먹거리'가 아니라 '먹을거리'라고 하는 것이 자연스럽다. 그런데 한자어 '양식(糧食)'이나 '식량(食糧)'을 대체할 순우리말을 찾는 과정에서 '먹거리'라는 단어가 새롭게 등장하게 되었다. 이 '먹거리'는 우리말의 조어법에 맞지 않는다는 비판을 받아 왔으나, 사용 빈도가 점차 높아지면서 표준어로 인정받게 되었다.

ㅇ 두 가지 표기를 모두 표준어로 인정한 것(3개)

추가된 표준어	현재 표준어
택견	태껸
품새	품세
짜장면	자장면

'짜장면'은 파열음 표기에는 된소리를 쓰지 않는 것을 원칙으로 한다는 외래어 표기법 제1장 제4항에 따라 '자장면'이 옳다고 판단해 왔다. 그러나 'ㅉ'은 파열음 표기도 아닌 데다가 '짬뽕'과의 형평성 문제도 있어 이에 대한 국민적인 저항이 대단했다. 이에 뒤늦게 '자장면'과 함께 '짜장면'을 표준어로 인정하게 되었다.

'품세'와 함께 '품새'를 표준어로 인정한 것은 'ㅔ'와 'ㅐ'의 발음을 구별하지 못하는 언어 현실을 반영한 것이다.

2014년 12월 15일에 추가된 표준어

ㅇ 현재 표준어와 같은 뜻을 가진 표준어로 인정한 것(5개)

추가된 표준어	현재 표준어
구안와사	구안괘사
굽신*	굽실
눈두덩이	눈두덩
삐지다	삐치다
초장초	작장초

* '굽신'이 표준어로 인정됨에 따라, '굽신거리다, 굽신대다, 굽신하다, 굽신굽신, 굽신굽신하다' 등도 표준어로 함께 인정됨.

　구안와사(口眼喎斜)는 얼굴 신경이 마비되어 입과 눈이 한쪽으로 틀어지는 병을 말한다. '喎'의 한자음이 '괘'와 '와'로 복수인 탓에 병명도 '구안괘사'와 '구안와사'로 나뉘게 되었다. 예전에는 '구안괘사'만 인정을 했지만 지금은 '구안괘사'와 '구안와사'를 모두 표준어로 인정한다.

○ 현재 표준어와 뜻이나 어감이 차이가 나는 별도의 표준어로 인정한 것(8개)

추가 표준어	현재 표준어	뜻 차이
개기다	개개다	개기다: (속되게) 명령이나 지시를 따르지 않고 버티거나 반항하다. (※개개다: 성가시게 달라붙어 손해를 끼치다.)
꼬시다	꾀다	꼬시다: '꾀다'를 속되게 이르는 말. (※꾀다: 그럴듯한 말이나 행동으로 남을 속이거나 부추겨서 자기 생각대로 끌다.)
놀잇감	장난감	놀잇감: 놀이 또는 아동 교육 현장 따위에서 활용되는 물건이나 재료. (※장난감: 아이들이 가지고 노는 여러 가지 물건.)
딴지	딴죽	딴지: (주로 '걸다, 놓다'와 함께 쓰여) 일이 순순히 진행되지 못하도록 훼방을 놓거나 어기대는 것. (※딴죽: 이미 동의하거나 약속한 일에 대하여 딴전을 부림을 비유적으로 이르는 말.)
사그라들다	사그라지다	사그라들다: 삭아서 없어져 가다. (※사그라지다: 삭아서 없어지다.)
섬찟*	섬뜩	섬찟: 갑자기 소름이 끼치도록 무시무시하고 끔찍한 느낌이 드는 모양. (※섬뜩: 갑자가 소름이 끼치도록 무섭고 끔찍한 느낌이 드는 모양.)
속앓이	속병	속앓이: 「1」 속이 아픈 병. 또는 속에 병이 생겨 아파하는 일. 「2」 겉으로 드러내지 못하고 속으로 걱정하거나 괴로워하는 일. (※속병: 「1」 몸속의 병을 통틀어 이르는 말. 「2」 '위장병01'을 일상적으로 이르는 말. 「3」 화가 나거나 속이 상하여 생긴 마음의 심한 아픔.)
허접하다	허접스럽다	허접하다: 허름하고 잡스럽다. (※허접스럽다: 허름하고 잡스러운 느낌이 있다.)

* '섬찟'이 표준어로 인정됨에 따라, '섬찟하다, 섬찟섬찟, 섬찟섬찟하다' 등도 표준어로 함께 인정됨.

'딴죽'은 원래 씨름이나 택견에서 발로 상대편의 다리를 옆으로 치거나 끌어당겨 넘어뜨리는 기술을 말한다. '딴죽 치다, 딴죽 걸다' 등이 비유적으로 쓰이면서 이미 동의하거나 약속한 일에 대하여 딴전을 부린다는 의미를 갖게 되었다.

'딴지'도 '딴죽'과 유사하게 '걸다, 놓다' 등과 어울리어 일이 순순히 진행되지 못하도록 훼방을 놓는다는 의미를 나타낸다.

2015년 12월 14일에 추가된 표준어

ㅇ 복수 표준어: 현재 표준어와 같은 뜻을 가진 표준어로 인정한 것(4개)

추가 표준어	현재 표준어	비고
마실	마을	ㅇ '이웃에 놀러 다니는 일'의 의미에 한하여 표준어로 인정함. '여러 집이 모여 사는 곳'의 의미로 쓰인 '마실'은 비표준어임. ㅇ '마실꾼, 마실방, 마실돌이, 밤마실'도 표준어로 인정함. (예문) 나는 아들의 방문을 열고 이모네 마실 갔다 오마고 말했다.
이쁘다	예쁘다	ㅇ '이쁘장스럽다, 이쁘장스레, 이쁘장하다, 이쁘디이쁘다'도 표준어로 인정함. (예문) 어이구, 내 새끼 이쁘기도 하지.
찰지다	차지다	ㅇ 사전에서 〈'차지다'의 원말〉로 풀이함. (예문) 화단의 찰진 흙에 하얀 꽃잎이 화사하게 떨어져 날리곤 했다.
-고프다	-고 싶다	ㅇ 사전에서 〈'-고 싶다'가 줄어든 말〉로 풀이함. (예문) 그 아이는 엄마가 보고파 앙앙 울었다.

'마실'은 주로 '가다'와 어울려 '마실 가다'와 같이 표현하는 것이 일반적이다. 반면에 '마을'은 '마실'처럼 사용 맥락이 한정적이지 않다. 『표준국어대사전』에서는 '마을'의 의미를 두 가지로 기술하고 있는데, 첫째는 '주로 시골에서 여러 집이 모여 사는 곳'이고, 둘째는 '이웃에 놀러 다니는 일'이다.

'마실'을 표준어로 인정한 것은 '마을'의 두 번째 의미와 관련이 있다. '마실'과 '마을'은 모두 중세 국어의 'ᄆᆞᅀᆞᆯㅎ'에서 유래했지만, 각기 다른 음운 변화를 겪으면서 서로 다른 단어로 분화되었다. 그동안 '마을'만을 표준어로 인정하였는데, '마실'이 추가로 표준어가 되면서 'ᄆᆞᅀᆞᆯㅎ'에서 유래한 두 단어가 모두 표준어가 되었다.

'차지다'는 '찰지다'에서 /ㄹ/가 탈락한 어형이다. '찰밥, 찰흙, 찰옥수수' 등에서 분석되는 접두사 '찰-'이 '찰지다'의 '찰'과 같은 어원을 갖는다. '찰지다'에서 /ㄹ/가 탈락하여 '차지다'가 되는 현상은 '이부자리(이불 + 자리), 마지기(말 + 지기), 싸전(쌀 + 전)' 등에서도 관찰된다.

○ 별도 표준어: 현재 표준어와 뜻이 다른 표준어로 인정한 것(5개)

추가 표준어	현재 표준어	뜻 차이
꼬리연	가오리연	○ 꼬리연: 긴 꼬리를 단 연. ※ 가오리연: 가오리 모양으로 만들어 꼬리를 길게 단 연. 띄우면 오르면서 머리가 아래위로 흔들린다. (예문) 행사가 끝날 때까지 하늘을 수놓았던 대형 꼬리연도 비상을 꿈꾸듯 끊임없이 창공을 향해 날아올랐다.
의론	의논	○ 의론(議論): 어떤 사안에 대하여 각자의 의견을 제기함. 또는 그런 의견. ※ 의논(議論): 어떤 일에 대하여 서로 의견을 주고 받음. ○ '의론되다, 의론하다'도 표준어로 인정함. (예문) 이러니저러니 의론이 분분하다.
이크	이키	○ 이크: 당황하거나 놀랐을 때 내는 소리. '이키'보다 큰 느낌을 준다. ※ 이키: 당황하거나 놀랐을 때 내는 소리. '이끼'보다 거센 느낌을 준다. (예문) 이크, 이거 큰일 났구나 싶어 허겁지겁 뛰어갔다.
잎새	잎사귀	○ 잎새: 나무의 잎사귀. 주로 문학적 표현에 쓰인다. ※ 잎사귀: 낱낱의 잎. 주로 넓적한 잎을 이른다. (예문) 잎새가 몇 개 남지 않은 나무들이 창문 위로 뻗어올라 있었다.
푸르르다	푸르다	○ 푸르르다: '푸르다'를 강조할 때 이르는 말. ※ 푸르다: 맑은 가을 하늘이나 깊은 바다, 풀의 빛깔과 같이 밝고 선명하다. ○ '푸르르다'는 '으불규칙용언'으로 분류함. (예문) 겨우내 찌푸리고 있던 잿빛 하늘이 푸르르게 맑아 오고 어디선지도 모르게 흙냄새가 뭉클하니 풍겨 오는 듯한 순간 벌써 봄이 온 것을 느낀다.

'의론(議論)'과 '의논(議論)'은 한자가 같음에도 불구하고 의미에 따라 발음과 표기가 달라진다. 이와 비슷한 예로 '피란'과 '피난'이 있지만, 이들은 한자가 각각 '避亂'과 '避難'으로 서로 다르다는 점에서 완전히 동일한 예는 아니다.

'피란'과 '피난'은 오히려 한자가 다름에도 불구하고 의미가 잘 구별되지 않는다. '피란'과 '피난'의 의미는 각각 '난리를 피하여 옮겨 감', '재난을 피하여 멀리 옮겨 감'으로서 두 단어의 의미가 크게 다르지 않다.

○ 복수 표준형: 현재 표준적인 활용형과 용법이 같은 활용형으로 인정한 것(2개)

추가 표준형	현재 표준형	비고
말아 말아라	마 마라	○ '말다'에 명령형어미 '-아', '-아라', '-아요' 등이 결합할 때는 어간 끝의 'ㄹ'이 탈락하기도 하고 탈락하지 않기도 함.

말아요	마요	(예문) 내가 하는 말 농담으로 듣지 **마/말아**. 애야, 아무리 바빠도 제사는 잊지 **마라/말아라**. 아유, 말도 **마요/말아요**.
노랗네 동그랗네 조그맣네 …	노라네 동그라네 조그마네 …	○ ㅎ불규칙용언이 어미 '-네'와 결합할 때는 어간 끝의 'ㅎ'이 탈락하기도 하고 탈락하지 않기도 함. ○ '그렇다, 노랗다, 동그랗다, 뿌옇다, 어떻다, 조그맣다, 커다랗다' 등등 모든 ㅎ불규칙용언의 활용형에 적용됨. (예문) 생각보다 훨씬 **노랗네/노라네**. 이 빵은 **동그랗네/동그라네**. 건물이 아주 **조그맣네/조그마네**.

'말아'와 '마'는 본말과 준말의 관계에 있다. '말아라'와 '마라', '말아요'와 '마요'의 관계도 마찬가지이다. '뒤로 돌아', '재미있게 놀아'에서 '돌아'와 '놀아'가 줄어들지 않는 것을 보면, '말아'가 '마'로 줄어드는 것은 일반적인 현상이 아니다. 예전에는 본말인 '말아, 말아라, 말아요'를 인정하지 않고 준말인 '마, 마라, 마요'만을 인정했지만, 지금은 본말과 준말을 모두 인정한다.

'노랗네'와 '노라네'도 일종의 본말과 준말 관계를 형성한다. '노랗네'에서 어간 끝의 /ㅎ/가 탈락하면 '노라네'가 된다. 이 경우에도 예전에는 /ㅎ/가 탈락한 형태만을 인정했으나, 지금은 '노랗네'와 '노라네'를 모두 올바른 활용형으로 인정한다.

2016년 12월 17일에 추가된 표준어

○ 추가 표준어(4항목)

추가 표준어	현재 표준어	뜻 차이
걸판지다	거방지다	**걸판지다** [형용사] ① 매우 푸지다. ¶ 술상이 **걸판지다** / 마침 눈먼 돈이 생긴 것도 있으니 오늘 저녁은 내가 **걸판지게** 사지. ② 동작이나 모양이 크고 어수선하다. ¶ 싸움판은 자못 **걸판져서** 구경거리였다. / 소리판은 옛날이 **걸판지고** 소리할 맛이 났었지. **거방지다** [형용사] ① 몸집이 크다. ② 하는 짓이 점잖고 무게가 있다. ③ =걸판지다①.
겉울음	건울음	**겉울음** [명사] ① 드러내 놓고 우는 울음. ¶ 꼭꼭 참고만 있다 보면 간혹 속울음이 **겉울음으로** 터질 때가 있다. ② 마음에도 없이 겉으로만 우는 울음. ¶ 눈물도 안 나면서 슬픈 척 **겉울음** 울지 마. **건울음** [명사] =강울음. **강울음** [명사] 눈물 없이 우는 울음, 또는 억지로 우는 울음.

까탈스럽다	까다롭다	**까탈스럽다** [형용사] ① 조건, 규정 따위가 복잡하고 엄격하여 적용하거나 적용하기에 어려운 데가 있다. '가탈스럽다 ①'보다 센 느낌을 준다. ¶ **까탈스러운** 공성을 거치다 / 규정을 **까탈스럽게** 정하다 / 가스레인지에 길들여진 현대인들에게 지루하고 **까탈스러운** 숯 굽기 작업은 쓸데없는 시간 낭비로 비칠 수도 있겠다. ② 성미나 취향 따위가 원만하지 않고 별스러워 맞춰 주기에 어려운 데가 있다. '가탈스럽다②'보다 센 느낌을 준다. ¶ **까탈스러운** 입맛 / 성격이 **까탈스럽다** / 딸아이는 사 준 옷이 맘에 안 든다고 **까탈스럽게** 굴었다. ※ 같은 계열의 '가탈스럽다'도 표준어로 인정함. **까다롭다** [형용사] ① 조건 따위가 복잡하거나 엄격하여 다루기에 순탄하지 않다. ② 성미나 취향 따위가 원만하지 않고 별스럽게 까탈이 많다.
실뭉치	실몽당이	**실뭉치** [명사] 실을 한데 뭉치거나 감은 덩이. ¶ 뒤엉킨 **실뭉치** / **실뭉치를** 풀다 / 그의 머릿속은 엉클어진 **실뭉치같이** 갈피를 못 잡고 있었다. **실몽당이** [명사] 실을 풀기 좋게 공 모양으로 감은 뭉치.

1988년에 고시된 표준어 규정의 제1부 표준어 사정 원칙 제25항에서는 '까다롭다'를 단수 표준어로 규정하고 '까닭스럽다'와 '까탈스럽다'를 비표준어로 처리하였으나, 2016년에 '까탈스럽다'가 표준어로 추가되면서 그 내용이 삭제되었다.

'뭉치'는 '한데 뭉치거나 말거나 감은 덩이'를 말한다. '돈뭉치, 솜뭉치, 쇠뭉치' 등의 표현을 흔히 사용하며, '언어 연구를 위해 텍스트를 컴퓨터가 읽을 수 있는 형태로 모아 놓은 언어 자료'를 '말뭉치'라고도 한다.

기존의 표준어로 제시한 '실몽당이'는 사실 쓰임이 그리 활발하지 않은 편이다. 이보다는 '실타래'를 주로 사용해 왔는데, '실타래'는 '실타래를 풀다'라는 관용적인 표현으로도 익숙하다. '실뭉치'가 새롭게 표준어가 되면서 '실타래, 실뭉치, 실몽당이'가 유의 관계를 형성하게 되었다.

ㅇ 추가 표준형(2항목)

추가 표준형	현재 표준형	비고
엘랑	에는	ㅇ 표준어 규정 제25항에서 '에는'의 비표준형으로 규정해 온 '엘랑'을 표준형으로 인정함.

		○ '엘랑' 외에도 'ㄹ랑'에 조사 또는 어미가 결합한 '에설랑, 설랑, -고설랑, -어설랑, -질랑'도 표준형으로 인정함. ○ '엘랑, -고설랑' 등은 단순한 조사/어미 결합형이므로 사전 표제어로는 다루지 않음. (예문) 서울엘랑 가지를 마오. 　　　교실에설랑 떠들지 마라. 　　　나를 앞에 앉혀놓고설랑 자기 아들 자랑만 하더라.
주책이다	주책없다	○ 표준어 규정 제25항에 따라 '주책없다'의 비표준형으로 규정해 온 '주책이다'를 표준형으로 인정함. ○ '주책이다'는 '일정한 줏대가 없이 되는대로 하는 짓'을 뜻하는 '주책'에 서술격조사 '이다'가 붙은 말로 봄. ○ '주책이다'는 단순한 명사+조사 결합형이므로 사전 표제어로는 다루지 않음. (예문) 이제 와서 오래 전에 헤어진 그녀를 떠올리는 나 자신을 보며 '나도 참 주책이군' 하는 생각이 들었다.

'주책'은 원래 한자어 '主着'에서 유래한 말로, '일정하게 자리 잡힌 주장이나 판단력'을 의미한다. 그런데 '주책'이 주로 '주책없다'의 형태로 사용되어 부정적인 의미를 나타내자, '주책' 자체에 부정적인 의미가 있는 것으로 잘못 생각하게 되었다.

그 결과 '주책이다'와 같이 '주책'에 서술격 조사가 결합한 형태만으로도 부정적인 의미를 담당하게 되었다. 같은 예로 '밥맛없다, 밥맛 떨어지다 → 밥맛이다', '재수없다 → (왕)재수다' 등이 있다.

이와 유사하게 '안절부절못하다'를 '안절부절하다'로 표현하기도 하는데, 이 경우에는 '안절부절못하다'만 표준어로 인정하고 '안절부절하다'는 표준어로 인정하지 않는다.

1988년에 고시된 표준어 규정의 제1부 표준어 사정 원칙 제25항에서는 '에는'과 '주책없다'를 단수 표준어로 규정하고 '엘랑'과 '주책이다'를 비표준어로 처리하였으나, 2016년에 '엘랑'과 '주책이다'가 표준어로 추가되면서 그 내용이 삭제되었다.

제2부 표준 발음법

제1장 총칙

> **제1항** 표준 발음법은 표준어의 실제 발음을 따르되, 국어의 전통성과 합리성을 고려하여 정함을 원칙으로 한다.

표준 발음법은 표준어의 실제 발음에 따라 정한다. 표준어 사정 원칙 제1항의 정의를 참고하면, 표준 발음법은 교양 있는 사람들이 두루 쓰는 현대 서울말의 실제 발음을 기반으로 한다고 할 수 있다.

지역에 따라서는 '월요일'을 [월료일]로 발음하기도 하고 '도착하다'를 [도차가다]로 발음하기도 하지만, 이는 일반적인 서울말의 발음이 아니기 때문에 표준어의 실제 발음으로 수용하기가 어렵다. 사람에 따라서는 '옛날'을 [엔날]로 발음하기도 하지만, 이 역시 일반적인 발음이 아니기 때문에 역시 표준어의 실제 발음으로 인정하지 않는다.

표준 발음을 정할 때 국어의 전통성을 고려한다는 것은 국어의 역사적인 전통을 따라 표준 발음을 정한다는 것을 의미한다. 예를 들어 최근에는 모음의 장단 구별이 잘 지켜지지 않는 경향이 있지만, 표준 발음법에서는 모음의 장단 구별을 우리말의 전통으로 보아 이에 대한 규정을 별도의 조항으로 마련하였다.

국어의 합리성을 고려한다는 것은 표준 발음의 원리나 근거가 합리적이어야 한다는 것을 의미한다. 예를 들어 '닭'의 뒤에 모음이 이어진 발음을 [다기], [다글], [다게]와 같이 규정한다면, 이는 합리적이라고 할 수 없다. 어말 자음군 뒤에 모음이 이어질 경우 첫째 자음은 종성으로 발음되고 둘째 자음은 다음 음절의 초성으로 발음되는 것이 일반적이기 때문이다. 따라서 표기와의 관련성, 발음의 일관성 등을 고려한다면 '닭'의 뒤에 모음이 이어진 발음을 [달기], [달글], [달게]와 같이 규정하는 것이 합리적일 것이다.

이처럼 국어의 표준 발음은 표준어의 실제 발음을 따르면서도 국어의 전통성과 합리성을 종합적으로 고려하여 정하게 된다.

제2장 자음과 모음

> **제2항** 표준어의 자음은 다음 19개로 한다.
>
> ㄱ ㄲ ㄴ ㄷ ㄸ ㄹ ㅁ ㅂ ㅃ ㅅ ㅆ ㅇ ㅈ ㅉ ㅊ ㅋ ㅌ ㅍ ㅎ

표준어의 자음은 총 19개이다. 이 자음들은 다음과 같은 체계를 이루고 있다.

울림 여부	조음 방법	발성 유형	양순음 (입술소리)	치경음 (잇몸소리)	경구개음 (센입천장소리)	연구개음 (여린입천장소리)	성문음 (목청소리)
장애음 (안울림소리)	파열음	평음(예사소리)	ㅂ	ㄷ		ㄱ	
		유기음(거센소리)	ㅍ	ㅌ		ㅋ	
		경음(된소리)	ㅃ	ㄸ		ㄲ	
	마찰음	평음(예사소리)		ㅅ			ㅎ
		경음(된소리)		ㅆ			
	파찰음	평음(예사소리)			ㅈ		
		유기음(거센소리)			ㅊ		
		경음(된소리)			ㅉ		
공명음 (울림소리)	비음		ㅁ	ㄴ		ㅇ	
	유음			ㄹ			

각각의 자음들은 초성이나 종성의 위치에서 단어의 의미를 구별해 주는 기능을 한다. 초성의 위치에서는 19개의 자음들이 모두 발음되지만, 종성의 위치에서는 'ㄱ, ㄴ, ㄷ, ㄹ, ㅁ, ㅂ, ㅇ' 7개의 자음만 발음된다.

> **제3항** 표준어의 모음은 다음 21개로 한다.
>
> ㅏ ㅐ ㅑ ㅒ ㅓ ㅔ ㅕ ㅖ ㅗ ㅘ ㅙ ㅚ ㅛ ㅜ ㅝ ㅞ ㅟ ㅠ ㅡ ㅢ ㅣ

일반적으로 모음은 단모음과 이중 모음으로 나뉘는데, 위의 목록은 단모음과 이중 모음을 구별하지 않고 국어사전의 모음사 배열 순서를 따라 모음을 배열하였다. 단모음은 다음의 제4항에서, 이중 모음은 제5항에서 다룬다.

위의 모음 목록에서 'ㅚ'와 'ㅞ'는 관계가 복잡하다. 'ㅚ'를 단모음으로 보면 'ㅚ'와 'ㅞ'의 발음이 [ö]와 [we]로 다르지만, 'ㅚ'를 이중 모음으로 보면 'ㅚ'와 'ㅞ'의 발음이 [we]로 동일하다. 따라서 'ㅚ'의 발음을 어떻게 보느냐에 따라 'ㅚ'와 'ㅞ'가 동일한 발음을 나타내는 것일 수도 있으며, 이렇게 보면 모음의 개수를 20개로 축소해야 할 수도 있다.

제4항 'ㅏ ㅐ ㅓ ㅔ ㅗ ㅚ ㅜ ㅟ ㅡ ㅣ'는 단모음(單母音)으로 발음한다.

[붙임] 'ㅚ, ㅟ'는 이중 모음으로 발음할 수 있다.

표준어의 단모음은 10개이다. 이 10개의 단모음을 일정한 기준에 따라 정리하면 다음과 같다.

	전설 모음		후설 모음	
	평순	원순	평순	원순
고모음	ㅣ	ㅟ	ㅡ	ㅜ
중모음	ㅔ	ㅚ	ㅓ	ㅗ
저모음	ㅐ		ㅏ	

그런데 현실에서는 위의 단모음 중 'ㅔ'와 'ㅐ'의 발음이 잘 구별되지 않는다. '개'와 '게', '내'와 '네', '대'와 '데' 등이 사실상 동일한 발음으로 실현된다. 이론적으로 'ㅐ'를 발음할 때는 'ㅔ'를 발음할 때보다 입을 더 크게 벌려야 하지만, 현실에서는 입을 벌리는 정도가 같아 발음이 잘 구별되지 않는다.

그렇다 보니 문맥에 의해 의미를 구별하거나 단어의 발음을 아예 바꾸기도 한다. '개'와 '게'는 문맥에 의존하여 의미를 구별할 수밖에 없고, '내'와 '네'의 경우에는 후자의 발음을 'ㄴ'로 바꿈으로써 의미의 혼란을 방지한다.

몇몇 모음의 발음이 잘 구별되지 않다 보니, 다음과 같이 표기를 잘못하는 경우도 있다.

그는 아무것도 모른 <u>체</u> 당하기만 했다.

내 친구가 그러는데 그 책 별로 <u>재미없데</u>.

카드를 놓고 나와 현금으로 <u>결재했다</u>.

<u>요컨데</u> 지금 제일 중요한 것은 신뢰를 회복하는 일이다.

그 회사에서 계속 부인하다가 결국 홈페이지에 사과문을 <u>개재했다</u>.

한편 '괴'와 '뉘'는 한경에 따라 단모음으로도 빌음되고 이중 보음으로도 발음된다. '죄수, 금괴, 되다, 박쥐'와 같이 초성이 있는 경우에는 단모음으로 발음하는 경향이 강하고, '외길, 내외, 위로, 주위'와 같이 초성이 없는 경우에는 이중 모음으로 발음하는 경향이 강하다. 이 때문에 [붙임]을 통해 '괴, 뉘'의 이중 모음 발음을 허용하였다.

'괴'를 이중 모음으로 발음하면 '눼'와 발음이 같아진다. 이 때문에 '괴'와 '눼'를 혼동하여 적기도 한다. 부사 '당최'를 '당췌'로 잘못 적는 것이 대표적인 예이다. 비록 두 문자의 발음이 같더라도 단어에 따라 표기가 정해져 있으므로 표기를 실수하지 않도록 주의해야 한다.

표준 발음법에서는 전통성을 강조하여 단모음의 개수를 10개로 규정하고 있지만, 현실 발음을 고려하면 단모음의 개수를 7개 또는 8개로 볼 여지가 충분히 있다.

제5항 'ㅑ ㅒ ㅕ ㅖ ㅘ ㅙ ㅛ ㅝ ㅞ ㅠ ㅢ'는 이중 모음으로 발음한다.

다만 1. 용언의 활용형에 나타나는 '져, 쪄, 쳐'는 [저, 쩌, 처]로 발음한다.

    가지어 → 가져[가저]   찌어 → 쪄[쩌]   다치어 → 다쳐[다처]

다만 2. '예, 례' 이외의 'ㅖ'는 [ㅔ]로도 발음한다.

    계집[계ː집/게ː집]   계시다[계ː시다/게ː시다]
    시계[시계/시게](時計)   연계[연계/연게](連繫)
    몌별[몌별/메별](袂別)   개폐[개폐/개페](開閉)
    혜택[혜ː택/헤ː택](惠澤)   지혜[지혜/지헤](智慧)

다만 3. 자음을 첫소리로 가지고 있는 음절의 'ㅢ'는 [ㅣ]로 발음한다.

    늴리리   닝큼   무늬   띄어쓰기   씌어
    틔어   희어   희떱다   희망   유희

다만 4. 단어의 첫음절 이외의 '의'는 [ㅣ]로, 조사 '의'는 [ㅔ]로 발음함도 허용한다.

주의[주의/주이]	협의[혀븨/혀비]
우리의[우리의/우리에]	강의의[강ː의의/강ː이에]

표준어의 이중 모음은 11개이다. 그런데 다음과 같이 환경에 따라 이중 모음의 음가가 단모음으로 실현되는 경우가 있다.

다만 1, 초성 'ㅈ, ㅊ, ㅉ' 뒤에서는 이중 모음 'ㅑ, ㅕ, ㅛ, ㅠ' 등이 제 음가대로 발음되지 못하고 단모음 [ㅏ], [ㅓ], [ㅗ], [ㅜ] 등으로 발음된다. 이는 이들 자음과 반모음 'ㅣ'의 조음 위치가 동일하기 때문이다.

'져, 쪄, 쳐'의 초성은 파찰음으로서 경구개 부위를 혀로 막았다가 떼면서 내는 소리인데, 이때 개방이 느슨하게 일어나면서 개방 직후의 혀의 위치가 반모음 'ㅣ'를 발음할 때의 혀의 위치와 동일하게 된다. 그런데 반모음 'ㅣ'는 상대적으로 짧게 발음하는 소리이다 보니 'ㅈ, ㅊ, ㅉ' 뒤에서 제대로 발음되지 못하고 바로 이어지는 다음 모음의 발음이 실현된다. 이 때문에 초성 'ㅈ, ㅊ, ㅉ' 뒤에서는 이중 모음 'ㅑ, ㅕ, ㅛ, ㅠ' 등이 제 음가대로 발음되지 못하고 단모음 [ㅏ], [ㅓ], [ㅗ], [ㅜ] 등으로 발음된다.

이 조항에서는 용언의 활용형 '져, 쪄, 쳐'만을 예로 들었지만 어미 '-죠'도 마찬가지이며, 이러한 현상에 따라 외래어를 표기할 때 'ㅈ, ㅊ, ㅉ' 뒤에 'ㅑ, ㅕ, ㅛ, ㅠ' 등을 적는 것을 아예 허용하지 않는다.

'다만 2'에서는 '예, 례' 이외의 'ㅖ'는 [ㅔ]로도 발음한다고 하여, 결과적으로 '례'는 반드시 [례]로 발음해야 하는 것처럼 기술하였지만, 이는 한글 맞춤법 제8항에서 "계, 례, 몌, 폐, 혜'의 'ㅖ'는 'ㅖ'로 소리 나는 경우가 있더라도 'ㅖ'로 적는다'고 규정한 것과 균형이 맞지 않는다.

한글 맞춤법 제8항에서는 '례'가 [레]로 소리 나는 경우가 있다는 점을 인정하였지만, 표준 발음법에서는 '례'의 발음을 [례]로만 규정하고 있다. '차례(次例), 비례(比例), 실례(失禮)' 등이 실제로 [차레], [비례], [실레]로 발음됨에도 불구하고 국어사전에서는 이들의 발음을 [차례], [비ː례], [실례]로 제시하고 있다.

표준어 사정 원칙 제10항에서는 한자어 '의례(依例)'에서 유래한 부사의 형태를 '으례'가 아닌 '으레'로 규정하였는데, 이는 '례'의 'ㅖ'가 [ㅔ]로 발음된다는 점을 인정한 것이라

할 수 있다. 따라서 '다만 2'에서 '례'를 제외하고 "'예' 이외의 'ㅖ'는 [ㅔ]로도 발음한다'고 기술하는 것이 바람직하다.

'다만 2'에서는 'ㅖ'의 경우에만 단모음 발음을 인정하였지만, 현실 발음을 고려하면 'ㅒ'의 경우에도 단모음 발음을 인정해야 한다. 'ㅒ'를 모음자로 적는 예들이 매우 적긴 하지만 아예 없는 것은 아니므로 'ㅒ'의 단모음 발음에 대해서도 언급할 필요가 있다.

개: '그 아이'가 줄어든 말.
애개[애개]: 뉘우치거나 탄식할 때 아주 가볍게 내는 소리.
　　　　　대단하지 아니한 것을 보고 업신여기어 내는 소리.
애개개[애개개]: '애개'를 잇따라 내는 소리.
-내: '-냐고 해'가 줄어든 말.
　　예 걔가 나보고 지금 어디내.
섀도복싱(shadow-boxing): 권투에서, 상대편이 앞에 있다고 가정하고 공격·방어·풋워크
　　　　　따위를 혼자서 연습하는 일.
아이섀도(eye shadow): 입체감을 내기 위하여 눈두덩에 칠하는 화장품.
쟤: '저 아이'가 줄어든 말.

'ㅒ'를 단모음으로 발음한다는 규정이 없다 보니 국어사전에서는 '애개'와 '애개개'의 발음을 [애개]와 [애개개]로만 제시하고 있다. 그러나 실제로는 [애개], [애개개]로 발음하는 경향이 있으므로, '얘'를 제외한 'ㅒ'는 [ㅐ]로 발음한다는 내용을 '다만 2'에 추가할 필요가 있다.

국어사전에서는 '애개, 애개개'의 모음 조화 쌍인 '에계, 에계계'의 발음을 [에계/에게]와 [에계계/에게게]로 제시하고 있다. 따라서 'ㅒ'의 경우에도 단모음 발음을 인정해야만 '애개, 애개개'와 '에계, 에계계'의 발음이 균형을 이루게 될 것이다.

'다만 3'에서는 초성이 있는 경우 'ㅢ'를 [ㅣ]로 발음하도록 규정하였다. 이는 '무늬, 희망' 등을 발음할 때 모음 /ㅢ/를 이중 모음으로 발음하지 않고 단모음 [ㅣ]로 발음하는 현실을 반영한 것이다.

'ㅢ'는 기본적으로 이중 모음으로 발음하지만, 단어의 첫음절이 아닌 경우에는 [ㅣ]로

발음하는 경향이 있다. 이에 '다만 4'에서는 단어의 첫음절이 아닌 경우에는 /ㅢ/를 [ㅣ]로 발음하도록 허용하였다.

그런데 이 중 '협의[혀븨/혀비]'의 발음에 대해서는 논란이 있다. '협의'는 표기상으로는 /ㅢ/에 초성이 없는 것처럼 보이지만, 발음 과정에서 [혀븨]와 같이 첫음절의 종성이 다음 음절의 초성으로 연음되기 때문이다.

표기를 기준으로 규정을 적용하면 '협의'의 발음은 [혀븨] 또는 [혀비]가 되겠지만, 연음되는 발음을 기준으로 규정을 적용하면 '협의'의 발음은 '다만 3'에 따라 [혀비]가 된다. 이처럼 이 규정은 무엇을 기준으로 하느냐에 따라 표준 발음에 대한 해석이 달라진다.

그런데 자음을 첫소리로 가진다는 것, 즉 초성을 갖는다는 것은 발음의 문제이지 표기의 문제가 될 수 없다. 예를 들어 '놀이'로 적든 '노리'로 적든 둘째 음절의 초성 자리에서 자음이 발음된다는 점에서는 차이가 없다. 따라서 '협의'는 '다만 4'의 설명에 부합하는 적절한 예가 아니므로 다른 예로 교체하는 것이 바람직하다.

 더 알아보기

'이 아이, 저 아이, 그 아이'를 줄여서 각각 '얘, 쟤, 걔'라고 한다. 이는 각각 다음과 같은 과정을 거친 것이다.

이 아이 → 이 애 → 얘
저 아이 → 저 애 → 쟤
그 아이 → 그 애 → 걔

'이 애'가 '얘'로 축약되는 것은 음운론적으로 자연스러운 현상이다. 그러나 '그 애'의 경우에는 'ㅡ'가 다른 모음 앞에서 탈락하는 것이 일반적이므로 '걔'가 아닌 '개'가 되는 것이 자연스럽다. 이론적으로는 두 음절이 축약되어 '걔'가 되려면 '기'와 '애'가 결합한 것으로 봐야 한다. 그럼에도 불구하고 '그 아이'의 준말을 '걔'로 적는 것은 표기상 동물 '개'와의 혼란을 피하기 위해서인 듯하다. "너 그 아이랑 사귀니?"를 줄여서 "너 개랑 사귀니?"로 적을 수는 없기 때문이다. 마침 '이 아이'의 준말을 '얘'로 적으므로 '그 아이'의 준말을 '걔'로 적을 명분이 없는 것도 아니다.

'쟤'의 경우에도 두 음절이 축약된 것이라면 '지'와 '애'가 결합한 것으로 봐야 하지만, '얘, 걔'와 균형을 맞추기 위해 '그 아이'의 준말을 '쟤'로 적는 것이 불가피했을 것으로 보인다.

제3장 음의 길이

제6항 모음의 장단을 구별하여 발음하되, 단어의 첫음절에서만 긴소리가 나타나는 것을 원칙으로 한다.

(1) 눈보라[눈ː보라]　　　말씨[말ː씨]　　　밤나무[밤ː나무]

　　많다[만ː타]　　　　　멀리[멀ː리]　　　벌리다[벌ː리다]

(2) 첫눈[천눈]　　　　　참말[참말]　　　　쌍동밤[쌍동밤]

　　수많이[수ː마니]　　　눈멀다[눈멀다]　　떠벌리다[떠벌리다]

다만, 합성어의 경우에는 둘째 음절 이하에서도 분명한 긴소리를 인정한다.

　　　반신반의[반ː신바ː늬/반ː신바ː니]　　　　재삼재사[재ː삼재ː사]

[붙임] 용언의 단음절 어간에 어미 '-아/-어'가 결합되어 한 음절로 축약되는 경우에도 긴소리로 발음한다.

　　　보아 → 봐[봐ː]　　　기어 → 겨[겨ː]　　　되어 → 돼[돼ː]

　　　두어 → 둬[둬ː]　　　하여 → 해[해ː]

다만, '오아 → 와, 지어 → 져, 찌어 → 쪄, 치어 → 쳐' 등은 긴소리로 발음하지 않는다.

　　최근에는 모음의 장단을 잘 구별하지 않는 경향이 있지만, 표준 발음법에서는 모음의 장단 구별을 우리말의 전통으로 보아 단어에 따라 모음의 장단을 구별하여 발음해야 한다고 규정한다.

　　그런데 모음의 장단 구별은 단어의 첫음절에서만 유효하다. 첫음절이 길게 발음되는 단어라 하더라도 합성어의 둘째 구성 요소가 되어 둘째 음절 이하에서 발음될 때는 장음을 유지하지 못하고 짧게 발음된다.

　　다만, '반신반의, 재삼재사'처럼 같은 말이 반복되는 합성어를 이룰 때는 둘째 음절 이하에서도 길게 발음되는 양상을 보인다.

[붙임] 용언의 단음절 어간에 어미 '-아/-어'가 결합되어 한 음절로 축약되는 경우에는 긴소리로 발음하는 경향이 있다. 음절이 줄어드는 대신 그 보상으로 모음을 길게 발음한다고 하여 이를 보상적 장음화라고 한다.

그런데 보상적 장음화가 항상 필수적으로 일어나는 것은 아니다. 항상 축약형으로만 실현되는 '와(오- + -아)'는 길게 발음되지 않으며, 표기와는 달리 실제로는 반모음이 발음되지 않는 '져, 쪄, 쳐'의 경우에도 음절은 축약되지만 모음은 길게 발음되지 않는다.

제7항 긴소리를 가진 음절이라도, 다음과 같은 경우에는 짧게 발음한다.

1. 단음절인 용언 어간에 모음으로 시작된 어미가 결합되는 경우
    감다[감:따] — 감으니[가므니]   밟다[밥:따] — 밟으면[발브면]
    신다[신:따] — 신어[시너]   알다[알:다] — 알아[아라]

다만, 다음과 같은 경우에는 예외적이다.
    끌다[끌:다] — 끌어[끄:러]   떫다[떨:따] — 떫은[떨:븐]
    벌다[벌:다] — 벌어[버:러]   썰다[썰:다] — 썰어[써:러]
    없다[업:따] — 없으니[업:쓰니]

2. 용언 어간에 피동, 사동의 접미사가 결합되는 경우
    감다[감:따] — 감기다[감기다]   꼬다[꼬:다] — 꼬이다[꼬이다]
    밟다[밥:따] — 밟히다[발피다]

다만, 다음과 같은 경우에는 예외적이다.
    끌리다[끌:리다]   벌리다[벌:리다]   없애다[업:쌔다]

[붙임] 다음과 같은 복합어에서는 본디의 길이에 관계없이 짧게 발음한다.
    밀-물   썰-물   쏜-살-같이   작은-아버지

첫음절에서 길게 발음되는 모음이 특정한 환경에서 길이가 짧아지는 경우도 있다. 예컨대 단음절 용언 어간에 모음으로 시작하는 어미가 결합하거나 피동, 사동 접미사가 결합할 때 원래 장음이었던 어간의 모음이 짧게 발음되는 경향을 보인다.

그러나 이러한 변화에는 예외가 많아 항상 모음의 길이가 짧아지는 것은 아니다. 따라서 이러한 변화를 절대적인 현상이라고 할 수는 없지만, 음의 길이가 변하는 예들만 보면

특징적인 현상이라고 할 수 있다.

　[붙임] '밀다, 썰다, 쏘다, 작다'는 모두 어간이 길게 발음되는 단어이다. 그러나 '밀물, 썰물, 쏜살같이, 작은아버지'에서는 '밀, 썰, 쏜, 작'이 모두 짧게 발음된다. 이들은 모두 관형사형이라는 공통점을 가지고 있다.

　'밀물'은 어간 '밀-'과 '물'이 직접 결합한 것처럼 보이지만, 실제로는 '밀- + -ㄹ # 물'의 구성이 한 단어로 굳어진 것으로 보인다. 그 근거는 어원적으로 볼 때 '썰물'의 첫음절 종성 'ㄹ'이 관형사형 어미로 분석되기 때문이다. 따라서 '밀물'의 '밀'이 짧게 발음되는 것은 단순히 어간 자체의 음 길이가 짧아진 것이라 보기 어렵다.

　'썰물'은 어간 '썰-'이 길게 발음되는 것과 대비되는 예로 제시된 것이지만, 엄밀하게 말하면 '썰물'의 '썰'은 '썰다'와 관련이 없다. '썰물'은 어원적으로 '*혈믈'에서 유래한 것으로 본다. '혈믈'은 '혀- + -ㄹ # 믈'로 분석되며, 이때의 '혀다'는 '당기다'를 의미하는 옛말이다. 즉, '썰물'은 '당기는 물', '밀물'은 '미는 물'이라는 의미를 갖는다. 이는 달이 바닷물을 밀고 당긴다는 과학적인 사실을 잘 반영한 표현이다. 이처럼 '썰물'의 '썰'은 어간 '썰-'과 아무런 관계가 없기 때문에 [붙임]의 예시로는 적합하지 않다.

제4장 받침의 발음

> **제8항** 받침소리로는 'ㄱ, ㄴ, ㄷ, ㄹ, ㅁ, ㅂ, ㅇ'의 7개 자음만 발음한다.

우리말의 음절 끝에서 발음될 수 있는 자음은 [ㄱ], [ㄴ], [ㄷ], [ㄹ], [ㅁ], [ㅂ], [ㅇ]뿐이다. 이 일곱 자음 외의 자음은 음절 끝에서 제 음가대로 발음되지 않는다.

이 일곱 자음은 음절 끝에서 발음할 때 입술이나 입안의 특정 부위를 막아서 공기를 입 밖으로 내보내지 않는다는 공통점을 갖는다. 이 중 [ㄴ], [ㅁ], [ㅇ]은 발음할 때 공기가 코를 통해 밖으로 빠져 나가는 비음이지만, 구강은 여전히 폐쇄되어 입 밖으로는 공기가 빠져 나가지 않는다.

결국 우리말의 음절 끝에서 [ㄱ], [ㄴ], [ㄷ], [ㄹ], [ㅁ], [ㅂ], [ㅇ]의 일곱 자음만이 발음되는 것은 우리말에서는 음절 끝의 자음을 발음할 때 구강을 폐쇄하는 특징이 있기 때문이다.

 더 알아보기

『표준국어대사전』을 보면 문법 용어로서 '받침'은 두 가지 의미를 가지고 있다. 첫째는 '한글을 적을 때 모음 글자 아래에 받쳐 적는 자음자'를 말하고, 둘째는 '음절의 구성에서 마지막 소리인 자음'을 말한다. 전자는 표기의 차원에 해당하고 후자는 발음의 차원에 해당하는데, 후자의 개념을 일반적으로 '종성'이라고 한다.

사전상으로는 '받침'이 발음과 표기에 모두 해당하는 개념으로 정의되어 있지만, 발음과 표기는 엄연히 차원이 다르기 때문에 '받침'이라는 용어를 두 가지 차원에서 서로 다른 개념으로 사용하는 것은 문제가 있다. 특히 '받침'은 공간적 또는 시각적으로 '아랫부분'의 이미지를 연상시키기 때문에 이를 '종성'의 개념으로 사용하는 것이 자연스러워 보이지는 않는다.

> **제9항** 받침 'ㄲ, ㅋ', 'ㅅ, ㅆ, ㅈ, ㅊ, ㅌ', 'ㅍ'은 어말 또는 자음 앞에서 각각 대표음 [ㄱ, ㄷ, ㅂ]으로 발음한다.
>
> 닦다[닥따]   키읔[키윽]   키읔과[키윽꽈]   옷[옫]

웃다[욷:따]	있다[읻따]	젖[젇]	빚다[빋따]
꽃[꼳]	쫓다[쫃따]	솥[솓]	뱉다[밷:따]
앞[압]	덮다[덥따]		

제9항부터 제11항까지는 어말 또는 자음 앞의 환경에서 종성의 발음이 어떻게 실현되는지 규정하고 있다. 그런데 '자음 앞'이라는 환경을 좀 더 정밀하게 다듬을 필요가 있다. '웃다[욷: 따]'를 발음할 때는 /ㅅ/가 장애음(파열음, 파찰음, 마찰음) 앞에서는 [ㄷ]로 발음되지만, '웃는[운: 는]'과 같이 비음 앞에서는 비음으로 발음된다. 또한 '웃하고[오타고]'의 경우에는 /ㅅ/가 /ㅎ/ 앞에서 [ㄷ]로 발음되지 않고 거센소리로 축약된다. 이는 10항, 11항에서도 마찬가지이다.

따라서 대표음으로 발음되는 환경을 기술할 때 단순히 '자음 앞'이라 하지 않고 어떤 자음 앞인지를 밝혀 줄 필요가 있다. 그런데 이때 해당하는 자음의 수가 많으므로 해당 자음을 일일이 나열하기보다는 'ㄴ, ㄹ, ㅁ, ㅎ'을 제외한 자음이라고 기술하는 것이 더 간결해 보인다.

이들이 대표음으로 바뀌는 양상을 정리하면 다음과 같다.

/ㅋ, ㄲ, (ㅎ)/ → [ㄱ]

/ㅅ, ㅆ, ㅈ, ㅊ, ㅌ/ → [ㄷ]

/ㅍ/ → [ㅂ]

'히읗'이 [히은]으로 발음되는 점을 고려하면 /ㅎ/도 음절 끝에서 대표음 [ㄷ]로 발음된다고 할 수 있을 것이다. 그러나 표준 발음법에서는 그렇게 보지 않는다. 그 이유는 '좋다, 놓다'와 같은 용언의 경우에는 /ㅎ/가 음절 끝에서 [ㄷ]로 발음되는 경우가 없고(제12항 참고), 명사 '히읗'의 경우에는 모음이 이어질 때 [히으시], [히으슬]과 같이 발음되어(제16항 참고) '히읗'의 기저형을 /히읗/이 아닌 /히읏/으로 설정할 수도 있기 때문이다. 그러나 '히읗'이라는 표기가 곧 기저형을 나타낸다고 보는 입장에서는 /ㅎ/도 음절 끝에서 [ㄷ]로 발음된다고 보아 'ㅎ'을 목록에 포함시킨다.

이론적으로는 종성 /ㄸ, ㅃ, ㅉ/도 대표음으로 발음된다고 할 수 있지만, 실제로 /ㄸ, ㅃ, ㅉ/가 기저형의 음절 끝에 오는 경우는 없기 때문에 이 조항에서는 이를 명시하지 않았다.

더 알아보기

표준 발음법에서는 '있다'의 발음을 [읻따]로 규정하지만, 실제로는 [이따]처럼 들리기도 한다. 사실 [이따]와 [읻따]의 발음을 비교해 보면 구별하기가 쉽지 않다. 그 이유는 조음 위치와 조음 방법이 같은 [ㄷ]와 [ㄸ]를 연달아 발음할 때 두 음이 연결되는 지점에서 구강 내의 어떠한 변화도 일어나지 않기 때문이다. 이 때문에 [ㄷ]의 발음이 잘 구별되지 않아 [이따]처럼 발음되는 경향이 있다.

이는 [ㅂ]와 [ㅃ], [ㄱ]와 [ㄲ]의 연쇄에서도 마찬가지이다. 『표준국어대사전』에서는 '집밥'과 '국가'의 발음을 각각 [집빱]과 [국까]로 한정하고 있지만, 실제로는 [지빱], [구까]와 명확히 구별되지 않는다.

제10항 겹받침 'ㄳ', 'ㄵ', 'ㄼ, ㄽ, ㄾ', 'ㅄ'은 어말 또는 자음 앞에서 각각 [ㄱ, ㄴ, ㄹ, ㅂ]으로 발음한다.

넋[넉]	넋과[넉꽈]	앉다[안따]	여덟[여덜]
넓다[널따]	외곬[외골]	핥다[할따]	값[갑]
없다[업:따]			

다만, '밟–'은 자음 앞에서 [밥]으로 발음하고, '넓–'은 다음과 같은 경우에 [넙]으로 발음한다.

   (1) 밟다[밥:따]   밟소[밥:쏘]   밟지[밥:찌]

       밟는[밥:는 → 밤:는] 밟게[밥:께]   밟고[밥:꼬]

   (2) 넓–죽하다[넙쭈카다]   넓–둥글다[넙뚱글다]

음절 말 자음군 /ㄳ/, /ㄵ/, /ㄼ, ㄽ, ㄾ/, /ㅄ/는 다음과 같이 첫째 자음이 발음되고 둘째 자음이 탈락하는 양상을 보인다.

  /ㄳ/ → [ㄱ]

  /ㄵ/ → [ㄴ]

  /ㄼ/, /ㄽ/, /ㄾ/ → [ㄹ]

  /ㅄ/ → [ㅂ]

그런데 예외적으로 '밟–'은 둘째 자음이 아닌 첫째 자음 /ㄹ/가 탈락한다. 따라서 '밟–'의 활용형은 '밟다[밥:따], 밟소[밥:쏘], 밟지[밥:찌], 밟는[밤:는], 밟게[밥:께], 밟고[밥:꼬]'와 같이 발음한다.

'넓–'도 '넓죽하다, 넓둥글다'와 같이 일부 복합어에서 예외적으로 첫째 자음인 /ㄹ/가 탈락한다. 같은 양상을 보이는 예로 다음과 같은 예들이 더 있다.

넓적넓적하다[넙쩡넙쩌카다], 넓적다리[넙쩍따리], 넓적하다[넙쩌카다]

반면 형용사 '넓다'는 '넓다[널따]', '넓고[널꼬]', '넓지[널찌]'와 같이 일관되게 /ㅂ/가 탈락하고 [ㄹ]가 발음되는 양상을 보인다. 복합어 중에서는 '널따랗다'와 '널찍하다'처럼 아예 발음 나는 대로 표기하는 경우도 있다.

이처럼 '넓-'의 발음이 두 가지 양상을 보이는 것은 '넓다'의 옛말이 '넙다'였던 점과 관련이 있다. 옛말의 발음이 남아 있는 경우에는 [넙]으로 발음을 하고, 새로운 어형의 발음이 반영된 경우에는 [널]로 발음하는 경향을 보이는 것이다.

 **더 알아보기**

의미에 따라 '넙적넙적'과 '넓적넓적'으로 표기를 구별하여 적기도 한다. '넙적넙적'은 '말대답을 하거나 무엇을 받아먹을 때 입을 자꾸 닁큼닁큼 벌렸다 닫았다 하는 모양, 몸을 바닥에 바짝 대고 자꾸 닁큼닁큼 엎드리는 모양, 조금도 망설이거나 서슴지 않고 선뜻 행동하는 모양' 등을 의미하고, '넓적넓적'은 '여럿이 다 펀펀하고 얇으면서 꽤 넓은 모양'을 의미한다.

전자의 예로는 '넙적넙적 잘도 받아 먹는다', 후자의 예로는 '떡을 넓적넓적 썰었다'와 같은 문장을 들 수 있다. 전자와 관련해서는 '넙적거리다, 넙적대다, 넙적하다, 넙적넙적하다, 넙적이' 등의 단어도 쓰인다. '넙적넙적'과 '넓적넓적'은 의미와 표기는 다르지만, 발음은 [넙쩡넙쩍]으로 동일하다.

제11항 겹받침 'ㄺ, ㄻ, ㄿ'은 어말 또는 자음 앞에서 각각 [ㄱ, ㅁ, ㅂ]으로 발음한다.

닭[닥]	흙과[흑꽈]	맑다[막따]	늙지[늑찌]
삶[삼ː]	젊다[점ː따]	읊고[읍꼬]	읊다[읍따]

다만, 용언의 어간 말음 'ㄺ'은 'ㄱ' 앞에서 [ㄹ]로 발음한다.
맑게[말께]　　묽고[물꼬]　　얽거나[얼꺼나]

음절 말 자음군 /ㄺ, ㄻ, ㄿ/는 다음과 같이 첫째 자음인 /ㄹ/가 탈락하고 둘째 자음이 발음되는 양상을 보인다.

/ㄺ/ → [ㄱ]　　　　/ㄻ/ → [ㅁ]　　　　/ㄿ/ → [ㅂ]

특히 /ㄿ/의 경우에는 둘째 자음인 /ㅍ/가 대표음 [ㅂ]로 바뀌는 과정을 한 번 더 거치게 된다.

다만, 예외적으로 용언의 어간 말음 /ㄺ/는 /ㄱ/ 앞에서 [ㄹ]로 발음한다. 이에 따라 '맑다'는 [막따]로 발음하지만, '맑게'와 '맑고'는 [말께]와 [말꼬]로 발음한다.

제12항 받침 'ㅎ'의 발음은 다음과 같다.

1. 'ㅎ(ㄶ, ㅀ)' 뒤에 'ㄱ, ㄷ, ㅈ'이 결합되는 경우에는, 뒤 음절 첫소리와 합쳐서 [ㅋ, ㅌ, ㅊ]으로 발음한다.

    놓고[노코]   좋던[조ː턴]   쌓지[싸치]
    많고[만ː코]   않던[안턴]   닳지[달치]

[붙임 1] 받침 'ㄱ(ㄺ), ㄷ, ㅂ(ㄼ), ㅈ(ㄵ)'이 뒤 음절 첫소리 'ㅎ'과 결합되는 경우에도, 역시 두 음을 합쳐서 [ㅋ, ㅌ, ㅍ, ㅊ]으로 발음한다.

    각하[가카]   먹히다[머키다]   밝히다[발키다]   맏형[마텽]
    좁히다[조피다]   넓히다[널피다]   꽂히다[꼬치다]   앉히다[안치다]

[붙임 2] 규정에 따라 'ㄷ'으로 발음되는 'ㅅ, ㅈ, ㅊ, ㅌ'의 경우에도 이에 준한다.
    옷 한 벌[오탄벌]   낮 한때[나탄때]
    꽃 한 송이[꼬탄송이]   숱하다[수타다]

2. 'ㅎ(ㄶ, ㅀ)' 뒤에 'ㅅ'이 결합되는 경우에는, 'ㅅ'을 [ㅆ]으로 발음한다.
    닿소[다ː쏘]   많소[만ː쏘]   싫소[실쏘]

3. 'ㅎ' 뒤에 'ㄴ'이 결합되는 경우에는, [ㄴ]으로 발음한다.
    놓는[논는]   쌓네[싼네]

[붙임] 'ㄶ, ㅀ' 뒤에 'ㄴ'이 결합되는 경우에는, 'ㅎ'을 발음하지 않는다.
    않네[안네]   않는[안는]   뚫네[뚤네 → 뚤레]   뚫는[뚤는 → 뚤른]
    *'뚫네[뚤네 → 뚤레], 뚫는[뚤는 → 뚤른]'에 대해서는 제20항 참조.

4. 'ㅎ(ㄶ, ㅀ)' 뒤에 모음으로 시작된 어미나 접미사가 결합되는 경우에는, 'ㅎ'을 발음하지 않는다.
    낳은[나은]   놓아[노아]   쌓이다[싸이다]   많아[마ː나]
    않은[아는]   닳아[다라]   싫어도[시러도]

---

1. 우리말에서 음절 끝에 /ㅎ/를 가지고 있는 단어는 주로 '놓다, 닿다, 좋다, 하얗다'와 같은 용언이다. 이들 용언의 어간 뒤에 /ㄱ, ㄷ, ㅈ/로 시작하는 어미가 결합하면, 어간 끝의 /ㅎ/와 어미의 첫소리 /ㄱ, ㄷ, ㅈ/가 하나로 축약되어 거센소리 [ㅋ, ㅌ, ㅊ]로 발음된다.

이론적으로는 /ㅎ/ 뒤에 /ㅂ/가 연결되는 경우에도 [ㅍ]로 축약이 가능하지만, 초성 /ㅂ/로 시작하는 어미가 없기 때문에 /ㅂ/는 목록에서 제외되었다.

[붙임 1] /ㄱ, ㄷ, ㅂ, ㅈ/ 뒤에 /ㅎ/가 연결되는 경우에도 거센소리 [ㅋ, ㅌ, ㅍ, ㅊ]로 축약이 일어난다. 이 경우에는 한자어는 물론 고유어의 합성어와 파생어 등 다양한 구성에서 축약 현상이 일어난다. 고유어 합성어의 예로는 '새벽하늘[새벼카늘], 겹홀소리[겨폴쏘리]' 등이 있다.

[붙임 2] /ㅅ, ㅈ, ㅊ, ㅌ/는 음절의 끝에서 [ㄷ]로 발음되므로 종성 /ㅅ, ㅈ, ㅊ, ㅌ/와 다음 음절의 초성 /ㅎ/가 만나면 거센소리 [ㅌ]로 축약이 일어난다. 이러한 현상은 '옷 한 벌[오탄벌], 꽃 한 송이[꼬탄송이]'와 같은 구 구성은 물론 '숱하다[수타다]'와 같은 파생어, '첫해[처태]'와 같은 합성어에서도 일어난다. '동녘 하늘[동녀카늘]'과 같이 음절 끝에서 [ㄱ]로 발음되는 'ㅋ'의 경우도 마찬가지이다.

2. /ㅎ/ 뒤에 /ㅅ/가 연결될 때는 /ㅅ/를 [ㅆ]로 발음한다. 그런데 이 발음이 도출되는 과정에 대해서는 여러 가지 견해가 있다. 첫째는 /ㅎ/가 음절 끝에서 [ㄷ]로 바뀐 후 뒤의 /ㅅ/를 된소리로 바꾸고 탈락한다고 보는 것이다. 이 과정을 정리하면 다음과 같다.

/놓소/ → /녿소/ → /녿쏘/ → [노쏘]

둘째는 /ㅎ/ 뒤에서 /ㅅ/가 바로 된소리 [ㅆ]로 바뀐다고 보는 것이다. /ㅅ/는 거센소리 계열이 없기 때문에 /ㅎ/의 영향을 받아도 거센소리로 바뀌지 못하고 대신 된소리 [ㅆ]로 바뀐다고 보는 것이다.

3. /ㅎ/는 /ㄴ/ 앞에서 [ㄴ]로 발음된다. 이 경우에도 /ㅎ/가 /ㄴ/ 앞에서 바로 [ㄴ]로 바뀐다고 보는 견해가 있는가 하면 다음과 같이 음절 끝의 /ㅎ/가 /ㄷ/로 바뀐 후 다시 뒤의 /ㄴ/에 의해 비음화되어 [ㄴ]가 된다고 보는 견해가 있다.

/놓는/ → /녿는/ → [논는]

[붙임] /ㅀ, ㅀ/ 뒤에 /ㄴ/가 연결되는 경우에는 /ㅎ/가 [ㄴ]로 바뀌지 않고 탈락한다. 우리말의 음절 끝에서는 자음이 둘 이상 발음될 수 없기 때문에 /ㅀ, ㅀ/가 음절 끝에서 그대로 발음될 수 없다. 그래서 자음 하나가 탈락하게 되는데, 이 경우에는 /ㅎ/가 탈락하는 양상을 보인다. 이처럼 중간 단계에서 /ㅎ/가 탈락하므로 /ㅎ/가 /ㄴ/에 동화되어 비음으로 바뀌는 현상이 일어날 수가 없다.

4. /ㅎ/ 뒤에 모음으로 시작하는 어미나 접미사가 결합하는 경우에는 /ㅎ/를 발음하지 않는다. '낳은[나은]'은 모음과 모음 사이에서, '않은[아는]'은 비음과 모음 사이에서, '닳아[다라]'는 유음과 모음 사이에서 /ㅎ/가 탈락하는 모습을 보인다.

모음과 비음, 유음은 음성학적으로 성문을 좁게 여는 유성음에 속한다는 공통점을 갖는다. 이러한 유성음 사이에서 /ㅎ/를 제 음가대로 발음하기 어렵기 때문에 /ㅎ/가 탈락하는 것이다.

그런데 이 조항에서는 용언 어간에 어미나 접미사가 결합하는 경우에만 /ㅎ/가 탈락하는 것을 인정한다. 실제로는 '다행, 부호, 번호, 삼학년, 실험, 결혼' 등의 체언을 발음할 때도 [다앵], [부오] [버노], [사망년], [시럼], [겨론]과 같이 /ㅎ/가 탈락하는 양상을 보이는데, 표준 발음법에서는 이를 인정하지 않는다.

 더 알아보기

제12항은 용언을 예로 들어 종성 /ㅎ/의 음가를 설명하였다. 음절 끝에 /ㅎ/를 가진 단어가 주로 '놓다, 좋다, 하얗다'와 같은 용언류이다 보니 자연스럽게 용언만을 예시 단어로 다루게 된 듯하다.

체언 중에서 음절 끝에 /ㅎ/를 가진 단어로는 '히읗'이 있다. '히읗'은 뒤에 /ㄱ, ㄷ, ㅂ, ㅈ/가 연결되어도 축약 현상이 일어나지 않고, 오히려 '히읗같이[히읃까치]', '히읗도[히읃또]' '히읗보다[히읃뽀다]', '히읗조차[히읃쪼차]'와 같이 경음화 현상이 일어난다. 그런데 제12항에서는 체언 '히읗'의 경우를 고려하지 않고 용언만을 대상으로 하여 발음을 규정하였다. 제12항에서 체언 '히읗'을 예시로 다루지 않은 것은 제16항에서 보듯이 '히읗'의 기저형을 /히읗/보다는 /히읃/으로 보기 때문인 듯하다. 그러나 '히읗'의 기저형을 /히읃/으로 볼 수 있을지는 아직 미지수이다.

> **제13항** 홑받침이나 쌍받침이 모음으로 시작된 조사나 어미, 접미사와 결합되는 경우에는, 제 음가대로 뒤 음절 첫소리로 옮겨 발음한다.
>
> | | | | |
> |---|---|---|---|
> | 깎아[까까] | 옷이[오시] | 있어[이써] | 낮이[나지] |
> | 꽂아[꼬자] | 꽃을[꼬츨] | 쫓아[쪼차] | 밭에[바테] |
> | 앞으로[아프로] | 덮이다[더피다] | | |

종성의 자리에 자음이 하나만 있을 경우에는 그 뒤에 모음으로 시작하는 조사, 어미, 접미사와 같은 문법 형태소가 이어질 때 해당 자음이 뒤 음절의 첫소리로 발음된다.

그러나 '낳은[나은]'과 같이 /ㅎ/가 탈락하거나(제12항) '굳이[구지]'와 같이 구개음화 현상이 일어나거나(제17항) '무겁-+-은 → [무거운]', '짓-+-어 → 지어[지어]'와 같이 용언이 불규칙 활용을 하는 경우에는 제 음가대로 연음되지 않는다.

음절 말 자음이 /ㅈ, ㅊ, ㅌ/인 경우에 다음과 같이 모음으로 시작하는 문법 형태소가 결합했음에도 불구하고 해당 음절의 종성을 연음하지 않고 다음 음절의 첫소리를 [ㅅ]로 발음하는 경향이 있는데, 이러한 발음은 표준 발음으로 인정하지 않는다.

빚을 [비즐](○) [비슬](×)	빚이 [비지](○) [비시](×)
빛을 [비츨](○) [비슬](×)	빛이 [비치](○) [비시](×)
밭을 [바틀](○) [바츨](×) [바슬](×)	
끝을 [끄틀](○) [끄츨](×) [끄슬](×)	
팥을 [파틀](○) [파츨](×) [파슬](×)	

 **더 알아보기**

> 현대 국어의 체언 중에서 어말 종성이 /ㄷ/인 단어는 '디귿'뿐이다. 그러나 과거에는 어말 종성이 /ㄷ/인 체언들이 많이 있었다. 이 체언들이 근대 국어를 거치면서 다음과 같은 통시적인 변화를 겪은 결과 현대 국어에서는 '디귿' 외에는 어말 종성이 /ㄷ/인 체언을 찾아볼 수 없게 되었다.
>
> 벋 〉 벗[友]   몯 〉 못[釘, 不]   갇 〉 갓[帽]
>
> 현대 국어에서 어말의 /ㅈ/, /ㅊ/, /ㅌ/가 [ㅅ]로 연음되는 현상은 이러한 '/ㄷ/ 〉 [ㅅ]' 현상의

연장선상에 있는 것으로 볼 수 있다. 그러나 이러한 변화가 음운론적으로 필연적인 현상이 아니기 때문에 규범에서는 이러한 변화를 인정하지 않는다.

제14항 겹받침이 모음으로 시작된 조사나 어미, 접미사와 결합되는 경우에는, 뒤엣것만을 뒤 음절 첫소리로 옮겨 발음한다.(이 경우, 'ㅅ'은 된소리로 발음함.)

넋이[넉씨]	앉아[안자]	닭을[달글]	젊어[절머]
곬이[골씨]	핥아[할타]	읊어[을퍼]	값을[갑쓸]
없어[업ː써]			

어말 자음군의 경우 그 뒤에 모음으로 시작하는 조사, 어미, 접미사가 이어질 때 첫째 자음은 종성으로 발음하고 둘째 자음은 다음 음절의 초성으로 발음한다. 이때 둘째 자음이 /ㅅ/인 경우에는 /ㅅ/가 다음 음절의 초성으로 연음되면서 된소리 [ㅆ]로 발음된다는 점이 특징이다.

현실 발음에서는 다음과 같이 음절 말 자음군의 첫째 자음을 탈락시키고 둘째 자음을 연음시키는 경우가 많다. 그러나 이러한 발음은 표준 발음으로 인정하지 않는다.

닭이[달기](○) [다기](×)	닭을[달글](○) [다글](×)
흙이[흘기](○) [흐기](×)	흙을[흘글](○) [흐글](×)
칡이[칠기](○) [치기](×)	칡을[칠글](○) [치글](×)

다음과 같이 둘째 자음을 탈락시키고 첫째 자음을 다음 음절의 초성으로 이어 발음하는 경우도 있다. 그러나 이 역시 표준 발음으로 인정하지 않는다.

값이[갑씨](○) [가비](×)	값을[갑쓸](○) [가블](×)
몫이[목씨](○) [모기](×)	몫을[목쓸](○) [모글](×)

 더 알아보기

'돐'은 뒤에 모음으로 시작하는 조사가 결합하면 [돌씨](돐 + 이), [돌쓸](돐 + 을)과 같이 /ㅅ/가 연음되면서 경음으로 발음되는 것이 일반적이었으나, 언제부턴가 발음이 [도리], [도를]과 같이 변하였다. 이러한 발음 변화를 인정하여 표준어 사정 원칙 제6항에서는 '돍' 대신 '돌'을 표준어로 인정하였다. 그러나 '돍' 이외의 다른 단어들은 이러한 변화를 인정하지 않으므로 발음에 유의해야 한다.

제15항 받침 뒤에 모음 'ㅏ, ㅓ, ㅗ, ㅜ, ㅟ'들로 시작되는 실질 형태소가 연결되는 경우에는, 대표음으로 바꾸어서 뒤 음절 첫소리로 옮겨 발음한다.

    밭 아래[바다래]   늪 앞[느밥]   젖어미[저더미]
    맛없다[마덥따]   겉옷[거돋]   헛웃음[허두슴]
    꽃 위[꼬뒤]

다만, '맛있다, 멋있다'는 [마싣따], [머싣따]로도 발음할 수 있다.

[붙임] 겹받침의 경우에는, 그중 하나만을 옮겨 발음한다.
    넋 없다[너겁따]   닭 앞에[다가페]   값어치[가버치]
    값있는[가빈는]

음절 말 자음이 /ㅅ, ㅈ, ㅊ, ㅌ, ㅍ, ㅋ, (ㅎ)/인 경우에 모음 /ㅏ, ㅓ, ㅗ, ㅜ, ㅟ/로 시작하는 실질 형태소가 연결되면 해당 종성이 대표음으로 바뀐 후에 다음 음절 첫소리로 연음되어 발음된다.

위의 조항에서는 종성을 /ㅅ, ㅈ, ㅊ, ㅌ, ㅍ, ㅋ, (ㅎ)/로 한정하지 않고 '받침'이라고 하였으나 대표음으로 바뀌는 자음은 /ㅅ, ㅈ, ㅊ, ㅌ, ㅍ, ㅋ, (ㅎ)/로 한정되므로 그냥 '받침'이라고 표현하는 것은 엄밀히 말해 정확한 표현이 아니다.

이 조항에서 모음을 /ㅏ, ㅓ, ㅗ, ㅜ, ㅟ/로 한정한 것은 모음 /ㅑ, ㅕ, ㅛ, ㅠ, ㅣ/로 시작하는 실질 형태소가 연결될 때는 '거짓 약속[거진냑쏙], 늦여름[는녀름], 깻잎 요리[깬님뇨리], 앞 유리[암뉴리], 꽃잎[꼰닙]' 등과 같이 뒷말의 초성 자리에 [ㄴ]가 첨가되면서 앞말의 종성이 연음되지 않는 경우가 많기 때문이다.

또한 모음 /ㅐ, ㅔ, ㅚ(ㅞ), ㅙ/를 제외한 것은 이들 모음으로 시작하는 실질 형태소가 결합할 때는 선행 음절의 종성이 대표음으로 바뀌어 연음되는 경우가 거의 없다고 봤기 때문인 듯하다. 그러나 드물게나마 '옷 액, 벚꽃 엔딩, 벼랑 끝 외교, 남녘 왜구'와 같은 표현이 가능하고, 이러한 조건을 갖춘 새로운 표현이 언제든지 등장할 수 있기 때문에 굳이 이 모음들을 목록에서 제외할 필요는 없다.

다만, '맛있다, 멋있다'의 경우에는 [마딛따], [머딛따] 외에도 [마싣따], [머싣따]와 같은 발음을 인정한다. 전자의 발음은 첫음절의 종성 /ㅅ/가 대표음 [ㄷ]로 바뀐 후 다음 음절의 초성으로 연음된 것으로 제15항의 설명에 부합되는 발음이다.

후자의 발음은 '맛이 있다[마시읻따]'와 '멋이 있다[머시읻따]'와 같은 통사적인 구성에서 주격 조사 'ㅣ'와 어간의 모음 'ㅣ'가 중복되어 어느 한쪽의 'ㅣ'가 탈락하면서 [마싣따]와 [머싣따]로 발음이 굳어진 것이다. 따라서 이 경우에는 두 가지 발음을 모두 인정한다.

반면 '맛없다'와 '멋없다'의 발음으로는 [마덥따]와 [머덥따]만 인정하고 [마섭따]와 [머섭따]는 인정하지 않는다. 그 이유는 '맛이 없다'와 '멋이 없다'와 같은 통사적인 구성에서는 모음이 중복되지 않아 [마시업따]와 [머시업따]를 [마섭따]와 [머섭따]로 더 줄일 수 없기 때문이다.

[붙임] 음절 말에 종성이 둘 있을 경우에는 모음으로 시작하는 실질 형태소가 이어질 때 두 자음 중 하나만 다음 음절 초성으로 연음되고 나머지 자음은 탈락한다.

'넋 없다[너겁따], 값어치[가버치], 값있는[가빈는]'은 둘째 자음이 탈락하고 첫째 자음이 연음되는 예이고, '닭 앞에[다가페]'는 첫째 자음이 탈락하고 둘째 자음이 연음되는 예이다.

한글 맞춤법 제20항 [붙임]에서는 '모가치'의 '아치'를 접미사로 분석하였으나, 표준 발음법 제15항 [붙임]에서는 '값어치'의 '어치'를 실질 형태소로 분석하여 이 두 규정의 분석이 서로 차이를 보인다. 그러나 '몫 + 아치'가 [목싸치]가 아닌 [모가치]로 발음 나는 것을 보면 이때의 '아치'를 실질 형태소로 보는 것이 옳다. 그렇다면 '몫 + 아치'는 '값어치'와 마찬가지로 '몫아치'로 적는 것이 원칙에 맞을 것이다.

'재미있다'를 줄여 '재밌다'라고 하는 것처럼 '어디 있어?'를 줄여 '어딨어'라고 할 수 있을까?

제16항 한글 자모의 이름은 그 받침소리를 연음하되, 'ㄷ, ㅈ, ㅊ, ㅋ, ㅌ, ㅍ, ㅎ'의 경우에는 특별히 다음과 같이 발음한다.

디귿이[디그시]	디귿을[디그슬]	디귿에[디그세]
지읒이[지으시]	지읒을[지으슬]	지읒에[지으세]
치읓이[치으시]	치읓을[치으슬]	치읓에[치으세]
키읔이[키으기]	키읔을[키으글]	키읔에[키으게]
티읕이[티으시]	티읕을[티으슬]	티읕에[티으세]
피읖이[피으비]	피읖을[피으블]	피읖에[피으베]
히읗이[히으시]	히읗을[히으슬]	히읗에[히으세]

한글 자모의 이름 뒤에 모음으로 시작하는 조사가 결합하면 제13항과 제15항에 따라 발음을 해야 하지만, 표준 발음법에서는 마치 어말 종성이 /ㅅ/인 것처럼 [ㅅ]를 다음 음절의 초성으로 연음하도록 하였다.

이는 다음의 발음을 인정하는 것과 마찬가지의 결과를 초래한다.

빚이[비시]	빚을[비슬]	빚에[비세]
빛이[비시]	빛을[비슬]	빛에[비세]
부엌이[부어기]	부엌을[부어글]	부엌에[부어게]
밭이[바시]	밭을[바슬]	밭에[바세]
팥이[파시]	팥을[파슬]	팥에[파세]

표준 발음법에서는 위와 같은 발음을 인정하지 않지만, 한글 자모의 이름에 한해서는 위와 같은 발음을 인정하는 셈이어서 형평성의 문제가 발생한다. 한글 자모의 이름은 일상생활에서 발음할 기회가 별로 없다 보니, 어말의 종성이 제 음가대로 다음 음절의 초성으로 연음되지 못하고 어말의 /ㄷ, ㅌ, ㅈ, ㅊ/가 [ㅅ]로, /ㅋ/와 /ㅍ/가 각각 [ㄱ]와 [ㅂ]로 연음되는 발음 변화의 유행을 거스르지 못했던 것으로 보인다.

제5장 음의 동화

제17항 받침 'ㄷ, ㅌ(ㄾ)'이 조사나 접미사의 모음 'ㅣ'와 결합되는 경우에는, [ㅈ, ㅊ]으로 바꾸어서 뒤 음절 첫소리로 옮겨 발음한다.

      곧이듣다[고지듣따]   굳이[구지]   미닫이[미:다지]

      땀받이[땀바지]   밭이[바치]   벼훑이[벼훌치]

[붙임] 'ㄷ' 뒤에 접미사 '히'가 결합되어 '티'를 이루는 것은 [치]로 발음한다.

      굳히다[구치다]   닫히다[다치다]   묻히다[무치다]

'해돋이[해도지], 끝이[끄치]'와 같이 종성 /ㄷ, ㅌ/는 문법 형태소에 속하는 모음 /ㅣ/를 만나면 [ㅈ, ㅊ]로 바뀌어 다음 음절의 초성으로 연음된다. 이를 구개음화 현상이라고 한다.

위의 조항에서 문법 형태소 중에서 조사와 접미사만 언급을 하고 어미를 언급하지 않은 것은 어미 '-이'는 구개음화 현상을 일으킬 수 없다고 보기 때문이다. 어미 '-이'는 '정말 대단하이'와 같이 상태의 서술이나 느낌을 나타내는 종결 어미로 사용되는데, 어간 말에 종성이 있을 경우에는 '가야 할 것 같으이'와 같이 형태가 '-으이'로 실현되기 때문에 구개음화 현상을 일으킬 수 없다.

[붙임] '굳히다[구치다]'의 발음에는 구개음화 현상과 유기음화 현상이 반영되어 있다. /ㄷ/와 /ㅎ/가 결합하여 거센소리가 되는 것은 유기음화 현상과 관련이 있고, 종성의 /ㄷ/가 /ㅣ/를 만나 구개음이 되어 다음 음절의 초성으로 연음되는 것은 구개음화 현상과 관련이 있다.

그런데 이 경우에는 유기음화 현상과 구개음화 현상이 순차적으로 일어난다기보다는 동시에 일어나는 것처럼 보인다. /ㄷ/가 /ㅈ/로 바뀌었다가 다시 [ㅊ]로 바뀌는 것이 아니라 바로 거센소리 [ㅊ]로 바뀌기 때문이다.

사실 이 현상은 통시적인 변화의 산물이다. '굳히다, 닫히다, 묻히다'는 15세기에 유기음화 현상에 의해 '구티다, 다티다, 무티다'로 표기되었고 이후에 구개음화 현상의 적용을 받은 것인데, 현대 국어에서 이를 '굳히다, 닫히다, 묻히다'로 표기하면서 구개음화 현상과 유기음화 현상이 공시적으로 동시에 적용되는 것처럼 보이는 경향이 있다.

 더 알아보기

> 같은 '밭이랑'이라 하더라도 '이랑'이 조사일 때는 구개음화 현상이 일어나
> 지만, '이랑'이 명사일 때는 구개음화 현상이 일어나지 않는다.
>
> 외지인들이 논이랑 밭이랑 다 사들이는 바람에 땅값이 많이 올랐다.
> 농부가 이른 아침에 밭이랑에 씨를 뿌렸다.

제18항 받침 'ㄱ(ㄲ, ㅋ, ㄳ, ㄺ), ㄷ(ㅅ, ㅆ, ㅈ, ㅊ, ㅌ, ㅎ), ㅂ(ㅍ, ㄼ, ㄿ, ㅄ)'은 'ㄴ, ㅁ' 앞에서
[ㅇ, ㄴ, ㅁ]으로 발음한다.

먹는[멍는]	국물[궁물]	깎는[깡는]	키읔만[키응만]
몫몫이[몽목씨]	긁는[긍는]	흙만[흥만]	닫는[단는]
짓는[진ː는]	옷맵시[온맵씨]	있는[인는]	맞는[만는]
젖멍울[전멍울]	쫓는[쫀는]	꽃망울[꼰망울]	붙는[분는]
놓는[논는]	잡는[잠는]	밥물[밤물]	앞마당[암마당]
밟는[밤ː는]	읊는[음는]	없는[엄ː는]	

[붙임] 두 단어를 이어서 한 마디로 발음하는 경우에도 이와 같다.
  책 넣는다[챙넌는다]   흙 말리다[흥말리다]   옷 맞추다[온맏추다]
  밥 먹는다[밤멍는다]   값 매기다[감매기다]

/ㄱ, ㄷ, ㅂ/를 비롯하여 비음이 아닌 자음들이 음절 말의 종성 자리에 있고 다음 음절의
초성이 비음 /ㄴ, ㅁ/이면, 해당 종성은 [ㅇ, ㄴ, ㅁ]로 바뀌어 발음된다. 이는 비음이 아닌
자음이 비음(ㄴ, ㅁ) 앞에서 비음(ㅇ, ㄴ, ㅁ)으로 바뀌는 현상으로, 이를 비음화 현상이라고
한다. 이 현상을 유발하는 비음의 목록에서 /ㅇ/이 빠진 이유는 /ㅇ/은 음절의 초성 자리에서
발음될 수 없기 때문이다.

이 현상은 어간과 어미의 결합, 체언과 조사의 결합, 어근과 접사의 결합, 어근과 어근의
결합 등 여러 환경에서 두루 일어난다.

[붙임] '못 만나다[몬만나다], 밥 먹다[밤먹따]' 등과 같이 여러 단어가 모여 구를 이루는

경우에도 비음화 현상이 일어난다.

제19항 받침 'ㅁ, ㅇ' 뒤에 연결되는 'ㄹ'은 [ㄴ]으로 발음한다.

<blockquote>
담력[담:녁]   침략[침:냑]   강릉[강능]

항로[항:노]   대통령[대:통녕]
</blockquote>

[붙임] 받침 'ㄱ, ㅂ' 뒤에 연결되는 'ㄹ'도 [ㄴ]으로 발음한다.

<blockquote>
막론[막논 → 망논]   석류[석뉴 → 성뉴]   협력[협녁 → 혐녁]

법리[법니 → 범니]
</blockquote>

'담력[담녁], 강릉[강능]'과 같이 종성 /ㅁ, ㅇ/ 뒤에 초성 /ㄹ/가 연결되면 /ㄹ/가 [ㄴ]로 바뀐다. 이는 비음 /ㅁ, ㅇ/ 뒤에서 유음 /ㄹ/가 비음 [ㄴ]로 바뀌는 현상으로, 이 역시 일종의 비음화 현상에 속한다.

[붙임] '막론[망논], 독립[동닙]'과 같이 종성 /ㄱ, ㅂ/ 뒤에 초성 /ㄹ/가 연결될 때도 /ㄹ/가 [ㄴ]로 바뀐다. 이 경우에는 뒤 음절의 초성 /ㄹ/가 비음 [ㄴ]로 바뀌는 현상과 앞 음절의 종성 /ㄱ, ㅂ/가 비음 [ㅇ, ㅁ]로 바뀌는 현상이 모두 일어난다.

/독립/ → /독닙/ → [동닙]

/독립/ → /동립/ → [동닙]

/독립/ → [동닙]

위와 같이 이 두 현상이 순차적으로 일어난다고 보기도 하고 동시에 일어난다고 보기도 하는데, 제19항에서는 '/독닙/ → [동닙]'과 같이 뒤 음절의 초성 /ㄹ/가 먼저 바뀐 후 이어서 앞 음절의 종성 /ㄱ, ㅂ/가 비음으로 바뀌는 것으로 보았다.

제20항 'ㄴ'은 'ㄹ'의 앞이나 뒤에서 [ㄹ]로 발음한다.

(1) 난로[날:로]   신라[실라]   천리[철리]

    광한루[광:할루]   대관령[대:괄령]

(2) 칼날[칼랄]   물난리[물랄리]   줄넘기[줄럼끼]

    할는지[할른지]

[붙임] 첫소리 'ㄴ'이 'ㅀ', 'ㄾ' 뒤에 연결되는 경우에도 이에 준한다.

닳는[달른]　　　　뚫는[뚤른]　　　　핥네[할레]

다만, 다음과 같은 단어들은 'ㄹ'을 [ㄴ]으로 발음한다.

의견란[의ː견난]　　임진란[임ː진난]　　생산량[생산냥]

결단력[결딴녁]　　공권력[공꿘녁]　　동원령[동ː원녕]

상견례[상견녜]　　횡단로[횡단노]　　이원론[이ː원논]

입원료[이붠뇨]　　구근류[구근뉴]

'난로[날로], 신라[실라]'와 같이 뒤 음절의 초성 /ㄹ/가 앞 음절의 종성 /ㄴ/를 닮아 [ㄴ]로 바뀌기도 하고, '칼날[칼랄], 달나라[달라라]'와 같이 앞 음절의 종성 /ㄹ/가 뒤 음절의 초성 /ㄴ/를 닮아 [ㄹ]로 바뀌기도 한다. 이러한 현상을 유음화 현상이라고 한다.

[붙임] '싫네[실레], 핥네[할레]'와 같이 어간 말의 자음군 /ㅀ, ㄾ/ 뒤에 어미의 초성 /ㄴ/가 연결될 때도 /ㄴ/가 [ㄹ]로 바뀐다. 제12항에서 살펴보았듯이 /ㄶ, ㅀ/의 뒤에 /ㄴ/가 연결될 때 /ㅎ/가 발음되지 않기 때문에 유음화 현상이 일어나게 된다. /ㄾ/도 제10항에서 살펴본 것처럼 자음 앞에서 /ㅌ/가 탈락하기 때문에 역시 유음화 현상이 일어난다.

다만, /ㄴ/와 /ㄹ/ 사이에서 형태론적인 경계가 인식되고 선행 요소가 자립성을 가지고 있을 경우에는 유음화 현상이 일어나지 않고 오히려 /ㄹ/가 [ㄴ]로 바뀌는 비음화 현상이 일어난다.

예를 들어 '입원'과 '-료' 사이에는 형태론적인 경계가 뚜렷하며 선행 요소인 '입원'이 자립성을 가지고 있으므로 유음화 현상이 아닌 비음화 현상이 일어난다. 반면 '원료'는 내부 경계가 명확하게 인식되지 않으므로 유음화 현상이 일어난다.

'공권력'도 '공권'과 '-력'이 결합한 단어이기 때문에 비음화 현상이 일어나지만, '권력'은 한 단위로 인식되기 때문에 유음화 현상이 일어난다. 최근에는 '공권력'의 '공권'과 '-력'이 별개의 단위에 속한다는 사실을 인식하지 못하여 이를 [공꿜력]으로 발음하는 경향이 있지만, 올바른 발음은 비음화 현상이 일어나는 [공꿘녁]이다.

더 알아보기

/ㄴㄹ/가 [ㄴㄴ]로 발음되는지 [ㄹㄹ]로 발음되는지는 국어사전을 통해 대부분 확인할 수 있다. 또한 대부분의 사람들은 모국어를 학습하는 과정에서 올바른 발음을 자연스럽게 습득하게 된다. 다만, 어린 시절에 학습이 자연스럽게 이루어지기 어려운 인명이나 지명과 같은 고유 명사, 일상생활에서 자주 사용하지 않는 저빈도어, 전통적인 발음이 존재하지 않는 외래어 등은 개인에 따라 발음이 다르게 실현되기도 한다. 다음의 예들이 그러한 양상을 보인다.

선릉, 광한루, 광안리, 대관령, 노근리, 박인로, 김안로
분루, 이안류, 음운론, 여민락, 간선로, 무신론, 상견례
원룸, 온라인, 인라인, 빈 라덴, 리원량, 마릴린 먼로

제21항 위에서 지적한 이외의 자음 동화는 인정하지 않는다.

감기[감ː기](×[강ː기])　　옷감[옫깜](×[옥깜])
있고[읻꼬](×[익꼬])　　꽃길[꼳낄](×[꼭낄])
젖먹이[전머기](×[점머기])　 문법[문뻡](×[뭄뻡])
꽃밭[꼳빧](×[꼽빧])

제17항의 구개음화 현상, 제18항, 제19항의 비음화 현상, 제20항의 유음화 현상은 모두 자음이 다른 자음이나 모음을 닮아가는 자음 동화 현상에 속한다. 표준 발음법에서는 이 외의 자음 동화 현상은 인정하지 않는다.

흔히 '한강[한강]'을 [항강]으로 발음하고, '웃기다[욷끼다]'를 [욱끼다]로 발음하는 경향이 있는데, 표준 발음법에서는 이러한 발음을 인정하지 않는다. 그 이유는 이들 단어를 [항강]이나 [욱끼다]로 발음해야 할 필연성이 없기 때문이다.

이들 단어를 [항강]이나 [욱끼다]로 발음하면 앞 음절 종성과 뒤 음절 초성의 조음 위치가 같아져 훨씬 발음하기가 편하지만, 그렇다고 해서 [한강]이나 [욷끼다]와 같은 발음이 불가능한 것은 아니기 때문에 원칙적인 발음만을 표준 발음으로 인정하는 것이다.

 더 알아보기

표준어 사정 원칙 제5항에서는 '강남콩' 대신 '강낭콩'을 표준어로 삼았다. '강낭콩'은 원래 중국의 강남(江南)에서 들어왔다고 하여 '강남콩'이라 하였는데, 사람들이 이를 편하게

[강낭콩]으로 발음하면서 이를 표준어로 인정하게 되었다. 표준 발음법 제21항에서는 이러한 발음을 인정하지 않지만, 표준어 사정 원칙 제5항에서는 예외적으로 '강낭콩'을 표준어로 인정하였다.

제22항 다음과 같은 용언의 어미는 [어]로 발음함을 원칙으로 하되, [여]로 발음함도 허용한다.
  되어[되어/되여]   피어[피어/피여]

[붙임] '이오, 아니오'도 이에 준하여 [이요, 아니요]로 발음함을 허용한다.

'되어, 피어'는 [되어], [피어]로 발음하는 것이 원칙이지만, [되여], [피여]로 발음하는 것도 허용한다. 이 조항에서는 어미 '-어'가 [여]로 발음되는 환경을 정확하게 언급하지 않았지만, 용례를 통해 어간 말 모음이 /ㅚ/나 /ㅣ/일 때 어미 '-어'를 [여]로 발음하는 것을 허용한다는 사실을 알 수 있다.

또한 『표준국어대사전』에서는 '뛰어'의 발음을 [뛰어/뛰여]로 제시하고 있어 /ㅚ/와 /ㅣ/ 뿐만 아니라 /ㅟ/의 경우에도 뒤따르는 어미 '-어'를 [여]로 발음하도록 한다는 사실을 알 수 있다.

반면 『표준국어대사전』에서는 '개어, 세어'의 발음을 [개어], [세어] 또는 [개ː], [세ː]로만 제시하고 있어 [개여], [세여]와 같은 발음을 인정하지 않는다.

어미 '-어'가 [여]로 발음되는 현상을 반모음 첨가 현상으로 분류하기도 하지만, 표준 발음법에서는 이 현상을 첨가 현상이 아닌 동화 현상으로 분류하고 있다.

[붙임] '이오, 아니오' 역시 [이오, 아니오]로 발음하는 것이 원칙이지만 [이요, 아니요]로 발음하는 것을 허용한다.

제6장 경음화

제23항 받침 'ㄱ(ㄲ, ㅋ, ㄳ, ㄺ), ㄷ(ㅅ, ㅆ, ㅈ, ㅊ, ㅌ), ㅂ(ㅍ, ㄼ, ㄿ,ㅄ)' 뒤에 연결되는 'ㄱ, ㄷ, ㅂ, ㅅ, ㅈ'은 된소리로 발음한다.

국밥[국빱]	깎다[깍따]	넋받이[넉빠지]	삯돈[삭똔]
닭장[닥짱]	칡범[칙뻠]	뻗대다[뻗때다]	옷고름[옫꼬름]
있던[읻떤]	꽂고[꼳꼬]	꽃다발[꼳따발]	낯설다[낟썰다]
밭갈이[받까리]	솥전[솓쩐]	곱돌[곱똘]	덮개[덥깨]
옆집[엽찝]	넓죽하다[넙쭈카다]	읊조리다[읍쪼리다]	값지다[갑찌다]

음절 말의 [ㄱ, ㄷ, ㅂ] 뒤에 연결되는 다음 음절의 초성 /ㄱ, ㄷ, ㅂ, ㅅ, ㅈ/는 [ㄲ, ㄸ, ㅃ, ㅆ, ㅉ]로 경음화된다. 이는 예외가 없는 필수적인 현상으로서 '국밥[국빱]'과 같은 합성어나 '덮개[덥깨]'와 같은 파생어, '깎다[깍따]'와 같은 용언의 활용형 등 다양한 구성에서 경음화 현상이 일어난다.

제24항 어간 받침 'ㄴ(ㄵ), ㅁ(ㄻ)' 뒤에 결합되는 어미의 첫소리 'ㄱ, ㄷ, ㅅ, ㅈ'은 된소리로 발음한다.

신고[신ː꼬]	껴안다[껴안따]	앉고[안꼬]	얹다[언따]
삼고[삼ː꼬]	더듬지[더듬찌]	닮고[담ː꼬]	젊지[점ː찌]

다만, 피동, 사동의 접미사 '-기-'는 된소리로 발음하지 않는다.

안기다	감기다	굶기다	옮기다

용언의 어간 말 [ㄴ, ㅁ] 뒤에 연결되는 어미의 첫소리 /ㄱ, ㄷ, ㅅ, ㅈ/도 [ㄲ, ㄸ, ㅆ, ㅉ]로 경음화된다. 어미의 첫소리 목록에서 /ㅂ/가 빠진 것은 /ㅂ/로 시작하는 어미가 없기 때문이다.

이 현상은 용언의 활용형에서만 일어난다. 체언에 조사가 결합한 '신도, 신과'나 명사 '신고(申告)'의 경우에는 경음화 현상이 일어나지 않는다.

다만, 용언의 어간 뒤라 하더라도 어미가 아닌 접미사가 결합할 때는 경음화 현상이 일어나지 않는다. 어미가 결합한 '안고[안:꼬]', '안기[안:끼]'의 경우에는 어미의 첫소리가 경음으로 발음되지만, 접미사가 결합한 '안기다[안기다]'의 경우에는 접미사의 첫소리가 경음으로 발음되지 않는다.

'신다'의 사동사인 '신기다'를 [신끼다]로 발음하는 경향이 있는데, '안기다, 숨기다, 담기다' 등의 발음과 비교해 보면 '신기다'는 [신기다]로 발음하는 것이 옳다.

제25항 어간 받침 'ㄼ, ㄿ' 뒤에 결합되는 어미의 첫소리 'ㄱ, ㄷ, ㅅ, ㅈ'은 된소리로 발음한다.

넓게[널께]　　할다[할따]　　훑소[훌쏘]　　떫지[떨:찌]

용언의 어간 말음이 /ㄼ, ㄿ/인 경우에는 뒤에 어미가 결합하면 둘째 자음인 /ㅂ/나 /ㅌ/가 탈락하고 어미의 첫소리 'ㄱ, ㄷ, ㅅ, ㅈ/가 [ㄲ, ㄸ, ㅆ, ㅉ]로 발음된다.

'여덟과[여덜과], 여덟도[여덜도]'와 같이 체언의 말음이 /ㄼ/인 경우에는 이러한 경음화 현상이 일어나지 않는다. 또한 '알다[알:다], 알고[알:고], 알게[알:게]'와 같이 어간 말음이 원래부터 /ㄹ/인 경우에도 어미의 첫소리가 경음화되지 않는다.

제26항 한자어에서, 'ㄹ' 받침 뒤에 연결되는 'ㄷ, ㅅ, ㅈ'은 된소리로 발음한다.

갈등[갈뚱]　　　발동[발똥]　　　절도[절또]　　　말살[말쌀]
불소[불쏘](弗素)　일시[일씨]　　　갈증[갈쯩]　　　물질[물찔]
발전[발쩐]　　　몰상식[몰쌍식]　　불세출[불쎄출]

다만, 같은 한자가 겹쳐진 단어의 경우에는 된소리로 발음하지 않는다.
허허실실[허허실실](虛虛實實)　　　절절-하다[절절하다](切切-)

한자어에서는 음절 말 /ㄹ/ 뒤에서 다음 음절의 초성 /ㄷ, ㅅ, ㅈ/가 [ㄸ, ㅆ, ㅉ]로 경음화된다. 그러나 같은 환경에서 /ㄱ, ㅂ/는 [ㄲ, ㅃ]로 경음화되지 않는다.

	/ㄷ, ㅅ, ㅈ/	/ㄱ, ㅂ/
절(絶)	절단(絶斷), 절세(絶世), 절정(絶頂)	절교(絶交), 절벽(絶壁)
활(活)	활동(活動), 활성(活性), 활자(活字)	활기(活氣), 활발(活潑)
골(骨)	골동품(骨董品), 골수(骨髓), 골절(骨折)	골격(骨格), 골반(骨盤)

다만, 같은 한자가 겹쳐신 단어의 경우에는 반복되는 음절들이 대등한 관계에 있기 때문에 경음화 현상이 일어나지 않는다.

 더 알아보기

       예시 단어 중 '몰상식[몰쌍식]'은 엄밀히 말하면 적절한 예라고 할 수 없다. 이 단어는 일반적인 한자어가 아니라 접두사 '몰-'이 결합한 파생어이기 때문이다. 제26항의 규정은 일반적인 다음절 한자어의 발음에 대한 설명으로, 접사가 결합한 파생어는 이 규정의 적용 대상이 아니다.

  예를 들어 '탈대중화, 탈수도권, 탈지방' 등은 접두사 '탈(脫)-'이 결합한 파생어로서 경음화 현상이 일어나지 않는다. '몰지각(沒知覺)'에서 경음화 현상이 일어나지 않는 것도 마찬가지이다.

  '몰상식[몰쌍식]'에서 경음화 현상이 일어나는 것은 파생어로서 예측이 불가능한 면이 있다. 접두사 '실(實)-'이 결합한 단어들도 같은 환경임에도 불구하고 '실수입(實收入)[실쑤입], 실시간(實時間)[실씨간]'에서는 경음화 현상이 일어나지만 '실수요(實需要)[실수요], 실소득(實所得)[실소득]'에서는 경음화 현상이 일어나지 않는 불규칙한 모습을 보인다.

제27항 관형사형 '-(으)ㄹ' 뒤에 연결되는 'ㄱ, ㄷ, ㅂ, ㅅ, ㅈ'은 된소리로 발음한다.

    할 것을[할꺼슬]   갈 데가[갈떼가]   할 바를[할빠를]

    할 수는[할쑤는]   할 적에[할쩌게]   갈 곳[갈꼳]

    할 도리[할또리]   만날 사람[만날싸람]

다만, 끊어서 말할 적에는 예사소리로 발음한다.

[붙임] '-(으)ㄹ'로 시작되는 어미의 경우에도 이에 준한다.

    할걸[할껄]   할밖에[할빠께]   할세라[할쎄라]

    할수록[할쑤록]   할지라도[할찌라도]   할지언정[할찌언정]

    할진대[할찐대]

관형사형 어미 '-(으)ㄹ' 뒤에서는 /ㄱ, ㄷ, ㅂ, ㅅ, ㅈ/가 [ㄲ, ㄸ, ㅃ, ㅆ, ㅉ]로 발음되는 것이 일반적이다. 그러나 관형사형 어미 '-(으)ㄹ' 뒤에 휴지(休止)를 둘 경우에는 뒤 음절의 첫소리가 경음화되지 않는다.

예를 들어 '내일 먹을 고기'를 자연스럽게 이어서 발음하면 '고기'가 [꼬기]로 발음되지만, '먹을'과 '고기' 사이를 잠깐 끊어서 발음하면 '고기'의 첫소리가 경음으로 발음되지 않는다.

동일한 관형사형 어미라 하더라도 '-(으)ㄴ' 뒤에서는 경음화 현상이 일어나지 않는다. 예를 들어 '어제 먹은 고기'를 발음할 때는 휴지 여부와 상관없이 '고기'의 첫소리가 경음으로 발음되지 않는다.

[붙임] '-(으)ㄹ'로 시작되는 어미의 경우에도 다음 음절의 초성 /ㄱ, ㄷ, ㅂ, ㅅ, ㅈ/를 [ㄲ, ㄸ, ㅃ, ㅆ, ㅉ]로 발음한다. 그러나 발음과는 달리 이들 어미를 표기할 때는 된소리 표기를 하지 않는다. 한글 맞춤법 제53항에서는 이들 어미의 된소리 발음을 예사소리로 적도록 하였다. 다만, 의문을 나타내는 '-(으)ㄹ까, -(으)ㄹ꼬, -(스)ㅂ니까, -(으)리까, -(으)ㄹ쏘냐' 등은 된소리로 적도록 하였다.

제28항 표기상으로는 사이시옷이 없더라도, 관형격 기능을 지니는 사이시옷이 있어야 할(휴지가 성립되는) 합성어의 경우에는, 뒤 단어의 첫소리 'ㄱ, ㄷ, ㅂ, ㅅ, ㅈ'을 된소리로 발음한다.

문-고리[문꼬리]	눈-동자[눈똥자]	신-바람[신빠람]
산-새[산쌔]	손-재주[손째주]	길-가[길까]
물-동이[물똥이]	발-바닥[발빠닥]	굴-속[굴:쏙]
술-잔[술짠]	바람-결[바람껼]	그믐-달[그믐딸]
아침-밥[아침빱]	잠-자리[잠짜리]	강-가[강까]
초승-달[초승딸]	등-불[등뿔]	창-살[창쌀]
강-줄기[강쭐기]		

합성어 내부에서 경음화 현상이 일어나는 경우가 있다. '논밭, 물불, 손발, 아침저녁'과 같이 구성 요소들이 대등한 관계에 있는 대등 합성어의 경우에는 경음화 현상이 일어나지 않지만, '논길, 물동이, 손수건, 아침밥'과 같이 앞의 구성 요소가 뒤의 구성 요소를 꾸며 주는 종속 합성어의 경우에는 뒤 구성 요소의 초성이 경음화되는 경향을 보인다.

그런데 이때의 경음화 현상은 필수적인 현상이 아니다. 제23항에서 규정한 것처럼 음절 말 자음이 [ㄱ, ㄷ, ㅂ]로 발음될 때는 다음 음절의 초성 /ㄱ, ㄷ, ㅂ, ㅅ, ㅈ/가 반드시 경음으로 발음되지만, 음절 말 자음이 /ㄴ, ㅁ, ㅇ, ㄹ/일 때는 다음 음절의 초성이 반드시 경음으로 발음되는 것은 아니다. 이때에는 다음과 같이 경우에 따라 경음화 현상이 일어나기도 하고 일어나지 않기도 한다.

손도장[손또장], 손바닥[손빠닥], 손수건[손쑤건]

손대패[손대패], 손두부[손두부], 손부채[손부채]

음운론적으로 필연적이지는 않지만 이렇게 합성어 내부에서 뒤 구성 요소의 초성이 경음으로 발음될 때는 이 발음을 표준 발음으로 인정한다. 다만, 개인에 따라 경음 발음에서 차이를 보일 수도 있으므로, 국어사전의 발음 정보 등을 참고하여 표준 발음을 잘 알아둘 필요가 있다.

 더 알아보기

합성어에만 국한된 것은 아니지만, 경음 발음과 평음 발음을 모두 복수 발음으로 인정하는 예들도 있다. 이들은 모두 2015년부터 2017년 사이에 복수 발음으로 인정된 것으로, 목록은 다음과 같다.

김밥[김ː밥/김ː빱], 관건(關鍵)[관건/관껀], 불법(不法)[불법/불뻡]
반값[반ː갑/반ː깝], 교과(敎科)[교ː과/교ː꽈], 효과(效果)[효ː과/효ː꽈]

분수(分數)[분쑤/분수], 점수(點數)[점쑤/점수]
함수(函數)[함ː쑤/함ː수], 안간힘[안깐힘/안간힘]
인기척[인끼척/인기척]
밤사이[밤싸이/밤사이], 밤새[밤쌔/밤새],
날사이[날싸이/날사이], 날새[날쌔/날새]

'김밥, 관건, 불법, 반값, 교과, 효과'는 경음 발음을 추가로 인정한 경우이고, '분수, 점수, 함수, 안간힘, 인기척, 밤사이, 밤새, 날사이, 날새'는 평음 발음을 추가로 인정한 경우이다. 이 중 '분수(分數)'는 '사물을 분별하는 지혜'라는 의미일 때는 평음 발음인 [분ː수]를 표준 발음으로 인정하고, 수학 용어일 때는 [분쑤]와 [분수]를 복수 발음으로 인정한다.

제7장 음의 첨가

제29항 합성어 및 파생어에서, 앞 단어나 접두사의 끝이 자음이고 뒤 단어나 접미사의 첫음절이 '이, 야, 여, 요, 유'인 경우에는, 'ㄴ' 음을 첨가하여 [니, 냐, 녀, 뇨, 뉴]로 발음한다.

솜-이불[솜ː니불]	홑-이불[혼니불]	막-일[망닐]
삯-일[상닐]	맨-입[맨닙]	꽃-잎[꼰닙]
내복-약[내ː봉냑]	한-여름[한녀름]	남존-여비[남존녀비]
신-여성[신녀성]	색-연필[생년필]	직행-열차[지캥녈차]
늑막-염[능망념]	콩-엿[콩녇]	담-요[담ː뇨]
눈-요기[눈뇨기]	영업-용[영엄뇽]	식용-유[시굥뉴]
백분-율[백뿐뉼]	밤-윷[밤ː뉻]	

다만, 다음과 같은 말들은 'ㄴ' 음을 첨가하여 발음하되, 표기대로 발음할 수 있다.

이죽-이죽[이중니죽/이주기죽]	야금-야금[야금냐금/야그먀금]
검열[검ː녈/거ː멸]	욜랑-욜랑[욜랑뇰랑/욜랑욜랑]
금융[금늉/그뮹]	

[붙임 1] 'ㄹ' 받침 뒤에 첨가되는 'ㄴ' 음은 [ㄹ]로 발음한다.

들-일[들ː릴]	솔-잎[솔립]	설-익다[설릭따]
물-약[물략]	불-여우[불려우]	서울-역[서울력]
물-엿[물렫]	휘발-유[휘발류]	유들-유들[유들류들]

[붙임 2] 두 단어를 이어서 한 마디로 발음하는 경우에도 이에 준한다.

한 일[한닐]	옷 입다[온닙따]	서른여섯[서른녀섣]
3 연대[삼년대]	먹은 엿[머근녇]	할 일[할릴]
잘 입다[잘립따]	스물여섯[스물려섣]	1 연대[일련대]
먹을 엿[머글렫]		

다만, 다음과 같은 단어에서는 'ㄴ(ㄹ)' 음을 첨가하여 발음하지 않는다.

6·25[유기오]	3·1절[사밀쩔]	송별-연[송ː벼련]
등-용문[등용문]		

복합어에서 앞 구성 요소의 어말에 종성이 있고 뒤 구성 요소가 초성 없이 단모음 'ㅣ'나 'ㅣ'계 이중 모음으로 시작할 때 두 구성 요소 사이에 [ㄴ]가 첨가되는 현상을 ㄴ 첨가 현상이라고 한다.

ㄴ 첨가 현상은 단일어 내부에서는 일어나지 않고 합성어나 파생어에서만 일어난다. 파생어라 하더라도 뒤 구성 요소가 문법적인 기능이 강한 접미사일 때에는 [ㄴ]가 첨가되지 않는다. 예컨대 '먹이다, 붙이다'와 같은 피·사동사, '먹이, 피붙이'와 같은 파생 명사, '굳이, 깨끗이'와 같은 파생 부사의 경우에는 [ㄴ]가 첨가되지 않는다.

ㄴ 첨가 현상의 음운론적인 조건은 앞 구성 요소의 어말에 종성이 있고 뒤 구성 요소가 초성 없이 단모음 'ㅣ'나 'ㅣ'계 이중 모음으로 시작해야 한다는 것이다. 위의 조항에서는 뒤 단어나 접미사의 첫음절이 '이, 야, 여, 요, 유'인 경우라고 하였으나, 종성이 있는 '익, 일, 입, 약, 연' 등의 음절이 이어질 때도 [ㄴ]가 첨가되므로 음절보다는 모음을 중심으로 설명하는 것이 정확하다.

또한 '기본예절[기본녜절], 극예술[긍녜술], 총예산[총ː녜산], 뒷얘기[뒨ː내기]'와 같이 모음이 /ㅖ/와 /ㅒ/일 때도 [ㄴ]가 첨가되므로, 모음의 목록에 /ㅖ/와 /ㅒ/를 추가해야 한다.

ㄴ 첨가 현상은 필수적인 현상이 아니다. 그런데 이 조항에서는 '[니, 냐, 녀, 뇨, 뉴]로 발음한다'고 단정적으로 기술하여 이 현상이 마치 필수적인 현상인 것처럼 오해하기 쉽다.

눈-요기[눈뇨기]   눈-약[눈냑]
눈-이슬[누니슬]   눈-인사[누닌사]

그러나 '눈이슬, 눈인사'와 같이 [ㄴ]가 첨가되지 않는 단어들이 있으므로 이 현상을 필수적인 현상으로 오해해서는 안 될 것이다.

다만, [ㄴ]가 첨가된 발음과 첨가되지 않은 발음을 모두 표준 발음으로 인정하는 예들이 있다. 다음과 같이 동일한 말이 반복되는 첩어(疊語)가 대표적인 예이다.

이죽-이죽[이중니죽/이주기죽]   야금-야금[야금냐금/야그먀금]
욜랑-욜랑[욜랑뇰랑/욜랑욜랑]   이글-이글[이글리글/이그리글]
여릿-여릿[여린녀린/여리려린]   이들-이들[이들리들/이드리들]
이엄-이엄[이엄니엄/이어미엄]   일렁-일렁[일렁닐렁/일렁일렁]

야들-야들[야들랴들/야드랴들]　　얄랑-얄랑[얄랑냘랑/얄랑얄랑]

얄찍-얄찍[얄찡냘찍/얄찌걀찍]

　검열[검ː녈/거ː멸]과 금융[금늉/그뮹]은 첩어가 아님에도 불구하고 복수 발음을 인정한다는 점이 특이하다. 한자 하나하나가 고유한 의미를 가지고 있다는 점에서 이들 단어를 합성어로 볼 여지도 있으나, 이 조항에서 예를 든 다른 난어들과는 달리 '검열'과 '금융'은 '검-열, 금-융'과 같이 내부에서 경계가 뚜렷하게 인식되지 않으므로 이들을 이 조항에서 의미하는 '합성어'로 보기 어렵다.

　이 외에도 다음과 같은 단어들은 [ㄴ]가 첨가된 발음과 첨가되지 않은 발음을 모두 표준 발음으로 인정한다.

강약[강약/강냑]　　　　　　영영[영ː영/영ː녕]

밤이슬[밤니슬/바미슬]　　　연이율[연니율/여니율]

감언이설[감언니설/가머니설]　괴담이설[괴ː담니설/궤ː다미설]

의기양양[의ː기양양/의ː기양냥]　순이익[순니익/수니익]

　[붙임 1] 종성 /ㄹ/ 뒤에 첨가되는 [ㄴ]는 [ㄹ]로 발음한다. 이는 제20항에서 규정한 유음화 현상에 해당한다.

　[붙임 2] 합성어가 아닌 구 구성에서도 ㄴ 첨가 현상이 일어난다. '옷 입다'의 경우에는 [ㄴ]를 첨가하여 [온닙따]로 발음하기도 하고 [ㄴ]를 첨가하지 않고 [오딥따]로 발음하기도 한다.

　다만, ㄴ 첨가 현상은 필수적인 현상이 아니어서 예외들이 존재한다. '6·25[유기오], 3·1절[사밀쩔], 8·15[파리로]'와 같이 한자어 수사를 이용하여 특정한 날을 나타낼 때는 [ㄴ]가 첨가되지 않으며, 다음의 예들에서도 [ㄴ]가 첨가되지 않는다.

색-이름[새기름]　　　그림-일기[그리밀기]

'송별-연'에서 [ㄴ]가 첨가되지 않는 것처럼 '환송연[환송연], 회갑연[회가볍/훼가변]'에서도 [ㄴ]가 첨가되지 않으며, '등 용문(登龍門)'은 '용문에 오른다'는 의미로 합성어라기보다는 한문식 표현으로서 역시 [ㄴ]가 첨가되지 않는다.

📖🔍 **더 알아보기**

다음의 대화에서 보조사 '요'가 결합할 때 [ㄴ]가 첨가되는지 알아보자.

제30항 사이시옷이 붙은 단어는 다음과 같이 발음한다.

1. 'ㄱ, ㄷ, ㅂ, ㅅ, ㅈ'으로 시작하는 단어 앞에 사이시옷이 올 때는 이들 자음만을 된소리로 발음하는 것을 원칙으로 하되, 사이시옷을 [ㄷ]으로 발음하는 것도 허용한다.

    냇가[내:까/낻:까]   샛길[새:낄/샏:낄]
    빨랫돌[빨래돌/빨랟똘]   콧등[코뜽/콛뜽]
    깃발[기빨/긷빨]   대팻밥[대:패빱/대:팯빱]
    햇살[해쌀/핻쌀]   뱃속[배쏙/밷쏙]
    뱃전[배쩐/밷쩐]   고갯짓[고개찓/고갣찓]

2. 사이시옷 뒤에 'ㄴ, ㅁ'이 결합되는 경우에는 [ㄴ]으로 발음한다.

    콧날[콛날 → 콘날]   아랫니[아랟니 → 아랜니]
    툇마루[퇻:마루 → 퇸:마루]   뱃머리[밷머리 → 밴머리]

3. 사이시옷 뒤에 '이' 음이 결합되는 경우에는 [ㄴㄴ]으로 발음한다.

베갯잇[베갣닏 → 베갠닏]　　깻잎[깯닙 → 깬닙]

나뭇잎[나묻닙 → 나문닙]　　도리깻열[도리깯녈 → 도리깬녈]

뒷윷[뒫ː뉻 → 뒨ː뉻]

사이시옷을 표기하는 단어의 발음은 다음과 같이 몇 가지 유형으로 나누어 볼 수 있다.

1. 사이시옷 뒤에서 /ㄱ, ㄷ, ㅂ, ㅅ, ㅈ/는 원칙적으로 경음으로 발음되며, 사이시옷을 [ㄷ]로 발음하는 것도 허용한다. 예를 들어 '냇가'는 원칙적으로 [내ː까]로 발음하며, [낻ː까]와 같이 발음하는 것도 허용한다. 이 [내ː까]와 [낻ː까]는 발음이 유사하여 청각적으로 구별하기가 쉽지 않다.

2. 사이시옷 뒤에 /ㄴ, ㅁ/와 같은 비음이 이어지면 사이시옷이 비음에 동화되어 [ㄴ]로 발음된다. 예를 들어 '코'와 '날'이 결합하면 사잇소리 /ㄷ/가 첨가되어 /콛날/이 되었다가 이 /ㄷ/가 다시 /ㄴ/ 앞에서 비음화되어 [콘날]로 발음하게 된다.

3. 사이시옷 뒤에 단모음 'ㅣ'나 'ㅣ'계 이중 모음이 이어지면 제29항에 따라 [ㄴ]가 첨가되고 사이시옷은 [ㄴ]로 발음되어, 결과적으로 두 단어 사이에 [ㄴㄴ]가 첨가된다. 예를 들어 '나무'와 '잎'이 결합하면 그 사이에 [ㄴㄴ]가 첨가되어 [나문닙]으로 발음하게 된다.

　　이 조항에서는 이 발음의 도출 과정을 '나무 + 잎 → 나묻닙 → 나문닙'으로 보았다. 사잇소리 /ㄷ/가 첨가된 후 제29항에 따라 '잎(입)'의 초성에 /ㄴ/가 첨가되어 /닢(닙)/이 된 후 사잇소리 /ㄷ/가 다시 비음화 현상에 의해 [ㄴ]로 발음된다고 보는 것이다.

 더 알아보기

　　　　표준 발음법에서는 복수 발음을 인정하여 '햇살'의 표준 발음을 [해쌀/핻쌀]로, '뱃속'의 표준 발음을 [배쏙/밷쏙]으로 인정하고 있지만, 실제로 '햇살'과 '뱃속'을 [핻쌀]과 [밷쏙]으로 발음하기는 쉽지 않다. 음절 말 자음 [ㄷ]를 발음하기 위해 혀를 윗잇몸에 대었다가 이어서 마찰음 [ㅅ]를 발음하기가 어려운 것인데, 이는 마찰음은 폐쇄 상태가 아닌 개방 상태에서 시작해야 하기 때문이다. 따라서 이 경우에는 '햇살'과 '뱃살'의 표준 발음을 단일하게 [해쌀]과 [배쏙]으로 규정하는 것이 현실에 가깝다.

문화체육관광부고시 제2017-14호

외래어 표기법

1933년 조선어학회에서 제정한 「한글 마춤법 통일안」의 제6장 '외래어 표기' 제60항에서는 '새 문자나 부호를 쓰지 아니한다', '표음주의를 취한다'는 외래어 표기의 기본 원칙을 제시하고 있다.

이 두 원칙은 1940년 조선어학회의 「외래어표기법통일안」을 통해 구체화되었는데, 제1장 총칙에서는 만국음성기호(IPA 기호)와 한글의 대조표를 제시하고, 제2장 세칙에서는 자음과 모음의 구체적인 표기를 다루었다.

1948년 문교부의 「들온말 적는 법」에서는 'ㅿ, ㅸ, ㆄ, ㄹㄹ' 등의 자모를 만들어 쓰는 방안을 제시하기도 하였으나, 이후 1958년에 문교부에서 「로마자의 한글화 표기법」을 제정하면서 새 문자나 부호를 쓰지 않는다는 처음의 표기 원칙을 다시 따르게 되었다.

지금의 「외래어 표기법」은 문교부에서 1986년에 고시한 「외래어 표기법」(문교부 고시 제85-11호)에 수차례에 걸쳐 새로운 언어의 표기법을 추가하고 일부 조항의 내용을 수정한 것이다. 「외래어 표기법」의 목차는 다음과 같다.

제1장 표기의 기본 원칙

> **제1항** 외래어는 국어의 현용 24 자모만으로 적는다.

외국에서 사용하는 단어를 우리말의 어휘로 받아들여 사용할 때는 우리말의 음운 체계 및 규칙에 맞게 발음하는 것이 일반적이다.

예를 들어 'father[fɑːðər]'의 첫음절 초성은 윗니와 아랫입술을 이용하여 소리를 내는 순치음(脣齒音) [f]이지만 우리말에 이러한 발음이 없기 때문에 우리는 이를 파열음 [ㅍ]로 발음한다. 또한 'father[fɑːðər]'의 둘째 음절 초성은 혀끝을 윗니와 아랫니 사이에 대고 발음하는 치간음(齒間音) [ð]이지만 역시 우리말에 이러한 발음이 없기 때문에 우리는 이를 파열음 [ㄷ]로 발음한다. 이 발음을 그대로 적으면 'father'의 우리말 표기는 '파더'가 된다.

이처럼 우리는 외래어를 적기 위해 별도의 자모를 만들지 않고 현재 사용하고 있는 24개의 자모를 이용하여 외래어를 적는다. 24 자모는 다음과 같다.

> 자음자: ㄱ, ㄴ, ㄷ, ㄹ, ㅁ, ㅂ, ㅅ, ㅇ, ㅈ, ㅊ, ㅋ, ㅌ, ㅍ, ㅎ
> 모음자: ㅏ, ㅑ, ㅓ, ㅕ, ㅗ, ㅛ, ㅜ, ㅠ, ㅡ, ㅣ

그런데 위의 목록에는 'ㄲ, ㄸ, ㅃ, ㅆ, ㅉ' 등의 자음자와 'ㅐ, ㅒ, ㅔ, ㅖ, ㅘ, ㅙ, ㅚ, ㅝ, ㅞ, ㅟ, ㅢ' 등의 모음자가 빠져 있다. 우리는 실제로 외래어를 표기할 때 '호찌민(Ho Chi Minh), 양쯔강(Yangzi[揚子]江)'과 같이 경음의 음가를 가진 자음자를 사용하기도 하고 '패션(fashion), 핀셋(pincette), 왈츠(waltz), 스웨터(sweater)'와 같이 'ㅐ, ㅔ, ㅘ, ㅞ' 등의 모음자를 사용하기도 한다.

이처럼 우리가 외래어를 적을 때 사용하는 자모의 수는 24개가 아니라 40개이다. 따라서 제1항에서 언급한 '24 자모'는 엄밀히 말해 '40 자모'라고 해야 한다. 이 40개의 자모는 한글 맞춤법 제4항에 제시되어 있다.

외래어의 사전상 정의는 '외국에서 들어온 말로 국어에서 널리 쓰이는 단어'이다. 그런데 널리 쓰인다는 기준이 상대적이다 보니 어디까지를 외래어로 봐야 할지 판단하기가 쉽지 않다. 실제로 '외래어 표기법'에서 다루는 예시들 중에는 일반적으로 접하기 어려운 생소한 단어들이 많다. 이처럼 '외래어 표기법'에서는 외래어의 범위를 넓게 보아, 국어에서 널리 쓰이지 않더라도 외국에서 들어온 말이면 모두 외래어로 다룬다.

제2항 외래어의 1 음운은 원칙적으로 1 기호로 적는다.

외래어의 한 음운은 일관되게 하나의 한글 자모로 적는 것이 원칙이다. 예를 들어 영어의 'file[fail]'을 경우에 따라 '파일'로 적기도 하고 '화일'로 적기도 한다면 의사소통에 불편을 겪게 될 것이다. 따라서 외래어의 한 음운은 하나의 한글 자모로 적는 것이 원칙이다.

그러나 드물게나마 외래어의 한 음운이 경우에 따라 우리말에서 여러 소리에 대응될 가능성도 있으므로 '원칙적으로'라는 표현을 통해 이러한 가능성을 열어 놓았다. 예를 들어 영어의 'glove[glʌv]'와 'love[lʌv]'는 우리 귀에 [글러브]와 [러브]로 들리는데, 이처럼 영어 /l/의 발음은 음운론적인 환경에 따라 우리 귀에 다르게 들리므로 이 발음을 적을 때도 'ㄹㄹ'과 'ㄹ'로 구별하여 적는다. 하지만 이러한 예외적인 경우를 제외하면 외래어의 한 음운은 하나의 한글 자모로 적는다.

제3항 받침에는 'ㄱ, ㄴ, ㄹ, ㅁ, ㅂ, ㅅ, ㅇ'만을 쓴다.

우리말에서 종성으로 발음될 수 있는 자음은 [ㄱ], [ㄴ], [ㄷ], [ㄹ], [ㅁ], [ㅂ], [ㅇ]이다. 나머지 자음들은 종성의 자리에서 [ㅂ], [ㄷ], [ㄱ] 중의 한 소리로 바뀌어 발음된다. '숲[숩]', '밭[받]', '부엌[부억]' 등이 그 예이다.

이는 외래어도 마찬가지이다. 특히 외래어의 경우에는 모음으로 시작하는 조사가 결합할 때 어말의 종성이 [ㅍ], [ㅌ], [ㅋ] 등으로 연음되는 경우가 없다. 다음과 같이 어말의 /k/는 [ㄱ]로, 어말의 /p/는 [ㅂ]로 연음된다.

block이[블로기], block을[블로글], block에[블로게]
group이[그루비], group을[그루블], group에[그루베]

그리고 어말의 /t/는 [ㄷ]나 [ㅌ]가 아닌 [ㅅ]로 연음된다.

robot이[로보시], robot을[로보슬], robot에[로보세]

racket이[라케시], racket을[라케슬], racket에[라케세]

이는 외래어의 어말 종성으로 /ㅍ/, /ㅌ/, /ㅋ/가 존재하지 않는다는 것을 의미한다. 이는 음절 말에서도 마찬가지이다. 특히 어말 종성의 /t/가 [ㄷ]가 아닌 [ㅅ]로 연음된다는 것은 외래어의 어말 종성 /t/가 우리말 어휘로 수용될 때 /ㄷ/가 아닌 /ㅅ/에 대응된다는 것을 의미한다.

이 때문에 외래어의 받침으로는 'ㄷ'을 사용하지 않고 'ㅅ'을 사용하며, 'ㅋ, ㅌ, ㅍ' 등도 사용하지 않는다. 결과적으로 외래어의 받침으로는 'ㄱ, ㄴ, ㄹ, ㅁ, ㅂ, ㅅ, ㅇ'만을 사용한다.

> **제4항** 파열음 표기에는 된소리를 쓰지 않는 것을 원칙으로 한다.

우리말의 파열음에는 평음(예사소리), 격음(거센소리), 경음(된소리)의 3항 대립이 존재하며, 이들을 한글로 표기할 때 각각 'ㄱ, ㄷ, ㅂ', 'ㅋ, ㅌ, ㅍ', 'ㄲ, ㄸ, ㅃ'으로 적는다.

이와는 달리 서양의 언어에서는 파열음이 대개 무성음과 유성음의 2항 대립 체계를 이룬다. 따라서 외래어의 무성 파열음과 유성 파열음을 적기 위해서는 우리말의 세 가지 파열음 표기 중 두 가지 계열을 선택해야 한다.

외래어 표기법에서는 유성 파열음은 평음의 음가를 나타내는 'ㄱ, ㄷ, ㅂ'으로 적고 무성 파열음은 유기음의 음가를 나타내는 'ㅋ, ㅌ, ㅍ'으로 적도록 하였다. 이에 따라 무성 파열음으로 발음되는 'push'는 '푸시'로, 유성 파열음으로 발음되는 'bush'는 '부시'로 적는다.

그런데 경우에 따라서는 다른 언어의 파열음이 우리 귀에 경음으로 들리기도 한다. 예를 들어 프랑스어의 경우에는 무성 파열음이 우리 귀에 경음처럼 들린다. 지금도 프랑스어 단어를 발음할 때 'Paris'를 [빠리]로, 'pierrot'를 [삐에로]로 발음하는 경향이 있는데, 이는 프랑스어의 무성 파열음이 우리 귀에 경음처럼 들리기 때문이다. 동양권에서는 일본어의 무성 파열음과 중국어의 무기음이 우리 귀에 경음처럼 들리나, 역시 음운론적으로 이들의 음가는 우리말의 경음과 다르다.

이처럼 다른 언어의 일부 파열음이 우리 귀에 경음처럼 들리더라도 그 음이 본질적으로 우리말의 경음과 같지 않고 우리말에서 경음보다는 평음이 더 기본적인 음이므로 해당 음들을 경음이 아닌 평음의 음가를 나타내는 'ㄱ, ㄷ, ㅂ'으로 적는다.

그러나 마찰음과 파찰음은 일본어의 경우에는 'ㅆ'으로, 중국어의 경우에는 'ㅆ'과 'ㅉ'으

로 적는 경우가 있다. 전자의 예로는 '쓰시마(섬)[つしま]', 후자의 예로는 '쓰촨(성)[四川省]'과 '양쯔강[揚子江]'이 있다.

결과적으로 파열음을 표기할 때 경음의 음가를 나타내는 'ㄲ, ㄸ, ㅃ'을 사용하지 않는다는 원칙을 세운 이유는 다른 언어의 파열음 중에는 음운론적으로 우리말의 경음과 동일한 음가를 가진 음이 없다고 판단했기 때문이다.

'Lotto'는 어떻게 적는 것이 옳을까?

더 알아보기

외래어 표기법이 처음 고시된 1986년만 하더라도 파열음 표기에는 된소리를 쓰지 않는 것을 원칙으로 한다는 조항이 철저히 지켜져 각 언어의 한글 대조표에서 파열음을 'ㄲ, ㄸ, ㅃ'으로 적도록 한 예가 전혀 없었다.

그 당시만 하더라도 한글 대조표가 수록된 언어는 '에스파냐어, 이탈리아어, 일본어, 중국어'였으며 영어 등은 국제 음성 기호와 한글을 대조한 표를 통해 대응 관계를 파악할 수 있었다. 이후 다른 언어들의 외래어 표기법이 꾸준히 추가되었는데, 2004년 동남아시아 3개 언어(말레이인도네시아어, 타이어, 베트남어)의 외래어 표기가 추가되면서 한글 대조표에 'ㄲ, ㄸ, ㅃ' 등이 처음 등장하게 되었다.

이는 다른 언어와는 달리 타이어와 베트남어의 파열음에는 우리말과 동일하게 경음이 음운론적으로 존재하기 때문이다. 원칙에는 예외가 있기 마련이라고 생각하면 제4항의 내용이 크게 문제가 되지는 않겠지만, 한글 대조표에 정식으로 'ㄲ, ㄸ, ㅃ'이 등장하였으므로 이에 맞게 제4항의 내용을 수정·보완할 필요가 있다.

이러한 원칙 속에서 동남아 3개 언어가 아님에도 불구하고 예외적으로 경음 표기를 인정하는 예들도 있다. 대표적인 예가 '껌(gum)'이다. 중국어에서 유래한 외래어로는 '깐풍기[干烹鷄], 깐쇼새우[干燒--], 짜장면[炸醬麵]' 등이 있다. 일본어에서 유래한 외래어로는 '앙꼬[餡子], 잉꼬[鸚哥], 무데뽀[無鐵砲], 삐끼, 몸뻬, 짬뽕' 등과 '조끼(〈jacket〉), 삐라(〈bill〉), 바께쓰(〈bucket〉), 히로뽕(〈philopon〉)' 등 다수의 예가 있다. 이 중 일부는 다른 단어로 순화하도록 권장하지만, 지금도 대부분의 단어가 일상생활에서 흔히 사용되고 있다.

제5항 이미 굳어진 외래어는 관용을 존중하되, 그 범위와 용례는 따로 정한다.

오랫동안 사용해 온 외래어 중에는 워낙 표기와 발음이 익숙하게 굳어져서 외래어 표기법의 규정에 맞게 표기를 바꾸기가 어려운 것들이 있다.

예를 들어 'model[mɑːdl]'은 영어 발음을 기준으로 하면 '마들'로 적어야겠지만, 워낙 오랫동안 '모델'로 표기해 왔기 때문에 관용적인 표기를 존중하여 '모델'로 적는다. '라디오[reidiou]' 역시 영어 발음을 기준으로 한다면 '레이디오'로 적어야 하지만, '라디오'라는 표기가 워낙 일반화되어 있기 때문에 관용대로 '라디오'로 적는다.

'camera[kæmərə]'를 '카메라'로, 'puncture[pʌŋktʃə(r)]'를 '펑크'로 적는 것도 마찬가지이다. 이러한 관용적 표기 중에는 일본어 발음의 영향을 받은 것들이 많다. 개중에는 '사라다 → 샐러드(salad)'와 같이 원음에 가깝게 수정한 경우도 있지만, 관용을 존중하여 그대로 사용하는 경우도 많다.

이렇게 관용적인 표기를 인정하는 경우에는 일정한 기준을 제시하기가 쉽지 않다. 이에 제5항에서는 그 범위와 용례를 따로 정한다고 밝혔다.

제2장 표기 일람표

외래어는 표 1~19에 따라 표기한다.

[표 1] 국제 음성 기호와 한글 대조표

자음			반모음		모음	
국제 음성 기호	한글		국제 음성 기호	한글	국제 음성 기호	한글
	모음 앞	자음 앞 또는 어말				
p	ㅍ	ㅂ, 프	j	이*	i	이
b	ㅂ	브	ɥ	위	y	위
t	ㅌ	ㅅ, 트	w	오, 우*	e	에
d	ㄷ	드			ø	외
k	ㅋ	ㄱ, 크			ɛ	에
g	ㄱ	그			ɛ̃	앵
f	ㅍ	프			œ	외
v	ㅂ	브			œ̃	욍
θ	ㅅ	스			æ	애
ð	ㄷ	드			a	아
s	ㅅ	스			ɑ	아
z	ㅈ	즈			ɑ̃	앙
ʃ	시	슈, 시			ʌ	어
ʒ	ㅈ	지			ɔ	오
ʦ	ㅊ	츠			ɔ̃	옹
dz	ㅈ	즈			o	오
ʧ	ㅊ	치			u	우
ʤ	ㅈ	지			ə**	어
m	ㅁ	ㅁ			ə	어
n	ㄴ	ㄴ				
ɲ	니*	뉴				
ŋ	ㅇ	ㅇ				
l	ㄹ, ㄹㄹ	ㄹ				
r	ㄹ	ㄹ				

h	ㅎ	흐			
ç	ㅎ	히			
x	ㅎ	흐			

* [j], [w]의 '이'와 '오, 우', 그리고 [ɲ]의 '니'는 모음과 결합할 때 제3장 표기 세칙에 따른다.

** 독일어의 경우에는 '에', 프랑스어의 경우에는 '으'로 적는다.

[표 2] 에스파냐어 자모와 한글 대조표

자모		한글		보기
		모음 앞	자음 앞·어말	
자음	b	ㅂ	브	biz 비스, blandon 블란돈, braceo 브라세오
	c	ㅋ, ㅅ	ㄱ, ㅋ	colcren 콜크렌, Cecilia 세실리아, coccion 콕시온, bistec 비스텍, dictado 딕타도
	ch	ㅊ	—	chicharra 치차라
	d	ㄷ	드	felicidad 펠리시다드
	f	ㅍ	프	fuga 푸가, fran 프란
	g	ㄱ, ㅎ	그	ganga 강가, geologia 헤올로히아, yungla 융글라
	h	—	—	hipo 이포, quehacer 케아세르
	j	ㅎ	—	jueves 후에베스, reloj 렐로
	k	ㅋ	크	kapok 카포크
	l	ㄹ, ㄹㄹ	ㄹ	lacrar 라크라르, Lulio 룰리오, ocal 오칼
	ll	이*	—	llama 야마, lluvia 유비아
	m	ㅁ	ㅁ	membrete 멤브레테
	n	ㄴ	ㄴ	noche 노체, flan 플란
	ñ	니*	—	ñoñez 뇨녜스, mañana 마냐나
	p	ㅍ	ㅂ, 프	pepsina 펩시나, plantón 플란톤
	q	ㅋ	—	quisquilla 키스키야
	r	ㄹ	르	rascador 라스카도르
	s	ㅅ	스	sastreria 사스트레리아
	t	ㅌ	트	tetraetro 테트라에트로
	v	ㅂ	—	viudedad 비우데다드
	x	ㅅ, ㄱㅅ	ㄱ스	xenón 세논, laxante 락산테, yuxta 육스타
	z	ㅅ	스	zagal 사갈, liquidez 리키데스
반모음	w	오·우*	—	walkirias 왈키리아스
	y	이*	—	yungla 융글라
모음	a	아		braceo 브라세오
	e	에		reloj 렐로

i	이	Lulio 룰리오
o	오	ocal 오칼
u	우	viudedad 비우데다드

* ll, y, ñ, w의 '이, 니, 오, 우'는 다른 모음과 결합할 때 합쳐서 1 음절로 적는다.

[표 3] 이탈리아어 자모와 한글 대조표

	자모	한글		보기
		모음 앞	자음 앞·어말	
자음	b	ㅂ	브	Bologna 볼로냐, bravo 브라보
	c	ㅋ, ㅊ	크	Como 코모, Sicilia 시칠리아, Boccaccio 보카치오, credo 크레도
	ch	ㅋ	—	Pinocchio 피노키오, cherubino 케루비노
	d	ㄷ	드	Dante 단테, drizza 드리차
	f	ㅍ	프	Firenze 피렌체, freddo 프레도
	g	ㄱ, ㅈ	그	Galileo 갈릴레오, Genova 제노바, gloria 글로리아
	h	—	—	hanno 안노, oh 오
	l	ㄹ, ㄹㄹ	ㄹ	Milano 밀라노, largo 라르고, palco 팔코
	m	ㅁ	ㅁ	Macchiavelli 마키아벨리, mamma 맘마, Campanella 캄파넬라
	n	ㄴ	ㄴ	Nero 네로, Anna 안나, divertimento 디베르티멘토
	p	ㅍ	프	Pisa 피사, prima 프리마
	q	ㅋ	—	quando 콴도, queto 퀘토
	r	ㄹ	르	Roma 로마, Marconi 마르코니
	s	ㅅ	스	Sorrento 소렌토, asma 아스마, sasso 사소
	t	ㅌ	트	Torino 토리노, tranne 트란네
	v	ㅂ	브	Vivace 비바체, manovra 마노브라
	z	ㅊ	—	nozze 노체, mancanza 만칸차
모음	a	아		abituro 아비투로, capra 카프라
	e	에		erta 에르타, padrone 파드로네
	i	이		infamia 인파미아, manica 마니카
	o	오		oblio 오블리오, poetica 포에티카
	u	우		uva 우바, spuma 스푸마

[표 4] 일본어의 가나와 한글 대조표

가나	한글	
	어두	어중·어말
ア イ ウ エ オ	아 이 우 에 오	아 이 우 에 오
カ キ ク ケ コ	가 기 구 게 고	카 키 쿠 케 코
サ シ ス セ ソ	사 시 스 세 소	사 시 스 세 소
タ チ ツ テ ト	다 지 쓰 데 도	타 치 쓰 테 토
ナ ニ ヌ ネ ノ	나 니 누 네 노	나 니 누 네 노
ハ ヒ フ ヘ ホ	하 히 후 헤 호	하 히 후 헤 호
マ ミ ム メ モ	마 미 무 메 모	마 미 무 메 모
ヤ イ ユ エ ヨ	야 이 유 에 요	야 이 유 에 요
ラ リ ル レ ロ	라 리 루 레 로	라 리 루 레 로
ワ (ヰ) ウ (ヱ) ヲ	와 (이) 우 (에) 오	와 (이) 우 (에) 오
ン		ㄴ
ガ ギ グ ゲ ゴ	가 기 구 게 고	가 기 구 게 고
ザ ジ ズ ゼ ゾ	자 지 즈 제 조	자 지 즈 제 조
ダ ヂ ヅ デ ド	다 지 즈 데 도	다 지 즈 데 도
バ ビ ブ ベ ボ	바 비 부 베 보	바 비 부 베 보
パ ピ プ ペ ポ	파 피 푸 페 포	파 피 푸 페 포
キャ キュ キョ	갸 규 교	캬 큐 쿄
ギャ ギュ ギョ	갸 규 교	갸 규 교
シャ シュ ショ	샤 슈 쇼	샤 슈 쇼
ジャ ジュ ジョ	자 주 조	자 주 조
チャ チュ チョ	자 주 조	차 추 초
ニャ ニュ ニョ	냐 뉴 뇨	냐 뉴 뇨
ヒャ ヒュ ヒョ	햐 휴 효	햐 휴 효
ビャ ビュ ビョ	뱌 뷰 뵤	뱌 뷰 뵤
ピャ ピュ ピョ	퍄 퓨 표	퍄 퓨 표
ミャ ミュ ミョ	먀 뮤 묘	먀 뮤 묘
リャ リュ リョ	랴 류 료	랴 류 료

[표 5] 중국어의 발음 부호와 한글 대조표

성모(聲母)				운모(韻母)							
음의 분류	한어병음자모	주음부호	한글	음의 분류	한어병음자모	주음부호	한글	음의 분류	한어병음자모	주음부호	한글
중순성重脣聲	b	ㄅ	ㅂ	단운單韻	a	ㄚ	아	결합운모結合韻母	yan (ian)	ㄧㄢ	옌
	p	ㄆ	ㅍ		o	ㄛ	오		yin (in)	ㄧㄣ	인
	m	ㄇ	ㅁ		e	ㄜ	어		yang (iang)	ㄧㄤ	양
									ying (ing)	ㄧㄥ	잉
순치성*	f	ㄈ	ㅍ		ê	ㄝ	에	합구류合口類	wa (ua)	ㄨㄚ	와
설첨성舌尖聲	d	ㄉ	ㄷ		yi (i)	ㄧ	이		wo (uo)	ㄨㄛ	워
	t	ㄊ	ㅌ		wu (u)	ㄨ	우		wai (uai)	ㄨㄞ	와이
	n	ㄋ	ㄴ		yu (u)	ㄩ	위		wei (ui)	ㄨㄟ	웨이 (우이)
	l	ㄌ	ㄹ	복운複韻	ai	ㄞ	아이		wan (uan)	ㄨㄢ	완
설근성舌根聲	g	ㄍ	ㄱ		ei	ㄟ	에이		wen (un)	ㄨㄣ	원 (운)
	k	ㄎ	ㅋ		ao	ㄠ	아오		wang (uang)	ㄨㄤ	왕
	h	ㄏ	ㅎ		ou	ㄡ	어우		weng (ong)	ㄨㄥ	웡 (웅)
설면성舌面聲	j	ㄐ	ㅈ	부성운附聲韻	an	ㄢ	안	촬구류撮口類	yue (ue)	ㄩㄝ	웨
	q	ㄑ	ㅊ		en	ㄣ	언		yuan (uan)	ㄩㄢ	위안
	x	ㄒ	ㅅ		ang	ㄤ	앙		yun (un)	ㄩㄣ	윈
교설첨성翹舌尖	zh [zhi]	ㄓ	ㅈ [즈]		eng	ㄥ	엉		yong (iong)	ㄩㄥ	융
	ch [chi]	ㄔ	ㅊ [츠]	권설운*	er (r)	ㄦ	얼				
	sh [shi]	ㄕ	ㅅ [스]	제치류	ya (ia)	ㄧㄚ	야				

聲	r [ri]	ㄖ	ㄹ [르]	齊齒類	yo	ㅣㄛ	요
설치성舌齒聲	z [zi]	ㄗ	ㅉ [쯔]		ye (ie)	ㅣㄝ	예
	c [ci]	ㄘ	ㅊ [츠]		yai	ㅣㄞ	야이
	s [si]	ㄙ	ㅆ [쓰]		yao (iao)	ㅣㄠ	야오
					you (iou, iu)	ㅣㄡ	유

[ ]는 단독 발음될 경우의 표기임. ( )는 자음이 선행할 경우의 표기임.

* 순치성(脣齒聲), 권설운(捲舌韻)

[표 6] 폴란드어 자모와 한글 대조표

자모	한글 모음 앞	한글 자음 앞·어말	보기
b	ㅂ	ㅂ, 브, 프	burak 부라크, szybko 십코, dobrze 도브제, chleb 흘레프
c	ㅊ	츠	cel 첼, Balicki 발리츠키, noc 노츠
ć	—	치	dać 다치
d	ㄷ	드, 트	dach 다흐, zdrowy 즈드로비, słodki 스워트키, pod 포트
f	ㅍ	프	fasola 파솔라, befsztyk 베프슈티크
g	ㄱ	ㄱ, 그, 크	góra 구라, grad 그라트, targ 타르크
h	ㅎ	흐	herbata 헤르바타, Hrubieszów 흐루비에슈프
k	ㅋ	ㄱ, 크	kino 키노, daktyl 닥틸, król 크룰, bank 반크
l	르, ㄹㄹ	ㄹ	lis 리스, kolano 콜라노, motyl 모틸
m	ㅁ	ㅁ, 므	most 모스트, zimno 짐노, sam 삼
n	ㄴ	ㄴ	nerka 네르카, dokument 도쿠멘트, dywan 디반
ń	—	ㄴ	Gdańsk 그단스크, Poznań 포즈난
p	ㅍ	ㅂ, 프	para 파라, Słupsk 스움스크, chłop 흐워프
r	ㄹ	르	rower 로베르, garnek 가르네크, sznur 슈누르
s	ㅅ	스	serce 세르체, srebro 스레브로, pas 파스
ś	—	시	ślepy 실레피, dziś 지시
t	ㅌ	트	tam 탐, matka 마트카, but 부트
w	ㅂ	브, 프	Warszawa 바르샤바, piwnica 피브니차, krew 크레프
z	ㅈ	즈, 스	zamek 자메크, zbrodnia 즈브로드니아, wywóz 비부스

	ż	—	지, 시	gwoździk 그보지지크, więź 비엥시
	ż	ㅈ, 시*	주, 슈, 시	żyto 지토, różny 루주니, łyżka 위슈카, straż 스트라시
	ch	ㅎ	흐	chory 호리, kuchnia 쿠흐니아, dach 다흐
	dz	ㅈ	즈, 츠	dziura 지우라, dzwon 즈본, mosiądz 모시옹츠
	dź	—	치	niedźwiedź 니에치비에치
	dż, drz	ㅈ	치	drzewo 제보, łodż 워치
	cz	ㅊ	치	czysty 치스티, beczka 베치카, klucz 클루치
	sz	시*	슈, 시	szary 샤리, musztarda 무슈타르다, kapelusz 카펠루시
	rz	ㅈ, 시*	주, 슈, 시	rzeka 제카, Przemyśl 프셰미실, kołnierz 코우니에시
반모음	j		이*	jasny 야스니, kraj 크라이
	ł		우	łono 워노, głowa 그워바, bułka 부우카, kanał 카나우
모음	a		아	trawa 트라바
	ą		옹	trąba 트롱바, mąka 몽카, kąt 콩트, tą 통
	e		에	zero 제로
	ę		엥, 에	kępa 켕파, węgorz 벵고시, Częstochowa 쳉스토호바, proszę 프로셰
	i		이	zima 지마
	o		오	udo 우도
	ó		우	próba 프루바
	u		우	kula 쿨라
	y		이	daktyl 닥틸

* ż, sz, rz의 '시'와 j의 '이'는 뒤따르는 모음과 결합할 때 합쳐서 1 음절로 적는다.

[표 7] 체코어 자모와 한글 대조표

	자모	한글		보기
		모음 앞	자음 앞·어말	
자음	b	ㅂ	ㅂ, 브, 프	barva 바르바, obchod 옵호트, dobrý 도브리, jeřab 예르자프
	c	ㅊ	츠	cigareta 치가레타, nemocnice 네모츠니체, nemoc 네모츠
	č	ㅊ	치	čapek 차페크, kulečnik 쿨레치니크, míč 미치
	d	ㄷ	드, 트	dech 데흐, divadlo 디바들로, led 레트
	d'	디*	디, 티	d'ábel 댜벨, lod'ka 로티카, hrud' 흐루티
	f	ㅍ	프	fík 피크, knoflík 크노플리크
	g	ㄱ	ㄱ, 그, 크	gramofon 그라모폰

h	ㅎ	흐	hadr 하드르, hmyz 흐미스, bůh 부흐
ch	ㅎ	흐	choditi 호디티, chlapec 흘라페츠, prach 프라흐
k	ㅋ	ㄱ, 크	kachna 카흐나, nikdy 니크디, padák 파다크
l	ㄹ, ㄹㄹ	ㄹ	lev 레프, šplhati 슈플하티, postel 포스텔
m	ㅁ	ㅁ, 므	most 모스트, mrak 므라크, podzim 포드짐
n	ㄴ	ㄴ	noha 노하, podmínka 포드민카
ň	니*	ㄴ	němý 네미, sáňky 산키, Plzeň 플젠
p	ㅍ	ㅂ, 프	Praha 프라하, koroptev 코롭테프, strop 스트로프
qu	크ㅂ	—	quasi 크바시
r	ㄹ	르	ruka 루카, harmonika 하르모니카, mír 미르
ř	ㄹㅈ	르주, 르슈, 르시	řeka 르제카, námořník 나모르주니크, hořký 호르슈키, kouř 코우르시
s	ㅅ	스	sedlo 세들로, máslo 마슬로, nos 노스
š	시*	슈, 시	šaty 샤티, Šternberk 슈테른베르크, koš 코시
t	ㅌ	트	tam 탐, matka 마트카, bolest 볼레스트
t'	티*	티	tělo 텔로, štěstí 슈테스티, obět' 오베티
v	ㅂ	브, 프	vysoký 비소키, knihovna 크니호브나, kov 코프
w	ㅂ	브, 프	
x**	ㄱㅅ, ㅈ	ㄱ스	xerox 제록스, saxofón 삭소폰
z	ㅈ	즈, 스	zámek 자메크, pozdní 포즈드니, bez 베스
ž	ㅈ	주, 슈, 시	Žižka 지슈카, Žvěřina 주베르지나, Brož 브로시

반모음	j	이*	jaro 야로, pokoj 포코이

	a, á	아	balík 발리크, komár 코마르
	e, é	에	dech 데흐, léto 레토
	ě	예	sěst 셰스트, věk 베크
모음	i, í	이	kino 키노, míra 미라
	o, ó	오	obec 오베츠, nervózni 네르보즈니
	u, ú, ů	우	buben 부벤, úrok 우로크, dům 둠
	y, ý	이	jazyk 야지크, líný 리니

* ď, ň, š, t', j의 '디, 니, 시, 티, 이'는 뒤따르는 모음과 결합할 때 합쳐서 1 음절로 적는다.

** x는 개별 용례에 따라 한글 표기를 정한다.

[표 8] 세르보크로아트어 자모와 한글 대조표

자모	한글 모음 앞	한글 자음 앞·어말	보기
b	ㅂ	브	bog 보그, drobnjak 드로브냐크, pogreb 포그레브
c	ㅊ	츠	cigara 치가라, novac 노바츠
č	ㅊ	치	čelik 첼리크, točka 토치카, kolač 콜라치
ć, tj	ㅊ	치	naći 나치, sestrić 세스트리치
d	ㄷ	드	desno 데스노, drvo 드르보, medved 메드베드
dž	ㅈ	지	džep 제프, narudžba 나루지바
đ, dj	ㅈ	지	Đurađ 주라지
f	ㅍ	프	fasada 파사다, kifla 키플라, šaraf 샤라프
g	ㄱ	그	gost 고스트, dugme 두그메, krug 크루그
h	ㅎ	흐	hitan 히탄, šah 샤흐
k	ㅋ	ㄱ, 크	korist 코리스트, krug 크루그, jastuk 야스투크
l	ㄹ, ㄹㄹ	ㄹ	levo 레보, balkon 발콘, šal 샬
lj	리*, ㄹ리*	ㄹ	ljeto 레토, pasulj 파술
m	ㅁ	ㅁ, 므	malo 말로, mnogo 므노고, osam 오삼
n	ㄴ	ㄴ	nos 노스, banka 반카, loman 로만
nj	니*	ㄴ	Njegoš 네고시, svibanj 스비반
p	ㅍ	ㅂ, 프	peta 페타, opština 옵슈티나, lep 레프
r	ㄹ	르	riba 리바, torba 토르바, mir 미르
s	ㅅ	스	sedam 세담, posle 포슬레, glas 글라스
š	시*	슈, 시	šal 샬, vlasništvo 블라스니슈트보, broš 브로시
t	ㅌ	트	telo 텔로, ostrvo 오스트르보, put 푸트
v	ㅂ	브	vatra 바트라, olovka 올로브카, proliv 프롤리브
z	ㅈ	즈	zavoj 자보이, pozno 포즈노, obraz 오브라즈
ž	ㅈ	주	žena 제나, izložba 이즐로주바, muž 무주

반모음	한글	보기
j	이*	pojas 포야스, zavoj 자보이, odjelo 오델로

모음	한글	보기
a	아	bakar 바카르
e	에	cev 체브
i	이	dim 딤
o	오	molim 몰림
u	우	zubar 주바르

* lj, nj, š, j의 '리, 니, 시, 이'는 뒤따르는 모음과 결합할 때 합쳐서 1 음절로 적는다.

[표 9] 루마니아어 자모와 한글 대조표

자모	한글 모음 앞	한글 자음 앞·어말	보기
자음			
b	ㅂ	브	bibliotecă 비블리오테커, alb 알브
c	ㅋ, ㅊ	ㄱ, ㅋ	Cîntec 큰테크, Cine 치네, factură 팍투러
d	ㄷ	드	Moldova 몰도바, Brad 브라드
f	ㅍ	프	Focşani 폭샤니, Cartof 카르토프
g	ㄱ, ㅈ	그	Galaţi 갈라치, Gigel 지젤, hering 헤린그
h	ㅎ	흐	haţeg 하체그, duh 두흐
j	ㅈ	지	Jiu 지우, Cluj 클루지
k	ㅋ	—	kilogram 킬로그람
l	ㄹ, ㄹㄹ	ㄹ	bibliotecă 비블리오테커, hotel 호텔
m	ㅁ	ㅁ	Maramureş 마라무레슈, Avram 아브람
n	ㄴ	ㄴ, 느	Nucet 누체트, Bran 브란, pumn 품느
p	ㅍ	ㅂ, 프	pianist 피아니스트, septembrie 셉템브리에, cap 카프
r	ㄹ	르	radio 라디오, dor 도르
s	ㅅ	스	Sibiu 시비우, pas 파스
ş	시*	슈	şag 샤그, Mureş 무레슈
t	ㅌ	트	telefonist 텔레포니스트, bilet 빌레트
ţ	ㅊ	츠	ţigară 치가러, braţ 브라츠
v	ㅂ	브	Victoria 빅토리아, Braşov 브라쇼브
x**	ㄱㅅ, ㄱㅈ	크스, ㄱ스	taxi 탁시, examen 에그자멘
z	ㅈ	즈	ziar 지아르, autobuz 아우토부즈
ch	ㅋ	—	Cheia 케이아
gh	ㄱ	—	Gheorghe 게오르게
모음			
a	아		Arad 아라드
ă	어		Bacău 바커우
e	에		Elena 엘레나
i	이		pianist 피아니스트
î, â	으		Cîmpina 큼피나, România 로므니아
o	오		Oradea 오라데아
u	우		Nucet 누체트

* ş의 '시'는 뒤따르는 모음과 결합할 때 합쳐서 1 음절로 적는다.
** x는 개별 용례에 따라 한글 표기를 정한다.

[표 10] 헝가리어 자모와 한글 대조표

	자모	한글		보기
		모음 앞	자음 앞·어말	
자음	b	ㅂ	브	bab 버브, ablak 어블러크
	c	ㅊ	츠	citrom 치트롬, nyolcvan 뇰츠번, arc 어르츠
	cs	ㅊ	치	csavar 처버르, kulcs 쿨치
	d	ㄷ	드	daru 더루, medve 메드베, gond 곤드
	dzs	ㅈ	지	dzsem 젬
	f	ㅍ	프	elfog 엘포그
	g	ㄱ	그	gumi 구미, nyugta 뉴그터, csomag 초머그
	gy	ㅈ	지	gyár 자르, hagyma 허지머, nagy 너지
	h	ㅎ	흐	hal 헐, juh 유흐
	k	ㅋ	ㄱ, 크	béka 베커, keksz 켁스, szék 세크
	l	ㄹ, ㄹㄹ	ㄹ	len 렌, meleg 멜레그, dél 델
	m	ㅁ	ㅁ	málna 말너, bomba 봄버, álom 알롬
	n	ㄴ	ㄴ	néma 네머, bunda 분더, pihen 피헨
	ny	니*	니	nyak 녀크, hányszor 하니소르, irány 이라니
	p	ㅍ	ㅂ, 프	árpa 아르퍼, csipke 칩케, hónap 호너프
	r	ㄹ	르	róka 로커, barna 버르너, ár 아르
	s	시*	슈, 시	sál 샬, puska 푸슈카, aratás 어러타시
	sz	ㅅ	스	alszik 얼시크, asztal 어스털, húsz 후스
	t	ㅌ	트	ajto 어이토, borotva 보로트버, csont 촌트
	ty	ㅊ	치	atya 어처
	v	ㅂ	브	vesz 베스, évszázad 에브사저드, enyv 에니브
	z	ㅈ	즈	zab 저브, kezd 케즈드, blúz 블루즈
	zs	ㅈ	주	zsák 자크, tőzsde 퇴주데, rozs 로주
반모음	j		이*	ajak 어여크, fej 페이, január 여누아르
	ly		이*	lyuk 유크, mélység 메이셰그, király 키라이
모음	a		어	lakat 러커트
	á		아	máj 마이
	e		에	mert 메르트
	é		에	mész 메스
	i		이	isten 이슈텐
	í		이	sí 시
	o		오	torna 토르너
	ó		오	róka 로커
	ö		외	sör 쇠르
	ő		외	nő 뇌

u	우	bunda 분더
ú	우	hús 후시
ü	위	füst 퓌슈트
ű	위	fű 퓌

* ny, s, j, ly의 '니, 시, 이, 이'는 뒤따르는 모음과 결합할 때 합쳐서 1 음절로 적는다.

[표 11] 스웨덴어 자모와 한글 대조표

	자모	한글		보기
		모음 앞	자음 앞·어말	
자음	b	ㅂ	ㅂ, 브	bal 발, snabbt 스납트, Jacob 야코브
	c	ㅋ, ㅅ	ㄱ	Carlsson 칼손, Celsius 셀시우스, Ericson 에릭손
	ch	시*	크	charm 샤름, och 오크
	d	ㄷ	드	dag 다그, dricka 드리카, Halmstad 할름스타드
	dj	이*	—	Djurgården 유르고르덴, adjö 아예
	ds	—	스	Sundsvall 순스발
	f	ㅍ	프	Falun 팔룬, luft 루프트
	g	ㄱ		Gustav 구스타브, helgon 헬곤
		이*		Göteborg 예테보리, Geijer 예이예르, Gislaved 이슬라베드
			이(lg, rg)	älg 엘리, Strindberg 스트린드베리, Borg 보리
			ㅇ(n 앞)	Magnus 망누스, Ragnar 랑나르, Agnes 앙네스
			ㄱ(무성음 앞)	högst 획스트
			그	Grönberg 그뢴베리, Ludvig 루드비그
	gj	이*	—	Gjerstad 예르스타드, Gjörwell 예르벨
	h	ㅎ	적지 않음	Hälsingborg 헬싱보리, hyra 휘라, Dahl 달
	hj	이*	—	Hjälmaren 옐마렌, Hjalmar 얄마르, Hjort 요르트
	j	이*	—	Jansson 얀손, Jönköping 옌셰핑, Johansson 요한손, börja 뵈리아, fjäril 피에릴, mjuk 미우크, mjöl 미엘
	k	ㅋ, 시*	ㄱ, 크	Karl 칼, Kock 코크, Kungsholm 쿵스홀름, Kerstin 셰르스틴, Norrköping 노르셰핑, Lysekil 뤼세실, oktober 옥토베르, Fredrik 프레드리크, kniv 크니브
	ck	ㅋ	ㄱ, 크	vacker 바케르, Stockholm 스톡홀름, bock 보크
	kj	시*	—	Kjell 셸, Kjula 슐라
	l	ㄹ, ㄹㄹ	ㄹ	Linköping 린셰핑, tala 탈라, tal 탈
	lj	이*, ㄹ리	ㄹ리	Ljusnan 유스난, Södertälje 쇠데르텔리에, detalj 데탈리

	m	ㅁ	ㅁ	Malmö 말뫼, samtal 삼탈, hummer 훔메르
	n	ㄴ	ㄴ	Norrköping 노르셰핑, Vänern 베네른, land 란드
			적지 않음 (m 다음)	Karlshamn 칼스함
	ng	ㅇ	ㅇ	Borlänge 볼렝에, kung 쿵, lång 롱
	nk	ㅇㅋ	ㅇ, ㅇㅋ	anka 앙카, Sankt 상트, bank 방크
	p	ㅍ	ㅂ, ㅍ	Piteå 피테오, knappt 크납트, Uppsala 웁살라, kamp 캄프
	qv	ㅋㅂ	—	Malmqvist 말름크비스트, Lindqvist 린드크비스트
	r	ㄹ	르	röd 뢰드, Wilander 빌란데르, Björk 비에르크
	rl	ㄹㄹ	르	Erlander 엘란데르, Karlgren 칼그렌, Jarl 얄
	s	ㅅ	스	sommar 솜마르, Storvik 스토르비크, dans 단스
	sch	시*	슈	Schack 샤크, Schein 셰인, revansch 레반슈
	sj	시*	—	Nässjö 네셰, sjukhem 슈크헴, Sjöberg 셰베리
	sk	스ㅋ, 시*	—	Skoglund 스코글룬드, Skellefteå 셸레프테오, Skövde 셰브데, Skeppsholmen 솁스홀멘
	skj	시*	—	Hammarskjöld 함마르셸드, Skjöldebrand 셸데브란드
	stj	시*	—	Stjärneborg 셰르네보리, Oxenstjerna 옥센셰르나
	t	ㅌ	ㅅ, ㅌ	Göta 예타, Botkyrka 봇쉬르카, Trelleborg 트렐레보리, båt 보트
	th	ㅌ	트	Luther 루테르, Thunberg 툰베리
	ti	시*	—	lektion 렉숀, station 스타숀
	tj	시*	—	tjeck 셰크, Tjåkkå 쇼코, tjäna 셰나, tjugo 슈고
	v, w	ㅂ	브	Sverige 스베리예, Wasa 바사, Swedenborg 스베덴보리, Eslöv 에슬뢰브
	x	ㄱㅅ	ㄱ스	Axel 악셀, Alexander 알렉산데르, sex 섹스
	z	ㅅ	—	Zachris 사크리스, zon 손, Lorenzo 로렌소
모음	a	아		Kalix 칼릭스, Falun 팔룬, Alvesta 알베스타
	e	에		Enköping 엔셰핑, Svealand 스베알란드
	ä	에		Mälaren 멜라렌, Vänern 베네른, Trollhättan 트롤헤탄
	i	이		Idre 이드레, Kiruna 키루나
	å	오		Åmål 오몰, Västerås 베스테로스, Småland 스몰란드
	o	오		Boden 보덴, Stockholm 스톡홀름, Örebro 외레브로
	ö	외, 에		Östersund 외스테르순드, Björn 비에른, Linköping 린셰핑
	u	우		Umeå 우메오, Luleå 룰레오, Lund 룬드
	y	위		Ystad 위스타드, Nynäshamn 뉘네스함, Visby 비스뷔

* dj, g, gj, hj, j, lj의 '이'와 ch, k, kj, sch, sj, sk, skj, stj, ti, tj의 '시'가 뒤따르는 모음과 결합할 때에는 합쳐서 한 음절로 적는다. 다만 j는 표기 세칙 제4항, 제11항을 따른다.

[표 12] 노르웨이어 자모와 한글 대조표

자모	한글 모음 앞	한글 자음 앞·어말	보기
b	ㅂ	ㅂ, 브	Bodø 보되, Ibsen 입센, dobb 도브
c	ㅋ, ㅅ	크	Jacob 야코브, Vincent 빈센트
ch	ㅋ	크	Joachim 요아킴, Christian 크리스티안
d	ㄷ		Bodø 보되, Norden 노르덴
	적지 않음 (장모음 뒤)		spade 스파에
		적지 않음 (ld, nd의 d)	Arnold 아르놀, Harald 하랄, Roald 로알, Aasmund 오스문, Vigeland 비겔란, Svendsen 스벤센
		적지 않음 (장모음+rd)	fjord 피오르, Sigurd 시구르, gård 고르, nord 노르, Halvard 할바르, Edvard 에드바르
		드 (단모음+rd)	ferd 페르드, Rikard 리카르드
		적지 않음 (장모음 뒤)	glad 글라, Sjaastad 쇼스타
		드	dreng 드렝, bad 바드
f	ㅍ	프	Hammerfest 함메르페스트, biff 비프
g	ㄱ		gå 고, gave 가베
	이*		gigla 이글라, gyllen 윌렌
		적지 않음 (이중 모음 뒤와 ig, lig)	haug 헤우, deig 데이, Solveig 솔베이, farlig 팔리
		ㅇ (n 앞)	Agnes 앙네스, Magnus 망누스
		ㄱ (무성음 앞)	sagtang 삭탕
		그	grov 그로브, berg 베르그, helg 헬그
gj	이*	—	Gjeld 옐, gjenta 옌타
h	ㅎ		Johan 요한, Holm 홀름
		적지 않음	Hjalmar 얄마르, Hvalter 발테르, Krohg 크로그
j	이*	—	Jonas 요나스, Bjørn 비에른, fjord 피오르, Skodje 스코디에, Evje 에비에, Tjeldstø 티엘스퇴
k	ㅋ, 시*	ㄱ, 크	Rikard 리카르드, Kirsten 시르스텐, Kyndig 쉰디, Køyra 셰위라, lukt 룩트, Erik 에리크
kj	시*	—	Kjerschow 셰르쇼브, Kjerulf 셰룰프, Mikkjel 미셸
l	ㄹ, ㄹㄹ	ㄹ	Larvik 라르비크, Ålesund 올레순, sol 솔
m	ㅁ	ㅁ	Moss 모스, Trivandrum 트리반드룸
n	ㄴ	ㄴ	Namsos 남소스, konto 콘토
ng	ㅇ	ㅇ	Lange 랑에, Elling 엘링, tvang 트방
nk	ㅇㅋ	ㅇ, ㅇ크	ankel 앙켈, punkt 풍트, bank 방크

(자음)

p	ㅍ	ㅂ, 프	pels 펠스, september 셉템베르, sopp 소프
qu	크ㅂ	—	Quisling 크비슬링
r	ㄹ	르	Ringvassøy 링바쇠위, Lillehammer 릴레함메르
rl	ㄹㄹ	르	Øverland 외벨란
s	ㅅ	스	Namsos 남소스, Svalbard 스발바르
sch	시*	슈	Schæferhund 셰페르훈, Frisch 프리슈
sj	시*	—	Sjaastad 쇼스타, Sjoa 쇼아
sk	스ㅋ, 시*	스크	skatt 스카트, Skienselv 시엔스엘브, skram 스크람, Ekofisk 에코피스크
skj	시*	—	Skjeggedalsfoss 셰게달스포스, Skjåk 쇼크
t	ㅌ	ㅅ, ㅌ	metal 메탈, husets 후셋스, slet 슬레트, lukt 룩트
		적지 않음 (어말 관사 et)	huset 후세, møtet 뫼테, taket 타케
th	ㅌ	트	Dorthe 도르테, Matthias 마티아스, Hjorth 요르트
tj	시*	—	tjern 셰른, tjue 슈에
v, w	ㅂ	브	varm 바름, Kjerschow 셰르쇼브
모음	a	아	Hamar 하마르, Alta 알타
	aa, å	오	Aall 올, Aasmund 오스문, Kåre 코레, Vesterålen 베스테롤렌, Vestvågøy 베스트보괴위, Ålesund 올레순
	au	에우	haug 헤우, lauk 레우크, grauk 그레우크
	æ	에	være 베레, Svolvær 스볼베르
	e	에	esel 에셀, fare 파레
	eg	에이, 에그	regn 레인, tegn 테인, negl 네일, deg 데그, egg 에그
	ø	외, 에	Løken 뢰켄, Gjøvik 예비크, Bjørn 비에른
	i	이	Larvik 라르비크, Narvik 나르비크
	ie	이	Grieg 그리그, Nielsen 닐센, Lie 리
	o	오	Lonin 로닌, bok 보크, bord 보르, fjorten 피오르텐
	øg	외위	døgn 되윈, løgn 뢰윈
	øy	외위	høy 회위, røyk 뢰위크, nøytral 뇌위트랄
	u	우	Ålesund 올레순, Porsgrunn 포르스그룬
	y	위	Stjernøy 스티에르뇌위, Vestvågøy 베스트보괴위

* g, gj, j, lj의 '이'와 k, kj, sch, sj, sk, skj, tj의 '시'가 뒤따르는 모음과 결합할 때에는 합쳐서 한 음절로 적는다. 다만, j는 표기 세칙 제5항, 제12항을 따른다.

[표 13] 덴마크어 자모와 한글 대조표

자모	한글		보기
	모음 앞	자음 앞·어말	
b	ㅂ	ㅂ, 브	Bornholm 보른홀름, Jacobsen 야콥센, Holstebro 홀스테브로
c	ㅋ, ㅅ	ㅋ	cafeteria 카페테리아, centrum 센트룸, crosset 크로세트
ch	시*	ㅋ	Charlotte 샤를로테, Brochmand 브로크만, Grønbech 그뢴베크
d	ㄷ		Odense 오덴세, dansk 단스크, vendisk 벤디스크
		적지 않음 (ds, dt, ld, nd, rd)	plads 플라스, Grundtvig 그룬트비, kridt 크리트, Lolland 롤란, Öresund 외레순, hård 호르
		드 (ndr)	andre 안드레, vandre 반드레
		드	dreng 드렝
f	ㅍ	프	Falster 팔스테르, flod 플로드, ruf 루프
g	ㄱ		give 기베, general 게네랄, gevær 게베르, hugge 후게
		적지 않음 (어미 ig)	herlig 헤를리, Grundtvig 그룬트비
		(u와 l 사이)	fugl 풀, kugle 쿨레
		(borg, berg)	Nyborg 뉘보르, Frederiksberg 프레데릭스베르
		그	magt 마그트, dug 두그
h	ㅎ	적지 않음	Helsingør 헬싱외르, Dahl 달
hj	이*	—	hjem 옘, hjort 요르트, Hjøring 예링
j	이*	—	Jensen 옌센, Esbjerg 에스비에르, Skjern 스키에른
k	ㅋ	ㄱ, ㅋ	København 쾨벤하운, køre 쾨레, Skære 스케레, Frederikshavn 프레데릭스하운, Holbæk 홀베크
l	ㄹ, ㄹㄹ	ㄹ	Lolland 롤란, Falster 팔스테르
m	ㅁ	ㅁ	Møn 뮌, Bornholm 보른홀름
n	ㄴ	ㄴ	Rønne 뢰네, Fyn 퓐
ng	ㅇ	ㅇ	Helsingør 헬싱외르, Hjøring 예링
nk	ㅇㅋ	ㅇㅋ	ankel 앙켈, Munk 뭉크
p	ㅍ	ㅂ, 프	hoppe 호페, september 셉템베르, spring 스프링, hop 호프
qu	ㅋㅂ	—	Taanquist 톤크비스트
r	ㄹ	르	Rønne 뢰네, Helsingør 헬싱외르
s,	ㅅ	ㅅ	Sorø 소뢰, Roskilde 로스킬레,

sc				Århus 오르후스, scene 세네
sch	시*	슈		Schæfer 셰페르
sj	시*	—		Sjælland 셸란, sjal 샬, sjus 슈스
t	ㅌ	ㅅ, 트		Tønder 퇴네르, stå 스토, vittig 비티, nattkappe 낫카페, træde 트레데, streng 스트렝, hat 하트, krudt 크루트
th	ㅌ	트		Thorshavn 토르스하운, Thisted 티스테드
v	ㅂ			Vejle 바일레, dvale 드발레, pulver 풀베르, rive 리베, lyve 뤼베, løve 뢰베
	우 (단모음 뒤)			doven 도우엔, hoven 호우엔, oven 오우엔, sove 소우에
		적지 않음 (lv)		halv 할, gulv 굴
		우 (av, æv, øv, ov, ev)		gravsten 그라우스텐, København 쾨벤하운, Thorshavn 토르스하운, jævn 예운, Støvle 스퇴울레, lov 로우, rov 로우, Hjelmslev 옐름슬레우
		브		arv 아르브
x	ㄱㅅ	ㄱㅅ		Blixen 블릭센, sex 섹스
z	ㅅ	—		zebra 세브라
모음	a	아		Falster 팔스테르, Randers 라네르스
	æ	에		Næstved 네스트베드, træ 트레, fæ 페, mæt 메트
	aa, å	오		Kierkegaard 키르케고르, Århus 오르후스, lås 로스
	e	에		Horsens 호르센스, Brande 브라네
	eg	아이		negl 나일, segl 사일, regn 라인
	ej	아이		Vejle 바일레, Sejerø 사이에뢰
	ø	외		Rønne 뢰네, Ringkøbing 링쾨빙, Sorø 소뢰
	øg	오이		nøgle 노일레, øgle 오일레, løgn 로인, døgn 도인
	øj	오이		Højer 호이에르, øje 오이에
	i	이		Ribe 리베, Viborg 비보르
	ie	이		Niels 닐스, Nielsen 닐센, Nielson 닐손
	o	오		Odense 오덴세, Svendborg 스벤보르
	u	우		Århus 오르후스, Toflund 토플룬
	y	위		Fyn 퓐, Thy 튀

* hj, j의 '이'와 sch, sj의 '시'가 뒤따르는 모음과 결합할 때에는 합쳐서 한 음절로 적는다. 다만, j는 표기 세칙 제5항을 따른다.

[표 14] 말레이인도네시아어 자모와 한글 대조표

자모	한글		보기
	모음 앞	자음 앞·어말	
b	ㅂ	ㅂ, 브	Bali 발리, Abdul 압둘, Najib 나집, Bromo 브로모
c	ㅊ	츠	Ceto 체토, Aceh 아체, Mac 마츠
d	ㄷ	ㅅ, 드	Denpasar 덴파사르, Ahmad 아맛, Idris 이드리스
f	ㅍ	ㅂ	Fuji 푸지, Arifin 아리핀, Jusuf 유숩
g	ㄱ	ㄱ, 그	gamelan 가믈란, gudeg 구득, Nugroho 누그로호
h	ㅎ	—	Halmahera 할마헤라, Johor 조호르, Ipoh 이포
j	ㅈ	즈	Jambi 잠비, Majapahit 마자파힛, mikraj 미크라즈
k	ㅋ	ㄱ, 크	Kalimantan 칼리만탄, batik 바틱, Krakatau 크라카타우
kh	ㅎ	ㄱ, 크	khas 하스, akhbar 악바르, Fakhrudin 파크루딘
l	ㄹ, ㄹㄹ	ㄹ	Lombok 롬복, Palembang 팔렘방, Bangsal 방살
m	ㅁ	ㅁ	Maluku 말루쿠, bemo 베모, Iram 이람
n	ㄴ	ㄴ	Nias 니아스, Sukarno 수카르노, Prambanan 프람바난
ng	응	ㅇ	Ngarai 응아라이, bonang 보낭, Bandung 반둥
p	ㅍ	ㅂ, 프	Padang 파당, Yap 얍, Suprana 수프라나
q	ㅋ	ㄱ	furqan 푸르칸, Taufiq 타우픽
r	ㄹ	르	ringgit 링깃, Rendra 렌드라, asar 아사르
s	ㅅ	스	Sabah 사바, Brastagi 브라스타기, Gemas 게마스
t	ㅌ	ㅅ, 트	Timor 티모르, Jakarta 자카르타, Rahmat 라맛, Trisno 트리스노
v	ㅂ	—	Valina 발리나, Eva 에바, Lovina 로비나
x	ㅅ	—	xenon 세논
z	ㅈ	즈	zakat 자캇, Azlan 아즐란, Haz 하즈
w	오, 우		Wamena 와메나, Badawi 바다위
y	이		Yudhoyono 유도요노, Surabaya 수라바야
a	아		Ambon 암본, sate 사테, Pancasila 판차실라
e	에, 으		Ende 엔데, Ampenan 암페난, Pane 파네, empat 음팟, besar 브사르, gendang 근당
i	이		Ibrahim 이브라힘, Biak 비악, trimurti 트리무르티
o	오		Odalan 오달란, Barong 바롱, komodo 코모도
u	우		Ubud 우붓, kulit 쿨릿, Dampu 담푸
ai	아이		ain 아인, Rais 라이스, Jelai 즐라이
au	아우		aula 아울라, Maumere 마우메레, Riau 리아우
oi	오이		Amboina 암보이나, boikot 보이콧

왼쪽 분류: 자음 (b~z), 반모음 (w, y), 모음 (a~u), 이중모음 (ai, au, oi)

[표 15] 타이어 자모와 한글 대조표

로마자	타이어 자모	한글 모음 앞	한글 자음 앞·어말	보기
자음 b	บ	ㅂ	ㅂ	baht 밧, Chonburi 촌부리, Kulab 꿀랍
c	จ	ㅉ	—	Caolaw 짜올라우
ch	ฉ ช ฌ	ㅊ	ㅅ	Chiang Mai 치앙마이, buach 부앗
d	ฎ ด	ㄷ	ㅅ	Dindaeng 딘댕, Rad Burana 랏부라나, Samed 사멧
f	ฝ ฟ	ㅍ	—	Maefaluang 매팔루앙
h	ห ฮ	ㅎ	—	He 헤, Lahu 라후, Mae Hong Son 매홍손
k	ก	ㄲ	ㄱ	Kaew 깨우, malako 말라꼬, Rak Mueang 락므앙, phrik 프릭
kh	ข ฃ ค ฅ ฆ	ㅋ	ㄱ	Khaosan 카오산, lakhon 라콘, Caroenrachphakh 짜른랏팍
l	ล ฬ	ㄹ, ㄹㄹ	ㄴ	lamyai 람야이, Thalang 탈랑, Sichol 시촌
m	ม	ㅁ	ㅁ	Maikhao 마이카오, mamuang 마무앙, khanom 카놈, Silom 실롬
n	ณ น	ㄴ	ㄴ	Nan 난, Ranong 라농, Arun 아룬, Huahin 후아힌
ng	ง	응	ㅇ	nga 응아, Mongkut 몽꿋, Chang 창
p	ป	ㅃ	ㅂ	Pimai 삐마이, Paknam 빡남, Nakhaprathip 나카쁘라팁
ph	ผ พ ภ	ㅍ	ㅂ	Phuket 푸껫, Phicit 피찟, Saithiph 사이팁
r	ร	ㄹ	ㄴ	ranat 라낫, thurian 투리안
s	ซ ศ ษ ส	ㅅ	ㅅ	Siam 시암, Lisu 리수, Saket 사껫
t	ฏ ต	ㄸ	ㅅ	Tak 딱, Satun 사뚠, natsin 낫신, Phuket 푸껫

	th	ฐ ฑ ฒ ถ ท ธ	ㅌ	ㅅ	Tham Boya 탐보야, Thon Buri 톤부리, thurian 투리안, song thaew 송태우, Pathumthani 빠툼타니, Chaiyawath 차이야왓
반 모음	y	ญ ย	이		lamyai 람야이, Ayutthaya 아유타야
	w	ว	오, 우		Wan Songkran 완송끄란, Malaiwong 말라이웡, song thaew 송태우
모음	a	-ั -า	아		Akha 아카, kapi 까삐, lang sad 랑삿, Phanga 팡아
	e	เ-ะ เ-	에		Erawan 에라완, Akhane 아카네, Panare 빠나레
	i	-ิ -ี	이		Sire 시레, linci 린찌, Krabi 끄라비, Lumphini 룸피니
	o	โ-ะ โ- เ-าะ -อ	오		khon 콘, Loi 로이, namdokmai 남독마이, Huaito 후아이또
	u	-ุ -ู	우		thurian 투리안, Chonburi 촌부리, Satun 사뚠
	ae	แ-ะ แ-	애		kaeng daeng 깽댕, Maew 매우, Bangsaen 방샌, Kaibae 까이배
	oe	เ-อะ เ-อ	으		Mai Mueangdoem 마이 므앙듬
	ue	-ึ -ื	으		kaeng cued 깽쯧, Maeraphueng 매라픙, Buengkum 븡꿈

[표 16] 베트남어 자모와 한글 대조표

	자모	한글		보기
		모음 앞	자음 앞·어말	
자음	b	ㅂ	—	Bao 바오, bo 보
	c, k, q	ㄲ	ㄱ	cao 까오, khac 칵, kiêt 끼엣, lăk 락, quan 꽌
	ch	ㅉ	ㄱ	cha 짜, bach 박
	d, gi	ㅈ	—	duc 죽, Dương 즈엉, gia 자, giây 저이

	đ	ㄷ	—	đan 단, Đinh 딘
	g, gh	ㄱ	—	gai 가이, go 고, ghe 개, ghi 기
	h	ㅎ	—	hai 하이, hoa 호아
	kh	ㅋ	—	Khai 카이, khi 키
	l	ㄹ, ㄹㄹ	—	lâu 러우, long 롱, My Lai 밀라이
	m	ㅁ	ㅁ	minh 민, măm 맘, tôm 똠
	n	ㄴ	ㄴ	Nam 남, non 논, bun 분
	ng, ngh	응	ㅇ	ngo 응오, ang 앙, đông 동, nghi 응이, nghê 응에
	nh	니	ㄴ	nhât 녓, nhơn 년, minh 민, anh 아인
	p	ㅃ	ㅂ	put 뿟, chap 짭
	ph	ㅍ	—	Pham 팜, phơ 퍼
	r	ㄹ	—	rang 랑, rôi 로이
	s	ㅅ	—	sang 상, so 소
	t	ㄸ	ㅅ	tam 땀, têt 뗏, hat 핫
	th	ㅌ	—	thao 타오, thu 투
	tr	ㅉ	—	Trân 쩐, tre 째
	v	ㅂ	—	vai 바이, vu 부
	x	ㅆ	—	xanh 싸인, xeo 쌔오
모음	a	아		an 안, nam 남
	ă	아		ăn 안, Đăng 당, măc 막
	â	어		ân 언, cân 껀, lâu 러우
	e	애		em 앰, cheo 째오
	ê	에		êm 엠, chê 쩨, Huê 후에
	i	이		in 인, dai 자이
	y	이		yên 옌, quy 꾸이
	o	오		ong 옹, bo 보
	ô	오		ôm 옴, đông 동
	ơ	어		ơn 언, sơn 선, mơi 머이
	u	우		um 움, cung 꿍
	ư	으		ưn 은, tư 뜨
이중 모음	ia	이어		kia 끼어, ria 리어
	iê	이에		chiêng 찌엥, diêm 지엠
	ua	우어		lua 루어, mua 무어
	uô	우오		buôn 부온, quôc 꾸옥
	ưa	으어		cưa 끄어, mưa 므어, sưa 스어
	ươ	으어		rươu 르어우, phương 프엉

[표 17] 포르투갈어 자모와 한글 대조표

자모	한글 모음 앞	한글 자음 앞·어말	보기
	자모	**모음 앞**	**자음 앞·어말**	**보기**

	자모	모음 앞	자음 앞·어말	보기
자음	b	ㅂ	브	bossa nova 보사노바, Abreu 아브레우
	c	ㅋ, ㅅ	ㄱ	Cabral 카브랄, Francisco 프란시스쿠, aspecto 아스펙투
	ç	ㅅ	—	saraça 사라사, Eça 에사
	ch	시*	—	Chaves 샤베스, Espichel 이스피셸
	d	ㄷ, ㅈ	드	escudo 이스쿠두, Bernardim 베르나르딩, Dias 지아스(브)
	f	ㅍ	프	fado 파두, Figo 피구
	g	ㄱ, ㅈ	그	Saramago 사라마구, Jorge 조르즈, Portalegre 포르탈레그르, Guerra 게하
	h	—	—	Henrique 엔히크, hostia 오스티아
	j	ㅈ	—	Aljezur 알제주르, panja 판자
	l	ㄹ, ㄹㄹ	ㄹ, 우	Lisboa 리스보아, Manuel 마누엘, Melo 멜루, Salvador 사우바도르(브)
	lh	ㄹ리*	—	Coelho 코엘류, Batalha 바탈랴
	m	ㅁ	ㅁ, ㅇ	Moniz 모니스, Humberto 움베르투, Camocim 카모싱
	n	ㄴ	ㄴ, ㅇ	Natal 나탈, António 안토니우, Angola 앙골라, Rondon 혼동
	nh	니*	—	Marinha 마리냐, Matosinhos 마토지뉴스
	p	ㅍ	프	Pedroso 페드로주, Lopes 로페스, Prado 프라두
	q	ㅋ	—	Aquilino 아킬리누, Junqueiro 중케이루
	r	ㄹ, ㅎ	르	Freire 프레이르, Rodrigues 호드리게스, Cardoso 카르도주
	s	ㅅ, ㅈ	스, 즈	Salazar 살라자르, Barroso 바호주, Egas 에가스, mesmo 메즈무
	t	ㅌ, ㅊ	트	Tavira 타비라, Garrett 가헤트, Aracati 아라카치(브)
	v	ㅂ	—	Vicente 비센트, Oliveira 올리베이라
	x	시*, ㅈ	스	Xira 시라, exame 이자므, exportar 이스포르타르
	z	ㅈ	스	fazenda 파젠다, Diaz 디아스
모음	a	아		Almeida 알메이다, Egas 에가스
	e	에, 이, 으		Elvas 엘바스, escudo 이스쿠두, Mangualde 망구알드, Belmonte 베우몬치(브)
	i	이		Amalia 아말리아, Vitorino 비토리누
	o	오, 우		Odemira 오데미라, Melo 멜루, Passos 파수스
	u	우		Manuel 마누엘, Guterres 구테흐스

이중모음			
이중 모음	ai	아이	Sampaio 삼파이우, Cascais 카스카이스
	au	아우	Bauru 바우루, São Paulo 상파울루
	ãe	앙이	Guimarães 기마랑이스, Magalhães 마갈량이스
	ão	앙	Durão 두랑, Fundão 푼당
	ei	에이	Ribeiro 히베이루, Oliveira 올리베이라
	eu	에우	Abreu 아브레우, Eusebio 에우제비우
	iu	이우	Aeminium 아에미니웅, Ituiutaba 이투이우타바
	oi	오이	Coimbra 코임브라, Goiás 고이아스
	ou	오	Lousã 로장, Mogadouro 모가도루
	õe	옹이	Camões 카몽이스, Pilões 필롱이스
	ui	우이	Luis 루이스, Cuiabá 쿠이아바

* ch의 '시', lh의 '리', nh의 '니', x의 '시'가 뒤따르는 모음과 결합할 때에는 합쳐서 한 음절로 적는다.
* k, w, y는 외래어나 외래어에서 파생된 포르투갈식 어휘 또는 국제적으로 통용되는 약자나 기호의 표기에서 사용되는 것으로 포르투갈어 알파벳에 속하지 않으므로 해당 외래어 발음에 가깝게 표기한다.
* (브)는 브라질 포르투갈어에 적용되는 표기이다.

[표 18] 네덜란드어 자모와 한글 대조표

자모		한글		보기
		모음 앞	자음 앞·어말	
자음	b	ㅂ	ㅂ, 브, 프	Borst 보르스트, Bram 브람, Jacob 야코프
	c	ㅋ	ㄱ, ㅋ	Campen 캄펀, Nicolaas 니콜라스, topic 토픽, scrupel 스크뤼펄
		ㅅ		cyaan 시안, Ceelen 세일런
	ch	ㅎ	흐	Volcher 폴허르, Utrecht 위트레흐트
	d	ㄷ	ㅅ, 드, 트	Delft 델프트, Edgar 엣하르, Hendrik 헨드릭, Helmond 헬몬트
	f	ㅍ	프	Flevoland 플레볼란트, Graaf 흐라프
	g	ㅎ	흐	Goes 후스, Limburg 림뷔르흐
	h	ㅎ	—	Heineken 헤이네컨, Hendrik 헨드릭
	j	이*	—	Jongkind 용킨트, Jan 얀, Jeroen 예룬
	k	ㅋ	ㄱ, ㅋ	Kok 콕, Alkmaar 알크마르, Zierikzee 지릭제이
	kw(qu)	크ㅂ	—	kwaliteit 크발리테이트, kwellen 크벨런, kwitantie 크비탄시
	l	ㄹ, ㄹㄹ	ㄹ	Lasso 라소, Friesland 프리슬란트, sabel 사벌
	m	ㅁ	ㅁ	Meerssen 메이르선, Zalm 잘름
	n	ㄴ	ㄴ	Nijmegen 네이메헌, Jansen 얀선

	ng	ㅇ	ㅇ	Inge 잉어, Groningen 흐로닝언
	p	ㅍ	ㅂ, 프	Peper 페퍼르, Kapteyn 캅테인, Koopmans 코프만스
	r	ㄹ	르	Rotterdam 로테르담, Asser 아서르
	s	ㅅ	스	Spinoza 스피노자, Hals 할스
	sch	스ㅎ	스	Schiphol 스히폴, Escher 에스허르, typisch 티피스
	sj	시*	시	sjaal 샬, huisje 하위셔, ramsj 람시 fetisj 페티시
	t	ㅌ	ㅅ, ㅌ	Tinbergen 틴베르헌, Gerrit 헤릿, Petrus 페트뤼스
	ts	ㅊ	츠	Aartsen 아르천, Beets 베이츠
	v	ㅂ, ㅍ	브	Veltman 펠트만, Einthoven 에인트호번, Weltevree 벨테브레이
	w	ㅂ	—	Wim 빔
	y	이	이	cyaan 시안, Lyonnet 리오넷, typisch 티피스, Verwey 페르베이
	z	ㅈ	—	Zeeman 제이만, Huizinga 하위징아
모음	a	아		Asser 아서르, Frans 프란스
	e	에, 어		Egmont 에흐몬트, Frederik 프레데릭, Heineken 헤이네컨, Lubbers 뤼버르스, Campen 캄펀
	i	이		Nicolaas 니콜라스, Tobias 토비아스
	ie	이		Pieter 피터르, Vries 프리스
	o	오		Onnes 오너스, Vondel 폰덜
	oe	우		Boer 부르, Boerhaave 부르하버
	u	위		Utrecht 위트레흐트, Petrus 페트뤼스
	eu	외		Europort 외로포르트, Deurne 되르너
	uw	위		ruw 뤼, duwen 뒤언, Euwen 에위언
이중 모음	ou(w), au(w)	아우		Bouts 바우츠, Bouwman 바우만, Paul 파울, Lauwersmeer 라우에르스메이르
	ei, ij	에이		Heike 헤이커, Bolkestein 볼케스테인, Ijssel 에이설
	ui(uy)	아위		Huizinga 하위징아, Zuid-Holland 자위트홀란트, Buys 바위스
	aai	아이		draaien 드라이언, fraai 프라이, zaait 자이트, Maaikes 마이커스
	ooi	오이		Booisman 보이스만, Hooites 호이터스
	oei	우이		Boeijinga 부잉아, moeite 무이터
	eeuw	에이우		Leeuwenhoek 레이우엔훅, Meeuwes 메이우어스
	ieuw	이우		Lieuwma 리우마, Rieuwers 리우어르스

* j의 '이', sj의 '시'가 뒤따르는 모음과 결합할 때에는 합쳐서 한 음절로 적는다.

[표 19] 러시아어 자모와 한글 대조표

	로마자	러시아어 자모	한글			보기
			모음 앞	자음 앞	어말	
자음	b	б	ㅂ	ㅂ, 브	프	Bolotov(Болотов) 볼로토프, Bobrov(Бобров) 보브로프, Kurbskii(Курбский) 쿠릅스키, Gleb(Глеб) 글레프
	ch	ч	ㅊ	치		Goncharov(Гончаров) 곤차로프, Manechka(Манечка) 마네치카, Yakubovich(Якубович) 야쿠보비치
	d	д	ㄷ	ㅅ, 드	트	Dmitrii(Дмитрий) 드미트리, Benediktov(Бенедиктов) 베네딕토프, Nakhodka(Находка) 나홋카, Voskhod(Восход) 보스호트
	f	ф	ㅍ	ㅂ, 프	프	Fyodor(Фёдор) 표도르, Yefremov(Ефремов) 예프레모프, Iosif(Иосиф) 이오시프
	g	г	ㄱ	ㄱ, 그	크	Gogol'(Гоголь) 고골, Musorgskii(Мусоргский) 무소릅스키, Bogdan(Богдан) 보그단, Andarbag(Андарбаг) 안다르바크
	kh	х	ㅎ	흐		Khabarovsk(Хабаровск) 하바롭스크, Akhmatova(Ахматова) 아흐마토바, Oistrakh(Ойстрах) 오이스트라흐
	k	к	ㅋ	ㄱ, 크	크	Kalmyk(Калмык) 칼미크, Aksakov(Аксаков) 악사코프, Kvas(Квас) 크바스, Vladivostok(Владивосток) 블라디보스토크
	l	л	ㄹ, ㄹㄹ	ㄹ		Lenin(Ленин) 레닌, Nikolai(Николай) 니콜라이, Krylov(Крылов) 크릴로프, Pavel(Павел) 파벨
	m	м	ㅁ	ㅁ, 므	ㅁ	Mikhaiil(Михаийл) 미하일, Maksim(Максим) 막심, Mtsensk(Мценск) 므첸스크
	n	н	ㄴ	ㄴ		Nadya(Надя) 나댜, Stefan(Стефан) 스테판
	p	п	ㅍ	ㅂ, 프	프	Pyotr(Пётр) 표트르, Rostopchina(Ростопчина) 로스톱치나, Pskov(Псков) 프스코프, Maikop(Майкоп) 마이코프
	r	р	ㄹ	르		Rybinsk(Рыбинск) 리빈스크, Lermontov(Лермонтов) 레르몬토프, Artyom(Артём) 아르툠

s	с	ㅅ	스			Vasilii(Василий) 바실리, Stefan(Стефан) 스테판, Boris(Борис) 보리스
sh	ш	시*	시			Shelgunov(Шелгунов) 셸구노프, Shishkov(Шишков) 시시코프
shch	щ	시*	시			Shcherbakov(Щербаков) 셰르바코프, Shchirets(Щирец) 시레츠, borshch(борщ) 보르시
t	т	ㅌ	ㅅ, ㅌ	ㅌ		Tat'yana(Татьяна) 타티야나, Khvatkov(Хватков) 흐밧코프, Tver'(Тверь) 트베리, Buryat(Бурят) 부랴트
tch	тч	ㅊ	—			Gatchina(Гатчина) 가치나, Tyutchev(Тютчев) 튜체프
ts	ц, тс	ㅊ	츠			Kapitsa(Капица) 카피차, Tsvetaeva(Цветаева) 츠베타예바, Bryatsk(Брятск) 브랴츠크, Yakutsk(Якутск) 야쿠츠크
v	в	ㅂ	ㅂ, 브	ㅍ		Verevkin(Веревкин) 베렙킨, Dostoevskii(Достоевский) 도스토옙스키, Vladivostok(Владивосток) 블라디보스토크, Markov(Марков) 마르코프
z	з	ㅈ	즈, 스	스		Zaichev(Зайчев) 자이체프, Kuznetsov(Кузнецов) 쿠즈네초프, Agryz(Агрыз) 아그리스
zh	ж	ㅈ	즈, 시	시		Zhadovskaya(Жадовская) 자돕스카야, Zhdanov(Жданов) 즈다노프, Luzhkov(Лужков) 루시코프, Kebezh(Кебеж) 케베시
j/i	й	이	이			Yurii(Юрий) 유리, Andrei(Андрей) 안드레이, Belyi(Белый) 벨리
모음	a	а	아			Aksakov(Аксаков) 악사코프, Abakan(Абакан) 아바칸
	e	е	에, 예			Petrov(Петров) 페트로프, Evgenii(Евгений) 예브게니, Alekseev(Алексеев) 알렉세예프, Ertel'(Эртель) 예르텔
		э				
	i	и	이			Ivanov(Иванов) 이바노프, Iosif(Иосиф) 이오시프
	o	о	오			Khomyakov(Хомяков) 호먀코프, Oka(Ока) 오카
	u	у	우			Ushakov(Ушаков) 우샤코프,

			Sarapul(Сарапул) 사라풀
y	ы	이	Saltykov(Салтыков) 살티코프, Kyra(Кыра) 키라, Belyi(Белый) 벨리
ya	я	야	Yasinskii(Ясинский) 야신스키, Adygeya(Адыгея) 아디게야
yo	ё	요	Solov'yov(Соловьёв) 솔로비요프, Artyom(Артём) 아르툠
yu	ю	유	Yurii(Юрий) 유리, Yurga(Юрга) 유르가

* sh(ш), shch(щ)의 '시'가 뒤따르는 모음과 결합할 때에는 합쳐서 한 음절로 적는다.

제3장 표기 세칙

제1절 영어의 표기

표 1에 따라 적되, 다음 사항에 유의하여 적는다.

제1항 무성 파열음([p], [t], [k])

1. 짧은 모음 다음의 어말 무성 파열음([p], [t], [k])은 받침으로 적는다.
   【보기】 gap[gæp] 갭   cat[kæt] 캣
           book[buk] 북

2. 짧은 모음과 유음·비음([l], [r], [m], [n]) 이외의 자음 사이에 오는 무성 파열음([p], [t], [k])은 받침으로 적는다.
   【보기】 apt[æpt] 앱트   setback[setbæk] 셋백
           act[ækt] 액트

3. 위 경우 이외의 어말과 자음 앞의 [p], [t], [k]는 '으'를 붙여 적는다.
   【보기】 stamp[stæmp] 스탬프   cape[keip] 케이프
           nest[nest] 네스트   part[pɑːt] 파트
           desk[desk] 데스크   make[meik] 메이크
           apple[æpl] 애플   mattress[mætris] 매트리스
           chipmunk[ʧipmʌŋk] 치프멍크   sickness[siknis] 시크니스

무성 파열음 [p], [t], [k]는 다음과 같이 적는다.

1. 짧은 모음 다음의 어말 무성 파열음은 받침으로 적는다.

pet[pet] 펫	cap[kæp] 캡	step[step] 스탭
cup[kʌp] 컵	back[bæk] 백	black[blæk] 블랙
foot[fut] 풋	sherbet[ʃəːrbət] 셔벗	biscuit[biskit] 비스킷

kick[kik] 킥   carpet[kɑːrpit] 카펫   rocket [rɑːkit] 로켓

2. 무성 파열음이 짧은 모음과 유음·비음 이외의 자음 사이에서 발음될 때는 받침으로 적는다. 이때 유음·비음 이외의 자음은 파열음, 파찰음, 마찰음을 말한다.

script[skript] 스크립트   napkin[næpkin] 냅킨

3. 무성 파열음이 위의 두 경우 이외의 어말과 자음 앞에서 발음될 때는 '一'를 붙여서 적는다. [보기]의 예들을 몇 가지로 유형화하고 몇몇 예들을 더 추가하여 정리하면 다음과 같다.

   1) 이중 모음 뒤
     cape[keip] 케이프   make[meik] 메이크
     tape[teip] 테이프   cake[keik] 케이크
   2) 긴 모음 뒤
     part[pɑːt] 파트   jeep[dʒiːp] 지프
     peak[piːk] 피크   flute[fluːt] 플루트
   3) 자음 뒤
     stamp[stæmp] 스탬프   ink[iŋk] 잉크
     desk[desk] 데스크   nest[nest] 네스트
     slump[slʌmp] 슬럼프   concept[kɑːnsept] 콘셉트
   4) 짧은 모음과 유음, 비음 사이
     apple[æpl] 애플   mattress[mætris] 매트리스
     chipmunk[ʧipmʌŋk] 치프멍크   sickness[siknis] 시크니스

 더 알아보기

     짧은 모음 다음의 어말 무성 파열음은 받침으로 적는 것이 원칙이지만, 관용을 인정하여 다음과 같이 '一'를 붙여 적기도 한다.

net[net] 네트   set[set] 세트   kit[kit] 키트

nut[nʌt] 너트   knit[nit] 니트   hit[hit] 히트

cut[kʌt] 커트   mat[mæt] 매트   check[tʃek] 체크

이들은 합성어나 구를 이룰 때도 관용대로 적지만, 합성어나 구 구성에서는 받침으로 적는 예들도 있다. 예를 들어 'net[net]'은 '골네트(goal net)', '네트 터치(net touch)', '네트워크(network)' 등 대부분의 경우에 '네트'로 적지만, '인터넷(Internet)', '인트라넷(intranet)' 등에서는 '넷'으로 적는다. 'set[set]' 역시 '세트 플레이(set play)', '오픈 세트(open set)' 등에서는 '세트'로 적지만, '리셋(reset)', '헤드셋(headset)' 등에서는 '셋'으로 적는다.

합성어나 구가 아니어도 의미에 따라 표기가 달라지기도 한다. 'type[taip]'은 '타자기'를 의미할 때는 '타이프'로 적지만 '어떤 부류의 형식이나 형태'를 의미할 때는 '타입'으로 적는다. 'cut'은 잘라내거나 중간에서 차단하는 의미로 사용할 때는 '커트'로 적고, 영상의 장면이나 인쇄물의 삽화를 의미할 때는 '컷'으로 적는다.

'out[aut]'은 이중 모음 뒤에서 무성 파열음이 발음됨에도 불구하고 '아웃'으로 적으며, '로그아웃(log-out), 체크아웃(check-out), 아웃사이드(outside)' 등도 마찬가지이다. 그러나 'outline'은 '아웃라인'으로 적는다.

반려동물을 의미하는 'pet'과 폴리에틸렌을 의미하는 'PET(polyethylene terephthalate)'은 발음이 [pet]으로 동일하지만, 전자와 관련된 단어는 '펫(pet), 펫 숍(pet shop), 펫 맘(pet mom)' 등으로 표기하고, 후자는 '페트병(PET甁)'으로 표기한다.

한편 전단지나 간판 등에서 'set'을 '셋트'로 적거나 'massage'를 '맛사지'로 적은 예들을 흔히 볼 수 있는데, 이는 올바른 표기가 아니다. '밧데리(battery), 컷트 (cut)' 등도 마찬가지이다.

가상화폐인 'bitcoin'은 어떻게 적는 것이 옳을까?

제2항 유성 파열음([b], [d], [g])
어말과 모든 자음 앞에 오는 유성 파열음은 '으'를 붙여 적는다.

【보기】 bulb[bʌlb] 벌브   land[lænd] 랜드

zigzag[zigzæg] 지그재그   lobster[lɔbstə] 로브스터

kidnap[kidnæp] 키드냅   signal[signəl] 시그널

어말과 자음 앞에 오는 유성 파열음 [b], [d], [g]는 다음과 같이 'ㅡ'를 붙여 적는다.

tag[tæg] 태그   tube[tuːb] 튜브   ad lib[ædlib] 애드리브

bed[bed] 베드   food[fuːd] 푸드   catalog[kætəlɔːg] 카탈로그

bug[bʌg] 버그   node[noud] 노드   bulldog[buldɔːg] 불도그

그러나 다음과 같이 관습에 따라 어말의 유성 파열음 [b], [d], [g]를 받침 'ㅂ, ㅅ, ㄱ'으로 적는 경우도 있다.

web[web] 웹   bag[bæg] 백   good[gud] 굿

jab[dʒæb] 잽   job[dʒɑːb] 잡   club[klʌb] 클럽

특히 'rib[rib]'의 경우에는 건설 용어로는 '리브'(둥근 천장에 있는 갈빗대 모양의 뼈대)로 적지만, 음식명일 때는 '바비큐포크립(barbecue pork rib)'과 같이 '립'으로 적는다.

외래어 표기법 제정 당시에는 'lobster[lɔbstə]'를 '로브스터'로 적도록 했지만, 2015년에 '랍스터'를 새롭게 인정하여 지금은 '로브스터'와 '랍스터' 모두 올바른 표기이다.

> 애플(Apple)사가 만든 무선 블루투스 이어폰인 'Airpods'는 어떻게 적는 것이 옳을까?

> 인터넷망을 통해 다양한 콘텐츠를 제공하는 서비스를 의미하는 'pod cast'는 어떻게 적는 것이 옳을까?

제3항 마찰음([s], [z], [f], [v], [θ], [ð], [ʃ], [ʒ])

1. 어말 또는 자음 앞의 [s], [z], [f], [v], [θ], [ð]는 '으'를 붙여 적는다.
【보기】 mask[mɑːsk] 마스크   jazz[dʒæz] 재즈
graph[græf] 그래프   olive[ɔliv] 올리브
thrill[θril] 스릴   bathe[beið] 베이드

2. 어말의 [ʃ]는 '시'로 적고, 자음 앞의 [ʃ]는 '슈'로, 모음 앞의 [ʃ]는 뒤따르는 모음에 따라 '샤', '섀', '셔', '셰', '쇼', '슈', '시'로 적는다.
【보기】 flash[flæʃ] 플래시   shrub[ʃrʌb] 슈러브
shark[ʃɑːk] 샤크   shank[ʃæŋk] 섕크
fashion[fæʃən] 패션   sheriff[ʃerif] 셰리프

shopping[ʃɔpiŋ] 쇼핑   shoe[ʃuː] 슈
shim[ʃim] 심

3. 어말 또는 자음 앞의 [ʒ]는 '지'로 적고, 모음 앞의 [ʒ]는 'ㅈ'으로 적는다.
　【보기】 mirage[mirɑːʒ] 미라지   vision[viʒən] 비전

마찰음 [s], [z], [f], [v], [θ], [ð], [ʃ], [ʒ]는 다음과 같이 적는다.

1. 어말 또는 자음 앞의 마찰음은 'ㅡ'를 붙여 적는다. 위의 예에서 '재즈, 그래프, 올리브, 베이드'는 어말 환경에서, '마스크, 스릴'은 자음 앞의 환경에서 마찰음 뒤에 'ㅡ'를 붙여 적은 것이다. 다음과 같은 예들이 더 있다.

staff[stæf] 스태프   safe[seif] 세이프
Maltese[mɔːltiːz] 몰티즈   mayonnaise[meiəneiz] 마요네즈

2. 위의 예에서 '플래시'는 어말의 [ʃ]를 '시'로 적은 예이고, '슈러브'는 자음 앞의 [ʃ]를 '슈'로 적은 예이다. 나머지 예들은 모음 앞의 [ʃ]를 뒤따르는 모음에 따라 '샤', '섀', '셔', '셰', '쇼', '슈', '시'로 적은 것이다.
　흔히 어말의 [ʃ]를 '쉬'로 적기 쉬운데, 다음과 같이 어말의 [ʃ]는 '시'로 적는다.

push[puʃ] 푸시   cash[kæʃ] 캐시
dash[dæʃ] 대시   brush[brʌʃ] 브러시
brush[brʌʃ] 브러시   smash[smæʃ] 스매시
English[iŋgliʃ] 잉글리시   gold rush[gouldrʌʃ] 골드러시

모음 앞에서는 다음과 같이 뒤따르는 모음에 따라 다양하게 표기한다.

sash[sæʃ] 새시   shepherd[ʃepərd] 셰퍼드
worship[wəːrʃip] 워십   leadership[liːdərʃip] 리더십
sherbet[ʃəːrbət] 셔벗   milk shake[milkʃeik] 밀크셰이크

suit[suːt] 슈트 eye shadow[aiʃædou] 아이섀도

shock[ʃɑːk] 쇼크 shamanism[ʃɑːmənizm] 샤머니즘

tissue[tiʃuː] 티슈 shoulder bag[ʃouldə(r) bæg] 숄더백

3. [ʒ]는 어말 또는 자음 앞에서는 '지'로 적고, 모음 앞에서는 'ㅈ'으로 적는다.

beige[beiʒ] 베이지 massage[məsɑːʒ] 마사지

version[vəːrʒən] 버전 fusion[fjuːʒən] 퓨전

visual[viʒuəl] 비주얼 television[televiʒən] 텔레비전

외래어를 표기할 때는 'ㅈ, ㅊ, ㅉ' 다음에 'ㅑ, ㅕ, ㅛ, ㅠ, ㅒ, ㅖ'와 같은 모음자를 표기하지 않는다. 우리말을 발음할 때 파열음 /ㅈ, ㅊ, ㅉ/ 뒤에서 /ㅑ, ㅕ, ㅛ, ㅠ, ㅒ, ㅖ/와 같은 모음이 제 음가대로 발음되지 않고 단모음으로 발음되기 때문이다. 이에 따라 외래어를 표기할 때도 [ʒ]를 'ㅈ'으로 적을 때 뒤따르는 모음을 'ㅑ, ㅕ, ㅛ, ㅠ, ㅒ, ㅖ'로 적지 않는다.

version[vəːrʒən] 버젼(×) 버전 (◯)

fusion[fjuːʒən] 퓨젼(×) 퓨전 (◯)

visual[viʒuəl] 비쥬얼(×) 비주얼 (◯)

television[televiʒən] 텔레비젼(×) 텔레비전 (◯)

 더 알아보기

국제 음성 기호와 한글 대조표에 따라 마찰음 [f]는 모음 앞에서 'ㅍ'으로 적는다. 그런데 다음과 같이 [f]를 'ㅎ'으로 적는 예들이 눈에 띈다.

fry 후라이 fried chicken 후라이드치킨

frypan 후라이팬 French 후렌치

family 훼미리/훼밀리 cornflakes 콘후레이크

flash 후래시/후래쉬 fruit cocktail 후르츠칵테일

foil 호일 file 화일

fantasy 환타지 fence 휀스

fuse 휴즈　　　　　　　wafer 웨하스

　　이들은 각각 '프라이, 프라이드치킨, 프라이팬, 프렌치, 패밀리, 콘플레이크, 플래시, 프루트칵테일, 포일, 파일, 판타지, 펜스, 퓨즈, 웨이퍼'로 적는 것이 옳다. 이들 외래어에서 모음 앞의 [f]를 'ㅎ'으로 적는 것은 일본어의 영향이다. 코로나 19 백신으로 유명한 제약회사인 'Pfizer[faizər]'도 외래어 표기법대로 한다면 '화이자'가 아닌 '파이저'로 적어야 한다.

　　한편 '목도리'나 자동차 '소음기'를 의미하는 '마후라'는 영어의 'muffler'를 차용한 말이기 때문에 '머플러'로 적어야 하지만, 『표준국어대사전』에서는 '마후라'와 '머플러'를 모두 인정하고 있다. 이는 외래어 표기에서 일본어의 영향을 인정한 드문 예이다.

제4항 파찰음([ʦ], [dz], [ʧ], [ʤ])

1. 어말 또는 자음 앞의 [ʦ], [dz]는 '츠', '즈'로 적고, [ʧ], [ʤ]는 '치', '지'로 적는다.
　　【보기】 Keats[kiːʦ] 키츠　　　　　　odds[ɔdz] 오즈
　　　　　　switch[swiʧ] 스위치　　　　　bridge[briʤ] 브리지
　　　　　　Pittsburgh[piʦbəːg] 피츠버그　　hitchhike[hiʧhaik] 히치하이크

2. 모음 앞의 [ʧ], [ʤ]는 'ㅊ', 'ㅈ'으로 적는다.
　　【보기】 chart[ʧɑːt] 차트　　　　　　virgin[vəːʤin] 버진

　　파찰음 [ʦ], [dz], [ʧ], [ʤ]는 다음과 같이 적는다.

　　1. 어말 또는 자음 앞에서 발음되는 [ʦ], [dz]는 '츠', '즈'로 적고, [ʧ], [ʤ]는 '치', '지'로 적는다.

　　　　boots[buːʦ] 부츠　　　　sports[spɔːrʦ] 스포츠
　　　　waltz[wɔːlʦ] 왈츠　　　　contents[kəntenʦ] 콘텐츠
　　　　AIDS[eidz] 에이즈　　　　touch[tʌʧ] 터치
　　　　bench[benʧ] 벤치　　　　orange[ɔːrinʤ] 오렌지

　　2. 모음 앞의 [ʧ], [ʤ]는 'ㅊ', 'ㅈ'으로 적는다.
　　제3항에서 살펴보았듯이 외래어를 표기할 때는 'ㅈ, ㅊ, ㅉ' 다음에 'ㅑ, ㅕ, ㅛ, ㅠ, ㅒ,

'ᅰ'와 같은 모음자를 표기하지 않으므로 [ʧ], [ʤ]를 'ㅊ', 'ㅈ'으로 적을 때도 뒤따르는 모음을 'ㅑ, ㅕ, ㅛ, ㅠ, ㅒ, ㅖ'로 적지 않는다.

juice[ʤuːs]	쥬스(×)	주스(○)
chart[ʧɑːt]	챠트(×)	차트(○)
chance[tʃæns]	챤스(×)	찬스(○)
venture[ventʃə(r)]	벤쳐(×)	벤처(○)
jewelry[dʒuːəlri]	쥬얼리(×)	주얼리(○)
chocolate[ʧɑːklət]	쵸콜릿(×)	초콜릿(○)
amateur[æmətə(r)]	아마츄어(×)	아마추어(○)
Christian[kristʃən]	크리스쳔(×)	크리스천(○)

제5항 비음([m], [n], [ŋ])

1. 어말 또는 자음 앞의 비음은 모두 받침으로 적는다.
　　【보기】 steam[stiːm] 스팀　　　corn[kɔːn] 콘
　　　　　　ring[riŋ] 링　　　　　　lamp[læmp] 램프
　　　　　　hint[hint] 힌트　　　　　ink[iŋk] 잉크

2. 모음과 모음 사이의 [ŋ]은 앞 음절의 받침 'ㅇ'으로 적는다.
　　【보기】 hanging[hæŋiŋ] 행잉　　　longing[lɔŋiŋ] 롱잉

비음 [m], [n], [ŋ]은 다음과 같이 적는다.

1. 어말 또는 자음 앞의 비음은 모두 받침으로 적는다. 어말 또는 자음 앞의 비음은 우리말 음절 구조상 모두 종성으로 실현되기 때문이다.

swing[swiŋ] 스윙　　　　　wink[wiŋk] 윙크
hint[hint] 힌트　　　　　　drink[driŋk] 드링크

2. 모음과 모음 사이의 [ŋ]은 앞 음절의 받침 'ㅇ'으로 적는다. 우리말 음절 구성에서

[ŋ]은 초성으로 발음될 수 없기 때문이다.

tonguing[tʌŋiŋ] 텅잉   warming-up[wɔːrmiŋʌp] 워밍업

제6항 유음([l])

1. 어말 또는 자음 앞의 [l]은 받침으로 적는다.
　　【보기】 hotel[houtel] 호텔   pulp[pʌlp] 펄프

2. 어중의 [l]이 모음 앞에 오거나, 모음이 따르지 않는 비음([m], [n]) 앞에 올 때에는 'ㄹㄹ'로 적는다.
다만, 비음([m], [n]) 뒤의 [l]은 모음 앞에 오더라도 'ㄹ'로 적는다.
　　【보기】 slide[slaid] 슬라이드   film[film] 필름
　　　　　　 helm[helm] 헬름   swoln[swouln] 스월른
　　　　　　 Hamlet[hæmlit] 햄릿   Henley[henli] 헨리

유음 [l]은 다음과 같이 적는다.

1. 어말 또는 자음 앞의 [l]은 받침으로 적는다.

level[levl] 레벨   tunnel[tʌnl] 터널
belt[belt] 벨트   field[fiːld] 필드

2. [l]은 혀끝을 윗잇몸에 대고 혀의 양옆으로 공기를 내보내는 소리로, 우리말에서는 [l]을 종성으로만 발음할 뿐 초성으로는 발음하지 않는다. 그러나 영어의 경우에는 [l]을 종성은 물론 초성으로도 발음하는데, 특히 어중의 위치에서는 [l]의 초성 발음이 우리 귀에는 [ll]처럼 들린다. [l]이 모음이 따르지 않는 비음([m], [n]) 앞에서 발음될 때도 마찬가지이다. 따라서 이 경우에는 [l]을 'ㄹㄹ'로 적는다.

slipper[slipə(r)] 슬리퍼   elevator[eliveitə(r)] 엘리베이터

그러나 [l]이 초성의 자리에 있더라도 비음([m], [n]) 뒤에서 발음될 때는 [ll]로 들리지 않는다. 비음이 앞 음절의 종성 자리를 차지하고 있기 때문이다. 따라서 이 경우에는 [l]을 'ㄹ'로 적는다.

> download[daunloud] 다운로드

제7항 장모음
장모음의 장음은 따로 표기하지 않는다.
　　　【보기】 team[tiːm] 팀　　　　　route[ruːt] 루트

표준 발음법 제6항에서는 장단의 구별을 언급하고 있다. 그러나 장음을 단음과 구별하여 따로 표기하지는 않는다. 마찬가지로 외래어를 표기할 때도 장음을 따로 표기하지 않는다.

 '알콜'이 맞을까, '알코올'이 맞을까?

같은 모음자를 두 번 반복하여 외래어의 장음을 표기하는 방식도 있지만, 이는 우리말의 표기와는 다른 방식이어서 외래어만을 위해 특별히 적용할 필요성을 느끼지 못한다. 우리말은 첫음절에서만 장단의 구별이 있다는 점에서 우리말의 장단과 외래어의 장단은 차이점이 있으며, 현실 언어에서 장단 구별이 잘 되지 않는 점, 외래어가 우리말에 수용되는 과정에서 장단의 차이가 엄격하게 구별되지는 않았다는 점 등을 고려하면, 외래어의 장음을 따로 표기하지 않는 것이 자연스럽다.

 곰돌이 'Pooh'는 어떻게 적는 것이 옳을까?

제8항 중모음([ai], [au], [ei], [ɔi], [ou], [auə])
중모음은 각 단모음의 음가를 살려서 적되, [ou]는 '오'로, [auə]는 '아워'로 적는다.
　　　【보기】 time[taim] 타임　　　　house[haus] 하우스
　　　　　　　skate[skeit] 스케이트　oil[ɔil] 오일
　　　　　　　boat[bout] 보트　　　　tower[tauə] 타워

영어의 [aj], [aw], [ej], [ɔj] 등은 앞부분에 비해 뒷부분이 상대적으로 짧고 약하게 발음되는 하향 이중모음이지만, 우리말에는 이러한 발음이 없기 때문에 [아이], [아우], [에이], [오이]와 같이 각각을 대등한 단모음으로 발음하고 또 그렇게 적는다.

boiler[bɔilə(r)] 보일러   downtown[dauntaun] 다운타운

cowboy[kaubɔi] 카우보이   game maker[ɡeim mcikə(r)] 게임메이커

다만, [ow]는 '오우'로 적지 않고 다음과 같이 '오'로 적는다.

coat[kout] 코트   notebook[noutbuk] 노트북

rope[roup] 로프   soul food [soul] 솔푸드

roller[roulə(r)] 롤러   soulmate [soulmeit] 솔메이트

doughnut[dounʌt] 도넛   no-show[nouʃou] 노쇼

throw-in[θrouin] 스로인   show window[ʃou windou] 쇼윈도

snowboard[snoubɔrd] 스노보드   penalty throw[penəltiθrou] 페널티스로

또한 [awə]는 다음과 같이 '아워'로 적는다.

shower[ʃauə(r)] 샤워   power[pauə(r)] 파워

제9항 반모음([w], [j])

1. [w]는 뒤따르는 모음에 따라 [wə], [wɔ], [wou]는 '워', [wɑ]는 '와', [wæ]는 '왜', [we]는 '웨', [wi]는 '위', [wu]는 '우'로 적는다.
    【보기】 word[wəːd] 워드   want[wɔnt] 원트
             woe[wou] 워   wander[wɑndə] 완더
             wag[wæg] 왜그   west[west] 웨스트
             witch[wiʧ] 위치   wool[wul] 울

2. 자음 뒤에 [w]가 올 때에는 두 음절로 갈라 적되, [gw], [hw], [kw]는 한 음절로 붙여 적는다.
    【보기】 swing[swiŋ] 스윙   twist[twist] 트위스트
             penguin[peŋgwin] 펭귄   whistle[hwisl] 휘슬
             quarter[kwɔːtə] 쿼터

3. 반모음 [j]는 뒤따르는 모음과 합쳐 '야', '애', '여', '예', '요', '유', '이'로 적는다. 다만, [d], [l], [n] 다음에 [jə]가 올 때에는 각각 '디어', '리어', '니어'로 적는다.

【보기】 yard[jɑːd] 야드   yank[jæŋk] 앵크

　　　 yearn[jəːn] 연   yellow[jelou] 옐로

　　　 yawn[jɔːn] 욘   you[juː] 유

　　　 year[jiə] 이어

　　　 Indian[indjən] 인디언   battalion[bətæljən] 버탤리언

　　　 union[juːnjən] 유니언

반모음 [w], [j]는 다음과 같이 적는다.

　1. [w]는 뒤따르는 모음에 따라 '워, 와, 왜, 웨, 위, 우' 등으로 다양하게 적는다. 구체적인 예는 다음과 같다.

　　1) [wə], [wɔ], [wou]를 '워'로 적는 경우

　　　word[wəːd] 워드   world[wəːrld] 월드

　　　want[wɔnt] 원트   woe[wou] 워

　　　water[wɔːtə(r)] 워터   quarter[kwɔːrtə(r)] 쿼터

　　2) [wɑ]를 '와'로 적는 경우

　　　wander[wɑndə] 완더   waffle[wɑːfl] 와플

　　3) [wæ]를 '왜'로 적는 경우

　　　wag[wæg] 왜그   wagon[wægən] 왜건

　　4) [we]를 '웨'로 적는 경우

　　　west[west] 웨스트   wedding[wediŋ] 웨딩

　　5) [wi]를 '위'로 적는 경우

　　　witch[witʃ] 위치   wit[wit] 위트

　　6) [wu]를 '우'로 적는 경우

　　　wool[wul] 울   wood[wud] 우드

　2. 자음 뒤에 [w]가 올 때에는 두 음절로 갈라 적는다. 이러한 예로는 [sw], [tw]가 있는데, 자음과 [w] 사이에 모음자 'ㅡ'를 넣어 다음과 같이 음절을 분리하여 적는다.

swing[swiŋ] 스윙   twist[twist] 트위스트

switch[switʃ] 스위치   sweater[swetə(r)] 스웨터

그러나 [gw], [hw], [kw]의 경우에는 두 음절로 나누지 않고 다음과 같이 한 음절로 붙여 적는다.

penguin[peŋgwin] 펭귄   whistle[hwisl] 휘슬

quarter[kwɔːtə] 쿼터   quiz[kwiz] 퀴즈

quilt[kwilt] 퀼트   choir[kwaiə(r)] 콰이어

3. 반모음 [j]는 뒤따르는 모음과 합쳐 '야', '얘', '여', '예', '요', '유', '이'로 적는다. 구체적으로 [ja]는 '야', [jæ]는 '얘', [jə]는 '여', [je]는 '예', [jo]와 [jɔ]는 '요', [ju]는 '유'로 적고, [ji]는 반모음과 뒤따르는 모음의 음가가 유사하여 잘 구별되지 않기 때문에 '이'로 적는다.

다만, [djə], [ljə], [njə]는 반모음 [j]와 뒤따르는 모음을 합쳐 적지 않고 각각 '디어', '리어', '니어'로 적는다.

제10항 복합어

1. 따로 설 수 있는 말의 합성으로 이루어진 복합어는 그것을 구성하고 있는 말이 단독으로 쓰일 때의 표기대로 적는다.

【보기】 cuplike[kʌplaik] 컵라이크   bookend[bukend] 북엔드

headlight[hedlait] 헤드라이트   touchwood[tʌtʃwud] 터치우드

sit-in[sitin] 싯인   bookmaker[bukmeikə] 북메이커

flashgun[flæʃgʌn] 플래시건   topknot[tɔpnɔt] 톱놋

2. 원어에서 띄어 쓴 말은 띄어 쓴 대로 한글 표기를 하되, 붙여 쓸 수도 있다.

【보기】 Los Alamos[lɔsæləmous] 로스 앨러모스/로스앨러모스

top class[tɔpklæs] 톱 클래스/톱클래스

일반적으로 어근끼리 결합하여 이루어진 단어를 합성어라 하고, 어근과 접사가 결합하여 이루어진 단어를 파생어라 한다. 그리고 합성어와 파생어를 합하여 복합어라고 한다. 이 조항에서는 따로 설 수 있는 말의 합성으로 이루어진 단어를 '복합어'라고 했으나, 이러한

개념에 해당하는 학교문법의 용어는 '합성어'이다.

따라서 제10항은 '복합어'가 아닌 '합성어'에 대한 설명으로 이해해야 한다. 이러한 용어의 차이는 학자에 따라 '합성어'와 '복합어'라는 용어를 서로 다른 개념으로 사용했던 과거의 혼란스러웠던 모습이 그대로 반영된 것이다. 영어의 합성어는 다음과 같이 적는다.

1. 합성어는 구성 요소가 단독으로 쓰일 때의 표기를 그대로 적는 것이 원칙이다. 이는 둘 이상의 단어가 어울리거나 접두사가 붙어서 이루어진 말은 각각 그 원형을 밝히어 적는다고 한 한글 맞춤법 제27항과 상통한다.

만약 이렇게 하지 않으면 'bookmaker'는 제1항에 따라 '부크메이커'로 적게 되고 'bookend'는 '북켄드'로 적게 되어 합성어의 의미를 파악하는 데 어려움이 따른다. 이에 따라 'takeout'이나 'login'도 '테이카웃', '로긴'으로 적지 않고 '테이크아웃', '로그인'으로 적는다.

2. 원어에서 띄어 쓴 말은 한글로 적을 때도 띄어 쓰지만, 하나의 합성어로 인식될 때는 붙여 쓸 수도 있다. 예를 들어 'car seat'의 경우 '카 시트'와 같이 띄어 쓸 수도 있지만, 이를 합성어로 인식하는 경우에는 '카시트'와 같이 붙여 쓸 수 있다.

제2절 독일어의 표기

표 1을 따르고 제1절(영어의 표기 세칙)을 준용한다. 다만, 독일어의 독특한 것은 그 특징을 살려서 다음과 같이 적는다.

제1항 [r]

1. 자음 앞의 [r]는 '으'를 붙여 적는다.
    【보기】 Hormon[hɔrmoːn] 호르몬   Hermes[hɛrmɛs] 헤르메스

2. 어말의 [r]와 '-er[ər]'는 '어'로 적는다.
    【보기】 Herr[hɛr] 헤어   Rasur[razuːr] 라주어
              Tür[tyːr] 튀어   Ohr[oːr] 오어
              Vater[faːtər] 파터   Schiller[ʃilər] 실러

---

3. 복합어 및 파생어의 선행 요소가 [r]로 끝나는 경우는 2의 규정을 준용한다.
　　　【보기】verarbeiten[fɛrarbaitən] 페어아르바이텐
　　　　　　zerknirschen[tsɛrknirʃən] 체어크니르셴
　　　　　　Fürsorge[fyːrzorgə] 퓌어조르게
　　　　　　Vorbild[foːrbilt] 포어빌트
　　　　　　außerhalb[ausərhalp] 아우서할프
　　　　　　Urkunde[uːrkundə] 우어쿤데
　　　　　　Vaterland[faːtərlant] 파터란트

제2항 어말의 파열음은 '으'를 붙여 적는 것을 원칙으로 한다.
　　　【보기】Rostock[rɔstɔk] 로스토크　　　　Stadt[ʃtat] 슈타트

제3항 철자 'berg', 'burg'는 '베르크', '부르크'로 통일해서 적는다.
　　　【보기】Heidelberg[haidəlbɛrk, -bɛrç] 하이델베르크
　　　　　　Hamburg[hamburk, -burç] 함부르크

제4항 [ʃ]

1. 어말 또는 자음 앞에서는 '슈'로 적는다.
　　　【보기】Mensch[menʃ] 멘슈　　　　Mischling[miʃliŋ] 미슐링

2. [y], [ø] 앞에서는 'ㅅ'으로 적는다.
　　　【보기】Schüler[ʃyːlər] 쉴러　　　　schön[ʃøːn] 쇤

3. 그 밖의 모음 앞에서는 뒤따르는 모음에 따라 '샤, 쇼, 슈' 등으로 적는다.
　　　【보기】Schatz[ʃats] 샤츠　　　　schon[ʃoːn] 숀
　　　　　　Schule[ʃuːlə] 슐레　　　　Schelle[ʃɛlə] 셸레

제5항 [ɔy]로 발음되는 äu, eu는 '오이'로 적는다.
　　　【보기】läuten[lɔytən] 로이텐　　　　Fräulein[frɔylain] 프로일라인
　　　　　　Europa[ɔyroːpa] 오이로파　　　　Freundin[frɔyndin] 프로인딘

　독일어 외래어 중 자음 앞의 [r]에 모음 'ㅡ'를 붙여 적는 예로는 다음과 같은 것들이 있다.

Germanium[ʒɛrmanjɔm] 게르마늄   Kartell[kartɛl] 카르텔

어말의 [r]와 '-er[ər]'는 '어'로 적는 것이 원칙이지만 '코펠(Kocher), 프롤레타리아(Proletarier)'
와 같이 굳어진 표기를 인정하여 원칙과 다르게 적는 경우도 있다.

어말의 파열음에 'ㅡ'를 붙여 적는 예로는 다음과 같은 것들이 있다.

Mark[mark] 마르크   Jod[joːt] 요오드   Umlaut[umlaut] 움라우트

[ɔy]로 발음되는 'eu'를 '오이'로 적는 예로는 다음과 같은 것들이 있다.

Neurose[nɔyroːzə] 노이로제   Deutschland[dɔytʃlant] 도이칠란트

이 밖에 틀리기 쉬운 독일어 외래어 표기로는 다음과 같은 것들이 있다.

Föhn[føːn]   ·푀엔 (×)   푄 (○)
Gips[ɡips]   기브스 (×)   깁스 (○)
Schale[ʃaːlə]   샤알레 (×)   샬레 (○)

한편 'Genom[genoːm]'은 이 단어가 처음 도입될 당시에는 영어식으로 '지놈'으로 적기도
하고 독일어식으로 '게놈'으로 적기도 했는데, 지금은 독일어식 발음을 수용하여 '게놈'을
올바른 표기로 인정한다.

흔히 붕대로 사용하는 가볍고 부드러운 무명베를 '가제'라고도 하고 '거즈'라고도 하는데,
전자는 독일어 'Gaze[gaːzə]'에서, 후자는 영어 'gauze[gɔːz]'에서 온 말로, 둘 다 올바른
표기이다.

제3절 프랑스어의 표기

표 1에 따르고 제1절(영어의 표기 세칙)을 준용한다. 다만, 프랑스어의 독특한 것은 그
특징을 살려서 다음과 같이 적는다.

제1항 파열음([p], [t], [k]; [b], [d], [g])

1. 어말에서는 '으'를 붙여서 적는다.
    【보기】 soupe[sup] 수프   tête[tɛt] 테트
             avec[avɛk] 아베크   baobab[baɔbab] 바오바브
             ronde[rɔ̃ːd] 롱드   bague[bag] 바그

2. 구강 모음과 무성 자음 사이에 오는 무성 파열음('구강 모음+무성 파열음+무성 파열음 또는 무성 마찰음'의 경우)은 받침으로 적는다.
    【보기】 septembre[sɛptɑ̃ːbr] 셉탕브르   apte[apt] 압트
             octobre[ɔktɔbr] 옥토브르   action[aksjɔ̃] 악시옹

제2항 마찰음([ʃ], [ʒ])

1. 어말과 자음 앞의 [ʃ], [ʒ]는 '슈', '주'로 적는다.
    【보기】 manche[mɑ̃ːʃ] 망슈   piège[pjɛːʒ] 피에주
             acheter[aʃte] 아슈테   dégeler[deʒle] 데줄레

2. [ʃ]가 [ə], [w] 앞에 올 때에는 뒤따르는 모음과 합쳐 '슈'로 적는다.
    【보기】 chemise[ʃəmiːz] 슈미즈   chevalier[ʃəvalje] 슈발리에
             choix[ʃwa] 슈아   chouette[ʃwɛt] 슈에트

3. [ʃ]가 [y], [œ], [ø] 및 [j], [ɥ] 앞에 올 때에는 'ㅅ'으로 적는다.
    【보기】 chute[ʃyt] 쉬트   chuchoter[ʃyʃɔte] 쉬쇼테
             pêcheur[pɛʃœːr] 페쇠르   shunt[ʃœ̃t] 셩트
             fâcheux[faʃø] 파쇠   chien[ʃjɛ̃] 시앵
             chuinter[ʃɥɛ̃te] 쉬앵테

제3항 비자음([ɲ])

1. 어말과 자음 앞의 [ɲ]는 '뉴'로 적는다.
    【보기】 campagne[kɑ̃paɲ] 캉파뉴   dignement[diɲmɑ̃] 디뉴망

2. [ɲ]가 '아, 에, 오, 우' 앞에 올 때에는 뒤따르는 모음과 합쳐 각각 '냐, 녜, 뇨, 뉴'로 적는다.
    【보기】 saignant[sɛɲɑ̃] 세냥   peigner[peɲe] 페녜

agneau[aɲo] 아뇨　　　　　　　　　　　mignon[miɲɔ̃] 미뇽

3. [ɲ]가 [ə], [w] 앞에 올 때에는 뒤따르는 소리와 합쳐 '뉴'로 적는다.
　　【보기】lorgnement[lɔrɲəmɑ̃] 로르뉴망　　　baignoire[bɛɲwaːr] 베뉴아르

4. 그 밖의 [ɲ]는 'ㄴ'으로 적는다.
　　【보기】magnifique[maɲifik] 마니피크　　　guignier[giɲje] 기니에
　　　　　　gagneur[gaɲœːr] 가뇌르　　　　　montagneux[mɔ̃taɲø] 몽타뇌
　　　　　　peignures[pɛɲyːr] 페뉘르

제4항 반모음([j])

1. 어말에 올 때에는 '유'로 적는다.
　　【보기】Marseille[marsɛj] 마르세유　　　taille[tɑːj] 타유

2. 모음 사이의 [j]는 뒤따르는 모음과 합쳐 '예, 얭, 야, 양, 요, 용, 유, 이' 등으로 적는다. 다만, 뒷 모음이 [ø], [œ]일 때에는 '이'로 적는다.
　　【보기】payer[peje] 페예　　　　　　　billet[bijɛ] 비예
　　　　　　moyen[mwajɛ̃] 무아앵　　　　　pleiade[plejad] 플레야드
　　　　　　ayant[ɛjɑ̃] 에양　　　　　　　　noyau[nwajo] 누아요
　　　　　　crayon[krɛjɔ̃] 크레용　　　　　voyou[vwaju] 부아유
　　　　　　cueillir[kœjiːr] 쾨이르　　　　　aïeul[ajœl] 아이욀
　　　　　　aïeux[ajø] 아이외

3. 그 밖의 [j]는 '이'로 적는다.
　　【보기】hier[jɛːr] 이에르　　　　　　　Montesquieu[mɔ̃teskjø] 몽테스키외
　　　　　　champion[ʃɑ̃pjɔ̃] 샹피옹　　　diable[djɑːbl] 디아블

제5항 반모음([w])
[w]는 '우'로 적는다.
　　【보기】alouette[alwɛt] 알루에트　　　douane[dwan] 두안
　　　　　　quoi[kwa] 쿠아　　　　　　　toi[twa] 투아

프랑스어 외래어 중 어말의 파열음에 'ㅡ'를 붙여 적는 예로는 다음과 같은 것들이 있다.

élite[elit] 엘리트	baroque[barɔk] 바로크	
ballade[balad] 발라드	soliste[sɔlist] 솔리스트	
baguette[bagɛt] 바게트	arabesque[arabɛsk] 아라베스크	

어말의 [ʒ]를 '주'로 표기하는 예로는 다음과 같은 것들이 있다.

rouge[ruːʒ] 루주	sabotage[sabɔtaːʒ] 사보타주
montage[mɔ̃taːʒ] 몽타주	corsage[kɔʁsaːʒ] 코르사주

'코르사주'는 '여성들이 입는, 몸에 꼭 맞는 옷의 허리 부분'을 의미하기도 하고 '여성들의 옷깃, 가슴, 허리 등에 다는 꽃묶음'을 의미하기도 한다. 흔히 이를 '코사지'라고 하는 경향이 있는데, 올바른 표기는 '코르사주'이다.

[ɲ]를 뒤따르는 모음과 합쳐 적는 예로는 '코냑(cognac)[kɔɲak]'이 있다. '코냑'은 제1항에 따라 '코냐크'로 적는 것이 원칙에 맞지만, 굳어진 발음을 인정하여 '코냑'으로 적는다. 다만, '코냑'으로 유명한, 샤랑트강 중류에 있는 프랑스 서부 도시의 이름은 원칙에 맞게 '코냐크'로 적는다. 술 이름인 '코냑'은 이 지역 이름이 보통명사화한 것이다.

어말의 반모음 [j]를 '유'로 적는 예로는 다음과 같은 것들이 있다.

Mille-feuille[milfœj] 밀푀유	Marseille[marsɛj] 마르세유

제4항의 2에 따르면 'chandelier[ʃɑ̃dəlje]'의 마지막 음절은 반모음 [j]와 [e]를 합하여 '예'로 적는 것이 원칙에 맞지만 예외적으로 '에'로 적는 것을 인정하여 '샹들리에'로 적는다.
이 밖에 틀리기 쉬운 프랑스어 외래어 표기로는 다음과 같은 것들이 있다.

buffet[byfɛ]	부페 (×)	뷔페 (○)
concours[kɔ̃kuːr]	콩쿨 (×)	콩쿠르 (○)
pâtissier[pɑ[a]tisje]	파티쉐 (×)	파티시에 (○)
rendez-vous[rɑ̃devu]	랑데뷰 (×)	랑데부 (○)
orgasme[ɔrgasm]	오르가즘 (×)	오르가슴 (○)

'회화, 조각, 소설 따위의 예술 작품을 표현하는 동기가 된 작가의 중심 사상'을 '모티브(motive)' 또는 '모티프(motif)'라고 하는데, 전자는 영어에서 유래한 것이고 후자는 프랑스어에서 유래한 것으로, 둘 다 올바른 표기이다.

제4질 에스파냐어의 표기

표 2에 따라 적되, 다음과 같은 특징을 살려서 적는다.

제1항 gu, qu

gu, qu는 i, e 앞에서는 각각 'ㄱ, ㅋ'으로 적고, o 앞에서는 '구, 쿠'로 적는다. 다만, a 앞에서는 그 a와 합쳐 '과, 콰'로 적는다.

【보기】 guerra 게라　　　　　queso 케소
　　　　Guipuzcoa 기푸스코아　quisquilla 키스키야
　　　　antiguo 안티구오　　　Quórum 쿠오룸
　　　　Nicaragua 니카라과　　Quarai 콰라이

제2항 같은 자음이 겹치는 경우에는 겹치지 않은 경우와 같이 적는다. 다만, -cc-는 'ㄱㅅ'으로 적는다.

【보기】 carrera 카레라　　　　carretera 카레테라
　　　　accion 악시온

제3항 c, g

c와 g 다음에 모음 e와 i가 올 때에는 c는 'ㅅ'으로, g는 'ㅎ'으로 적고, 그 외는 'ㅋ'과 'ㄱ'으로 적는다.

【보기】 Cecilia 세실리아　　　cifra 시프라
　　　　georgico 헤오르히코　giganta 히간타
　　　　coquito 코키토　　　　gato 가토

제4항 x

x가 모음 앞에 오되 어두일 때에는 'ㅅ'으로 적고, 어중일 때에는 'ㄱㅅ'으로 적는다.

【보기】 xilofono 실로포노　　　laxante 락산테

제5항 l

어말 또는 자음 앞의 l은 받침 'ㄹ'로 적고, 어중의 l이 모음 앞에 올 때에는 'ㄹㄹ'로 적는다.

　　【보기】 ocal 오칼　　　　　　colcren 콜크렌

　　　　　　 blandon 블란돈　　　　Cecilia 세실리아

제6항 nc, ng

c와 g 앞에 오는 n은 받침 'ㅇ'으로 적는다.

　　【보기】 blanco 블랑코　　　　　yungla 융글라

에스파냐어 외래어 중 i, e 앞의 gu, qu를 각각 'ㄱ, ㅋ'으로 적는 예로는 다음과 같은 것들이 있다.

　　guerrilla 게릴라　　　　tequila 테킬라

c 뒤에 e, i 외의 모음이 이어질 때 c를 'ㅋ'으로 적는 예로는 다음과 같은 것들이 있다.

　　cacao 카카오　　　　　cafeteria 카페테리아

　　caldera 칼데라　　　　　calypso 칼립소

　　tapioca 타피오카

자음 앞의 l을 받침 'ㄹ'로 적고 어중의 l이 모음 앞에 올 때 'ㄹㄹ'로 적는 예로는 다음과 같은 것들이 있다.

　　salsa 살사　　　　　el Niño 엘니뇨　　　　caldera 칼데라

　　guerrilla 게릴라　　　tequila 테킬라

이 밖에도 에스파냐어에서 들어온 외래어로 '라니냐(la Niña), 메리야스(medias), 차차차 (cha-cha-cha) 등이 있다.

제5절 이탈리아어의 표기

표 3에 따르고, 다음과 같은 특징을 살려서 적는다.

제1항 gl

i 앞에서는 'ㄹㄹ'로 적고, 그 밖의 경우에는 '글ㄹ'로 적는다.

【보기】 paglia 팔리아   egli 엘리

gloria 글로리아   glossa 글로사

제2항 gn

뒤따르는 모음과 합쳐 '냐', '녜', '뇨', '뉴', '니'로 적는다.

【보기】 montagna 몬타냐   gneiss 녜이스

gnocco 뇨코   gnu 뉴

ogni 오니

제3항 sc

sce는 '셰'로, sci는 '시'로 적고, 그 밖의 경우에는 '스ㅋ'으로 적는다.

【보기】 crescendo 크레셴도   scivolo 시볼로

Tosca 토스카   scudo 스쿠도

제4항 같은 자음이 겹쳤을 때에는 겹치지 않은 경우와 같이 적는다. 다만, -mm-, -nn-의 경우는 'ㅁㅁ', 'ㄴㄴ'으로 적는다.

【보기】 Puccini 푸치니   buffa 부파

allegretto 알레그레토   carro 카로

rosso 로소   Abruzzo 아브루초

gomma 곰마   bisnonno 비스논노

제5항 c, g

1. c와 g는 e, i 앞에서 각각 'ㅊ', 'ㅈ'으로 적는다.

【보기】 cenere 체네레   genere 제네레

cima 치마   gita 지타

2. c와 g 다음에 ia, io, iu가 올 때에는 각각 '차, 초, 추', '자, 조, 주'로 적는다.

【보기】 caccia 카차   micio 미초

ciuffo 추포   giardino 자르디노

giorno조르노 giubba 주바

제6항 qu

qu는 뒤따르는 모음과 합쳐 '콰, 퀘, 퀴' 등으로 적는다. 다만, o 앞에서는 '쿠'로 적는다.

【보기】 soqquadro 소콰드로 quello 퀠로
quieto 퀴에토 quota 쿠오타

제7항 l, ll

어말 또는 자음 앞의 l, ll은 받침으로 적고, 어중의 l, ll이 모음 앞에 올 때에는 'ㄹㄹ'로 적는다.

【보기】 sol 솔 polca 폴카
Carlo 카를로 quello 퀠로

이탈리아어 외래어 중 gn을 뒤따르는 모음에 합쳐 적는 예로 다음과 같은 것들이 있다.

segno 세뇨 dal segno 달 세뇨

일반적으로 악보에서 '세뇨(segno)'는 '𝄋'로, '달 세뇨(dal segno)'는 'D.S.'로 표시한다. 제5항의 2에서는 'gio'를 '조'로 적도록 하였으나, '아다지오(adagio)'나 '아르페지오(arpeggio)'의 경우에는 'gio'를 '지오'로 적는다.

어말 또는 자음 앞의 l, ll을 받침으로 적고, 어중의 l, ll이 모음 앞에 올 때 'ㄹㄹ'로 적는 예로는 다음과 같은 것들이 있다.

dolce 돌체 bel canto 벨칸토
viola 비올라 cello 첼로
a cappella 아 카펠라 allegro 알레그로

제6절 일본어의 표기

표 4에 따르고, 다음 상황에 유의하여 적는다.

> **제1항** 촉음(促音) [ッ]는 'ㅅ'으로 통일해서 적는다.
>
> 　　【보기】 サッポロ 삿포로　　　　　トットリ 돗토리
>
> 　　　　　ヨッカイチ 욧카이치
>
>
> **제2항** 장모음
>
> 장모음은 따로 표기하지 않는다.
>
> 　　【보기】 キュウシュウ(九州) 규슈　　ニイガタ(新潟) 니가타
>
> 　　　　　トウキョウ(東京) 도쿄　　　オオサカ(大阪) 오사카

　　일본어에서 촉음(促音) [ッ]는 뒤에 오는 자음의 음가로 발음하는 것이 자연스럽지만, 외래어 표기법에서는 [ッ]를 'ㅅ'으로 통일하여 적도록 하였다. 국어 화자들은 '삿포로'와 '돗토리'를 일반적으로 [삽뽀로/사뽀로]와 [돈또리/도또리]로 발음하는 경향이 있지만, 외래어 표기법에 따른 올바른 표기는 받침 'ㅅ'을 적는 것이다.

　　일본어에는 장단의 구별이 존재하고 우리말도 표준 발음법에서 장단의 구별을 공식적으로 인정하고 있지만, 국어 화자들은 실제로는 장단을 잘 구별하지 못하는 경향이 있다. 그렇다 보니 외래어를 표기할 때 장음을 따로 표기하지 않는다. 이는 영어와 일본어 모두 마찬가지이다.

제7절 중국어의 표기

　　표 5에 따르고, 다음 사항에 유의하여 적는다.

> **제1항** 성조는 구별하여 적지 아니한다.
>
> **제2항** 'ㅈ, ㅉ, ㅊ'으로 표기되는 자음(ㄐ, ㄗ, ㄓ, ㄑ, ㄔ, ㄘ) 뒤의 'ㅑ, ㅖ, ㅛ, ㅠ' 음은 'ㅏ, ㅔ, ㅗ, ㅜ'로 적는다.
>
> 　　【보기】 ㄐㅣㄚ 쟈→자　　　ㄐㅣㄢ 졔→제

　　중국어는 음의 높낮이를 통해 의미를 구별하는 성조 언어이지만, 우리말은 일부 지역을 제외하고는 성조를 사용하지 않는다. 따라서 중국어에서 들어온 외래어를 적을 때 성조를 구별하여 적지 않는다.

우리말의 /ㅈ, ㅉ, ㅊ/ 뒤에서는 이중 모음 /ㅑ, ㅕ, ㅛ, ㅠ, ㅒ, ㅖ/ 등이 제 음가대로 발음되지 못하고 단모음으로 발음된다. 따라서 외래어를 적을 때 'ㅈ, ㅊ, ㅉ' 다음에 'ㅑ, ㅕ, ㅛ, ㅠ, ㅒ, ㅖ'와 같은 모음자를 적지 않는다. 이는 중국어도 마찬가지여서 'ㅈ, ㅊ, ㅉ' 다음에 'ㅑ, ㅖ, ㅛ, ㅠ'와 같은 모음자를 적지 않고 대신 'ㅏ, ㅔ, ㅗ, ㅜ'와 같은 모음자를 적는다.

제8절 폴란드어의 표기

표 6에 따르고, 다음과 같은 특징을 살려서 적는다.

제1항 k, p
어말과 유성 자음 앞에서는 '으'를 붙여 적고, 무성 자음 앞에서는 받침으로 적는다.
　　【보기】 zamek 자메크　　　　 mokry 모크리
　　　　　　 Słupsk 스움스크

제2항 b, d, g

1. 어말에 올 때에는 '프', '트', '크'로 적는다.
　　【보기】 od 오트

2. 유성 자음 앞에서는 '브', '드', '그'로 적는다.
　　【보기】 zbrodnia 즈브로드니아

3. 무성 자음 앞에서 b, g는 받침으로 적고, d는 '트'로 적는다.
　　【보기】 Grabski 그랍스키　　　 odpis 오트피스

제3항 w, z, ź, dz, ż, rz, sz

1. w, z, ź, dz가 무성 자음 앞이나 어말에 올 때에는 '프, 스, 시, 즈'로 적는다.
　　【보기】 zabawka 자바프카　　　 obraz 오브라스

2. ż와 rz는 모음 앞에 올 때에는 'ㅈ'으로 적되, 앞의 자음이 무성 자음일 때에는 '시'로 적는다.

유성 자음 앞에 올 때에는 '주', 무성 자음 앞에 올 때에는 '슈', 어말에 올 때에는 '시'로 적는다.
　　【보기】 Rzeszów 제슈프　　　Przemyśl 프셰미실
　　　　　　grzmot 그주모트　　　łóżko 우슈코
　　　　　　pęcherz 펭헤시

3. sz는 자음 앞에서는 '슈', 어말에서는 '시'로 적는다.
　　【보기】 koszt 코슈트　　　　　kosz 코시

제4항 ł

1. ł는 뒤따르는 모음과 결합할 때 합쳐서 적는다. (ło는 '워'로 적는다.) 다만, 자음 뒤에 올 때에는 두 음절로 갈라 적는다.
　　【보기】 łono 워노　　　　　　głowa 그워바

2. ół는 '우'로 적는다.
　　【보기】 przjyaciół 프시야치우

제5항 l
어중의 l이 모음 앞에 올 때에는 'ㄹㄹ'로 적는다.
　　【보기】 olej 올레이

제6항 m
어두의 m이 l, r 앞에 올 때에는 '으'를 붙여 적는다.
　　【보기】 mleko 믈레코　　　　mrówka 므루프카

제7항 ę
ę은 '엥'으로 적는다. 다만, 어말의 ę는 '에'로 적는다.
　　【보기】 ręka 렝카　　　　　　proszę 프로셰

제8항 'ㅈ', 'ㅊ'으로 표기되는 자음(c, z) 뒤의 이중 모음은 단모음으로 적는다.
　　【보기】 stacja 스타차　　　　fryzjer 프리제르

　폴란드어는 일반 명사보다는 '쇼팽(Chopin, Frédéric François)', '자멘호프(Zamenhof, Ludwik Lejzer)'와 같은 인명과 '바르샤바(Warszawa)', '루블린(Lublin)'과 같은 지명이 잘 알려져 있다. 일반 명사로는 폴란드의 민속 춤곡인 '마주르카(mazurka)'와 '폴로네즈(polonaise)'가 알려져

있다.

표 6에 따르면 'Chopin'의 'ch'는 'ㅎ'으로 적이야 히지만, 'Chopin'이 프랑스계 성씨이다 보니 이를 '쇼팽'으로 적는다. 표 6에 따라 'Warszawa'의 'w'는 'ㅂ'으로 'sz'는 뒤따르는 모음 'a'와 결합하여 '샤'로 적어, 결과적으로 '바르샤바'로 적는다.

제9절 체코어의 표기

표 7에 따르고, 다음과 같은 특징을 살려서 적는다.

제1항 k, p
어말과 유성 자음 앞에서는 '으'를 붙여 적고, 무성 자음 앞에서는 받침으로 적는다.
　　【보기】 mozek 모제크　　　　　　koroptev 코롭테프

제2항 b, d, ď, g

1. 어말에 올 때에는 '프', '트', '티', '크'로 적는다.
　　【보기】 led 레트

2. 유성 자음 앞에서는 '브', '드', '디', '그'로 적는다.
　　【보기】 ledvina 레드비나

3. 무성 자음 앞에서 b, g는 받침으로 적고, d, ď는 '트', '티'로 적는다.
　　【보기】 obchod 옵호트　　　　　odpadky 오트파트키

제3항 v, w, z, ř, ž, š

1. v, w, z가 무성 자음 앞이나 어말에 올 때에는 '프, 프, 스'로 적는다.
　　【보기】 hmyz 흐미스

2. ř, ž가 유성 자음 앞에 올 때에는 '르주', '주', 무성 자음 앞에 올 때에는 '르슈', '슈', 어말에 올 때에는 '르시', '시'로 적는다.
　　【보기】 námořník 나모르주니크　　　hořký 호르슈키

---

kouř 코우르시

3. š는 자음 앞에서는 '슈', 어말에서는 '시'로 적는다.
　　【보기】puška 푸슈카　　　　　　　myš 미시

제4항 l, lj
어숭의 l, lj가 모음 앞에 올 때에는 'ㄹㄹ', 'ㄹ리'로 적는다.
　　【보기】kolo 콜로

제5항 m
m이 r 앞에 올 때에는 '으'를 붙여 적는다.
　　【보기】humr 후므르

제6항 자음에 'ě'가 결합되는 경우에는 '예' 대신에 '에'로 적는다. 다만, 자음이 'ㅅ'인 경우에는 '셰'로 적는다.
　　【보기】věk 베크　　　　　　　sěst 셰스트

체코어는 일반 명사보다는 '드보르자크(Dvořák, Antonín'(1841~1904)), 프라하(Praha)'와 같은 고유 명사가 널리 알려져 있다. '신세계 교향곡'을 작곡한 체코슬로바키아의 작곡가 'Dvořák'는 어말의 'k'를 'ㅡ'를 붙여 적는다는 제1항의 원칙에 따라 '드보르작'이 아니라 '드보르자크'로 적는다. 체코의 수도인 'Praha'는 유성 자음 앞의 'p'를 'ㅡ'를 붙여 적는다는 제1항의 원칙에 따라 '프라하'로 적는다.

제10절 세르보크로아트어의 표기

표 8에 따르고, 다음과 같은 특징을 살려서 적는다.

제1항 k, p
k, p는 어말과 유성 자음 앞에서는 '으'를 붙여 적고, 무성 자음 앞에서는 받침으로 적는다.
　　【보기】jastuk 야스투크　　　　　opština 옵슈티나

제2항 l, lj

어중의 l, lj가 모음 앞에 올 때에는 'ㄹㄹ', 'ㄹ리'로 적는다.

【보기】 kula 쿨라　　　　　　　　Ljubljana 류블랴나

제3항 m

어두의 m이 l, r, n 앞에 오거나 어중의 m이 r 앞에 올 때에는 '으'를 붙여 적는다.

【보기】 mlad 믈라드　　　　　　　mnogo 므노고

　　　　smrt 스므르트

제4항 š

š는 자음 앞에서는 '슈', 어말에서는 '시'로 적는다.

【보기】 šljivovica 슐리보비차　　Niš 니시

제5항 자음에 je가 결합되는 경우에는 '예' 대신에 '에'로 적는다. 다만, 자음이 'ㅅ'인 경우에는 '셰'로 적는다.

【보기】 bjedro 베드로　　　　　　sjedlo 셰들로

세르보크로아트어에서 들어온 외래어는 매우 드물다. 『표준국어대사전』에는 해당 외래어로 '포노르(ponor)'라는 단어가 실려 있는데, '포노르'는 카르스트 지형의 한 부분으로서 폴리예에서 물이 다시 지하로 스며드는 부분을 말한다. 'ponor'는 어말의 'r'을 '르'로 적는다는 표 8의 설명에 따라 '포노르'로 적는다.

제11절 루마니아어의 표기

표 9에 따르고, 다음과 특징을 살려서 적는다.

제1항 c, p

어말과 유성 자음 앞에서는 '으'를 붙여 적고, 무성 자음 앞에서는 받침으로 적는다.

【보기】 cap 카프　　　　　　Cîntec 큰테크

　　　　factură 팍투러　　　　septembrie 셉템브리에

제2항 c, g

c, g는 e, i 앞에서는 각각 'ㅊ', 'ㅈ'으로, 그 밖의 모음 앞에서는 'ㅋ', 'ㄱ'으로 적는다.

【보기】cap 카프 　　　　　centru 첸트루

　　　　Galaţi 갈라치 　　　　Gigel 지젤

제3항 l

어중의 l이 모음 앞에 올 때에는 'ㄹ ㄹ'로 적는다.

【보기】clei 클레이

제4항 n

n이 어말에서 m 뒤에 올 때는 '으'를 붙여 적는다.

【보기】lemn 렘느 　　　　　pumn 품느

제5항 e

e는 '에'로 적되, 인칭 대명사 및 동사 este, era 등의 어두 모음 e는 '예'로 적는다.

【보기】Emil 에밀 　　　　eu 예우 　　　　　el 옐

　　　　este 예스테 　　　　era 예라

　

루마니아어는 일반 명사보다는 '게오르기우(Constantin Virgil Gheorghiu, 1916~1992), 차우셰스쿠(Ceauşescu, Nicolae, 1918~1989)'와 같은 고유 명사가 널리 알려져 있다. 소설 '25시'로 유명한 '게오르기우(Gheorghiu)'를 과거에는 '게오르규'로 적기도 했으나, 지금은 'i'와 'u'의 음가를 각각 반영하여 '게오르기우'로 적는다. 루마니아의 독재자인 'Ceauşescu'는 'ş'를 뒤따르는 모음에 합해 적는다는 표 9의 설명에 따라 '차우셰스쿠'로 적는다.

제12절 헝가리어의 표기

표 10에 따르고, 다음과 같은 특징을 살려서 적는다.

제1항 k, p

어말과 유성 자음 앞에서는 '으'를 붙여 적고, 무성 자음 앞에서는 받침으로 적는다.

【보기】ablak 어블러크 　　　　csipke 칩케

제2항 bb, cc, dd, ff, gg, ggy, kk, ll, lly, nn, nny, pp, rr, ss, ssz, tt, tty는 b, c, d, f, g, gy, k, l, ly, n, ny, p, r, s, sz, t, ty와 같이 적는다. 다만, 어중의 nn, nny와 모음 잎의 ll은 'ㄴㄴ', 'ㄴ니', 'ㄹㄹ'로 적는다.

> 【보기】 között 쾨죄트   dinnye 딘네
>   nulla 눌러

제3항 l
어중의 l이 모음 앞에 올 때에는 'ㄹㄹ'로 적는다.

> 【보기】 olaj 올러이

제4항 s
s는 자음 앞에서는 '슈', 어말에서는 '시'로 적는다.

> 【보기】 Pest 페슈트   lapos 러포시

제5항 자음에 ye가 결합되는 경우에는 '예' 대신에 '에'로 적는다. 다만, 자음이 'ㅅ'인 경우에는 '셰'로 적는다.

> 【보기】 nyer 네르   selyem 셰옘

헝가리어는 일반 명사보다는 '루카치(Lukács György, 1885~1971), 리스트(Liszt Ferenc, 1811~1886), 퓰리처(Pulitzer József, 1847~1911), 부다페스트(Budapest)'와 같은 고유 명사가 널리 알려져 있다. 헝가리어에서 들어온 일반 명사로는 '파프리카(paprika)'가 있다.

'Lukács'는 어말의 'cs'를 '치'로 적는다는 표 10의 설명에 따라 '루카치'로 적으며, 'Pulitzer'는 원칙적으로는 '풀리체르'로 적어야 하나, 미국에 귀화하여 활동한 탓에 미국식 발음으로 '퓰리처'로 적는다.

제13절 스웨덴어의 표기

표 11에 따르고, 다음과 같은 특징을 살려서 적는다.

제1항

1. b, g가 무성 자음 앞에 올 때에는 받침 'ㅂ, ㄱ'으로 적는다.
    【보기】snabbt 스납트   högst 획스트

2. k, ck, p, t는 무성 자음 앞에서 받침 'ㄱ, ㄱ, ㅂ, ㅅ'으로 적는다.
    【보기】oktober 옥토베르   Stockholm 스톡홀름
          Uppsala 웁살라   Botkyrka 봇쉬르카

제2항 c는 'ㅋ'으로 적되, e, i, ä, y, ö 앞에서는 'ㅅ'으로 적는다.
    【보기】campa 캄파   Celsius 셀시우스

제3항 g

1. 모음 앞의 g는 'ㄱ'으로 적되, e, i, ä, y, ö 앞에서는 '이'로 적고 뒤따르는 모음과 합쳐 적는다.
    【보기】Gustav 구스타브   Göteborg 예테보리

2. lg, rg의 g는 '이'로 적는다.
    【보기】älg 엘리   Borg 보리

3. n 앞의 g는 'ㅇ'으로 적는다.
    【보기】Magnus 망누스

4. 무성 자음 앞의 g는 받침 'ㄱ'으로 적는다.
    【보기】högst 획스트

5. 그 밖의 자음 앞과 어말에서는 '그'로 적는다.
    【보기】Ludvig 루드비그   Greta 그레타

제4항 j는 자음과 모음 사이에 올 때에 앞의 자음과 합쳐서 적는다.
    【보기】fjäril 피에릴   mjuk 미우크
          kedja 셰디아   Björn 비에른

제5항 k는 'ㅋ'으로 적되, e, i, ä, y, ö 앞에서는 '시'로 적고 뒤따르는 모음과 합쳐 적는다.

【보기】 Kungsholm 쿵스홀름   Norrköping 노르셰핑

제6항 어말 또는 자음 앞의 l은 받침 'ㄹ'로 적고, 어중의 l이 모음 앞에 올 때에는 'ㄹㄹ'로 적는다.

【보기】 folk 폴크   tal 탈   tala 탈라

제7항 어두의 lj는 '이'로 적되 뒤따르는 모음과 합쳐 적고, 어중의 lj는 'ㄹ리'로 적는다.
【보기】 Ljusnan 유스난   Södertälje 쇠데르텔리에

제8항 n은 어말에서 m 다음에 올 때 적지 않는다.
【보기】 Karlshamn 칼스함   namn 남

제9항 nk는 자음 t 앞에서는 'ㅇ'으로, 그 밖의 경우에는 'ㅇ크'로 적는다.
【보기】 anka 앙카   Sankt 상트
        punkt 풍트   bank 방크

제10항 sk는 '스크'로 적되 e, i, ä, y, ö 앞에서는 '시'로 적고, 뒤따르는 모음과 합쳐 적는다.
【보기】 Skoglund 스코글룬드   skuldra 스쿨드라
        skål 스콜   skörd 셰르드
        skydda 쉬다

제11항 ö는 '외'로 적되 g, j, k, kj, lj, skj 다음에서는 '에'로 적고, 앞의 '이' 또는 '시'와 합쳐서 적는다. 다만, jö 앞에 그 밖의 자음이 올 때에는 j는 앞의 자음과 합쳐 적고, ö는 '에'로 적는다.
【보기】 Örebro 외레브로   Göta 예타
        Jönköping 옌셰핑   Björn 비에른
        Björling 비엘링   mjöl 미엘

제12항 같은 자음이 겹치는 경우에는 겹치지 않은 경우와 같이 적는다. 단, mm, nn은 모음 앞에서 'ㅁㅁ', 'ㄴㄴ'으로 적는다.
【보기】 Kattegatt 카테가트   Norrköping 노르셰핑
        Uppsala 웁살라   Bromma 브롬마
        Dannemora 단네모라

스웨덴어는 일반 명사보다 '노벨(Nobel, Alfred Bernhard, 1833~1896), 린네(Linné, Carl von, 1707~1778), 칼그렌(Karlgren, Bernhard, 1889~1978), 스톡홀름(Stockholm)'과 같은 고유 명사가

널리 알려져 있다.

일반 명사로는 '옴부즈맨 제도'의 '옴부즈맨(ombudsman)'이 있는데, '옴부즈맨 제도'는 행정부가 강화되고 행정 기능이 전문화되는 자본주의 국가에서 행정부의 독주를 막고자 고안된 행정 통제 제도로서, 입법부에서 임명한 행정 감찰관이, 시민이 제소한 사안에 대하여 독자적으로 조사하고 처리하는 권한을 갖는다. 이 제도는 1909년에 스웨덴에서 입법화된 이래 핀란드, 노르웨이, 네덜란드, 뉴질랜드 등지에 파급되었고 다른 나라에서도 이를 부분적으로 채택하고 있다.

표 11에 따라 'ds'는 자음 앞에서 '스'로 적고 모음 'a'는 'ㅏ'로 적어야 하지만, '옴부즈맨(ombudsman)'은 예외적으로 자음 앞의 'ds'를 '즈'로 적고 모음 'a'를 'ㅐ'로 적는다. 이는 스웨덴어가 아니라 영어 발음을 반영한 결과이다.

제14절 노르웨이어의 표기

표 12에 따르고, 다음과 같은 특징을 살려서 적는다.

제1항

1. b, g가 무성 자음 앞에 올 때에는 받침 'ㅂ, ㄱ'으로 적는다.
　　【보기】Ibsen 입센　　　　　　sagtang 삭탕

2. k, p, t는 무성 자음 앞에서 받침 'ㄱ, ㅂ, ㅅ'으로 적는다.
　　【보기】lukt 룩트　　　　　　september 셉템베르
　　　　　husets 후셋스

제2항 c는 'ㅋ'으로 적되, e, i, y, æ, ø 앞에서는 'ㅅ'으로 적는다.
　　【보기】Jacob 야코브　　　　　Vincent 빈센트

제3항 d

1. 모음 앞의 d는 'ㄷ'으로 적되, 장모음 뒤에서는 적지 않는다.
　　【보기】Bodø 보되　　　　　　Norden 노르덴

(장모음 뒤) spade 스파에

2. ld, nd의 d는 적지 않는다.
　　【보기】 Harald 하랄　　　　 Aasmund 오스문

3. 장모음+rd의 d는 적지 않는다.
　　【보기】 fjord 피오르　　　　 nord 노르　　　　 Halvard 할바르

4. 단모음+rd의 d는 어말에서는 '드'로 적는다.
　　【보기】 ferd 페르드　　　 mord 모르드

5. 장모음+d의 d는 적지 않는다.
　　【보기】 glad 글라　　　 Sjaastad 쇼스타

6. 그 밖의 경우에는 '드'로 적는다.
　　【보기】 dreng 드렝　　　 bad 바드

※ 모음의 장단에 대해서는 노르웨이어의 발음을 보여 주는 사전을 참조하여야 한다.

제4항 g

1. 모음 앞의 g는 'ㄱ'으로 적되 e, i, y, æ, ø 앞에서는 '이'로 적고 뒤따르는 모음과 합쳐 적는다.
　　【보기】 god 고드　　　　 gyllen 윌렌

2. g는 이중 모음 뒤와 ig, lig에서는 적지 않는다.
　　【보기】 haug 헤우　　　 deig 데이　　　　 Solveig 솔베이
　　　　　 fattig 파티　　　 farlig 팔리

3. n 앞의 g는 'ㅇ'으로 적는다.
　　【보기】 Agnes 앙네스　　　 Magnus 망누스

4. 무성 자음 앞의 g는 받침 'ㄱ'으로 적는다.
　　【보기】 sagtang 삭탕

5. 그 밖의 자음 앞과 어말에서는 '그'로 적는다.

    【보기】 berg 베르그   helg 헬그

           Grieg 그리그

제5항 j는 자음과 모음 사이에 올 때에 앞의 자음과 합쳐서 적는다.

    【보기】 Bjørn 비에른   fjord 피오르

           Skodje 스코디에   Evje 에비에

           Tjeldstø 티엘스퇴

제6항 k는 'ㅋ'으로 적되 e, i, y, æ, ø 앞에서는 'ㅅ'로 적고, 뒤따르는 모음과 합쳐 적는다.

    【보기】 Rikard 리카르드   Kirsten 시르스텐

제7항 어말 또는 자음 앞의 l은 받침 'ㄹ'로 적고, 어중의 l이 모음 앞에 올 때에는 'ㄹㄹ'로 적는다.

    【보기】 sol 솔   Quisling 크비슬링

제8항 nk는 자음 t 앞에서는 'ㅇ'으로, 그 밖의 경우에는 'ㅇㅋ'로 적는다.

    【보기】 punkt 풍트   bank 방크

제9항 sk는 '스ㅋ'로 적되, e, i, y, æ, ø 앞에서는 'ㅅ'로 적고 뒤따르는 모음과 합쳐 적는다.

    【보기】 skatt 스카트   Skienselv 시엔스엘브

제10항 t

1. 어말 관사 et의 t는 적지 않는다.

    【보기】 huset 후세   møtet 뫼테   taket 타케

2. 다만, 어말 관사 et에 s가 첨가되면 받침 'ㅅ'으로 적는다.

    【보기】 husets 후셋스

제11항 eg

1. eg는 n, l 앞에서 '에이'로 적는다.

    【보기】 regn 레인   tegn 테인   negl 네일

2. 그 밖의 경우에는 '에그'로 적는다.

【보기】 deg 데그 egg 에그

제12항 ø는 '외'로 적되, g, j, k, kj, lj, skj 다음에서는 '에'로 적고 앞의 '이' 또는 '시'와 합쳐서 적는다. 다만, jø 앞에 그 밖의 자음이 올 때에는 j는 앞의 자음과 합쳐 적고 ø는 '에'로 적는다.

【보기】 Bodø 보되 Gjøvik 예비크 Bjørn 비에른

제13항 같은 자음이 겹치는 경우에는 겹치지 않은 경우와 같이 적는다. 단, mm, nn은 모음 앞에서 'ㅁㅁ', 'ㄴㄴ'으로 적는다.

【보기】 Moss 모스 Mikkjel 미셸
Matthias 마티아스 Hammerfest 함메르페스트

노르웨이어는 일반 명사보다는 '난센(Nansen, Fridtjof, 1861~1930), 뭉크(Munch, Edvard, 1863~1944), 아문센(Amundsen, Roald, 1872~1928), 입센(Ibsen, Henrik Johan, 1828~1906), 한센(Hansen, Armauer Gerhard Henrik, 1841~1912), 오슬로(Oslo)'와 같은 고유 명사가 널리 알려져 있다. 이 중 '뭉크(Munch)'는 어말의 'ch'를 '크'로 적은 경우이다.

제15절 덴마크어의 표기

표 13에 따르고, 다음과 같은 특징은 살려서 적는다.

제1항

1. b는 무성 자음 앞에서 받침 'ㅂ'으로 적는다.
【보기】 Jacobsen 야콥센 Jakobsen 야콥센

2. k, p, t는 무성 자음 앞에서 받침 'ㄱ, ㅂ, ㅅ'으로 적는다.
【보기】 insekt 인섹트 september 셉템베르
nattkappe 낫카페

제2항 c는 'ㅋ'으로 적되, e, i, y, æ, ø 앞에서는 'ㅅ'으로 적는다.

【보기】 campere 캄페레   centrum 센트룸

제3항 d

1. ds, dt, ld, nd, rd의 d는 적지 않는다.
　　　【보기】 plads 플라스   kridt 크리트
　　　　　　 født te 푀테   vold 볼
　　　　　　 Kolding 콜링   Öresund 외레순
　　　　　　 Jylland 윌란   hård 호르
　　　　　　 bord 보르   nord 노르

2. 다만, ndr의 d는 '드'로 적는다.
　　　【보기】 andre 안드레   vandre 반드레

3. 그 밖의 경우에는 '드'로 적는다.
　　　【보기】 dreng 드렝

제4항 g

1. 어미 ig의 g는 적지 않는다.
　　　【보기】 vældig 벨디   mandig 만디
　　　　　　 herlig 헤를리   lykkelig 뤼켈리
　　　　　　 Grundtvig 그룬트비

2. u와 l 사이의 g는 적지 않는다.
　　　【보기】 fugl 풀   kugle 쿨레

3. borg, berg의 g는 적지 않는다.
　　　【보기】 Nyborg 뉘보르   Esberg 에스베르
　　　　　　 Frederiksberg 프레데릭스베르

4. 그 밖의 자음 앞과 어말에서는 '그'로 적는다.
　　　【보기】 magt 마그트   dug 두그

제5항 j는 자음과 모음 사이에 올 때에 앞의 자음과 합쳐서 적는다.

【보기】 Esbjerg 에스비에르 Skjern 스키에른
Kjellerup 키엘레루프 Fjellerup 피엘레루프

제6항 어말 또는 자음 앞의 l은 받침 'ㄹ'로 적고, 어중의 l이 모음 앞에 올 때에는 'ㄹㄹ'로 적는다.

【보기】 Holstebro 홀스테브로 Lolland 롤란

제7항 v

1. 모음 앞의 v는 'ㅂ'으로 적되, 단모음 뒤에서는 '우'로 적는다.

【보기】 Vejle 바일레 dvale 드발레
pulver 풀베르 rive 리베
lyve 뤼베 løve 뢰베
doven 도우엔 hoven 호우엔
oven 오우엔 sove 소우에

2. lv의 v는 묵음일 때 적지 않는다.

【보기】 halv 할 gulv 굴

3. av, æv, øv, ov, ev에서는 '우'로 적는다.

【보기】 gravsten 그라우스텐 havn 하운
København 쾨벤하운 Thorshavn 토르스하운
jævn 예운 Støvle 스퇴울레
lov 로우 rov 로우
Hjelmslev 옐름슬레우

4. 그 밖의 경우에는 '브'로 적는다.

【보기】 arv 아르브

※ 묵음과 모음의 장단에 대해서는 덴마크어의 발음을 보여 주는 사전을 참조하여야 한다.

제8항 같은 자음이 겹치는 경우에는 겹치지 않은 경우와 같이 적는다.

【보기】 lykkelig 뤼켈리 hoppe 호페
Hjørring 예링 blomme 블로메
Rønne 뢰네

덴마크어는 일반 명사보다는 '키르케고르(Kierkegaard, Søren Aabye, 1813~1855), 그룬트비 (Grundtvig, Nikolai Frederik Severin, 1783~1872)'와 같은 고유 명사가 널리 알려져 있다. 덴마크 의 철학자인 'Kierkegaard'는 과거에 '키에르케고르'로 적기도 하였으나, 표 13에 따라 'ie'는 '이'로, 'aa'는 '오'로 적고, 제3항의 1에 따라 'rd'의 'd'는 따로 적지 않으므로, 결과적으로 '키르케고르'로 적는다. 덴마크의 신학자이자 교육자인 '그룬트비(Grundtvig)'는 제4항의 1에 따라 'ig'의 'g'를 따로 적지 않으므로 '그룬트비'로 적는다.

제16절 말레이인도네시아어의 표기

표 14에 따르고, 다음과 같은 특징을 살려서 적는다.

제1항 유음이나 비음 앞에 오는 파열음은 '으'를 붙여 적는다.

【보기】 Prambanan 프람바난   Trisno 트리스노

Ibrahim 이브라힘   Fakhrudin 파크루딘

Tasikmalaya 타시크말라야   Supratman 수프라트만

제2항 sy는 뒤따르는 모음과 합쳐서 '샤, 셰, 시, 쇼, 슈' 등으로 적는다. 구철자 sh는 sy와 마찬가지 로 적는다.

【보기】 Syarwan 샤르완   Syed 솃

Paramesywara 파라메시와라   Shah 샤

제3항 인도네시아어의 구철자 dj와 tj는 신철자 j, c와 마찬가지로 적는다.

【보기】 Djakarta 자카르타   Banda Atjeh 반다아체

Jakarta 자카르타   Banda Aceh 반다아체

제4항 인도네시아어의 구철자 j와 sj는 신철자 y, sy와 마찬가지로 적는다.

【보기】 Jusuf 유숩   Sjarifuddin 샤리푸딘

Yusuf 유숩   Syarifuddin 샤리푸딘

제5항 인도네시아어의 구철자 bh와 dh는 신철자 b, d와 마찬가지로 적는다.

【보기】 Bhinneka 비네카   Yudhoyono 유도요노

Binneka 비네카   Yudoyono 유도요노

제6항 인도네시아어의 구철자 ch는 신철자 kh와 마찬가지로 적는다.

【보기】 Chairil 하이릴   Bacharuddin 바하루딘

　　　 Khairil 하이릴   Bakharuddin 바하루딘

제7항 말레이시아어의 구철자 ch는 신철자 c와 마찬가지로 적는다.

【보기】 Changi 창이   Kuching 쿠칭

　　　 Cangi 창이   Kucing 쿠칭

제8항 말레이시아어 철자법에 따라 표기한 gh, th는 각각 g, t와 마찬가지로 적는다.

【보기】 Ghazali 가잘리   baligh 발릭

　　　 Mahathir 마하티르(말레이시아어 철자법)

　　　 Gazali 가잘리   balig 발릭   Mahatir 마하티르(인도네시아어 철자법)

제9항 어중의 l이 모음 앞에 올 때에는 ‘ㄹㄹ’로 적는다.

【보기】 Palembang 팔렘방   Malik 말릭

제10항 같은 자음이 겹쳐 나올 때에는 한 번만 적는다.

【보기】 Hasanuddin 하사누딘   Mohammad 모하맛

　　　 Mappanre 마판레   Bukittinggi 부키팅기

제11항 반모음 w는 뒤의 모음과 합쳐 ‘와’, ‘웨’ 등으로 적는다. 자음 뒤에 w가 올 때에는 두 음절로 갈라 적되, 앞에 자음 k가 있으면 ‘콰’, ‘퀘’ 등으로 한 음절로 붙여 적는다.

【보기】 Megawati 메가와티   Anwar 안와르

　　　 kwartir 콰르티르   kweni 퀘니

제12항 반모음 y는 뒤의 모음과 합쳐 ‘야’, ‘예’ 등으로 적으며 앞에 자음이 있을 경우에는 그 자음까지 합쳐 적는다. 다만 g나 k가 y 앞에 올 때에는 합쳐 적지 않고 뒤 모음과만 합쳐 적는다.

【보기】 Yadnya 야드냐   tanya 타냐

　　　 satya 사탸   Yogyakarta 욕야카르타

제13항 e는 [e]와 [ə] 두 가지로 소리 나므로 발음을 확인하여 [e]는 ‘에’로 [ə]는 ‘으’로 적는다. 다만, ye의 e가 [ə]일 때에는 ye를 ‘여’로 적는다.

【보기】 Ampenan 암페난   sate 사테

　　　 Cirebon 치르본   kecapi 크차피

　　　　　　　Yeh Sani 예사니　　　　　　　　　Nyepi 녀피

제14항 같은 모음이 겹쳐 나올 때에는 한 번만 적는다.
　　【보기】 Pandaan 판단　　　　　　　　　saat 삿

제15항 인도네시아어의 구철자 중모음 표기 oe, ie는 신철자 u, i와 마찬가지로 '우, 이'로 적는다.
　　【보기】 Bandoeng 반둥　　　　　　　Habibie 하비비
　　　　　 Bandung 반둥　　　　　　　　Habibi 하비비

　말레이시아어와 인도네시아어는 일반 명사보다는 '쿠알라룸푸르(Kuala Lumpur), 코타키나발루(Kota Kinabalu), 자카르타(Jakarta), 발리(Bali)'와 같은 고유 명사가 널리 알려져 있다. 열대 과일인 '두리안(durian)'도 말레이시아어에서 들어온 외래어이다.

제17절 타이어의 표기

　표 15에 따르고, 다음과 같은 특징을 살려서 적는다.

제1항 유음 앞에 오는 파열음은 '으'를 붙여 적는다.
　　【보기】 Nakhaprathip 나카쁘라팁　　　　Krung Thep 끄룽텝
　　　　　 Phraya 프라야　　　　　　　　　Songkhram 송크람

제2항 모음 사이에서 l은 'ㄹㄹ'로, ll은 'ㄴㄹ'로 적는다.
　　【보기】 thale 탈레　　　　　　　　　　malako 말라꼬
　　　　　 Sillapaacha 신라빠차　　　　　　Kallasin 깐라신

제3항 같은 자음이 겹쳐 있을 때에는 겹치지 않은 경우와 같이 적는다. -pph-, -tth- 등 같은 계열의 자음이 겹쳐 나올 때에도 겹치지 않은 경우와 같이 적는다. 다만, -mm-, -nn-의 경우에는 'ㅁㅁ', 'ㄴㄴ'으로 적는다.
　　【보기】 Suwit Khunkitti 수윗 쿤끼띠　　　Pattani 빠따니
　　　　　 Ayutthaya 아유타야　　　　　　Thappharangsi 타파랑시

Thammamongkhon 탐마몽콘   Lanna Thai 란나타이

제4항 관용적 로마자 표기에서 c 대신 쓰이는 j는 c와 마찬가지로 적는다.
　　【보기】Janthaphimpha 짠타핌파   Jit Phumisak 찟 푸미삭

제5항 sr와 thr는 모음 앞에서 s와 마찬가지로 'ㅅ'으로 적는다.
　　【보기】Intharasuksri 인타라숙시   Sri Chang 시창
　　　　　Bangthrai 방사이

제6항 반모음 y는 모음 사이, 또는 어두에 있을 때에는 뒤의 모음과 합쳐 '야, 예' 등으로 적으며, 자음과 모음 사이에 있을 때에는 앞의 자음과는 갈라 적고 뒤의 모음과는 합쳐 적는다.
　　【보기】khaoniyao 카오니야오   yai 야이
　　　　　Adunyadet 아둔야뎃   lamyai 람야이

제7항 반모음 w는 뒤의 모음과 합쳐 '와', '웨' 등으로 적는다. 자음 뒤에 w가 올 때에는 두 음절로 갈라 적되, 앞에 자음 k, kh가 있으면 '꽈', '콰', '꿰', '퀘' 등으로 한 음절로 붙여 적는다.
　　【보기】Suebwongli 습윙리   Sukhumwit 수쿰윗
　　　　　Huaikhwang 후아이쾅   Maenamkhwe 매남퀘

제8항 관용적 로마자 표기에서 사용되는 or는 '오'로 적고, oo는 '우'로, ee는 '이'로 적는다.
　　【보기】Korn 꼰   Somboon 솜분
　　　　　Meechai 미차이

　　타이어는 일반 명사보다는 '방콕(Bangkok), 치앙마이(Chiang Mai), 파타야(Pattaya), 푸껫(Phuket)'과 같은 고유 명사가 널리 알려져 있다. 타이어는 우리말처럼 예사소리, 거센소리, 된소리의 대립이 존재한다. 과거에는 이러한 점에 주목하지 못하여 파열음 표기에는 된소리를 쓰지 않는 것을 원칙으로 한다는 규정에 따라 'Phuket'을 '푸켓'으로 적었으나, 2004년 타이어의 외래어 표기법을 고시하면서 파열음의 된소리 표기를 인정하여 지금은 'Phuket'을 '푸껫'으로 적는다.

제18절 베트남어의 표기

표 16에 따르고, 다음과 같은 특징을 살려서 적는다.

제1항 nh는 이어지는 모음과 합쳐서 한 음절로 적는다. 어말이나 자음 앞에서는 받침 'ㄴ'으로 적되, 그 앞의 모음이 a인 경우에는 a와 합쳐 '아인'으로 적는다.

【보기】 Nha Trang 냐짱　　　　　Hô Chi Minh 호찌민
　　　　Thanh Hoa 타인호아　　　Đông Khanh 동카인

제2항 qu는 이어지는 모음이 a일 경우에는 합쳐서 '꽈'로 적는다.

【보기】 Quang 꽝　　　　　　　hat quan ho 핫꽌호
　　　　Quôc 꾸옥　　　　　　　Quyên 꾸옌

제3항 y는 뒤따르는 모음과 합쳐서 한 음절로 적는다.

【보기】 yên 옌　　　　　　　　Nguyên 응우옌

제4항 어중의 l이 모음 앞에 올 때에는 'ㄹㄹ'로 적는다.

【보기】 klông put 끌롱뿟　　　　Pleiku 쁠래이꾸
　　　　Ha Long 할롱　　　　　My Lai 밀라이

다만, 인명의 성과 이름은 별개의 단어로 보아 이 규칙을 적용하지 않는다.

【보기】 Thê Lư 테르　　　　　　Chê Lan Viên 쩨란비엔

　베트남어는 일반 명사보다는 '다낭(Đà Nẵng), 하노이(Hà Nội), 호찌민(Hồ Chí Minh)'과 같은 고유 명사가 널리 알려져 있다. '호찌민(Hồ Chí Minh)'은 과거에 '호치민'으로 적기도 했으나, 어말의 'nh'를 'ㄴ'으로 적는다는 제1항의 내용과 'ch'를 'ㅉ'로 적는다는 표 16의 내용에 따라 '호찌민'으로 적는다.

　이 외에도 학술적으로는 '쯔놈(chữ nôm[字喃])'이라는 단어가 알려져 있기도 하다. '쯔놈'은 한자의 요소를 독특하게 결합하여 만든 베트남 고유의 단어 문자로서 글자 수가 2만 개가 넘으며, 14세기 이전부터 베트남 고유어를 표기하는 민중의 문자 또는 속자로 널리 쓰였지만, 20세기에 로마자를 쓰기 시작하면서 지금은 사용하지 않게 되었다. 역시 'ch'를 'ㅉ'으로 적어 '쯔놈'이라고 한다.

제19절 포르투갈어의 표기

표 17에 따르고, 다음과 같은 특징을 살려서 적는다. 다만 '브라질 포르투갈어에서'라는 단서가 붙은 조항은 브라질 지명·인명의 표기에만 적용한다.

제1항 c, g

c, g는 a, o, u 앞에서는 각각 'ㅋ, ㄱ'으로 적고, e, i 앞에서는 'ㅅ, ㅈ'으로 적는다.

【보기】 Cabral 카브랄   Camocim 카모싱

Egas 에가스   Gil 질

제2항 gu, qu

gu, qu는 a, o, u 앞에서는 각각 '구, 쿠'로 적고, e, i 앞에서는 'ㄱ, ㅋ'으로 적는다.

【보기】 Iguaçú 이구아수   Araquari 아라쿠아리

Guerra 게하   Aquilino 아킬리누

제3항 d, t

d, t는 'ㄷ, ㅌ'으로 적는다. 다만, 브라질 포르투갈어에서 i 앞이나 어말 e 및 어말 –es 앞에서는 'ㅈ, ㅊ'으로 적는다.

【보기】 Amado 아마두   Costa 코스타

Diamantina 디아만티나   Diamantina 지아만치나 (브)

Alegrete 알레그레트   Alegrete 알레그레치 (브)

Montes 몬트스   Montes 몬치스 (브)

제4항 어말의 –che는 '시'로 적는다.

【보기】 Angoche 앙고시   Peniche 페니시

제5항 l

1. 어중의 l이 모음 앞에 오거나 모음이 따르지 않는 비음 앞에 오는 경우에는 'ㄹㄹ'로 적는다. 다만, 비음 뒤의 l은 모음 앞에 오더라도 'ㄹ'로 적는다.

【보기】 Carlos 카를루스   Amalia 아말리아

2. 어말 또는 자음 앞의 l은 받침 'ㄹ'로 적는다. 다만, 브라질 포르투갈어에서 자음 앞이나 어말에 오는 경우에는 '우'로 적되, 어말에 –ul이 오는 경우에는 '울'로 적는다.

【보기】 Sul 술   Azul 아줄
        Gilberto 질베르투   Gilberto 지우베르투 (브)
        Caracol 카라콜   Caracol 카라코우 (브)

제6항 m, n은 각각 'ㅁ, ㄴ'으로 적고, 어말에서는 모두 받침 'ㅇ'으로 적는다. 어말 −ns의 n도
받침 'ㅇ'으로 적는다.
        【보기】 Manuel 마누엘   Moniz 모니스
              Campos 캄푸스   Vincente 빈센트
              Santarém 산타렝   Rondon 혼동
              Lins 링스   Rubens 후벵스

제7항 ng, nc, nq 연쇄에서 'g, c, q'가 'ㄱ'이나 'ㅋ'으로 표기되면 'n'은 받침 'ㅇ'으로 적는다.
        【보기】 Angola 앙골라   Angelo 안젤루
              Branco 브랑쿠   Francisco 프란시스쿠
              Conquista 콩키스타   Junqueiro 중케이루

제8항 r는 어두나 n, l, s 뒤에 오는 경우에는 'ㅎ'으로 적고, 그 밖의 경우에는 'ㄹ, 르'로 적는다.
        【보기】 Ribeiro 히베이루   Henrique 엔히크
              Bandeira 반데이라   Salazar 살라자르

제9항 s

1. 어두나 모음 앞에서는 'ㅅ'으로 적고, 모음 사이에서는 'ㅈ'으로 적는다.
        【보기】 Salazar 살라자르   Afonso 아폰수
              Barroso 바호주   Gervasio 제르바지우

2. 무성 자음 앞이나 어말에서는 'ㅅ'로 적고, 유성 자음 앞에서는 'ㅈ'로 적는다.
        【보기】 Fresco 프레스쿠   Soares 소아르스
              mesmo 메즈무   comunismo 코무니즈무

제10항 sc, sç, xc
sc와 xc는 e, i 앞에서 'ㅅ'으로 적는다. sç는 항상 'ㅅ'으로 적는다.
        【보기】 Nascimento 나시멘투   piscina 피시나
              excelente 이셀렌트   cresça 크레사

제11항 x는 '시'로 적되, 어두 e와 모음 사이에 오는 경우에는 'ㅈ'으로 적는다.

    【보기】 Teixeira 테이셰이라   lixo 리슈

             exame 이자므   exemplo 이젬플루

제12항 같은 자음이 겹치는 경우에는 겹치지 않은 경우와 같이 적는다. 다만, rr는 'ㅎ, 흐'로, ss는 'ㅅ, 스'로 적는다.

    【보기】 Garrett 가헤트   Barroso 바호주

             Mattoso 마토주   Toress 토레스

제13항 o는 '오'로 적되, 어말이나 -os의 o는 '우'로 적는다.

    【보기】 Nobre 노브르   António 안토니우

             Melo 멜루   Saramago 사라마구

             Passos 파수스   Lagos 라구스

제14항 e는 '에'로 적되, 어두 무강세 음절에서는 '이'로 적는다. 어말에서는 '으'로 적되, 브라질 포르투갈어에서는 '이'로 적는다.

    【보기】 Montemayor 몬테마요르   Estremoz 이스트레모스

             Chifre 시프르   Chifre 시프리 (브)

             de 드   de 지 (브)

제15항 -es

1. p, b, m, f, v 다음에 오는 어말 -es는 '-에스'로 적는다.

    【보기】 Lopes 로페스   Gomes 고메스

             Neves 네베스   Chaves 샤베스

2. 그 밖의 어말 -es는 '-으스'로 적는다. 다만, 브라질 포르투갈어에서는 '-이스'로 적는다.

    【보기】 Soares 소아르스   Pires 피르스

             Dorneles 도르넬리스 (브)   Correntes 코헨치스 (브)

※ 포르투갈어 강세 규칙은 다음과 같다.

> ① 자음 l, r, z, 모음 i, u, 비음 im, um, ã, ão, ões로 끝나는 단어는 마지막 음절에 강세가 온다.
>
> ② á, é, ê, ó, ô, í, ú 등과 같이 단어에 강세 표시가 있는 경우는 그곳에 강세가 온다.
>
> ③ 그 밖의 경우에는 끝에서 두 번째 음절에 강세가 온다.

포르투갈어에서 들어온 외래어로는 '미라(mirra), 자몽(←zamboa), 카스텔라(castela), 비로드(←veludo)' 등이 있다. 'zamboa'는 원칙적으로 '잠보아'라고 해야 하지만 일본어의 영향으로 '자몽'이 되었다.

'veludo'는 흔히 '빌로드, 빌로오드, 빌로우드' 등으로 다양하게 표현하는 경향이 있는데, 제5항에 따르면 모음 앞에 오는 어중의 'l'은 'ㄹ ㄹ'로 적어야 하지만, 일본어의 영향을 받이 '비로드'가 되있다. 'veludo'를 영어로는 '벨벳(velvet)'이라고 한다.

제20절 네덜란드어의 표기

표 18에 따르고, 다음과 같은 특징을 살려서 적는다.

제1항 무성 파열음 p, t, k는 자음 앞이나 어말에 올 경우에는 각각 받침 'ㅂ, ㅅ, ㄱ'으로 적는다. 다만, 앞 모음이 이중 모음이거나 장모음(같은 모음을 겹쳐 적는 경우)인 경우와 앞이나 뒤의 자음이 유음이나 비음인 경우에는 '프, 트, 크'로 적는다.

【보기】 Wit 빗   Gennip 헤닙

Kapteyn 캅테인   september 셉템버르

Petrus 페트뤼스   Arcadelt 아르카덜트

Hoop 호프   Eijkman 에이크만

제2항 유성 파열음 b, d가 어말에 올 경우에는 각각 '프, 트'로 적고, 어중에 올 경우에는 앞이나 뒤의 자음이 유음이나 비음인 경우와 앞 모음이 이중 모음이거나 장모음(같은 모음을 겹쳐 적는 경우)인 경우에는 '브, 드'로 적는다. 그 외에는 모두 받침 'ㅂ, ㅅ'으로 적는다.

【보기】 Bram 브람   Hendrik 헨드릭

Jakob 야코프   Edgar 엣하르

Zeeland 제일란트   Koenraad 쿤라트

제3항 v가 어두에 올 경우에는 'ㅍ, 프'로 적고, 그 외에는 모두 'ㅂ, 브'로 적는다.

【보기】 Veltman 펠트만   Vries 프리스

Grave 흐라버   Weltevree 벨테브레이

제4항 c는 차용어에 쓰이므로 해당 언어의 발음에 따라 'ㅋ'이나 'ㅅ'으로 적는다.

【보기】 Nicolaas 니콜라스   Hendricus 헨드리퀴스

---

cyaan 시안   Franciscus 프란시스퀴스

제5항 g, ch는 'ㅎ'으로 적되, 차용어의 경우에는 해당 언어의 발음에 따라 적는다.
　　　　【보기】 gulden 휠던　　　　　　Haag 하흐
　　　　　　　　Hooch 호흐　　　　　　Volcher 폴허르
　　　　　　　　Eugene 외젠　　　　　　Michael 미카엘

제6항 -tie는 '시'로 적는다.
　　　　【보기】 natie 나시　　　　　　　politie 폴리시

제7항 어중의 l이 모음 앞에 오거나 모음이 따르지 않는 비음 앞에 올 때에는 'ㄹㄹ'로 적는다.
다만, 비음 뒤의 l은 모음 앞에 오더라도 'ㄹ'로 적는다.
　　　　【보기】 Tiele 틸러　　　　　　　Zalm 잘름
　　　　　　　　Berlage 베를라허　　　　Venlo 펜로

제8항 nk
k 앞에 오는 n은 받침 'ㅇ'으로 적는다.
　　　　【보기】 Frank 프랑크　　　　　　Hiddink 히딩크
　　　　　　　　Benk 벵크　　　　　　　Wolfswinkel 볼프스빙컬

제9항 같은 자음이 겹치는 경우에는 겹치지 않은 경우와 같이 적는다.
　　　　【보기】 Hobbema 호베마　　　　Ballot 발롯
　　　　　　　　Emmen 에먼　　　　　　Gennip 헤닙

제10항 e는 '에'로 적는다. 다만, 이 음절 이상에서 마지막 음절에 오는 e와 어말의 e는 모두
'어'로 적는다.
　　　　【보기】 Dennis 데니스　　　　　Breda 브레다
　　　　　　　　Stevin 스테빈　　　　　Peter 페터르
　　　　　　　　Heineken 헤이네컨　　　Campen 캄펀

제11항 같은 모음이 겹치는 경우에는 겹치지 않은 경우와 같이 적는다. 다만 ee는 '에이'로
적는다.
　　　　【보기】 Hooch 호흐　　　　　　mondriaan 몬드리안
　　　　　　　　Kees 케이스　　　　　　Meerssen 메이르선

제12항 -ig는 '어흐'로 적는다.

　　【보기】tachtig 타흐터흐　　　　　　hartig 하르터흐

제13항 -berg는 '베르흐'로 적는다.

　　【보기】Duisenberg 다위센베르흐　　Mengelberg 멩엘베르흐

제14항 over-는 '오버르'로 적는다.

　　【보기】Overijssel 오버레이설　　　overkomst 오버르콤스트

제15항 모음 è, é, ê, ë는 '에'로 적고, ï는 '이'로 적는다.

　　【보기】carré 카레　　　　　　　casuïst 카수이스트
　　　　　drieëntwintig 드리엔트빈터흐

네덜란드어에서 들어온 외래어로는 '마도로스(←matroos), 트랩(trap), 호크(←haak), 메스(mes), 스포이트(spuit), 오르골(←or'gel), 프로(←procent)' 등이 있다.

외항선의 선원을 뜻하는 'matroos'는 '마트로스'로 적어야 하지만 '마도로스'로 굳어져 사용되고 있고, '단추처럼 옷의 벌어진 곳을 잠그는 갈고리 모양의 물건'을 의미하는 'haak'은 '학'으로 적어야 하지만 표기가 '호크'로 굳어졌다.

'or'gel'은 원래 네덜란드어로 '오르간'을 의미하는데, 우리말에서는 발음이 변하여 '오르골'이 되었다. '오르골'은 조그만 상자 속에서 쇠막대기의 바늘이 회전하며 음계판(音階板)에 닿아 음악이 연주되는 것을 말한다.

네덜란드어의 'procent'는 영어의 'percent'에 해당하는 단어인데, 이 'procent'를 줄여 '프로'라고 한다. 과거에는 비율을 말할 때 '50프로, 100프로'와 같이 '프로'를 주로 사용하였지만, 지금은 '50퍼센트, 100퍼센트'와 같이 '프로'보다는 '퍼센트'를 주로 사용한다.

'마도로스, 호크, 오르골, 프로'와 같이 원음과 차이를 보이는 발음들은 일본어 발음의 영향을 받은 것이다. 일본은 일찍이 네덜란드와 교류를 하면서 많은 외래어를 받아들였는데, 이때 형성된 일본의 외래어 발음이 우리나라에 들어오면서 원어와 다른 발음으로 굳어지게 되었다.

시안화 나트륨(cyaan化Natrium), 시안화물(cyaan化物) 등에 포함되어 있는 '시안(cyaan)'은 화학 용어로서 '옥사마이드를 오산화 인으로 탈수하거나 수은, 은, 금 따위의 사이안화물을 열분해할 때에 생기는 무색의 기체'를 가리키는데, 이 역시 네덜란드어에서 유래한 외래어이다.

이 외에 붓꽃과의 여러해살이풀인 '사프란(saffraan)'도 네덜란드어에서 들어온 외래어이다. 이를 '사프란'이라고 적는 경우가 있는데, 올바른 표기는 '샤프란'이 아니라 '사프란'이다.

제21절 러시아어의 표기

표 19에 따르고, 다음과 같은 특징을 살려서 적는다.

제1항 p(п), t(т), k(к), b(б), d(д), g(г), f(ф), v(в)
파열음과 마찰음 f(ф)·v(в)는 무성 자음 앞에서는 앞 음절의 받침으로 적고, 유성 자음 앞에서는 '으'를 붙여 적는다.
　　【보기】Sadko(Садко) 삿코
　　　　　Agryz(Агрыз) 아그리스
　　　　　Akbaur(Акбаур) 아크바우르
　　　　　Rostopchina(Ростопчина) 로스톱치나
　　　　　Akmeizm(Акмеизм) 아크메이즘
　　　　　Rubtsovsk(Рубцовск) 룹촙스크
　　　　　Bryatsk(Брятск) 브랴츠크
　　　　　Lopatka(Лопатка) 로팟카
　　　　　Yefremov(Ефремов) 예프레모프
　　　　　Dostoevskii(Достоевский) 도스토옙스키

제2항 z(з), zh(ж)
z(з)와 zh(ж)는 유성 자음 앞에서는 '즈'로 적고 무성 자음 앞에서는 각각 '스, 시'로 적는다.
　　【보기】Nazran'(Назрань) 나즈란
　　　　　Nizhnii Tagil(Нижний Тагил) 니즈니타길
　　　　　Ostrogozhsk(Острогожск) 오스트로고시스크
　　　　　Luzhkov(Лужков) 루시코프

제3항 지명의 –grad(град)와 –gorod(город)는 관용을 살려 각각 '–그라드', '–고로드'로 표기한다.
　　【보기】Volgograd(Волгоград) 볼고그라드
　　　　　Kaliningrad(Калининград) 칼리닌그라드

Slavgorod(Славгород) 슬라브고로드

제4항 자음 앞의 -ds(дс)-는 '츠'로 적는다.
【보기】 Petrozavodsk(Петрозаводск) 페트로자보츠크
Vernadskii(Вернадский) 베르나츠키

제5항 어말 또는 자음 앞의 l(л)은 받침 'ㄹ'로 적고, 어중의 l이 모음 앞에 올 때에는 'ㄹㄹ'로 적는다.
【보기】 Pavel(Павел) 파벨
Nikolaevich(Николаевич) 니콜라예비치
Zemlya(Земля) 제믈랴
Tsimlyansk(Цимлянск) 치믈랸스크

제6항 l'(ль), m(м)이 어두 자음 앞에 오는 경우에는 각각 '리', '므'로 적는다.
【보기】 L'bovna(Льбовна) 리보브나   Mtsensk(Мценск) 므첸스크

제7항 같은 자음이 겹치는 경우에는 겹치지 않은 경우와 같이 적는다. 다만, mm(мм), nn(нн)은 모음 앞에서 'ㅁㅁ', 'ㄴㄴ'으로 적는다.
【보기】 Gippius(Гиппиус) 기피우스   Avvakum(Аввакум) 아바쿰
Odessa(Одесса) 오데사   Akkol'(Акколь) 아콜
Sollogub(Соллогуб) 솔로구프   Anna(Анна) 안나
Gamma(Гамма) 감마

제8항 e(е, э)는 자음 뒤에서는 '에'로 적고, 그 외의 경우에는 '예'로 적는다.
【보기】 Aleksei(Алексей) 알렉세이
Egvekinot(Егвекинот) 예그베키노트

제9항 연음 부호 '(ь)
연음 부호 '(ь)은 '이'로 적는다. 다만 l', m', n'(ль, мь, нь)이 자음 앞이나 어말에 오는 경우에는 적지 않는다.
【보기】 L'bovna(Льбовна) 리보브나   Igor'(Игорь) 이고리
Il'ya(Илья) 일리야   D'yakovo(Дьяково) 디야코보
Ol'ga(Ольга) 올가   Perm'(Пермь) 페름
Ryazan'(Рязань) 랴잔   Gogol'(Гоголь) 고골

제10항 dz(дз), dzh(дж)는 각각 z, zh와 같이 적는다.

【보기】 Tetradze(Тетрадзе) 테트라제

Tadzhikistan(Таджикистан) 타지키스탄

러시아어에서 들어온 외래어로는 '인텔리겐치아(intelligentsia), 콤비나트(kombinat), 툰드라(tundra), 트로이카(troika)' 등이 있다. '인텔리겐치아'를 '인텔리겐챠' 또는 '인텔리겐챠'로 적기도 하는데, 이는 올바른 표기가 아니다. 이를 줄여 일본식으로 '인텔리'라고도 한다.

'콤비나트'는 '생산 과정에서 상호 보완적인 공장이나 기업을 한 지역에 모아 놓은 기업 집단'을 말한다. 흔히 '석유 화학 콤비나트, 철강 콤비나트'와 같이 특정 산업을 뜻하는 다른 단어와 결합하여 사용한다.

우리나라에서 1930년대에 유행했던 '브나로드 운동'의 '브나로드(Vnarod)'도 러시아어에서 유래한 외래어이다. 시베리아에서 화석으로 발견되는 코끼릿과의 포유 동물을 전에는 '맘모스'라고 했었는데, 이는 일본식 발음이다. 러시아어로는 '마몬트(mammont)', 영어로는 '매머드(mammoth)'라고 하며, 두 단어 모두 올바른 외래어로 인정한다. 그러나 '맘모스'는 올바른 외래어로 인정하지 않는다.

이 외에도 러시아어에서 유래한 외래어로 '빨치산(←partizan), 아지트(←agitpunkt), 프락치(←fraktsiya)' 등의 단어가 있다. 이들은 모두 원음과 조금 다른 발음으로 굳어져 사용되고 있다.

제4장 인명, 지명 표기의 원칙

제1질 표기 원칙

> **제1항** 외국의 인명, 지명의 표기는 제1장, 제2장, 제3장의 규정을 따르는 것을 원칙으로 한다.

고유 명사인 외국의 인명, 지명 표기는 일반 명사와 마찬가지로 제1장, 제2장, 제3장의 규정을 따른다. 동양의 인명, 지명 표기에 대해서는 따로 조항을 두어 제2절에서 별도로 설명하고 있다.

> **제2항** 제3장에 포함되어 있지 않은 언어권의 인명, 지명은 원지음을 따르는 것을 원칙으로 한다.
> 【보기】 Ankara 앙카라 Gandhi 간디

제3장에서 여러 언어에서 유래한 다양한 외래어의 구체적인 표기 방식에 대해 설명하고 있지만, 모든 언어를 다 다루고 있는 것은 아니다. 튀르키예어나 인도어는 빠져 있는데, 이처럼 제3장에서 다루지 않은 언어권의 인명이나 지명은 원지음을 따라 적는 것을 원칙으로 한다. 이에 튀르키예의 수도 'Ankara'는 '앙카라'로, 인도의 정치 지도자 'Gandhi'는 '간디'로 적는다.

> **제3항** 원지음이 아닌 제3국의 발음으로 통용되고 있는 것은 관용을 따른다.
> 【보기】 Hague 헤이그 Caesar 시저

'Hague'는 네덜란드의 도시로, 네덜란드어로는 'Den Haag[dɛn ɦaːx]'라 하지만, 우리에게는 영어식 발음인 '헤이그'로 잘 알려져 있다. 고대 로마의 정치가 'Caesar'는 '카이사르' 또는 '케사르'가 원음에 가깝다고 알려져 있지만, 영어식 발음인 '시저'도 우리에게는 익숙하다. 『표준국어대사전』에는 '카이사르'와 '시저'가 모두 표제어로 등재되어 있다. 이처럼 원지음이 아니더라도 세3국의 발음으로 통용되고 있는 것은 관용에 따라 그 표기를 인정한다.

> **제4항** 고유 명사의 번역명이 통용되는 경우 관용을 따른다.
> 【보기】 Pacific Ocean 태평양   Black Sea 흑해

'Pacific Ocean'은 번역명인 '태평양'으로 널리 통용되고 있으며 'Black Sea'도 번역명인 '흑해'가 널리 쓰이고 있다. 이 외에도 'Atlantic Ocean'을 '대서양', 'Red Sea'를 '홍해'라고 하는데, 이처럼 번역명이 널리 쓰이는 경우에는 관용대로 번역명을 사용하도록 하였다.

제2절 동양의 인명, 지명 표기

> **제1항** 중국 인명은 과거인과 현대인을 구분하여 과거인은 종전의 한자음대로 표기하고, 현대인은 원칙적으로 중국어 표기법에 따라 표기하되, 필요한 경우 한자를 병기한다.

중국 인명에서 과거인과 현대인을 구분하는 기준은 1911년의 신해혁명(辛亥革命)이다. 신해혁명을 기점으로 중국의 왕조인 청나라가 막을 내리고 공화국인 중화민국이 새롭게 들어섰다. 신해혁명 이전 시기에는 대개 중국의 문헌에 기록된 중국의 인명을 한국식 한자음대로 읽고 썼다. '두보(杜甫), 이태백(李太白), 왕안석(王安石), 소동파(蘇東坡)' 등이 대표적인 예이다.

그러나 신해혁명 이후에는 대체로 당대에 활동하고 있는 사람들의 이름을 중국어 발음에 가깝게 발음하고 표기하였다. 이에 신해혁명 이후의 인물은 중국어 표기법대로 표기하도록 하였다. '원자바오, 리커창, 시진핑, 판빙빙, 탕웨이' 등이 대표적인 예이다.

다만, 필요한 경우에는 한자를 병기하도록 하였다. 예컨대 신해혁명 전후에 걸쳐 생존하여 한자음 인명이 익숙하게 알려진 경우라면 한자를 병기하는 것이 효과적일 것이다. 그러나 실제로는 이러한 경우에 한자를 병기하기보다는 한자음 표기와 중국어 표기법에 따른 표기를 통용하는 경향이 있다. 대표적인 예로 '쑨원/손문(孫文)', '루쉰/노신(魯迅)', '덩샤오핑/등소평(鄧小平)', '모택동(毛澤東)/마오쩌둥', '장개석(蔣介石)/장제스' 등이 있다.

> **제2항** 중국의 역사 지명으로서 현재 쓰이지 않는 것은 우리 한자음대로 하고, 현재 지명과 동일한 것은 중국어 표기법에 따라 표기하되, 필요한 경우 한자를 병기한다.

중국의 역사 지명은 전통적으로 한국식 한자음으로 표기해 왔다. 이러한 지명이 왕조의 교체 등으로 인해 더 이상 쓰이지 않을 때에는 관례대로 한국식 한자음으로 적는다. '장안(長安), 연경(燕京)' 등이 그러한 예이나.

반면 과거의 중국 지명이 현재에도 그대로 유지되는 경우에는 한자음대로 적지 않고 중국어 표기법대로 적는다. 과거에 '사천성(四川省)'이라 했던 곳을 '쓰촨성'이라 하고, '광주(廣州)'라 했던 곳을 '광저우'라 하는 것은 바로 이러한 원칙을 따른 것이다.

중국어 표기법대로 표기하더라도 필요한 경우에는 한자를 병기할 수 있다.

> **제3항** 일본의 인명과 지명은 과거와 현대의 구분 없이 일본어 표기법에 따라 표기하는 것을 원칙으로 하되, 필요한 경우 한자를 병기한다.

중국의 인명, 지명과는 달리 일본의 인명과 지명은 과거와 현대의 구분 없이 일본어 표기법대로 표기하는 것을 원칙으로 한다. 이는 중국과는 달리 일본은 우리의 역사와 문화에 큰 영향력을 미치지 못해 우리의 옛 문헌에 일본의 인명과 지명이 한국식 한자음으로 표기된 예가 드물기 때문이다. 이러한 전통이 없기 때문에 일본의 인명과 지명은 일본어 표기법대로 적는 것을 원칙으로 하되, 필요한 경우에는 한자를 병기한다.

> **제4항** 중국 및 일본의 지명 가운데 한국 한자음으로 읽는 관용이 있는 것은 이를 허용한다.
> 　【보기】 東京 도쿄, 동경　　　　　京都 교토, 경도
> 　　　　　 上海 상하이, 상해　　　　臺灣 타이완, 대만
> 　　　　　 黃河 황허, 황하

제1항~제3항의 규정대로 표기하되, 중국 및 일본의 지명 가운데 한국식 한자음으로 사용해 왔던 것들은 관례를 따라 한국식 한자음대로 적는 것을 허용한다. 중국 및 일본의 과거 지명이 지금까지 유지되더라도 전통적으로 한국식 한자음으로 써 왔던 것들은 일괄적으로 외래어 표기법대로 적기보다는 관용을 따라 한자음대로 적는 것을 허용하는 것이 더 효율적이다.

제3절 바다, 섬, 강, 산 등의 표기 세칙

> **제1항** 바다는 '해(海)'로 통일한다.
> 【보기】 홍해, 발트해, 아라비아해

우리나라 주변 바다의 이름에 '동해, 서해, 남해'와 같이 '해(海)'를 붙이는 것처럼 외국의 바다도 '해(海)'를 붙여 표기한다.

'홍해(紅海), 사해(死海), 흑해(黑海)' 등은 번역명에 '해(海)'가 포함된 경우이고, '발트해(Balt 海), 아라비아해(Arabia海), 베링해(Bering海), 아랄해(Aral海), 카스피해(Caspie海)' 등은 외국의 바다 이름에 '해(海)'를 붙인 것이다.

이 외에 '태평양(太平洋), 대서양(大西洋), 인도양(印度洋)'과 같은 번역명의 경우에는 '양(洋)'을 사용하기도 한다.

> **제2항** 우리나라를 제하고 섬은 모두 '섬'으로 통일한다.
> 【보기】 타이완섬, 코르시카섬(우리나라: 제주도, 울릉도)

'제주도, 울릉도, 보길도'와 같이 우리나라 섬의 이름에는 대개 '도(島)'를 붙이지만, 외국의 섬 이름에는 고유어인 '섬'을 붙인다. '목요섬(木曜섬)'과 같은 번역명은 물론 '타이완섬 (Taiwan섬), 코르시카섬(Corsica섬), 발리섬(Bali섬), 보르네오섬(Borneo섬)'과 같이 외국어로 된 섬 이름 뒤에도 고유어 '섬'을 붙여 표기한다.

> **제3항** 한자 사용 지역(일본, 중국)의 지명이 하나의 한자로 되어 있을 경우, '강', '산', '호', '섬' 등은 겹쳐 적는다.
> 【보기】 온타케산(御岳)　　주장강(珠江)
> 　　　　 도시마섬(利島)　　하야카와강(早川)
> 　　　　 위산산(玉山)

한국, 일본, 중국은 공통적으로 한자 문화권에 속하지만, 각국의 한자 발음은 서로 다르다. 이에 일본어와 중국어의 지명에 '강', '산', '호', '섬' 등을 의미하는 한자가 포함되어 있더라도 일본어와 중국어의 발음을 통해 그러한 정보를 파악하기가 쉽지 않다. 설령 발음이 비슷한 경우가 있다 하더라도 지명으로서 한 단어처럼 사용되는 말에서 '강', '산', '호', '섬' 등에 해당하는 말을 분리하여 인식하기가 쉽지 않다.

예를 들어 [보기]의 지명에는 '높은 산'을 뜻하는 '타케[岳]', '강'을 뜻하는 '장[江]', '섬'을 뜻하는 '시마[島]', '하천'을 뜻하는 '카와[川]', '산'을 뜻하는 '산(山)' 등이 포함되어 있지만, 이들이 포함된 지명이 한 단어처럼 사용되기 때문에 우리식으로 '강', '산', '호', '섬' 등을 한 번 더 붙여 표기한다.

제4항 지명이 산맥, 산, 강 등의 뜻이 들어 있는 것은 '산맥', '산', '강' 등을 겹쳐 적는다.
　　　【보기】 Rio Grande 리오그란데강　　Monte Rosa 몬테로사산
　　　　　　Mont Blanc 몽블랑산　　　　Sierra Madre 시에라마드레산맥

한자 문화권이 아니더라도 '산맥, 산, 강' 등을 의미하는 단어가 지명에 포함되어 있는 경우, 우리식으로 '산맥, 산, 강' 등을 한 번 더 붙여 표기한다.

[보기]에서 'Rio Grande(리오그란데)'의 'Rio'는 스페인어(에스파냐어)로 '강'을 뜻하고 'Monte Rosa(몬테로사)'의 'Monte'는 이탈리아어로 '산'을 뜻한다. 'Mont Blanc(몽블랑)'의 'Mont'은 프랑스어로 '산'을 뜻하고 'Sierra Madre(시에라마드레)'의 'Sierra'는 스페인어(에스파냐어)로 '산맥'을 뜻한다.

이렇게 외래어 지명에 '산맥, 산, 강' 등을 뜻하는 단어가 포함되어 있더라도 국어 화자들은 이를 분리하여 인식하기 어려우므로 '산맥, 산, 강' 등을 겹쳐서 적는다.

부칙
(시행일) 이 규정은 공포한 날부터 시행한다. 다만, 제4장 제3절 개정규정은 2017년 6월 1일부터 시행한다.

 더 알아보기

　　　　　　　외래어 표기법이 1986년에 처음 고시되었을 때는 '해', '섬', '강', '산'의 띄어쓰기에 대한 조항이 있었다. 해당 조항은 제4장 제3절의 제1항으로서 '해', '섬', '강', '산'이 외

래어에 붙을 때에는 띄어 쓰고, 우리말에 붙을 때에는 붙여 쓴다는 내용이었다. 이에 따라 '발트 해, 카리브 해, 발리 섬'은 띄어 쓰고 '북해, 지중해, 목요섬'은 붙여 쓰는 이원화된 모습을 띠게 되었다.

이후 이 조항은 2017년에 외래어 표기법을 일부 개정 고시하면서 삭제되었다. 이에 따라 '해', '섬', '강', '산'이 외래어에 붙을 때에 더 이상 띄어 쓰지 않고 '발트해, 카리브해, 발리섬'과 같이 붙여 쓰게 되었다.

이때에 '해, 섬, 강, 산'을 포함하여 다음과 같이 26개의 말들을 모두 앞말에 붙여 쓰도록 조정을 하였다. 이들은 그전까지만 하더라도 앞에 오는 말이 고유어나 한자어이면 붙여 쓰고 외래어이면 띄어 쓰도록 했던 것인데, 2017년 6월에 띄어쓰기를 조정하면서 어종(魚種)을 가리지 않고 앞말에 항상 붙여 쓰게 되었다.

가(街), 강(江), 고원(高原), 곶(串), 관(關), 궁(宮), 만(灣), 반도(半島), 부(府), 사(寺), 산(山), 산맥(山脈), 섬, 성(城), 성(省), 어(語), 왕(王), 요(窯), 인(人), 족(族), 주(州), 주(洲), 평야(平野), 해(海), 현(縣), 호(湖)

예를 들어 2017년 6월 이전에는 '프랑스 어, 게르만 족, 네바다 주'와 같이 띄어 쓰는 것이 올바른 표기였으나, 지금은 '프랑스어, 게르만족, 네바다주'와 같이 붙여 쓰는 것이 올바른 표기이다.

문화체육관광부 고시 제2014-0042호

국어의
로마자 표기법

1940년 조선어학회에서 제정한 「외래어표기법통일안」의 부록으로 '조선어음 라마자 표기법'과 '조선어음 만국음성기호 표기법'이 실렸다. 정부 수립 후에는 「한글을 로오모자로 적는 법」(1948), 「한글의 로마자표기법」(1959) 등이 제정되었지만, 로마자 표기와 관련하여 그동안 여러 선교사 및 학자들에 의해 오래전부터 다양한 방안이 제시된 탓에 의견 일치를 얻어 내기가 어려웠다.

이후 정부에서 1984년에 「국어의 로마자 표기법」(문교부 고시 제84-1호)을 고시하였으나 발음 중심의 표기라는 점과 반달표(ˇ)나 아포스트로피(')와 같은 특수 부호를 사용한다는 점이 비판의 대상이 되었다.

이에 정부에서는 1984년의 고시본을 폐지하고 2000년에 다시 「국어의 로마자 표기법」(문체부 고시 제2000-8호)을 고시하였다. 새로운 고시본에서는 반달표(ˇ)나 아포스트로피(')와 같은 특수 부호를 없애고, 유성음과 무성음 대신 초성과 종성을 구별하여 표기하는 방향으로 수정이 이루어졌다.

「국어의 로마자 표기법」의 목차는 다음과 같다.

제1장 표기의 기본 원칙
제2장 표기 일람
제3장 표기상의 유의점

제1장 표기의 기본 원칙

> **제1항** 국어의 로마자 표기는 국어의 표준 발음법에 따라 적는 것을 원칙으로 한다.

　국어의 로마자 표기법은 한글을 모르는 외국인이 우리말을 제 음가대로 발음할 수 있도록 로마자를 이용하여 우리말을 적는 방식을 규정해 놓은 것이다. 단순히 한글 표기를 로마자로 그대로 옮겨 적는 것이 아니기 때문에 규범 발음인 표준 발음법에 따라 적는 것을 원칙으로 한다.

　예를 들어 '신라'를 표기 그대로 영문으로 옮겨 'sinra'와 같이 적으면, 외국인은 [실라]라는 실제 발음을 알 수가 없다. 따라서 국어의 로마자 표기법은 표준 발음법에 따라 적는 것을 원칙으로 한다. 이에 따라 '신라'는 'sinra'가 아닌 'silla'로 적는다.

> **제2항** 로마자 이외의 부호는 되도록 사용하지 않는다.

　로마자는 애초에 우리말을 적기 위해 고안된 문자가 아니기 때문에 우리말의 자음과 모음은 로마자와 일대일 대응 관계를 이루지 못한다. 그렇다 보니 우리말의 자음과 모음을 로마자로 적을 때 특별한 부호를 사용하는 것이 효율적일 수도 있다.

　예를 들어 우리말의 된소리를 아포스트로피(')를 사용하여 'p''와 같이 적거나, 모음 'ㅓ'와 'ㅡ'를 반달표(ˇ)를 사용하여 각각 'ŏ'와 'ŭ'로 적는 방안을 생각해 볼 수 있다. 실제로 1984년에 고시된 '국어의 로마자 표기법'에서는 이러한 부호를 사용했었다.

　그러나 일상생활에서 이러한 부호를 일반적으로 사용하지 않다 보니, 우리말을 로마자로 적을 때 로마자 이외의 부호를 사용하는 것이 혼란을 초래할 우려가 있다. '국어의 로마자 표기법'을 통해 이러한 부호의 쓰임을 따로 정해 놓는다 하더라도, 외국인이 그 내용을 알지 못한다면 아무런 의미가 없을 것이다. 이러한 이유로 인해 우리말을 로마자로 적을 때 로마자 이외의 부호는 되도록 사용하지 않는다.

제2장 표기 일람

제1항 모음은 다음 각호와 같이 적는다.

1. 단모음

ㅏ	ㅓ	ㅗ	ㅜ	ㅡ	ㅣ	ㅐ	ㅔ	ㅚ	ㅟ
a	eo	o	u	eu	i	ae	e	oe	wi

2. 이중 모음

ㅑ	ㅕ	ㅛ	ㅠ	ㅒ	ㅖ	ㅘ	ㅙ	ㅝ	ㅞ	ㅢ
ya	yeo	yo	yu	yae	ye	wa	wae	wo	we	ui

[붙임 1] 'ㅢ'는 'ㅣ'로 소리 나더라도 ui로 적는다.
　【보기】 광희문 Gwanghuimun

[붙임 2] 장모음의 표기는 따로 하지 않는다.

국어의 단모음 'ㅏ, ㅗ, ㅜ, ㅣ, ㅔ'는 각각 로마자 'a, o, u, i, e'로 적는다. 나머지 단모음인 'ㅓ, ㅡ, ㅐ, ㅚ, ㅟ'는 대응되는 로마자가 없기 때문에 로마자 2개를 이용하여 음가를 적는다.

이중 모음의 경우에는 'ㅑ, ㅕ, ㅛ, ㅠ, ㅒ, ㅖ'는 각각 'ㅏ, ㅓ, ㅗ, ㅜ, ㅐ, ㅔ'에 대응되는 로마자 앞에 'y'를 적고, 'ㅘ, ㅙ, ㅞ'는 각각 'ㅏ, ㅐ, ㅔ'에 대응되는 로마자 앞에 'w'를 적는다. 이런 방식대로라면 'ㅝ'는 'weo'로 적어야겠지만, 이 경우에는 예외적으로 'wo'로 적는다.

'ㅢ'는 'ㅡ(eu)'와 'ㅣ(i)'를 합한 모양이지만, 로마자로 표기할 때 'eui'로 적지 않고 'ui'로 적는다. 또한 'ㅢ'는 [ㅣ]로 소리 나더라도 'i'로 적지 않고 'ui'로 적는다.

'ㅢ'를 [ㅣ]로 발음하는 경우는 크게 두 가지이다. 첫째는 '희망[히망]'과 같이 'ㅢ'가 자음을 첫소리로 가지고 있는 경우이고, 둘째는 'ㅢ'가 단어의 첫음절이 아닌 경우이다. 그런데 후자의 경우에는 'ㅢ'를 [ㅢ]로 발음할 수도 있고 [ㅣ]로 발음할 수도 있다. 예컨대 '주의'는 [주의]로 발음할 수도 있고 [주이]로 발음할 수도 있다.

이처럼 'ㅢ'가 [ㅣ]로 발음될 수 있는 상황이라고 해서 그 발음이 반드시 [ㅣ]로 실현되는 것은 아니기 때문에 'ㅢ'를 로마자 'i'로 적는 데에는 한계가 있을 수밖에 없다. 따라서 이 경우에는 'ㅢ'가 [ㅣ]로 발음되더라도 표기를 따라 'ui'로 적는다.

한편 장모음은 따로 표기하지 않는다. 우리말을 한글로 표기할 때 장모음을 따로 구별하여 표기하지 않는 것처럼 우리말을 로마자로 적을 때도 장모음을 따로 구별하여 표기하지 않는다.

제2항 자음은 다음 각호와 같이 적는다.

1. 파열음

ㄱ	ㄲ	ㅋ	ㄷ	ㄸ	ㅌ	ㅂ	ㅃ	ㅍ
g, k	kk	k	d, t	tt	t	b, p	pp	p

2. 파찰음

ㅈ	ㅉ	ㅊ
j	jj	ch

3. 마찰음

ㅅ	ㅆ	ㅎ
s	ss	h

4. 비음

ㄴ	ㅁ	ㅇ
n	m	ng

5. 유음

ㄹ

[붙임 1] 'ㄱ, ㄷ, ㅂ'은 모음 앞에서는 'g, d, b'로, 자음 앞이나 어말에서는 'k, t, p'로 적는다. ([ ] 안의 발음에 따라 표기함.)

【보기】 구미 Gumi   영동 Yeongdong   백암 Baegam
　　　 옥천 Okcheon   합덕 Hapdeok   호법 Hobeop
　　　 월곶[월곧] Wolgot   벚꽃[벋꼳] beotkkot   한밭[한받] Hanbat

[붙임 2] 'ㄹ'은 모음 앞에서는 'r'로, 자음 앞이나 어말에서는 'l'로 적는다. 단, 'ㄹㄹ'은 'll'로 적는다.

【보기】 구리 Guri   설악 Seorak

칠곡 Chilgok   임실 Imsil

울릉 Ulleung   대관령[대괄령] Daegwallyeong

우리말의 파열음은 모음 앞에서는 구강의 폐쇄된 부분을 개방하면서 소리를 내지만, 자음 앞이나 어말에서는 폐쇄된 부분을 개방하지 않고 소리를 낸다. 그러나 다른 언어들은 파열음을 발음할 때 대개 모든 경우에 구강의 폐쇄된 부분을 개방하면서 소리를 낸다.

따라서 우리말의 파열음이 위치에 따라 다르게 발음된다는 사실을 로마자 표기를 달리하여 외국인들에게 알려 줄 필요가 있다. 그렇게 하지 않으면 외국인들은 우리말의 파열음을 제대로 구별하여 발음할 수 없을 것이다. 이에 'ㄱ, ㄷ, ㅂ'을 모음 앞에서는 'g, d, b'로, 자음 앞이나 어말에서는 'k, t, p'로 구별하여 적는다.

우리말의 파열음에는 예사소리, 거센소리, 된소리의 구별이 있다. 이를 구별하기 위해 거센소리를 나타내는 'ㅋ, ㅌ, ㅍ'은 'k, t, p'로, 된소리를 나타내는 'ㄲ, ㄸ, ㅃ'은 'kk, tt, pp'로 구별하여 적는다. 파찰음을 나타내는 'ㅈ, ㅉ, ㅊ'은 'j, jj, ch'로 구별하여 적고, 마찰음을 나타내는 'ㅅ, ㅆ'은 's, ss'로 구별하여 적는다.

'ㄹ'은 모음 앞에서는 혀끝으로 윗잇몸의 뒷부분을 살짝 막았다가 떼면서 내는 탄설음으로 발음하고, 자음 앞이나 어말에서는 혀로 구강의 중앙 통로를 막은 채 혀의 양옆으로 공기를 내보내면서 내는 설측음으로 발음한다. 따라서 이 경우에도 두 발음을 'r'과 'l'로 구별하여 적는다. 'ㄹㄹ'은 설측음으로만 발음되므로 'll'로 적는다.

제3장 표기상의 유의점

제1항 음운 변화가 일어날 때에는 변화의 결과에 따라 다음 각호와 같이 적는다.

1. 자음 사이에서 동화 작용이 일어나는 경우
    【보기】 백마[뱅마] Baengma   신문로[신문노] Sinmunno
          종로[종노] Jongno   왕십리[왕심니] Wangsimni
          별내[별래] Byeollae   신라[실라] Silla

2. 'ㄴ, ㄹ'이 덧나는 경우
    【보기】 학여울[항녀울] Hangnyeoul   알약[알략] allyak

3. 구개음화가 되는 경우
    【보기】 해돋이[해도지] haedoji   같이[가치] gachi
          굳히다[구치다] guchida

4. 'ㄱ, ㄷ, ㅂ, ㅈ'이 'ㅎ'과 합하여 거센소리로 소리 나는 경우
    【보기】 좋고[조코] joko   놓다[노타] nota
          잡혀[자펴] japyeo   낳지[나치] nachi

다만, 체언에서 'ㄱ, ㄷ, ㅂ' 뒤에 'ㅎ'이 따를 때에는 'ㅎ'을 밝혀 적는다.
    【보기】 묵호(Mukho)   집현전(Jiphyeonjeon)

[붙임] 된소리되기는 표기에 반영하지 않는다.
    【보기】 압구정 Apgujeong   낙동강 Nakdonggang
          죽변 Jukbyeon   낙성대 Nakseongdae
          합정 Hapjeong   팔당 Paldang
          샛별 saetbyeol   울산 Ulsan

국어의 로마자 표기법은 한글 표기를 로마자로 그대로 옮겨 적는 데 목적이 있지 않고 외국인이 우리말을 제 음가대로 발음하도록 하는 데 목적이 있기 때문에 다양한 음운 변화를

로마자 표기에 반영한다.

1. 자음 사이에서 일어나는 동화 작용으로는 비음화와 유음화가 있다. '백마[뱅마], 신문로[신문노], 종로[종노], 왕십리[왕심니]'는 비음화 현상의 예이고 '별내[별래], 신라[실라]'는 유음화 현상의 예이다. 다른 언어에는 대개 비음화 현상이나 유음화 현상이 없으므로 동화된 발음을 로마자 표기에 반영해 주지 않으면 외국인들이 실제와는 다르게 발음할 가능성이 매우 높다.

2. 'ㄴ, ㄹ'이 덧나는 경우는 ㄴ 첨가 현상이 일어난 경우를 말한다. [ㄴ]가 첨가되거나 첨가된 /ㄴ/가 [ㄹ]로 비음화되는 발음을 외국인들은 예측할 수 없으므로 로마자 표기에 반영을 해 줘야 외국인들이 해당 단어를 정확하게 발음할 수 있다.

3. 구개음화된 발음을 로마자로 표기해 주지 않으면 외국인들은 '해돋이'를[해도디]로, '같이'를 [가티]로 잘못 발음할 수밖에 없다. 따라서 '해돋이'와 '같이'를 'haedoji', 'gachi'와 같이 실제 발음대로 로마자로 표기해 주어야 외국인들이 해당 단어를 정확하게 발음할 수 있다.

4. /ㄱ, ㄷ, ㅂ, ㅈ/와 /ㅎ/가 결합하면 거센소리가 되는데, 이를 로마자 표기에 반영하지 않으면 외국인들은 이를 바르게 발음할 수 없다. 예를 들어 '놓다'를 'nohda'로 적어 놓으면 외국인들은 이를 한국 사람들처럼 [노타]로 발음할 수 없다. 따라서 거센소리로 축약된 발음을 로마자 표기에 반영하는 것을 원칙으로 한다.
다만, 체언에서 /ㄱ, ㄷ, ㅂ/ 뒤에 /ㅎ/가 따를 때에는 실제 발음이 거센소리로 축약되더라도 'Mukho(묵호)'와 같이 /ㅎ/를 밝혀 적는다.

국어의 음운 현상 중 된소리되기는 로마자 표기에 반영하지 않는다. 된소리되기는 매우 다양한 환경에서 일어나는데, 각 유형의 발음을 모두 로마자 표기에 일률적으로 반영하기 어려운 면이 있기 때문에 된소리되기는 로마자 표기에 반영하지 않는다.

제2항 발음상 혼동의 우려가 있을 때에는 음절 사이에 붙임표(-)를 쓸 수 있다.

【보기】 중앙 Jung-ang   반구대 Ban-gudae

세운 Se-un   해운대 Hae-undae

'Jungang'은 음절 경계를 어디에 두느냐에 따라 [준강]으로 읽을 수도 있고 [중앙]으로 읽을 수도 있다. 마찬가지로 음절 경계를 어디에 두느냐에 따라 'Bangudae'는 [방우대]와 [반구대], 'Seun'은 [슨]과 [세운], 'Haeundae'는 [하은대]와 [해운대]로 발음이 달라진다. 이렇게 발음상 혼동의 우려가 있을 때에는 음절 사이에 붙임표(-)를 사용하여 음절 경계를 명확하게 밝힐 필요가 있다.

제3항 고유 명사는 첫 글자를 대문자로 적는다.

【보기】 부산 Busan   세종 Sejong

한글 표기는 고유 명사와 일반 명사를 구별하지 않지만, 국어를 로마자로 적을 때에는 고유 명사의 첫 글자를 대문자로 적어 일반 명사와 구별을 한다. 이는 로마자의 표기 관습을 그대로 따른 것이다.

제4항 인명은 성과 이름의 순서로 띄어 쓴다. 이름은 붙여 쓰는 것을 원칙으로 하되 음절 사이에 붙임표(-)를 쓰는 것을 허용한다.(( ) 안의 표기를 허용함.)

【보기】 민용하 Min Yongha (Min Yong-ha)

송나리 Song Nari (Song Na-ri)

(1) 이름에서 일어나는 음운 변화는 표기에 반영하지 않는다.

【보기】 한복남 Han Boknam (Han Bok-nam)

홍빛나 Hong Bitna (Hong Bit-na)

(2) 성의 표기는 따로 정한다.

서양에서는 이름이 성 앞에 오지만, 우리는 전통적으로 성 다음에 이름이 온다. 이를 반영하여 인명을 로마자로 적을 때 성을 먼저 적고 이름을 나중에 적는다. 성과 이름은 띄어 쓰고, 이름이 여러 음절로 되어 있을 때는 음절 사이에 붙임표(-)를 넣을 수 있다.

따라서 'Hong Gildong' 또는 'Hong Gil-dong'과 같이 표기할 수 있지만 'Hong Gil dong'과 같이 이름을 음절별로 띄어 쓰거나 'Hong, Gildong'과 같이 성과 이름 사이에 쉼표를 적지는 않는다.

　이름에서 일어나는 음운 변화는 표기에 반영하지 않는다. 예를 들어 '한복남'은 [한봉남]으로 발음되지만, 이를 소리 나는 대로 'Han Bongnam'이나 'Han Bong-nam'으로 적지 않는다.

　성의 표기를 따로 정한다고 한 것은 그동안 'Lee'나 'Park'과 같이 성을 국어의 로마자 표기법과는 다른 방식으로 적어 온 점을 고려한 것이다. 이는 제7항에서 국어의 로마자 표기법이 제정되기 이전부터 써 온 인명 표기를 그대로 쓸 수 있도록 한 것과도 관련이 있다. 그러나 실제로 성의 표기를 따로 정해 놓지는 않았다.

제5항 '도, 시, 군, 구, 읍, 면, 리, 동'의 행정 구역 단위와 '가'는 각각 'do, si, gun, gu, eup, myeon, ri, dong, ga'로 적고, 그 앞에는 붙임표(-)를 넣는다. 붙임표(-) 앞뒤에서 일어나는 음운 변화는 표기에 반영하지 않는다.

　　【보기】충청북도 Chungcheongbuk-do　　제주도 Jeju-do
　　　　　의정부시 Uijeongbu-si　　　　　양주군 Yangju-gun
　　　　　도봉구 Dobong-gu　　　　　　　신창읍 Sinchang-eup
　　　　　삼죽면 Samjuk-myeon　　　　　인왕리 Inwang-ri
　　　　　당산동 Dangsan-dong　　　　　봉천 1동 Bongcheon 1(il)-dong
　　　　　종로 2가 Jongno 2(i)-ga　　　　퇴계로 3가 Toegyero 3(sam)-ga

[붙임] '시, 군, 읍'의 행정 구역 단위는 생략할 수 있다.
　　【보기】청주시 Cheongju　　　　　　함평군 Hampyeong
　　　　　순창읍 Sunchang

　'부산시'의 '부산'과 '효자동'의 '효자'는 특정 지역의 고유한 이름으로서, 그 뒤에 붙는 '시', '동' 등은 행정 구역의 단위에 해당한다. 지역의 고유한 이름과 행정 구역의 단위는 둘 사이의 경계가 분명하므로 로마자로 표기할 때 그 사이에 붙임표(-)를 넣는다.

　'시, 군, 읍'의 경우에는 행정 구역 단위를 생략하고 '청주, 함평, 순창'과 같이 표현하는 경우가 많다. 이에 따라 이들을 로마자로 표기할 때도 행정 구역 단위를 생략할 수 있다.

제6항 자연 지물명, 문화재명, 인공 축조물명은 붙임표(-) 없이 붙여 쓴다.
　【보기】남산 Namsan　　　　　　　　속리산 Songnisan
　　　　　금강 Geumgang　　　　　　　독도 Dokdo

경복궁 Gyeongbokgung	무량수전 Muryangsujeon
연화교 Yeonhwagyo	극락전 Geungnakjeon
안압지 Anapji	남한산성 Namhansanseong
화랑대 Hwarangdae	불국사 Bulguksa
현충사 Hyeonchungsa	독립문 Dongnimmun
오죽헌 Ojukheon	촉석루 Chokseongnu
종묘 Jongmyo	다보탑 Dabotap

'속리산, 불국사, 다보탑' 등을 '산, 사, 탑'을 생략하고 '속리, 불국, 다보'라고 하는 경우는 없다. 이처럼 자연 지물명, 문화재명, 인공 축조물명 등은 앞말과 뒷말이 잘 분리되지 않는 속성을 갖는다. 이에 따라 이들을 로마자로 적을 때 그 앞에 붙임표(-)를 넣지 않고 그대로 앞말에 붙여 쓰도록 하였다.

제7항 인명, 회사명, 단체명 등은 그동안 써 온 표기를 쓸 수 있다.

국어의 로마자 표기법이 제정되기 이전에는 개인적인 판단이나 사회적인 관습에 따라 우리말을 로마자로 표기해 왔다. 그러다 보니 로마자 표기에 일관성이 없었는데, 국어의 로마자 표기법이 제정되면서 비로소 로마자 표기를 일관되게 통일하여 쓸 수 있게 되었다.

그런데 그 이전부터 사용해 온 인명, 회사명, 단체명 등의 로마자 표기의 경우에는 새로 생긴 규정에 맞게 함부로 바꾸기가 어려운 사정이 있다. 여권이나 신용장 등에 써 온 인명, 회사명, 단체명 등의 로마자 표기를 함부로 바꿀 경우 큰 혼란이 일 수 있기 때문이다.

이에 인명, 회사명, 단체명 등의 로마자 표기는 그동안 써 온 표기를 그대로 쓸 수 있도록 허용하였다.

제8항 학술 연구 논문 등 특수 분야에서 한글 복원을 전제로 표기할 경우에는 한글 표기를 대상으로 적는다. 이 때 글자 대응은 제2장을 따르되 'ㄱ, ㄷ, ㅂ, ㄹ'은 'g, d, b, l'로만 적는다. 음가 없는 'ㅇ'은 붙임표(-)로 표기하되 어두에서는 생략하는 것을 원칙으로 한다. 기타 분절의 필요가 있을 때에도 붙임표(-)를 쓴다.

【보기】집 jib	짚 jip
밖 bakk	값 gabs
붓꽃 buskkoch	먹는 meogneun

독립 doglib	문리 munli
물엿 mul-yeos	굳이 gud-i
좋다 johda	가곡 gagog
조랑말 jolangmal	없었습니다 eobs-eoss-seubnida

국어의 로마자 표기법은 외국인들이 우리말을 제 음가대로 발음할 수 있도록 만든 것이지만, 이와는 달리 한글 표기를 있는 그대로 로마자로 옮겨 적어야 할 경우도 있다. 학술 논문 등이 그러한데, 이때는 제2장의 규정을 따르되, 자음자의 경우 한글 자모와 로마자를 일대일로 대응시킨다.

예를 들어 제2장에서는 'ㄱ, ㄷ, ㅂ, ㄹ'을 모음 앞에서는 'k, t, p, r'로, 자음 앞이나 어말에서는 'g, d, b, l'로 구별하여 적도록 하였으나, 한글 복원을 전제로 로마자 표기를 하는 경우에는 한글과 로마자가 일대일 대응을 이루는 것이 효율적이므로 'ㄱ, ㄷ, ㅂ, ㄹ'의 로마자 표기를 'g, d, b, l'로 통일한다.

음가가 없는 초성자 'ㅇ'은 굳이 로마자로 표기할 필요가 없지만, 한글 복원을 전제로 할 때는 'mul-yeos(물엿), gud-i(굳이)'와 같이 음가가 없는 'ㅇ'을 붙임표(-)로 표기한다. 그러나 어두의 'ㅇ'은 로마자로 따로 적지 않고 생략한다. 이 외에도 'eobs-eoss-seubnida(없었습니다)'와 같이 분절이 필요한 경우에는 붙임표(-)를 사용한다.

부칙 〈제2000-8호, 2000.7.7〉

① (시행일) 이 규정은 고시한 날부터 시행한다.

② (표지판 등에 대한 경과조치) 이 표기법 시행당시 종전의 표기법에 의하여 설치된 표지판(도로, 광고물, 문화재 등의 안내판)은 2005.12.31.까지 이 표기법을 따라야 한다.

③ (출판물 등에 대한 경과조치) 이 표기법 시행당시 종전의 표기법에 의하여 발간된 교과서 등 출판물은 2002.2.28.까지 이 표기법을 따라야 한다.